U0819671

中南财经政法大学会计·财务系列教材

内部控制与风险管理

Internal Control and Risk Management

王清刚 主 编
冉明东 吕敏康 宋丽梦 副主编

中国财经出版传媒集团
中国财政经济出版社

图书在版编目（CIP）数据

内部控制与风险管理／王清刚主编. --北京：中国财政经济出版社，2020.12

中南财经政法大学会计·财务系列教材

ISBN 978-7-5223-0034-4

Ⅰ.①内… Ⅱ.①王… Ⅲ.①企业内部管理-风险管理-高等学校-教材 Ⅳ.①F272.3

中国版本图书馆 CIP 数据核字（2020）第 172953 号

责任编辑：马 真　　　　责任校对：胡永立

封面设计：陈宇琰　　　　责任印制：党 辉

内部控制与风险管理

NEIBU KONGZHI YU FENGXIAN GUANLI

中国财政经济出版社 出版

URL：http：//www.cfeph.cn

E-mail：cfeph@cfeph.cn

（版权所有　翻印必究）

社址：北京市海淀区阜成路甲 28 号　邮政编码：100142

营销中心电话：010-88191522

天猫网店：中国财政经济出版社旗舰店

网址：https：//zgczjjcbs.tmall.com

北京密兴印刷有限公司印刷　各地新华书店经销

成品尺寸：170mm×240mm　16 开　21.5 印张　422 000 字

2020 年 12 月第 1 版　2020 年 12 月北京第 1 次印刷

定价：53.00 元

ISBN 978-7-5223-0034-4

（图书出现印装问题，本社负责调换，电话：010-88190548）

本社质量投诉电话：010-88190744

打击盗版举报热线：010-88191661　QQ：2242791300

推 荐 说 明

本系列教材为财政部教材编审委员会推荐教材。

财政部教材编审委员会
2006 年 1 月

中南财经政法大学会计·财务系列教材
编审委员会（2018）

主　任：郭道扬

副主任：张敦力　王雄元　王　华

委　员：（按姓氏笔画排序）

王　华　王昌锐　王清刚　王雄元　汤湘希　杨汉明
何威风　沈　烈　张　琦　张龙平　张志宏　张敦力
陈　辉　罗　飞　袁天荣　郭　飞　郭道扬　唐国平
黄洁莉　詹　雷

内部控制与风险管理
编　写　组

主　　编： 王清刚

副 主 编： 冉明东　吕敏康　宋丽梦

总序

"教材建设是事关未来的战略工程、基础工程，教材体现国家意志"。新时代对会计、审计和财务管理的人才要求越来越高，因此，进一步深化会计、审计、财务管理教育改革，培养满足新时代需求的高素质会计、审计、财务管理的人才，是我国高校教育当前的紧迫任务。我们一直努力探索会计学专业和财务管理专业的教育改革，尤其是教材改革问题。早在 1982 年，我们便对会计学专业主干课程教材进行了改革，提出了一套系统改革方案，经财政部批准后作为财政部部属院校的两套会计学专业教改方案之一实施，并进行了中南财经政法大学（时名湖北财经学院）系列教材建设。

课程改革是关键，教材改革是基础。1993 年为了适应《企业会计准则》《企业财务通则》和行业会计制度与行业财务制度改革，我们改革了会计学专业主干课程体系，启动并出版了第一轮"中南财经大学会计系列教材"。该系列教材在 1994 年第六届全国书市上被评为最佳畅销套书。各教材也分别获得第二届财政部优秀教材奖，受到广大读者、使用单位和出版界的好评与欢迎。此后，我们于 1996 年至 1997 年修订出版了第二版，在社会上产生了广泛和良好的影响。

2000 年启动了第二轮"中南财经政法大学会计·财务系列教材"的建设工作，确定出版了十一门课程的教材，其中增加了为非会计学专业和非财务管理专业的本科生组织编写的《会计学概论》《公司财务管理概论》等两种教材，从 2001 年起陆续由中国财政经济出版社出版发行。

从 2005 年起，我们启动了第三轮"中南财经政法大学会计·财务系列教材"的建设工作。教材编审委员会审定通过并确定了十八门核心课程的教材，从 2006 年起陆续由中国财政经济出版社出版发行。

从2018年起，我们启动了第四轮“中南财经政法大学会计·财务系列教材”的建设工作。教材编审委员会审定通过并确定了课程体系由主干课程、特色课程、实践实验课程、外专业课程四个模块构成。主干课程的教材包括《会计学原理》《中级财务会计》《高级财务会计》《财务管理》《高级财务管理》《成本会计》《审计学》《财务分析》八种；特色课程的教材包括《会计史》《管理会计》《会计理论》《会计制度设计》《政府会计》五种；实践实验课程的教材包括《会计案例》《财务管理案例》《审计案例》《会计信息系统》四种；外专业课程的教材包括《会计学》《公司财务管理概论》两种。这套系列教材从2018年起陆续由中国财政经济出版社出版发行。

在本轮教材建设中，我们继续坚持多年教材建设“理论与实务并重、兼容并蓄、立足我国、放眼世界、务实创新”的原则，该系列教材具有“科学性、先进性、实用性和易教易学性”等四个特点：（1）系统论述会计学科、审计学科和财务管理学科的基本知识、基本理论和基本技能，全面反映我国经济改革和会计、审计、财务管理改革及研究的最新成果，体现教材的科学性；（2）立足现实，面向未来，体现教材的先进性；（3）既同国际趋同，又与中国实际相结合，体现教材的实用性；（4）充分尊重教学规律的要求，体现教材的易教易学性。

需要特别说明的是，2018年起新出版的“中南财经政法大学会计·财务系列教材”，继续得到了中国财政经济出版社以及许多兄弟院校和广大读者的热情支持与帮助，在此一并表示衷心的感谢！同时，我们也真诚地希望会计界、审计界、财务界的专家、学者和广大读者，以及实务界的朋友，提出宝贵的意见和建议，以便再版时修订、完善。

中南财经政法大学会计·财务系列教材编审委员会

2018年6月

前　言

当今世界是一个不断变化的世界，特别是新冠肺炎疫情自2019年底暴发并迅速席卷全球以来，世界进入百年未有之大变局。变化就意味着不确定，意味着风险。风险是影响目标实现的各种不确定性。企业在生产经营和管理活动中经常面临各种风险，如利率风险、汇率风险、价格风险、法律风险、技术风险、安全生产风险等。针对风险，需要实施控制。内部控制是对影响目标实现的各种风险因素进行分析和应对，从而帮助组织实现目标的过程。风险是组织实施内部控制的依据，风险评估是建立控制活动的重点，实施控制活动要以全面风险管理为导向。

内部控制与风险管理是非常重要的管理术语，是促进组织目标实现的关键所在，是使各项活动和管理高效有序运行的内在要求。内部控制与风险管理可以将单位发展战略、管理理念、控制要求融入组织治理、单位文化、岗位授权、制度规范和业务流程，通过风险评估、信息沟通、流程监控、有效性评价、缺陷改进等控制活动，推动单位管理从单一制度管理向体系化管理转变、从事后监督向过程监督转变、从职能条块化管理向全流程管理转变，实现单位管理水平的全面提升。可以说，现代企业内部控制已由单纯规避损失的传统风险管理转向能够创造价值的全面风险管理。

《内部控制与风险管理》作为管理类专业的基础课和部分专业的核心课程，通用性强，受众广泛。本书以系统论、控制论和信息论为指导，以“理论—实践—案例”为主线，按照“目标—风险—控制”的逻辑，在介绍内部控制与风险管理概念和特征、产生和发展、认识误区和固有局限的基础上，以内部控制整合框架为核心，系统讲授内部控制目标的设定及其细分、内部控制各要素、企业整体层面控制、业务活动控制、分支机构和子公司控制、内部控制评价、行政事业单位内部控制与风险管理、内部控制与风险管理的最新动态和发展趋势。

本书坚持“知识—能力—素养”的教书育人思想，注重培养学生“提出问题—分析问题—解决问题”的专业素养和实践能力，注重价值引领，努力提升学生内部控制与风险管理的知识结构和能力框架，使同学们能够系统掌握内部控制与风险管理的理论基础、实践技能和分析能力，熟悉内部控制设计和运行的原理及方法，掌握风险管理的先进技术和工具，能够熟练地对企事业单位的内部控制与风险管理作出分析和评价。

本书主要特色：

1. 思政引领，育人为本。秉持培育德才兼备卓越管理人才的根本任务，坚持立德树人，注重价值引领，深入挖掘教材中的思政元素，将其与专业知识“春雨润花”般地自然融入。例如，“风险”一词最先由我国发明，早在公元前1700年，我国水运商人就知道将一批货分装在几条船上，以分散风险，这可以增强同学们的文化自信和民族自信；在论述战略风险时，介绍了企业战略如何融入国家战略和民族复兴，培养同学们的家国情怀；在分析人力资源风险时，引导同学们如何树立正确的人生观和价值观，成为德才兼备、符合国家和社会需要的高级专门人才。

2. 基础雄厚，视野开阔。以系统论、控制论和信息论为指导，广泛引用经济学、管理学和统计学等学科的基本理论和方法。以中国内部控制规范体系为基础，同时广泛借鉴世界范围内的先进经验和国际标准，体现全球趋同思想。

3. 目标导向，风险导向。内部控制建设的基本逻辑是“目标—风险—控制”。本书始终坚持目标导向和风险导向，为实现目标，针对风险开展控制。目标设定的适当性是建设内部控制的先决条件，本书对此进行了深入论述。

4. 关注动态，紧跟前沿。关注内部控制与风险管理新发展，系统介绍了美国COSO委员会新发布的相关文件；2018年版风险管理国际标准（ISO31000）的原则、框架和过程；人工智能与风险智能管理；“互联网+内部控制”等。

5. 线索清晰，先进适用。围绕理论阐述、实践操作和案例分析三条主线，突出理论与实践紧密结合，注重实务操作，结合案例分析，架起理论联系实际的桥梁。实践和案例素材主要来自企事业单位调研的第一手资料。

本书由王清刚任主编，冉明东、吕敏康、宋丽梦任副主编。中南财经政法大学会计学原理教研室全体教师就教材定位、主要结构、内容安排、写作风格等进行了多次讨论，提出很多建设性意见，在此表示感谢！在教材编写过程中，我们参考了大量的教材和著作，在此向这些文献的作者和编者（包括列出的和未列出的）表示感谢！

由于我们水平有限，书中难免存在错误和不足之处，欢迎各位读者提出宝贵意见，谢谢！

作　者

2020 年 8 月 28 日

目　录

第一章

内部控制与风险管理概述

企业在生产经营活动中经常面临各种影响目标实现的不确定性因素，即风险。针对各种风险，需要进行识别、分析和控制，以促进企业目标的实现。健全有效的内部控制不仅能够合理保证企业生产经营活动合法合规，提高企业报告的可靠性和完整性，而且可以提高企业运营水平和风险防范能力，提升管理效率，改善经营效果，帮助企业实现运营目标和发展战略，促进企业可持续发展。企业进行内部控制建设需要理解内部控制的概念及特征，熟悉内部控制基本框架，辨析一些认识误区，了解内部控制的产生及发展，清楚内部控制建设的思路和方法，明白内部控制的固有局限性。

第一节　内部控制的概念及特征

内部控制（Internal Control）是一个非常重要的管理术语，是现代企业管理的重要手段，是促进企业实现战略目标和经营计划的必要因素。英文“Control”，不仅意指控制，还有管理、核实、检验、限制、支配、监督、指导等含义，内部控制即规范与监督企业的生产经营活动，使之有效率、有效果，以便完成既定目标。内部控制有效与否，直接关系到企业的兴衰成败。自安然、世通等系列财务丑闻爆发以来，美国、澳大利亚、日本和欧盟等国家或地区组织，相继颁布法规，从立法角度强化了企业的内部控制建设责任。

一、内部控制的概念

1992 年之前，人们对内部控制存在着多种解释。从审计视角看，内部控制是保证财务报告可靠性的手段和方法；从管理者视角看，内部控制是保证企业经营效率和效果目标实现的管制活动；从股东和其他利益相关者的角度看，内部控制是为解决代理人的道德风险与逆向选择问题而建立的一套监督和制衡制度，即公司治理（张先治等，2011）[①]。为整合多种内部控制的概念和解释，1992 年，美国“反虚假

① 张先治，戴文涛．中国企业内部控制评价系统研究［J］．审计研究，2011（01）：69－78.

报告委员会”（National Commission on Fraudulent Reporting）成立了专门的内部控制研究委员会（Committee of Sponsoring Organizations of the Tread - way Commission，简称 COSO 委员会）。COSO 委员会自成立以来，长期在内部控制、风险管理和舞弊防范领域提供着先进的思想理念和应用指引。1992 年 9 月，COSO 委员会发布《内部控制——整合框架》（Internal Control - Integrated Framework），指出：内部控制是由企业董事会、经理层和其他员工实施的，为运营的效率效果、财务报告的可靠性、相关法律法规的遵循性等目标的实现提供合理保证的过程。2004 年 9 月，COSO 委员会发布风险管理整合框架（Enterprise Risk Management：Integrated Framework，简称 ERM）。报告认为企业风险管理是一个过程，受企业董事会、经理层和其他员工的影响，包括内部控制及其在战略管理和整个公司活动中的应用，旨在为实现经营的效率和效果、财务报告的可靠性以及法规的遵循提供合理保证。2013 年 5 月，COSO 委员会发布新版《内部控制——整合框架》，新框架将内部控制定义为：一个由主体的董事会、管理层和其他员工实施的，旨在为实现运营、报告和合规目标提供合理保证的过程。

我国 2008 年 5 月发布的《企业内部控制基本规范》将内部控制定义为：“由企业董事会、监事会、经理层和全体员工实施的，旨在实现控制目标的过程。内部控制的目标是合理保证企业经营管理合法合规、资产安全、财务报告及相关信息真实完整，提高经营效率和效果，促进企业实现发展战略。”

二、内部控制的特征

从上述内部控制的定义，我们可以看出内部控制具有如下特征：

1. 内部控制是一个动态的过程，是为实现企业目标而实施控制活动的过程，此过程包括持续的任务和活动，是达到目标的手段。内部控制过程涉及事前、事中和事后，覆盖决策、执行和监督，贯穿内部控制设计、实施和监督等的全过程。

2. 内部控制不仅仅是单纯的政策、制度、流程和表单，而是由目标、要素及原则等构成的完整框架，更强调对制度及流程的执行过程和效率效果。内部控制是一项全面的风险管理活动，涉及全员、全方位和全过程，覆盖企业整体层面、业务单元及办理流程、业务或地区分部及子公司等各个层面。因此，内部控制建设绝不等同于制度建设，而是要建立健全有效的内部控制体系。

3. 内部控制的主体是全体员工，而不仅仅是经理层的控制，更不等于会计控制，上至董事会、监事会、经理层，下至普通员工，各部门、各岗位都是实施控制活动的主体。当然，董事会对内部控制的建立健全和有效性承担最终责任。

4. 内部控制已从制约理念提升到可持续发展理念，内部控制的目标不仅仅是预防差错和舞弊，而是由合规目标、报告目标、资产目标、运营目标及战略目标等构成的一个多目标管控体系。预防差错和舞弊是较低层面的控制目标，已经融入其他几类目标之中，没有必要单独提出。内部控制的最高目标是促进公司实现发展战略和可持续发展，打造百年老字号的优秀企业。

5. 内部控制只能提供一种合理保证，而非绝对保证，也不同于有限保证。有限保证是很低程度的保证，是不作为情况下的一种消极保证。任何组织的任何内部控制体系都存在局限性，没有人能够对不确定性和风险事件进行绝对准确的预测，追求绝对保证是不切实际的。目标设定不适当、员工串通、管理层凌驾、人员素质低、职业判断失误、成本效益低、外部环境变化莫测等都可能导致内部控制失效。

6. 内部控制的对象是风险，而不是普通员工，普通员工也是内部控制的主体，要对操作风险承担责任。风险是影响目标实现的不确定性，是经济活动在实际结果产生之前可能出现的各种结果及其概率分布的组合。

7. 内部控制是由人来设计和实施的，内部控制的核心是人，人的素质及其具体行动直接影响内部控制的有效性。每位员工都有特定的背景、操守、能力和需求，企业每天都可能面临各种问题，相关人员可能无法完全理解这些问题的本质，对事件重要性的认识和采取的具体行动也有差异。这些个体差异如果不能正确地与组织的目标协调一致，将直接影响内部控制的有效性。内部控制的最高境界是“无为而治”，如果每一位员工都能做到业务能力足够强，个人道德和修养非常好，责任感和使命感异常坚定，与企业同呼吸、共命运，达到“人企合一”，也就不需要内部控制了，管理者就非常轻松了。企业应重视人力资源、社会责任、企业文化等软环境建设，积极培育以人为本的管理理念。高层管理人员应建立恰当的高层基调，强调内部控制和行为准则的重要性，带头垂范，以身作则。

8. 内部控制的定义具有普遍适用性和灵活性。内部控制的定义被设计得很宽泛是因为，一方面，它需要具有普遍适用性，适用于任何类别、任何行业或地区的任何组织，能为主体如何设计、实施和执行内部控制，以及开展内部控制有效性评价提供基本的概念支撑；另一方面，它需要具有灵活性，主体可根据特定需求或实际情况建立或维护内部控制体系。它既可以覆盖组织整体，也可以在下属单位、分部、业务单元，或在与运营、报告和合规目标相关的某个职能部门内开展。

为直观解读内部控制的概念及特征，可用图 1－1 来描述内部控制的过程。

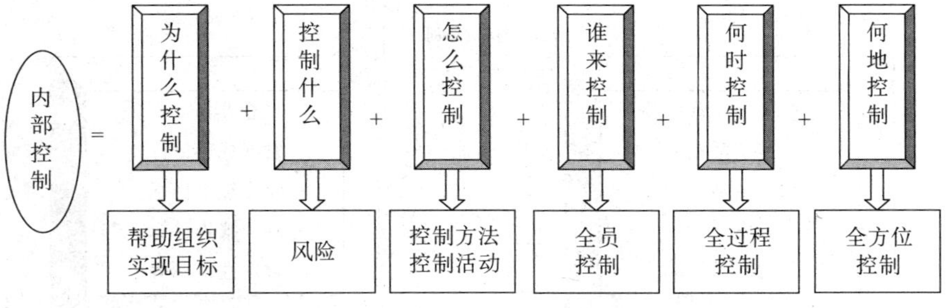

图 1－1　内部控制的概念及特征

三、内部控制与风险管理的关系

风险是可能对组织目标的实现产生影响的各种不确定性因素，可能形成实际结果与预期目标的差异。风险管理（Risk Management）是对各种风险进行识别、衡量、分析并适时采取有效方法进行应对的过程。按照国务院国有资产监督管理委员会2006年发布的《中央企业全面风险管理指引》，企业实施风险管理应围绕总体目标，在生产经营和管理活动的各个环节执行风险管理流程，培育良好的风险管理文化，建立健全风险管理体系，包括风险管理策略、风险管理措施、风险管理组织体系、风险管理信息系统和内部控制系统，从而为实现企业目标提供合理保证。风险管理流程主要包括收集风险信息、进行风险评估、制定风险管理策略、提出和实施风险管理解决方案、风险管理的监督与改进等工作。

关于内部控制与风险管理的关系，有不同认识。如前所述，我国《企业内部控制基本规范》和COSO的《内部控制——整合框架》都认为内部控制比风险管理的范畴大，认为风险的识别、分析和应对是内部控制的一个组成要素，即风险评估。但COSO委员会2004年发布的《风险管理整合框架》则认为风险管理的概念比内部控制涵盖范围更广，风险管理不仅详细解释了内部控制，而且更加从战略层面关注风险治理，内部控制是风险管理不可分割的重要组成部分。而内部控制更加关注采取具体措施来降低风险，以保证企业目标的实现。

内部控制是对影响企业目标实现的众多不确定因素进行辨别和评估，实施相应的控制活动，以管控这些风险，从而为企业目标的实现提供合理保证的过程。如图1-2所示，内部控制与风险管理有融合之势，我国《企业内部控制基本规范》及其配套指引，充分吸收了全面风险管理的理念和方法，始终贯穿着风险导向的基本原则，强调了内部控制与风险管理的统一。内部控制的目标就是防范和控制风险，促进企业实现发展战略，风险管理的目标也是促进企业实现发展战略，两者都要求将风险控制在可承受范围之内。因此，内部控制与风险管理两者不是对立的，而是协调统一的整体。

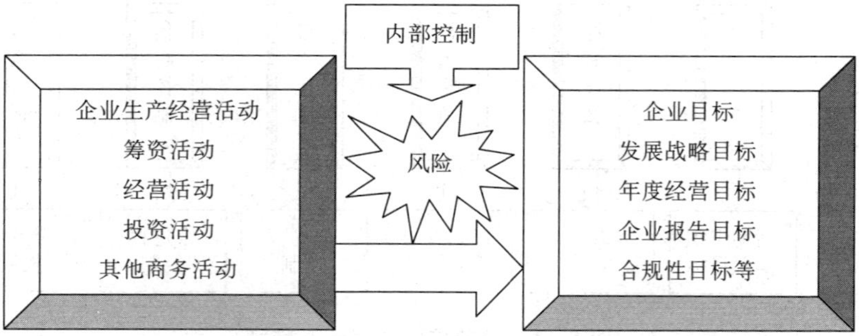

图1-2 内部控制与风险管理的关系

实践中，我们应淡化对两者关系的区分和研究。企业在实际工作中应从工作内容、目标、要求以及具体工作执行的方法、程序等方面，将内部控制建设和风险管理工作有机结合起来，避免职能交叉、资源浪费、重复劳动，降低企业管理成本，提高工作效率和效果。

内部控制与风险管理的有机结合，能够将企业发展战略、管理理念、控制要求融入公司治理、企业文化、岗位授权、制度规范和业务流程之中，通过风险评估、风险预警、信息沟通、流程监控、有效性评价、缺陷改进等活动，推动企业管理从单一制度管理向体系化管理转变、从传统管理向风险管理转变、从事后监督向过程监督转变、从职能条块化管理向全流程管理转变，实现企业管理水平的全面提升。

四、内部控制与风险管理的认识误区

由于种种原因，实践中人们对内部控制与风险管理的认识存在着这样或那样的误区，影响着内部控制与风险管理建立和实施的效率效果，从而阻碍了内部控制目标的实现。

（一）认识误区一：内部控制就是一系列规章制度

实践中，很多人认为内部控制就是管理制度，是企业用于防止差错和舞弊，或是应付有关部门和主管单位的检查而制定的各种规章制度，是存放在文件柜中的一份份书面文件。在实际运行过程中，还有些企业认为责任分工体系、授权审批制度就是内部控制。这些认识都是对内部控制的一知半解。从前面的分析可以看出，内部控制的内涵远不仅仅是规章制度，而是为实现控制目标而对风险进行识别、分析和应对的过程。内部控制建设涉及设计、执行和评价改进等过程，是一个动态的持续改进过程。尽管内部控制设计的有形成果大多表现为政策、制度、流程和表单等，但这些静态的规章制度并不等于内部控制的全部，内部控制建设更强调对规章制度的执行过程和实施的效率效果。内部控制是一项全面的风险管理活动，内部控制建设绝不等同于制度建设，而是要建立健全有效的内部控制框架。例如，内部环境作为构建和运行内部控制的基础，包括治理结构、管理哲学与经营风格、员工正直的品行、道德价值观和胜任能力以及企业文化等，这些软环境比规章制度更为重要。

（二）认识误区二：内部控制是针对基层岗位和普通员工的控制

内部控制的对象是风险，而不是基层岗位和普通员工。内部控制是全员控制，责任主体不仅包括董事会、监事会和经理层，还包括全体普通员工。当然，在内部控制建设中，董事会和管理层发挥着领导和示范作用，有责任建立并维持恰当的高层基调，制定并遵循行为准则。从风险的责任归属来看，董事会和管理层要对战略风险、经营风险等承担责任。董事会对设计、实施并维护有效的内部控制与风险管理机制负有总体责任；监事会主要对董事、经理和其他高级管理人员履行职责的合规性及胜任能力等进行监督；管理层和职能部门主要对经营和管理风险负责，并协助业务部门控制业务活动层面的风险；业务部门主要对业务层面的风险管理负责，重点关注业务流程风险；普通员工要对自身的操作风险负责。企业上至董事会、监事会和经理层，下至各基层岗位和普通员工，谁也不能游离于内部控制之外。如果普通员工认为自己是被控制的对象，就会限制其在内部控制建设中的积极性和主动性。管理层凌驾是导致内部控制失效的重要原因，现实工作中，有些企业的内部控制往往只针对基层岗位和普通员工，对最高权力机构和决策人员却显得无能为力，结果导致个别领导权力膨胀和主观臆断决策，甚至出现徇私舞弊和经济犯罪现象，从而导致内部控制失效。

（三）认识误区三：内部控制等于内部会计控制，是会计部门的事

实务中，很多企业的内部控制建设牵头部门设在财务部，由财务部负责内部控制推进的一些具体工作，这本身无可厚非，但很多人据此认为内部控制就等于内部会计控制，是会计部门的事，与自己无关。也有部分企业将自己的内部控制定位在会计领域。诚然，会计部门和会计人员在内部控制建设中发挥着重要作用，内部控制目标中的报告目标、资产目标及合规目标等都与会计工作直接相关，会计系统控制是重要的控制活动和控制手段。会计工作既要管控好自身的报告风险、合规风险和资产风险，又要为运营分析、绩效考评、预算控制等控制活动提供支撑。在信息与沟通、内部监督等方面，会计部门和会计人员同样发挥着重要作用。可以说在内部控制建设中，会计部门是最重要的职能部门之一，但不能就此认为内部控制就等于内部会计控制，是会计部门的事。内部控制是项系统工程，不是某一部门的事，是全面的风险管理活动，涉及全员、全过程和全方位，在此不作赘述。另外，从内部控制发展的历程来看，先后经历了内部牵制、内部控制制度、内部控制结构和内部控制整体框架等阶段。在内部控制制度阶段，内部控制被划分为内部会计控制和内部管理控制两类。这种划分思想在实务界产生了广泛而深远的影响，我国在 2001 年发布的《内部会计控制规范——基本规范》及其系列配套指引，也是从会计控制的角度来规范企业内部控制，将内部控制的基本目标定位为“纠错防弊”。这种认识是滞后的，扭曲了内部控制的本质，人为缩小了内部控制的范围和作用，还停留在“内部控制制度”阶段。

（四）认识误区四：内部控制建设可一劳永逸，开始费点劲以后就轻松了

内部控制建设没有终点，是一个反复的持续改进过程。当今世界是一个多变的世界，利率、汇率、物价、客户信用、市场竞争、技术创新等都在变化，这些变化对内部控制与风险管理提出了更多的挑战，企业应根据内外环境变化、管理要求提高和业务职能调整等的需要，不断修正和改进自己的内部控制体系。内部控制与风险管理是一个精益求精的动态过程，需要通过持续监督、单独评估或两者并用进行持续改进和提升。已建立起内部控制体系的企业，应重点抓好有效执行和持续改进工作，着力提升内部控制的健全性和有效性。企业可以通过 PDCA 循环加强内部控制体系的建设工作。PDCA 是英语单词 Plan（计划）、Do（执行）、Check（检查）和 Action（处理）的首字母，PDCA 循环是按这样的顺序进行内部控制的检查评估和持续改进。

P 可以理解为内部控制的设计，D 表示内部控制的实施和执行，C 表示对内部控制体系的监督检查和缺陷评估，A 表示对内部控制缺陷和薄弱环节的改进和提升。

（五）认识误区五：内部控制越严格越好，规章制度越多越好

实务中，部分企业认为内部控制越严越好，规章制度越多越好，还有的企业将内部控制执行的有效性体现在惩罚力度上，以罚代控。规章制度和严格处罚可能不会反映员工内心诉求，内部控制建设是企业健康发展的需要，要做到控而有度、控而不僵，同时需要结合企业文化等精神层面的软环境建设。内部控制的核心是人，个人品性，包括诚信、道德价值观和胜任能力是内部控制中最重要的因素。员工素质的高低与控制制度的多寡及控制措施的严松是反向变动的，人力资源素质越高，所需要的控制就越少，人力资源素质越低，所需要的控制就越多。在内部控制建设中，规章制度是基础，正直、诚信和道德操守则是内部控制的灵魂，是内部控制建设的更高境界，能够引领员工由被动走向自觉，从而达到“无为而治”的境界。制度是一种“硬约束”，必须融入企业道德和文化的“软约束”，才能实现“他控”和“自控”结合，以达到内部控制目标。因此，企业应重视软环境建设，加强企业文化建设，培育积极向上的价值观和社会责任感，倡导诚实守信、爱岗敬业、开拓创新和团队协作精神，并与企业目标和战略规划相协调，而不能一味地追求控制越严越好，规章制度越多越好。内部控制设计的宽严程度应切合单位的实际，并遵循成本效益、适用性和重要性等原则。控制环节越多、控制措施越严、规章制度越多，控制成本也越大。如果控制成本超过了控制风险和防错治弊的收益，再好的控制都将失去意义。当然，对事关企业生死存亡的重要环节和主要风险点要遵循重要性原则，要在关键控制点上进行严格控制。

（六）认识误区六：内部控制是企业内部的事，用不着外人来管

所有权与经营权相分离是现代企业的重要特征，投资人通常并不直接参与企业的经营和管理，需要内部控制来保护其投资的安全，保证其资产的保值增值。作为企业资金的另一个重要来源，银行等债权人也希望企业能够建立并保持良好的内部控制，稳健经营，以便及时还本付息。证券监管、工商税务等政府部门也希望企业能有良好的内部控制，以促进企业合法经营、稳定增长。我国《企业内部控制基本规范》及其配套指引由财政部、证监会、审计署、银监会、保监会五部委联合发布，可见相关政府部门对企业内部控制的关注。同样，其他利益相关方，如供应商、客户、消费者、当地社区等也都希望企业有良好的内部控制，能够长期合作，以保护自身利益。薄弱的内部控制不仅会给企业自身带来经营和管理的混乱，以至于无法实现自己的目标，也会对投资人、债权人、政府部门等利益相关方造成危害。因此，建立并实施内部控制，不仅是企业自己的事情，还具有一定的外部性，政府必须加强对企业内部控制的监管，注册会计师应提高内部控制审计的质量。

（七）认识误区七：有了内部控制就可以万事大吉，高枕无忧

人们对事物的认识总是一个不断深化的过程，在设计内部控制时不可能设计出

无任何缺陷的内部控制体系；出于成本效益的考量，企业在建立内部控制体系时，也不可能事无巨细，面面俱到；由于环境的不断变化，内部控制也具有时效性，今天有效的内部控制明天不一定有效；新业务的出现也可能使现有内部控制体系无所适从。企业战略和运营目标的实现取决于许多因素，内部控制虽然非常重要，但只是其中一个方面，是企业战略和运营目标实现的必要而不是充分条件。有些企业的内部控制非常健全有效，执行的效果也很好，但突发事件或外部灾害可能使企业战略和运营目标无法实现。再加上内部控制的固有局限性，例如，目标设定不当、员工串通、管理层凌驾、人员素质低、职业判断失误、成本效益低、外部环境变化莫测等，内部控制很有可能因此而失效。因此，内部控制不能解决企业的所有操作风险和安全隐患，只能对控制目标的实现提供合理保证，并不是包治百病的灵丹妙药。

（八）认识误区八：内部控制的目标是为消除风险，杜绝差错和舞弊

内部控制的目标不是要消除风险，而是通过主动的风险管理过程实现风险与收益的平衡，将风险控制在可接受水平之内。风险是未来事件发生的可能性及其后果，绝大多数风险是无法消除的，一味地增加控制，追求风险的无限降低可能不符合内部控制建设的成本效益原则，只要使控制后的剩余风险降低到可接受水平就可以了。同样，再好的内部控制也不可能杜绝差错和舞弊，员工串通合谋、管理层凌驾于内部控制之上、员工判断失误等都可能使差错或舞弊发生。

第二节 内部控制的产生及发展

经过不断发展，内部控制和风险管理经历了由低级到高级的演进变化，先后经历了内部牵制、内部控制制度、内部控制结构、内部控制整合框架和风险管理整合框架等阶段。特别是始于 2007 年下半年的金融危机爆发后，人们对内部控制和风险管理的认识得到进一步提升，两者融合的趋势日益明显。

一、内部牵制阶段

两个或两个以上的人或部门无意识犯同样错误的机会是很小的，两个或两个以上的人或部门有意识合伙舞弊的可能性大大低于单独一个人或部门舞弊的可能性。这是内部牵制（Internal Check）的基本原理，是内部控制的萌芽阶段。内部牵制是为提供有效的组织和经营，防止错误和其他非法业务的发生，而以不相容职务分离和账目核对为基础的制度设计，包括实物牵制、程序牵制、体制牵制、簿记牵制等。

实物牵制是由两人或两人以上共同掌管实物来完成一定程序的牵制。例如，保险柜密码和钥匙由不同人员分别保管；网上银行的数字证书和交易密码由不同人员分别保管；凡涉及货币资金业务的支票、本票、发票、收据等票据应与有关印章分开保管；出纳不得同时保管空白收据、发票和财务专用章；等等。

程序牵制是只有按正确的程序操作才能完成一定过程的操作。例如，系统操作员如果连续三次输入错误密码，程序将自动报警或锁死该用户名；保管期满的会计档案销毁时，必须按规定程序销毁；超过正常信用条件的赊销，必须按规定程序报批；等等。程序控制要求单位将各类业务及事项的处理过程，用文字说明或流程图的方式表示出来，以形成制度，颁发执行。

体制牵制是为防止错弊，对每项业务或事项的处理，都由两人或两人以上共同分工负责，以相互牵制，任何人不得单独办理任何业务的全过程。体制牵制主要通过组织分工来实现，要求明确划分各部门和岗位的职责权限，规定相互配合与制约的方法。例如，构成亲属关系的人员不应在本单位财务部门担任具备不同财务权限的职务；单位负责人直系亲属不得担任本单位财务负责人；财务负责人直系亲属不得担任本单位出纳；等等。

簿记牵制是将原始凭证与记账凭证、会计凭证与账簿记录、不同账簿记录之间、账簿记录与资产实有数、账簿记录与报表项目之间定期或不定期进行核对，以确定是否相符，并进一步查明和处理不相符的情况。例如，定期将账簿记录与库存实物、货币资金、有价证券、债权人或债务人记录等进行核对。

二、内部控制制度阶段

1949 年，美国注册会计师协会（AICPA）审计程序委员会首次提出内部控制制度（Internal Control System）的概念，认为内部控制制度是企业所制定的旨在保护资产安全、保证会计信息可靠、提高企业经营效率，推动管理部门所制定的各项政策得以贯彻执行的组织计划和相互配套的各种方法及措施。后来，该程序委员会又将内部控制划分为内部会计控制（Internal Accounting Control）和内部管理控制（Internal Administrative Control）两类。会计控制由所有与保护资产安全、保证会计信息可靠性有关的组织计划、方法和程序构成，包括授权与批准制度；记账、编制财务报表、保管财物等职务的分离；财产的实物控制；内部审计等。管理控制由所有为提高经营效率、保证管理部门所制定的各项政策得到贯彻执行等有关的组织计划、方法和程序构成。管理控制的方法和程序通常只与财务记录发生间接关系，如统计分析、经营报告、雇员培训和质量控制等。独立审计师应主要检查会计控制。管理控制通常只对财务记录产生间接的影响，因此，审计人员可不对其作评价。

三、内部控制结构阶段

1988 年，AICPA 发布了《第 55 号审计准则公告：在财务报表审计中考虑内部控制结构》，以“内部控制结构（Internal Control Structure）”取代了原有的“内部控制制度”。内部控制结构包括为合理保证企业特定目标的实现而建立的各种政策和程序，包括控制环境、会计系统和控制程序三个要素。控制环境是指对建立、加强或削弱特定政策和程序效率产生影响的各种因素，如管理者的思想和经营作风、企业组织结构、董事会及其所属委员会（特别是审计委员会）发挥的职能等。会计系统规定各项交易及事项的分析、归类、计量、记录和编报的方法等。控制程序是管理层所制定的用以保证达到一定目标的措施和方法，如授权审批、不相容职务分离、内部稽核等。与以前的定义相比，内部控制结构将控制环境纳入内部控制的范畴，强调了控制环境对内部控制效率和效果的支持及影响。

四、内部控制框架阶段

1992 年，COSO 委员会发布了专题报告《内部控制——整合框架》（Internal Control：Integrated Framework)，将内部控制定义为：由企业董事会、经理层和其他员工实施的，为运营的效率效果、财务报告的可靠性、相关法律法规的遵循性等目标的实现而提供合理保证的过程。整合框架认为内部控制是由目标层面、要素层面和结构层面构成的三维度整合框架，如图 1－3 所示。目标层面包括财务报告目标、运营目标及合规性目标三个方面；要素层面包括控制环境、风险评估、控制活动、信息与沟通和监督五要素；结构层面包括各业务单位和业务活动。

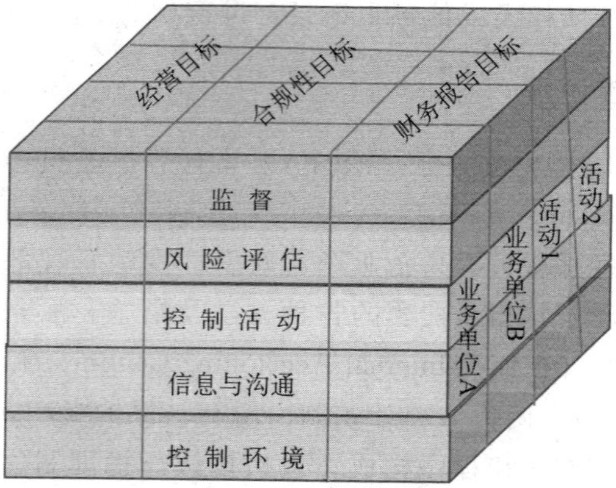

图 1－3 COSO 内部控制整合框架

COSO 的内部控制整合框架获得了广泛认可，美国公共监督委员会（Public Oversight Board，POB）不仅特地为这个报告发表了推荐公告，还建议美国证券交易委员会（Securities and Exchange Commission，SEC）要求上市公司在公司年报中进行内部控制有效性评价，并把该框架设定为评价内部控制有效性的标准。但是 SEC 没有采纳将该框架作为内部控制强制性标准的建议，主要原因如下：一是 COSO 委员会主要由财务、会计、审计领域的人员组成，代表性不够，在平衡各利益相关方的利益关系上缺少权威性；二是该框架明显偏向会计、审计视角，内部控制目标过分强调财务报告的可靠性，管理层和其他利益相关方不太愿意接受这一点；三是该框架对内部控制的有效性缺少清晰的判断标准。

五、风险管理整合框架阶段

2004 年 9 月，COSO 委员会根据 SOX 法案要求，发布了内部控制与风险管理的整合框架（Enterprise Risk Management: Integrated Framework，ERM）。ERM 认为风险管理是一个过程，受企业董事会、管理层和其他员工的影响，包括内部控制及其在战略管理和整个公司活动中的应用，旨在为实现经营的效率和效果、公司报告的可靠性及法规的遵循提供合理保证。ERM 涵盖了先前的内部控制整合框架，认为内部控制是实现风险管理的手段，是企业风险管理的重要内容，两者应融为一体，整合为一个完整框架。如图 1－4 所示，ERM 具备完整的三维度结构，目标层面包括战略目标、运营目标、合规性目标和报告目标；要素层面包括内部环境、目标设定、事项识别、风险评估、风险应对、控制活动、信息与沟通、监督八要素；结构层面包括企业整体层面的控制、业务活动层面的控制、对分支机构的控制和对子公司的控制四个方面。企业整体层面的控制是指存在于企业整体范围内，对内部控制目标的实现能够产生深远影响，对业务层面的控制及其他控制的有效实施能够产生普遍影响的控制领域。公司整体层面的控制是与内部控制各要素直接相关的基础性控制，例如，企业的风险管理理念、风险承受能力、全面预算管理、信息系统及沟通机制、内部监督的有效性、公司治理水平、内部机构设置和运行的有效性、对诚信和道德价值观的遵守、管理理念和经营风格、员工素质与及权责配置等。业务活动层面的控制是针对企业主要业务活动开展的控制，涉及资金业务、资产管理、投资业务、筹资业务、采购业务、生产业务、销售业务、工程项目、担保业务、业务外包等。对子公司的控制主要涉及选任子公司董事、经理、总会计师等高管人员，并对选派人员进行绩效考核与薪酬激励；通过修订子公司章程体现母公司意志，限制子公司的某些业务或经营行为；控制子公司重大的投资、筹资、合同、利润分配、担保、捐赠、关联交易、经营等活动等。企业可以比照对子公司监督管理的制度，对分公司和具有重大影响的参股公司进行监督管理，根据各分支机构管理水平、风险管理能力、地区经济和业务发展需要，建立授权体系。

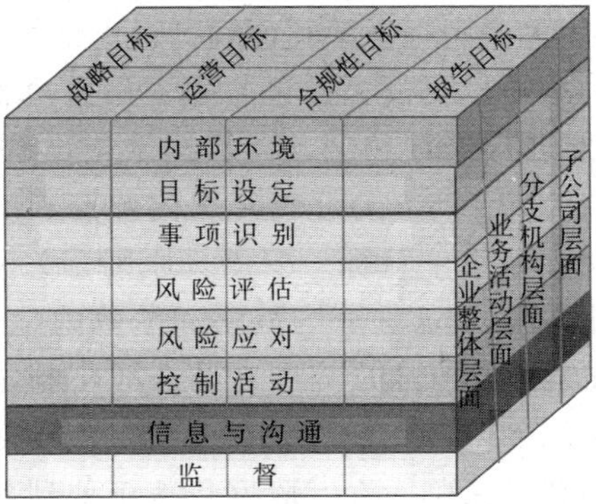

图 1－4　COSO 风险管理整合框架

ERM 在内部控制整合框架的基础上增加了一个战略目标和目标设定、事项识别、风险应对三个要素，从而形成一个三维度的整合框架。在目标层面，ERM 认为风险管理的最高目标是帮助企业实现发展战略，促进企业可持续发展。另外，在报告目标方面，ERM 也拓展了范围，由财务报告目标扩大到促进公司整个报告可靠性的提高；在要素层面，ERM 突出了风险评估和应对的重要性，从目标设定、事项识别、风险评估和风险应对四个方面完善了风险管理流程，并定义了风险偏好和风险容忍度两个概念；在结构层面，ERM 认为风险管理活动贯穿于企业上下和业务始终，上至公司战略和经营计划，下至业务单元和职务岗位，是一种全面风险管理，涉及企业整体、业务单元、附属企业和子公司四个层面，需要依靠企业管理系统整体推进。

ERM 八要素的划分并未得到广泛认同，实务中，人们仍以五要素的设置为主。COSO《内部控制——整合框架（2013）》及其配套指南，仍以五要素为基础进行升级和改造。我国《企业内部控制基本规范》也是以五要素为基础制定的，但将控制环境改为内部环境，将监控改为内部监督，其他要素名称相同。

六、内部控制与风险管理新发展

近几十年来，经济、社会和技术环境发生着巨大变化，生态和资源环境压力越来越大，组织结构和商业模式日益复杂化，企业生产经营和日常管理更加依赖创新和复杂技术，金融和商业创新的步伐越来越快，等等。这些内外环境的变化对组织的内部控制与风险管理带来了巨大影响和挑战，舞弊和内部控制失效事件频发。管理层凌驾、利益冲突、缺乏职责分离、透明度不足、风险管理未加统一协调、内部监督无效等，都对内部控制有效性产生影响。这些变化和内部控制失败事件也促进了内部控制与风险管理理论和实践进一步向前发展。

2009 年 11 月，国际标准化委员会（ISO）发布《ISO31000：组织的风险管理国际标准》，及时总结和汲取了世界范围内风险管理的最新理论与最佳实践，代表着风险管理的先进标准。2018 年 2 月，ISO 发布新版《ISO31000：组织的风险管理国际标准》，对风险管理的相关原则、框架和流程进行了精减和优化。

2013 年 5 月，COSO 委员会发布《内部控制——整合框架（2013）》及其配套指南，对 1992 年版的框架进行修订和完善。新框架提出基于内部控制五要素的 17 项原则和相应的关注点，构成了建立与评价组织内部控制的主要标准，形成一个层次分明的内部控制体系，即系统—目标—要素—原则—关注点。2017 年 9 月，COSO 委员会发布《企业风险管理框架——与战略和绩效的整合》，将企业风险管理定义为组织在创造、保持和实现价值的过程中，结合战略制定和执行，赖以进行管理风险的文化、能力和实践。

随着“互联网 +”时代的来临，在互联网快速延伸到各行各业，并加速创新业态的同时，层出不穷的网络安全事件要求企业比以往任何时候都要更加积极地关注和应对网络安全风险。企业应整合挖掘“互联网+”时代应关注的重要风险，并有针对性地采取防控措施。2015年1月，美国COSO委员会发布《网络时代的内部控制》，为企业防范网络风险提供指导。

第三节　内部控制目标及其设定

目标引领行动，任何组织都有自己的目标，如实现企业价值的最大化，为公众提供最佳服务，更加有效率地利用资源等。企业的目标是为利益相关方创造、保持和实现价值。企业在价值追求过程中会面临风险。内部控制主要是对影响目标实现的风险进行评估和管控，目标设定的适当性是建立和实施内部控制的先决条件，是内部控制建设的基础，只有明确目标，才能确定内部控制建设与实施的方向。

一、内部控制的总体目标

内部控制总体目标是建立和实施内部控制体系所要达到的预期效果及所要完成的主要任务，涉及对内部控制定位和功能的认识。关于内部控制的总体目标，世界各国的不同组织有不同的认识。

COSO1992年版《内部控制——整合框架》把内部控制目标设定为三类：运营的效率效果、财务报告的可靠性、适用法律法规的遵循性。COSO2004年版《企业风险管理——整合框架》又增加了一个战略目标，并将其设定为内部控制最高层次的目标，为风险管理向上拓展到公司治理层面奠定了基础。COSO2013年版《内部控制——整合框架》及其配套指南仍维持了三目标的基本分类，但对目标的适用范围和具体内容进行了细分与深化。

我国《企业内部控制基本规范》将内部控制的总体目标确定为五类：合理保证企业经营管理合法合规、资产安全完整、财务报告及相关信息真实可靠、提高经营效率和效果、促进企业实现发展战略。国资委2006年版《中央企业全面风险管理指引》将企业风险管理的目标界定为五个方面：一是确保将风险控制在与总体目标相适应并可承受的范围内；二是确保企业内部及企业与外部信息沟通顺畅，编制和提供真实、可靠的财务报告及其他相关信息；三是确保企业活动遵守有关法律法规；四是确保企业有关规章制度和为实现经营目标而采取的重大措施的贯彻执行，保障经营管理的有效性，提高经营活动的效率和效果，降低实现经营目标的不确定性；五是确保企业设立针对各项重大风险发生后的危机处理计划，保护企业不因灾害性风险或人为失误而遭受重大损失。

二、内部控制目标的结构层级

内部控制的各目标之间并不是简单的罗列关系，一个目标可能会与另一目标有所重叠或相互支持，一个目标到底属于哪种类别有时也不太好确定，需要视具体情况而定。下面简要归纳各目标之间的逻辑结构和层级关系。

（一）战略目标是内部控制最高层次的目标

战略目标是对企业全局的一种总体构想，是企业整体发展的总任务和总要求，是企业宗旨的展开和具体化，是对企业经营活动预期主要成果的期望值。战略目标具有宏观性、全局性、长期性、可分解性、可接受性、可检验性和相对稳定性等特点。内部控制的最高目标是促进企业实现发展战略，促进企业可持续发展。将战略目标设定为内部控制的最高目标有利于企业将近期利益与长远利益、局部利益与全局利益结合起来，在生产经营和管理活动中做出符合战略要求、有利于提升可持续发展能力和创造长久价值的选择和判断，从而克服片面追求当前利益和局部利益的短期行为，也有利于社会资源的合理配置。

（二）运营目标是内部控制的核心目标

企业需要设立自己的使命和愿景，制定战略目标和战略规划，确立运营目标并将目标层层细分，制定和执行实现目标的具体计划。运营目标是战略目标的细化、分解与落实，是战略目标的具体化。企业的主要功能是开展生产经营活动，实现其目标。一般来说，企业的主要功能是创造价值，实现企业价值最大化。内部控制作为企业管理系统的重要内容，要服务于企业的价值创造，应与企业运营目标保持一致，通过识别、分析和应对企业价值创造过程中的风险因素，以减少损失，提高收益，促使生产经营活动达到预期目标。生产经营和管理活动的效率效果是企业运营目标实现的根本。因此，内部控制的核心目标是提高企业运营的效率和效果。

（三）合规目标、资产目标及报告目标是内部控制的基础性目标

诚实守信、遵纪守法是企业发展的前提，企业必须遵循相关法律法规来开展生产经营活动，这是企业能够持续经营的基本保障，不遵纪守法的企业是无法长期生存的，其内部控制也就无从谈起。各国的内部控制框架都强调法律法规的遵循性是企业内部控制的基本目标。当然，这里的合规目标不仅包括企业要遵循相适用的法律法规和监管要求，也包括企业内部制定的各种政策方针和规章制度。

资产安全完整是企业开展生产经营的前提条件和物质基础，是促进企业实现发展战略的基本保障，也是投资者、债权人和其他利益相关者普遍关注的问题。有效率地使用资产并避免由于差错、浪费、使用效率低下或决策失误而可能带来的资产损失（例如，低价出售资产、发生坏账损失、造成资产毁损等），会涉及更广泛的运营目标。管理层或员工串通舞弊、违法违规等行为可能造成企业资产流失，同时危及合规性目标。资产的安全完整是企业报告的重要内容，财务报表编制的前提是必须确认资产的存在和完整，资产的安全完整和利用的效率效果是企业内部报告和财务分析的重要内容，发现未经授权取得、使用和处置资产的行为应在内部控制报告中披露。

报告目标也是内部控制的基本目标，能够有效支撑其他目标的实现。企业应通

过外部报告向投资者等利益相关者清晰地阐述其战略目标和运营目标，真实可靠的财务报告及相关信息既是管理层对其运营效率效果的总结和汇报，也能够支持管理层决策、监控运营活动及衡量业绩的需要，同样也是满足合规性要求的重要内容。进行财务报告舞弊的企业一般都是无法实现其运营目标的，最后铤而走险，走上不合规之路。

（四）内部控制各目标之间的关系

内部控制的五个目标不是彼此孤立的，而是相互联系的，共同构成了一个完整的内部控制目标体系，各目标之间的逻辑关系如图1-5所示。内部控制的根本目标是通过控制风险来创造价值，通过促进人、财、物、时间、技术等资源的优化配置，以更优的效率效果实现其运营目标，从而促进其战略目标的实现。这些目标的实现必须以合规目标、资产目标和报告目标为基础。战略目标是内部控制的最高目标，是与企业使命和愿景相联系的终极目标，企业在设定内部控制目标时，应将内部控制目标与战略目标结合起来，通过内部控制的实施，促进企业战略目标的实现；运营目标是战略目标的细化、分解与落实，是战略目标的短期化与具体化，是内部控制的核心目标；资产目标是实现运营目标的物质前提；报告目标是运营目标的成果体现与反映；合规目标是实现运营目标的有效保证。

图1-5　内部控制目标的结构体系

三、设定内部控制目标应考虑的因素

（一）设定内部控制目标应考虑风险偏好和风险容忍度

风险偏好是企业在实现其目标的过程中愿意接受的风险数量，是在承担风险时获得效用的状况。不同的行为者对风险的态度是不同的，有人喜欢大得大失的刺激，有人则喜欢平稳。根据人们对风险的偏好，可将行为者分为风险回避型、风险喜好型和风险中立型。风险回避型针对风险决策获得的是负效用，选择项目的态度是：当预期收益率相同时，偏好于具有低风险的项目；对于具有同样风险的项目，则钟情于高预期收益的项目。风险喜好型与风险回避型相反，针对风险决策获得的是正效用，正效用越大对风险越爱好，通常主动追求风险，喜欢动荡的高收益预期。风险中立型既不回避风险，也不主动追求风险，通常以预期收益的大小作为项目选择的标准，而不管风险状况如何。风险偏好是企业战略制定和目标选择的指引。

风险容忍度（Risk Tolerance）是企业在目标实现过程中对偏差的态度，是在风险偏好的基础上设定的对目标实现过程中所出现偏离的容忍程度，描述的是人们对风险承担的意愿和能力。能够容忍的上限，称为风险容限，对于在风险容限之内但不能接受的风险应实施风险降低，使控制后的剩余风险降低到可接受水平之内。风险可接受水平是企业愿意接受的风险。

企业设定目标时不仅包含业务指标，还应包含反映风险容忍度的控制指标。企业应在风险容忍度范围内，根据不同风险类别、业务或产品特征等，分别确定风险容限。在设定风险可接受水平时，管理层应考虑目标重要性，并与风险偏好相匹配。例如，企业组织员工参加专业技能培训，培训目标是90%的受训人员通过某项考试，能够容忍的考试通过率最低为70%，可以接受的水平为80%考试通过率。再如，某公司持有一笔应收账款3个月，在99%的置信水平上，能够容忍的最大坏账损失为150万元。

内部控制的目标类别不同，风险容忍度的表达方式也不尽相同。在财务报告目标中，风险容忍度通常表达为重要性水平，在合规及运营目标中，风险容忍度可表达为可接受的业绩偏离程度。当外部要求不存在时，管理层对于确定风险容忍度有较大的自主裁量权。当外部报告目标、合规目标等存在外部标准或监管要求时，管理层应依据相关标准或要求确定风险容忍度。在风险容忍度范围内经营会使管理层对实现企业目标更有信心。

（二）设定的内部控制目标要具有可操作性

内部控制目标的设定应适当而具体，易于理解，具有可操作性。对目标的执行结果应该是可以衡量、能够被检验的。为使目标制定更具有针对性和可操作性，可以遵循SMART（S = Specific、M = Measurable、A = Attainable、R = Relevant、T = Time - based）原则。S是指要具体明确，尽可能量化为具体数据，如年销售额5000万元、存货周转一年5次等；不能量化时尽可能细化，如对文员工作态度的考核可以分为工作纪律、服从安排、服务态度、电话礼仪、员工投诉等。M是指可测量的，要把目标转化为指标，指标可以按一定标准进行评价，如主要原料采购成本下降10%，即在原料采购价格波动幅度不大的情况下，同比采购单价下降10%；完善人力资源制度可以描述成“5月31日前完成初稿并组织讨论，6月30日前讨论通过并颁布施行，无故推迟一个月扣5分”等。A是指可达成的，要根据企业的资源、人员、协作条件、技术保障和管理流程配备程度来设计目标，保证目标是可以达成的。R是指合理的，各项目标之间有关联，相互支持，符合实际。T是指有完成时间期限，各项目标要制定出明确的进度安排和完成时间，以便于监控评价。

例如，HTB公司是一家大型电子产品制造企业，在HTB公司的目标设定中，公司层级制定了6项总体目标（包括产品质量目标、资产管理目标、收入增长目标、投资增长目标、采购及物流管理目标、健康及安全管理目标)、37项目标值，分解到各科室、车间后，形成了75项二级分目标、101项目标值，再分解到班组、个人，全公司共形成了2150项目标值。

(三) 内部控制目标应与企业战略目标和运营目标一致

内部控制的核心目标是提高运营的效率效果，促进公司实现发展战略。因此，内部控制目标应匹配战略目标和运营目标。企业的宗旨是为利益相关方创造价值，实现企业价值最大化，内部控制的目标应设定为管理和控制企业价值创造与维护过程中的风险，减少和控制这一过程中的不确定性，提高运营的效率效果，从而促进企业战略目标和运营目标的实现。例如，供应商审核认定的内部控制目标可以设定为：一是在采购源头得到来自供应商的可靠质量保证；二是保证公司的所有供应商均得到必要的审核论证；三是保证公司供应商名录的完整和可靠；四是保证公司所选择的供应商资质符合有关质量要求，符合法律法规和内部规章制度要求。

四、战略及运营目标的设定

战略目标的制定首先需要明确企业的愿景和使命。愿景是对未来的一种憧憬和期望，是企业努力想要达到的长期目标，是企业发展的蓝图，体现企业永恒的追求。使命，又称宗旨，反映了企业之所以存在的理由或价值。使命不是对企业经营活动具体结果的表述，而是企业开展活动的努力方向、核心理念和基本原则。战略目标是企业愿景与使命的具体化，反映企业在一定时期内经营活动的方向和所要达到的长期成果，如业绩水平、发展速度等。与愿景和使命不同的是，战略目标要有具体的数量特征和时间节点。战略目标一般由总体战略目标、业务单位战略目标和职能战略目标三个层次构成。业务单位战略要服从企业的总体战略，职能战略是为保障总体战略和业务单位战略实现的保证性战略。战略目标是企业的总目标、总任务和总要求，是一种长期目标。在时间上，要将长期战略目标分解建立整个企业的短期执行性战术目标，形成年度运营目标。在空间上，战略目标要分解到不同业务单位、事业部或经营单位，使每个业务单位及其职能部门都有自己的长期目标和短期目标。战略目标分解形成年度运营目标后，年度运营目标再层层分解，最后落实为具体目标、具体任务和具体要求，从而使企业的目标体系成为一个空间关系、时间关系、权责关系清晰明确的协调整体。例如，公司销售方面的战略目标是未来5年内销售额增长1倍，达到2亿元，根据战略实施的进度，第一年销售额应达到1.2亿元，销售总监和地区经理会讨论如何完成目标，同时设立不同区域或产品的具体目标，然后再层层细分到部门、班组、岗位和个人。这样，从最高层到一线员工每个人都清楚需要去实现什么目标。再如，公司根据战略目标分解到进口业务的内部控制运营目标可以设定为：保证公司生产经营所需要的设备和材料顺利进口，保证公司采购成本与国际价格持平，保护公司设备与材料免遭海关扣留、罚款或没收等。

五、合规目标的设定

企业行为必须合法合规，在规则和制度框架内开展生产经营活动。除法律法规外，企业还必须遵守相关部门制定的监管规则、国际组织制定的相关标准、行业组织制定的自律章程及企业内部制定的章程、制度等。很多法规是人们比较熟悉的，如员工权益、税收、环保、质量等方面的要求，也有些法规可能不太为人所知，如企业社会责任的国际标准、在境外开展业务要遵循的所在地法规等。设定合规目标，首先要清楚自己必须遵循的法规有哪些，企业可以为此开展培训和学习，特别是法律法规和监管要求变更时，企业应及时跟进。企业应建立合规事务的管理体系，可以专设法规部门，由专业人士专职负责合规方面的相关事务。

法规为企业建立了最低的行为准则，企业必须将这些法规整合到管理目标中。随着人们对人权、环境及健康的关注，一些部门或组织可能会制定更加严格的法规。在设定这些目标的过程中，企业可适当提高合规性标准。例如，企业所在地的环保要求是机动车排放标准达到国 3（或欧Ⅲ）标准，企业可适当提高标准，要求新增机动车排放标准必须达到国 4（或欧Ⅳ）标准，以展示自己的先进性和前瞻性。

企业应主动核查自身行为是否合规，并定期开展合规评价。开展相关标准的第三方认证也是实现合规目标的重要举措，例如，企业可以聘请第三方机构依据 ISO14001 国际标准开展环境管理体系的合格认证，依据 ISO9000 系列国际标准开展产品或服务质量合格认证，依据 OHSAS18000 国际标准开展职业健康安全管理体系的合格认证，等等。

六、资产目标的设定

COSO《内部控制——整合框架（2013)》将资产目标列为运营目标下面的一个子目标，同时也支持将资产目标单列的做法，我国《企业内部控制基本规范》将其作为一个独立的目标提出。资产安全完整是企业生产经营的基础，很多企业资产管理不善，资产流失、价值毁损、利用效率低下等问题突出。因此，将资产目标作为内部控制的目标单列，对于保护资产的安全完整、使用效率、保值增值、更新重置等具有重要意义。设定资产目标不能仅关注企业资产的安全完整及权属不受侵害，更要关注资产的有效利用和使用效果，确保资产价值和功能不受损失，使其在经济上保值增值。

资产目标的设定应结合管理层的风险偏好，确定风险容忍度，采取定量和定性相结合的办法设定资产的内部控制目标。例如，某公司设定的资产管理目标如下：

1. 库存现金、银行存款和其他货币资金安全完整率为 100%；
2. 上市有价证券投资的最大止损点为市价跌至成本的 70%；
3. 全年坏账损失率控制在应收款项的 3% 以内；
4. 存货完好率为 95%，存货周转率提高到全年 4 次；

5. 固定资产完好率为98%，固定资产成新率达到60%以上，固定资产全年更新率提高到30%；

6. 无形资产要做到产权清晰，证书文件保存完好，相关商业秘密不泄露。

七、报告目标的设定

企业应编制和提供报告，向利益相关方传递财务或非财务的信息。报告目标包括外部财务报告和非财务报告目标以及内部财务报告和非财务报告目标。四类报告目标的内容、特点及关系如图1－6所示。

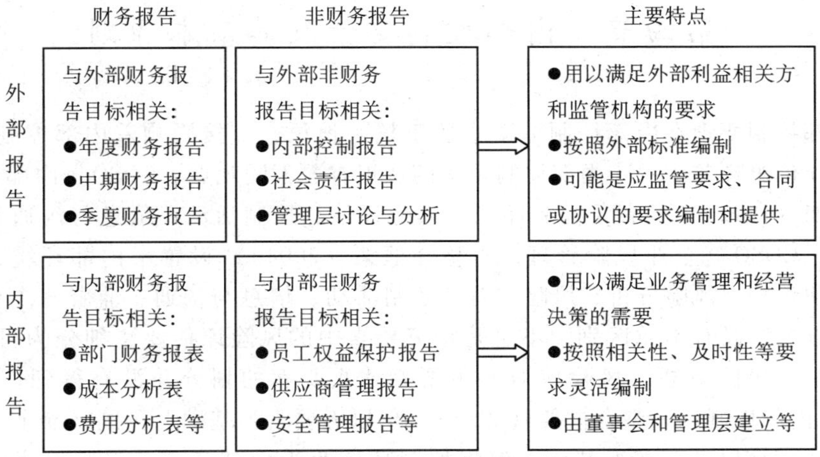

图1－6　四类报告目标的内容、特点及关系

内部报告主要用于内部管理和决策支持，相关披露要求由管理层和董事会制定，编制和提供较为灵活。内部财务报告，主要向内部各阶层管理者提供财务方面的信息，例如，部门财务报告、成本分析表、管理费用分析表、产品营利性分析等。内部非财务报告，主要向内部信息使用者提供非财务方面的信息，例如，资产利用率分析，顾客满意度分析，环境、健康及安全分析等。

外部报告主要向投资者、债权人等外部信息使用者提供决策支持信息。外部财务报告，主要向外部使用者提供财务方面的信息，例如，年度财务报告、中期财务报告、季度财务报告等；外部非财务报告，主要向外部使用者提供非财务方面的信息，例如，内部控制报告、可持续发展报告、企业社会责任报告、资产托管报告、对外担保公告等。

外部财务报告和非财务报告的目标主要是满足外部投资者、债权人和监管机构等的要求，根据外部准则和监管框架进行披露，可能受到监管者、有关合同和协议要求的限制。外部财务报告必须达到会计准则和监管框架所要求的质量标准。重要性水平是财务报告目标设定的一个重要概念，反映使用者所需报告的精确度，是确定一个项目金额是否具有相关性的临界值。重要性需要分析和判断，判断应以信息对使用者的影响程度而定，如果信息能够对使用者产生重大影响，其漏报或错报能够导致决策差别，该信息就具有重要性。重要性水平应从“质”和“量”两个方面加以判断。从“质”来说，重要性的判断应结合特定环境和项目性质进行综合评价，在某些情况下，单凭项目性质就足以确定其重要性。例如，报告期内新设立的分部，不管其业绩如何，对评价企业所面临的风险与机遇都具有重要性。从“量”来说，一般以金额结合百分比来评价。例如，某公司将报表项目金额达到20万元及以上的错报，定义为重大错报。

第四节 内部控制要素及其基本原则

内部控制要素在内部控制框架中居于核心地位，直接影响着内部控制的设计、实施和评价等环节。关于内部控制要素的认识有着不同观点，COSO《内部控制——整合框架（1992)》设置了控制环境、风险评估、控制活动、信息与沟通和监控五个要素；COSO《企业风险管理——整合框架（2004)》设置了内部环境、目标设定、事项识别、风险分析、风险应对、控制活动、信息与沟通、监督八个要素；八要素与五要素没有本质区别，不过是把五要素中的风险评估要素细分为目标设定、事项识别、风险分析、风险应对四个要素。八要素的划分并没有得到广泛认同，COSO《内部控制——整合框架（2013)》仍以五要素为基础。我国《企业内部控制基本规范》也以五要素为基础，但将控制环境改为内部环境，将监控改为内部监督，其他要素名称相同。内部控制原则是企业建立与实施内部控制应当遵循的基本指引。企业建立与实施内部控制应遵循全面性、重要性、制衡性、适应性和成本效益五项基本原则。

一、内部控制要素

下面以我国《企业内部控制基本规范》为主介绍内部控制要素。

（一）内部环境

内部环境构成一个企业的基本氛围，是影响和制约企业内部控制设计、实施与监督的各种内部因素的总称，是内部控制赖以生存的土壤，是其他内部控制要素的基础。内部环境的好坏直接决定着其他控制要素能否发挥作用，直接或间接地影响着内部控制的效率和效果。内部环境一般由治理结构、内部机构及权责分配、诚信和道德价值观、员工素质和人力资源政策、经营风格和管理哲学等分要素构成。我国企业内部控制规范体系通过组织架构、发展战略、人力资源、社会责任和企业文化五项配套指引来规范企业的内部环境。

（二）风险评估

风险是对实现目标可能产生影响的不确定性因素，是经济活动在实际结果出现之前可能出现的各种结果及其概率分布的组合。企业的生产经营和管理活动经常面临各种风险，风险评估是及时识别、科学分析和评价风险事件发生的可能性及其潜在影响，并采取应对策略的过程。风险评估是实施内部控制的重要环节，包括目标设定、风险识别、风险分析和风险应对。风险评估的先决条件是已建立了各种目标，并联结到企业内部各层级。

（三）控制活动

控制活动是企业根据风险评估结果，采取相应的控制措施，将风险控制在可接受水平之内。控制活动是在控制目标的引导下针对风险所采取的政策、方法、程序和行动。从控制方式看，控制活动可分为手工控制与自动控制、预防性控制与发现性控制等；从控制内容看，控制活动存在于战略控制、管理控制、作业控制等各个层级；从控制对象看，控制活动涉及财务控制、会计控制、资产控制、人员控制等；从控制手段看，控制活动包括不相容职务相分离、授权审批、会计系统、财产保护、预算管理、文件记录、运营分析、绩效考评、内部报告等。

（四）信息与沟通

信息与沟通是企业及时、准确、完整地收集各种相关的内外信息，并将这些信息以适当方式在企业内部及企业与外部进行及时传递、有效沟通和正确应用的过程。信息对于企业内部各主体履行内部控制责任以促进目标实现而言是非常必要的。管理层应从内外部来源获取或生成和使用高质量的信息，以支持内部控制的持续运行。沟通是提供、共享和获取所需信息，并做出恰当反应的过程。内部沟通是让信息在整个组织内向上、向下和横向传递的手段，它使员工能清晰获得高层要求其认真履行控制职责的资讯。外部沟通包括将外部相关信息引入，以及向外部提供信息以回应相关方的要求和期望。信息与沟通是企业应对情况改变、保证控制有效的“神经系统”，贯穿于内部控制的全过程。企业应建立信息与沟通机制，明确相关信息的收集、处理和传递程序，确保信息真实、沟通及时。我国企业内部控制规范体系还要求企业建立反舞弊机制、举报投诉制度和举报人保护制度，这也是重要的信息与沟通机制。

（五）内部监督

内部监督是企业对内部控制的建立与实施情况进行监督检查，评价其有效性，发现内部控制缺陷，并及时加以改进和完善的过程。内部监督的重点是及时发现和识别内部控制设计或运行的缺陷，并及时加以沟通、报告和改进。内部监督是内部控制得到有效实施的有力保障，具有非常重要的地位。企业应利用信息与沟通情况，提高内部监督工作的针对性和时效性。

内部控制的构成要素并非简单相加，而是相互联系、相互制约、相辅相成，共同组成一个完整的框架。五个要素的关系可用图 1 – 7 表示。内部环境是内部控制赖以存在的基础，提供了实施控制活动和履行控制职责的氛围，支撑着整个内部控制框架；风险评估是实施内部控制的依据，实施风险评估进而管理风险是建立控制活动的重点；控制活动是实现控制目标的手段，是内部控制的主要组成部分。企业评估影响目标实现的风险，确定合理的风险管理策略，通过“控制活动”确保降低风险的措施顺利实施；信息与沟通可以确保相关信息被获取并在组织内部和外部进行有效传递。信息与沟通贯穿于内部控制的全过程，联系着企业内外和上下左右，将整个内控结构凝聚在一起，是保证内部控制过程良好运行的“润滑系统”；内部监督位于顶端的重要位置，是内部控制系统的特殊构成要素，它独立于各项生产经营活动之外，是对其他内部控制的一种再控制。

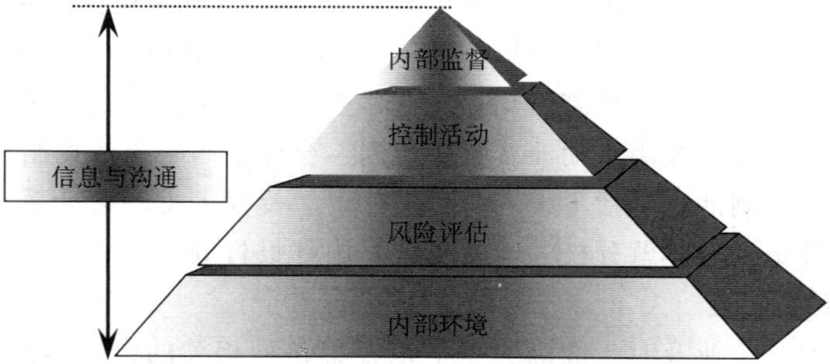

图1－7　内部控制的构成要素

二、内部控制基本原则

尽管每个企业在组织形式、行业特点、业务类别、经营范围、规模大小、管理模式等方面存在着差异，其内部控制模式也不尽相同。但在内部控制体系建立和实施的过程中，存在一些共性的原则理念。企业需要根据内部控制目标，遵循这些具有规律性和指导性的原则建立和实施内部控制。

（一）全面性原则

企业内部控制应贯穿决策、执行和监督全过程，涉及事前控制、事中控制和事后控制，覆盖企业及其所属单位的各种业务和事项，包括企业整体层面的控制、业务活动层面的控制、对子公司的控制和对分支机构的控制。内部控制是全员控制，上至董事会，下至普通员工，中间是各阶层的管理者，都是内部控制实施的主体。内部控制在业务流程上应渗透到决策、执行、监督、反馈等各个环节；任何决策或操作均应有案可查，避免内部控制出现空白和漏洞。

（二）重要性原则

内部控制应在全面控制的基础上，关注重要业务事项和高风险领域，聚焦“三重一大”事项①，针对重要业务与事项、高风险领域与环节采取更为严格的控制措施，确保不存在重大缺陷。重要性原则的应用需要一定的职业判断，企业应根据所

① “三重一大”是指企业的重大决策、重大事项、重要人事任免及大额资金使用。

处行业环境和经营特点，从业务事项的性质和涉及金额两方面来考虑是否及如何实行重点控制。

（三）制衡性原则

内部控制应在治理结构、机构设置及权责分配、业务流程等方面形成相互制约、相互监督，同时兼顾运营效率的机制。制衡性原则要求企业完成某项工作必须经过互不隶属的两个或两个以上的岗位和环节，履行内部控制监督职责的机构或人员具有良好的独立性。任何人不得拥有凌驾于内部控制之上的特殊权力，高级管理人员应以身作则，做好表率。

（四）适应性原则

内部控制应与企业经营规模、业务特点、业务范围、竞争状况和风险水平等相适应，并随着企业外部环境的变化、经营业务的调整、管理要求的提高等不断改进和完善。适应性原则要求企业建立与实施内部控制应考虑各单位具体特点，繁简适度，易于操作。内部控制建设要具有针对性和前瞻性，适时对内部控制系统进行评估，及时发现可能存在的问题，并采取措施予以补救。

（五）成本效益原则

一般而言，各种控制制度、程序和方法的设计与实施成本不应超过如不施行该控制所产生的错误或存在的潜在风险可能造成的损失和浪费。内部控制成本通常包括设计成本与运行成本。例如，增加控制流程需要增加设计和运行成本、广泛依赖信息技术控制所需要的设计成本和运行成本、聘请高技能员工需要支付更高的薪酬，等等。内部控制效益是某项控制实施、运行后产生的效益和好处。例如，内部控制可以增强董事会和管理层实现目标的信心、减少意外不利事件的发生、满足进入资本市场的特定要求、为经营管理中的判断提供依据、提高业务职能和工作流程的效率等。

做任何事情都需要成本，成本效益原则是企业从事一切经济活动的基本原则，设计和实施内部控制也不例外。例如，我们不能要求一家中小企业像上市公司那样实施全套的内部控制方案，那不符合成本效益原则。企业进行内部控制建设必须统筹考虑投入成本和产出效益之比，在合理保证有效性的前提下，权衡实施成本与预期效益的关系，争取以合理的成本实现更为有效的控制。多数情况下，直接评价内部控制设计和运行的成本效益之比并不容易，企业需要从整体利益出发，站在更高、更长远的角度进行综合评估。尽管某些控制会影响工作效率，但可能会避免整个企业面临更大损失，此时仍应实施相应控制。

三、内部控制规范体系

2008 年 5 月，财政部、证监会、审计署、银监会、保监会五部委联合发布《企业内部控制基本规范》；2010 年 4 月，上述五部委又联合发布《企业内部控制配套指引》，并对每项指引逐项进行了深入而权威的解读；2012 年 2 月，财政部会同相关部门发布《企业内部控制规范体系实施中相关问题解释第 1 号》；2012 年 9 月，又发布了《企业内部控制规范体系实施中相关问题解释第 2 号》；2013 年 12 月，财政部发布《石油石化行业内部控制操作指南》；2014 年 12 月，财政部发布《电力行业内部控制操作指南》。从而形成了较为完整的中国企业内部控制规范体系。

如图 1－8 所示，中国企业内部控制体系由企业内部控制基本规范、企业内部控制配套指引和企业内部控制解释公告及特殊行业内部控制操作指南等层次构成。企业内部控制配套指引包括应用指引、评价指引和审计指引三个系列。

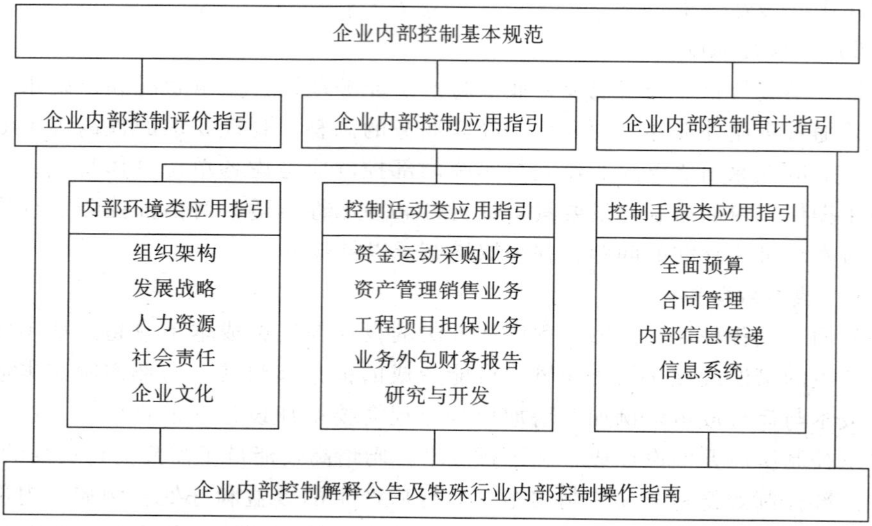

图 1－8　中国企业内部控制规范体系

内部控制应用指引又可细分为内部环境类应用指引，包括组织架构、发展战略、人力资源、社会责任和企业文化等；控制活动类应用指引包括资金运动、采购业务、资产管理、销售业务、工程项目、担保业务、业务外包、财务报告、研究与开发等；控制手段类应用指引包括全面预算、合同管理、内部信息传递、信息系统等。

内部控制评价是公司董事会或类似权力机构对内部控制的健全性和有效性进行全面评价、形成评价结论、出具评价报告的过程。《企业内部控制评价指引》主要规范企业自身对其内部控制的健全性和有效性进行评价，主要用于引导企业全面评价内部控制的设计与运行情况，规范企业自我评价的主体、程序、范围和报告，揭示和防范内部控制评价过程的相关风险。

内部控制审计是会计师事务所接受委托，对特定基准日客户内部控制设计与运行的健全性和有效性进行审计。由注册会计师对企业内部控制实施审计，是促进企业贯彻落实企业内部控制框架的重要制度安排。《企业内部控制审计指引》主要用于规范注册会计师内部控制审计业务，明确审计工作要求，保证执业质量。注册会计师在执行内部控制审计时，应遵守审计指引外，同时还应遵守相关的执业准则。

第五节 内部控制固有局限性

内部控制不是万能的，不能认为有了内部控制体系就有了一切，就可以高枕无忧。无论内部控制的设计和实施多么好，也只能合理保证企业目标的实现，而非绝对保证。内部控制无法杜绝错误的判断和决策，也无法完全防止可能导致组织无法实现其目标的外部事件。也就是说，即使是一个有效的内部控制体系也有可能出现失败。这是因为内部控制存在如下的固有局限性。

一、目标设定不当可能导致内部控制失效

目标引领行动，内部控制主要是对影响目标实现的风险进行评估和管控，设立目标是管理过程重要的一部分，尽管其并非内部控制要素，但它是内部控制得以实施的先决条件，也是促成内部控制的要件。如前文所述，内部控制有合规目标、报告目标、资产目标、运营目标和战略目标五个方面，这五大目标需要细分和具体化到战略、运营和操作等各个层次，需要明确到企业整体层面、业务活动层面、对子公司和分支机构的管控等各个领域。目标设定及其细分的科学性和适当性直接关系到内部控制的有效性。例如，发展战略为内部控制设定了最高目标，是企业执行层行动的指南。如果企业为追求“超常规”“跨越式”发展，制定激进的发展目标，则可能造成这些企业盲目做大，不惜成本，急于“铺摊子”，试图在短期内就打造成为巨型企业。但是，这种所谓“跨越式”发展，在内部管理能力难以跟上、风险管理水平不匹配的情况下，一旦遇到外部环境“风吹草动”，企业很可能迅速走向衰败。

二、员工串通可能导致内部控制失效

内部控制起源于内部分工、相互牵制和权力制衡，不相容职务分离是内部控制的基本设计，但如果执行控制的相关人员通过串通或合谋而发生舞弊，则很容易规避控制，使相关控制措施失效。执行控制的相关人员包括企业管理层、员工和第三方等。内部控制至今尚未有效解决企业内部的合谋或串通舞弊问题。合谋是指两个或两个以上的员工或管理者或第三方串通起来欺诈企业使内部控制系统失效。如果管理层企图共同进行欺诈，有可能形成内部人控制，即管理层事实上或依法掌握了企业的控制权，管理层利益在公司战略决策中会得到充分体现。

三、管理层凌驾可能导致内部控制失效

现代企业的所有权与经营权一般是分离的，出资者并不直接经营和管理企业，管理层接受股东大会和董事会的委托，主持企业的生产经营和管理工作，并获得相

应报酬。通过公司治理结构，股东大会、董事会、监事会、管理层会形成权力的监督和制衡机制，各自在职能范围内独立地行使权力并承担相应的责任，同时享有相应的权益。在制衡机制的作用下，各方独立运作，相互制约，共同实现企业目标。在内部控制建设中，管理层理应以身作则，带头垂范，保持恰当的高层基调。然而，在信息不对称和公司治理结构不完善的情况下，很容易出现管理层权力过大和滥用权力等问题，从而越过内部控制谋取私利。管理层不遵守既定的内部控制政策或程序，是威胁内部控制有效运行的重大障碍。另外，管理者自身素质、行事作风、决策能力、经营风格和管理哲学等会对内部环境产生重大影响，进而直接或间接地影响着内部控制的有效性。企业可通过健全公司治理、完善约束机制、制定“三重一大”决策机制和议事规则、增加透明度、缓解信息不对称等措施抑制管理层凌驾。

四、人员素质可能导致内部控制失效

企业活动的核心是人的活动，内部控制是由人设计的，也是由人来执行的，内部控制的许多局限归根结底是人性的局限。用正确的人做正确的事是保证组织成功运行的根本，人员素质是影响内部环境的关键因素。员工素质的高低与内部控制制度的多寡及控制措施的严松是反向变动的关系，若员工素质良好、诚实守信、有正义感，即使某些控制缺失，企业也能保持良好发展；反之，若员工油滑、无原则、无诚信、无正义感，即使有完美的控制制度，企业也可能因此蒙受损失或名誉扫地。内部控制执行人员玩忽职守，不按制度要求执行或是自身操作疏忽，都将大大降低内部控制应用效果。人格修养、职业道德和专业胜任能力应是企业选拔和聘用员工的重要标准，切实加强员工培训和继续教育，不断提升员工素质，从而提高内部控制的有效性。

五、成本限制可能导致内部控制失效

权衡成本效益是企业从事一切经济活动的出发点，设计和实施内部控制也不例外。如果设计和实施某项控制的成本超过实施该项控制的预期效益，该项控制就会因成本太高而失去其现实意义。例如，当货币资金收支频繁，业务量很大时，企业可以设置收入和支出两个出纳岗位，实行收支两条线，这样能更好地起到内部控制效果，但当货币资金业务不多时，设置两个出纳岗位可能不符合成本效益原则。随着内外环境的变化，很多企业的控制系统变得越来越复杂，相应的控制成本也就越高，甚至影响企业生产经营和日常管理的效率。风险管控的目标并不是为了消除风险，因为在多数情况下风险是无法消除的。企业应在权衡成本效益的前提下，采取适当措施降低风险，将风险控制在可接受水平之内，而不是不计成本地杜绝差错或舞弊。对于在风险可接受水平之内的风险，企业不需要采取额外的控制措施。企业应在综合考虑成本效益的基础上，建立能够为达成组织目标提供合理保证的内部控制体系。

六、判断失误可能导致内部控制失效

现实工作中，很多事项都需要判断，很多工作需要职业判断，如医生对病情的诊断，法官对案件的审判，气象工程师对天气的预测等。一个有效的内部控制体系不仅需要严格遵守政策和程序，还需要运用判断。例如，董事会和管理层运用判断来确定所需控制的程度；管理层和其他人员在日常生产经营和管理中每天都会运用判断进行选择、开展和实施控制；管理层和内部审计人员则运用判断来监督和评估内部控制体系的有效性。一方面，治理层和管理层可以通过运用判断来消除无效、冗余及低效率控制。另一方面，人们在进行选择和判断时可能出现错误、偏差或人为失误，从而导致内部控制失效。

七、情况变化可能导致内部控制失效

内部控制可能因经营环境、业务性质的改变而弱化或失效。内部控制一般是为日常发生的经常性业务而设计的，一旦发生异常变化或未预计到的业务，内部控制可能会失效或原有控制不再适用。设计并实施一个有效的内部控制体系具有很大的挑战性，要使这一控制体系每天保持有序且高效地运行也是非常艰难的。新兴的和急剧变革的商业模式，对信息技术应用和依赖程度的不断增加，日益增加的监管要求和细致审查，不断深化的全球化趋势及其他挑战，都要求内部控制体系能更灵活地应对业务、运营和监管环境的变化。

第六节　内部控制建设的思路和方法

不同企业在组织形式、行业特点、业务类别、经营范围、规模大小、管理模式等方面存在着差异，毋庸置疑，现实中并不存在一个适用于所有企业的内部控制模式，但在建设内部控制体系时，还是存在着一些共同的思路和方法。管理的基本逻辑是：明确目标—分析现状—确认差异—改进提升。实践中，企业可以按照这个线索开展内部控制建设工作。企业应按内部控制规范体系的要求，结合企业实际，以提高生产经营和管理活动的效率效果为核心，以风险管理为导向，以流程构建为基础，以关键控制点为重点，制定内部控制建设实施方案，明确总体建设目标和分阶段任务；按照管理制度化、制度流程化、流程信息化的要求，立足企业实际，倡导全员参与、全业务覆盖，注重控制实效，抓好内部控制建设基础工作和关键环节。企业要重视内部控制的监督和评价工作，促进内部控制持续改进与优化。

一、明确内部控制目标和定位

内部控制是一项全面风险管理活动，内部控制建设不等于制度建设，企业应重

视内部控制体系的建设，特别是软环境的培育，不能一味地追求控制越严越好，制度越多越好。内部控制不等于会计控制，也不是针对基层岗位和普通员工的控制，更不仅仅是经理层的责任，而是全员控制，上至董事会、经理层，下至普通员工，各部门、各岗位和全体员工在内部控制中都有自己的职责权限。内部控制既涉及公司整体层面，又涉及业务和事项单元，也涉及下属部门或附属公司（包括控股子公司、分公司和具有重大影响的参股公司）层面，覆盖企业生产经营和管理活动的全过程。

目标引领行动，内部控制目标是构建企业内部控制体系的出发点，也是测试评价企业内部控制体系建设与运行状况的基本标准。只有明确内部控制目标，才能确定内部控制建设与实施的方向。内部控制的目标不仅是“纠错防弊”，而且要帮助企业实现发展战略，促进企业的可持续繁荣，打造百年老字号的优秀企业。企业应明确内部控制建设的五大总体目标和分阶段建设任务，并将这些总体目标细分到具体业务或特定事件的日常管理和控制上。

二、摸清现状，分析缺陷和薄弱环节

除新建企业外，绝大多数情况下企业的内部控制体系建设不是推倒重来，而是在现有基础上结合企业实际进行补充、改进和完善。内部控制建设没有终点，是一个精益求精的持续改进过程。已建立起内部控制体系的企业，应重点抓好有效执行和持续改进工作，着力提升内部控制的健全性和有效性。

改进和优化的前提是对企业的内部控制现状进行调查与评估，摸清现状，分析现有内部控制的缺陷和薄弱环节，弄清楚阻碍内部控制目标实现的因素，确定需要改进和优化的方面。企业应该对企业现有的规章制度、业务流程、权责配置、风险信息等进行全面梳理，并与《企业内部控制基本规范》及其配套指引、监管要求等规范性文件进行比较，识别、分析和确认其中的差异，针对以下不同情况分别进行改进和优化：

1. 对于内部控制规范体系要求建立而企业没有的空白领域，企业应建立健全相关制度和标准。

2. 对于企业已建立的规章制度或操作标准，但达不到内部控制规范体系要求的，企业应按内部控制规范体系的要求改进和优化。

3. 对于企业已建立并高于内部控制规范体系要求的规章制度或操作标准，企业可以保留现有做法，并进行动态改进和持续提升。

4. 对于内部控制规范体系未要求，而企业确实需要的特殊控制、行业惯例、上级要求等，企业应遵循内部控制规范的原则和方法，保留和完善相关控制标准。

5. 对于已识别和认定的内部控制执行缺陷，企业可以通过绩效考评、内部监督、建立激励和约束机制等渠道强化内部控制的执行建设。

三、搭框架，定基调，顶层设计至关重要

企业内部控制体系建设要制定整体建设方案，搭好基本框架，定好基调，搞好

顶层设计，具体工作包括组建内部控制组织体系、确定内部控制建设范围、开展风险评估、识别关键控制点、构建业务流程、建立规章制度、统一内部控制标准、加强信息系统建设等内容。

（一）组建内部控制组织体系

1. 健全治理结构。企业应建立健全法人治理结构，依法设置董事会、监事会、高级经理层等组织机构，明确各自的权利和义务。结合业务特点和内部控制要求设置内部机构，明确职责权限，将权力与责任落实到各级单位、部门和岗位。

2. 成立专门机构。企业应在董事会下组建全面风险管理（或内部控制）委员会等类似机构，负责企业内部控制与风险管理的整体工作；在全面风险管理（或内部控制）委员会下成立专门的工作机构，具体负责组织协调内部控制的建立、实施、评价及日常运转，该机构应配备适当的人员，明确权责范围，归属最高管理层管理，能够对业务单元和职能部门的工作有直接接触和监督评价的权利，并能直接向董事会或类似权力机构报告工作。

3. 强化专业岗位。业务部门负责本专业内部日常管理工作，指导和监督本专业内部控制工作开展，配合全面风险管理（或内部控制）办公室开展风险评估、内部控制评价等相关工作。业务主管要对本部门的业务风险和管理工作负责。

4. 建立授权体系。企业应构建分级授权体系，将各项职责权限和管控要求逐级落实到各级单位、部门和岗位。

5. 加强内控监督。审计委员会、审计部等内部监督机构负责对内部控制建设与运行情况进行监督检查，提出完善建议。

（二）确定内部控制建设范围

企业内部控制建设范围包括企业整体层面、业务活动层面、子公司和分支机构层面等。在整体层面，企业应开展内部环境、风险评估、控制活动、信息与沟通、内部监督建设，确保企业内部控制整体有效性。在业务层面，企业应依据目标实现所需开展的业务活动，构建业务流程框架。一般来说，随着企业目标的逐级分解，围绕这些目标的实现，企业业务也应逐级划分为一级、二级、三级等不同层级，形成业务流程框架。对于跨专业流程的衔接问题，要明确流程跨专业接口，促进业务横向融合。通过流程构建，促进风险、控制、岗位、职责、制度等管理要素有机融合，建立动态联系，实现各要素一体化管理。企业应加强重点流程与特殊业务的内部控制，着力抓好资金、投资、采购、基建、销售、产权、人力资源、质量、安全生产等关键业务流程管理，加强境外资产、金融及其衍生业务、重大经济合同和节能减排等特殊业务的内部控制建设。企业应加强对下属部门和附属企业（包括子公司、分公司和具有重大影响的参股公司）的控制和管理，管控重点应放在组织规划和人员管理、重大政策的制定、重大经营风险控制、重大业务活动控制、重大财务收支活动、经营活动分析、绩效考评控制等方面。企业应制定针对子公司的控制政策及程序，并充分考虑子公司的业务特征，督促其建立与母公司一致的内部控制体系。

（三）建章立制，统一标准

管理制度化、规范化是现代企业管理的重要特征，建立规章制度、统一内部控制标准是制度化、规范化管理的前提。企业应以流程构建为基础，规范各类活动的办理程序，将控制目标、主要风险点、关键控制点、应对措施、控制标准、部门和岗位职责权限等内容制度化，健全企业制度体系。特别是大型企业集团内部应建立统一的内部控制标准体系，通过制度固化必要的员工行为，使企业内部上下各管理层级、各职能部门和各业务单元都能使用统一的内部控制术语和风险管理语言。

（四）加强企业信息系统建设

企业应加强信息系统建设，利用现代管理手段，开发信息系统，优化管理流程，减少人为操纵因素，推进内部控制体系建设同信息化建设的融合对接，结合企业信息化建设进程，将制度要求、业务流程和控制措施逐步固化到信息系统，实现在线运行，从而不断提高内部控制效能。

四、围绕风险点，设置控制点，抓好流程建设

内部控制建设应以防范和化解风险、规范和审慎经营为出发点。风险是影响目标实现的不确定性，针对风险，企业应在控制点上采取控制措施，以实现业务管控目标。控制点是在日常运作过程中能降低风险发生概率或减少风险损失，能协助控制目标实现及前一步骤正确性的操作步骤。主要风险必须在关键控制点上加以预防和控制。关键控制点是执行人能够进行控制，并且该控制对防范、消除或降低相关风险到可接受水平所必需的某一步骤。关键控制点是在相关流程中影响力和控制力相对较强的一项或多项控制，关键控制点应设置在最佳、最有效的控制点上。一系列控制点按业务办理先后顺序和逻辑关系组合起来，便构成了流程的核心内容。流程是企业为了完成特定业务管控目标所采取的一系列动作集合体。

企业应基于业务流程框架，对影响企业目标实现的风险开展识别与评估，识别各类业务、各流程各环节的风险点，分析和评估风险发生的原因、可能性及其潜在影响，结合风险承受能力，明确相应的风险管理策略。依据风险评估结果，设置关键控制点，并在业务流程中标识清楚，记录在内部控制文档中。企业应将关键控制点作为实施控制活动的重点，对其实行全面、严格的管控，避免重大风险的产生。在实施控制活动时，企业可以遵循“5W1H”的原则进行，即 WHY：此项控制的目的是什么？风险在哪里？WHERE：哪个部门来执行此项控制？WHO：谁来执行此项控制？WHEN：执行此项控制的时间及频率是什么？WHAT：控制活动的具体内容和对象是什么？HOW：实施此项控制的方法和工具是什么？

五、重视内部控制评价，做好动态改进与持续优化

内部控制评价是对企业内部控制设计和执行的有效性进行评价，识别控制缺陷，

形成评价结论，出具评价报告的过程。内部控制评价工作应包括内部控制的设计与运行，涵盖内部控制的各个要素及各类业务和事项，对实现控制目标的各个方面进行全面、系统、综合的评价。在全面评价的基础上，关注重要业务单位、重大业务事项和高风险领域。内部控制评价工作要与部门绩效考核及员工薪酬挂钩，达到以评促建的效果。内部控制评价应固化至信息系统中，以提高内部控制评价的效率和效果，有条件的企业可以建立内部控制监控信息系统，实时监控业务流程和规章制度的执行情况，将风险控制防范在事前和事中，避免企业管理停留在事后追责的阶段。

企业应建立内部控制缺陷认定标准，内部控制缺陷认定标准应以对企业目标达成的影响程度为标尺制定。对于内部控制评价中发现的设计缺陷和执行缺陷，企业应进行记录，分析其成因、表现形式和影响程度，明确责任单位和个人，提出整改方案及整改计划，并监督和追踪整改的具体落实情况和整改效果，从而做好内部控制的持续改进与优化工作，确保将影响企业目标实现的风险控制在风险容忍度之内，实现企业内部控制体系建设的良性循环和更新机制。

【案例1－1】GJDW公司（以下简称公司）内部控制建设的经验总结。

公司自成立以来就十分重视内部控制和风险管理的建设工作，2012年8月，根据国务院国有资产监督管理委员会和财政部联合发布的《关于加快构建中央企业内部控制体系有关事项的通知》，公司全面进入内部控制的体系化构建阶段：

第一，公司明确了进行内部控制建设的原则，包括：统一设计：公司总部统一研究制定内部控制体系建设框架、控制标准、控制措施、评价规范等，自上而下，统筹推进；全面覆盖：将公司所属各级单位统一纳入建设范畴，实施跨部门、跨业务端到端的全业务流程管理，做到横向到边，纵向到底；业务融合：将内部控制要求嵌入业务流程，明确关键控制点、控制措施、控制活动和控制责任，推进内部控制与经营业务有机融合；协同推进：公司各部门分工协作，紧密配合，做到横向协同，各单位层层落实，周密部署，做到纵向贯通；持续提升：全面归纳、整合提升总结前期成功经验，强化评价，持续推动改进与完善，逐步建成全员参与、全面覆盖、全程管控的内部控制体系。

第二，系统整合前期内控建设成果，以标准流程为载体，以风险管控为导向，以授权管理为约束，以规章制度为保障，以内控评价为手段，以信息系统为支撑，建立了覆盖全公司、贯穿各层级、具有组织结构扁平化、业务流程标准化、内控责任岗位化、控制手段信息化、监督评价常态化为特征的内部控制体系，探索走出了一条具有自身特色的内控建设道路，基本可实现全集团内控在线管理和风险实时防控，有效提升了公司管理水平和风险防控能力。公司的内部控制体系特点可用图1－9描述，包括：五规范定标准（内控流程规范、风险管理规范、授权管理规范、规章制度规范、内控评价规范）、四机制抓执行（信息沟通机制、执行责任机制、评价改进机制、协同监督机制）、三支撑强保障（信息系统、专业队伍、企业文化）。

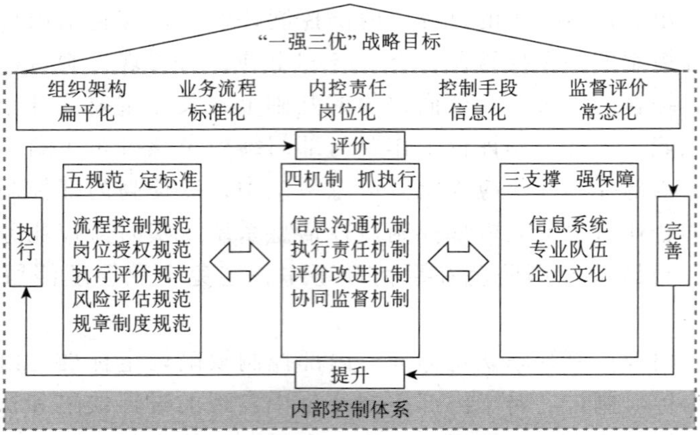

图 1-9 GJDW 公司内部控制建设的主要特点

第三，公司按"目标—风险—控制"的内部控制建设思路，针对每一类别的风险、每一层级的风险，结合业务办理流程，都设定了相应的控制目标，随着企业目标的逐级分解，对各业务和各领域的风险应进行识别、分析和评估，形成四级风险分类框架，统一了风险分类体系，规范了风险编号、名称与定义。如表 1-1 所示，一级风险是指公司主要业务领域所面临的总体性风险，包括战略风险、投资风险、财务风险、营销风险、电力交易风险、法律合规风险、安全生产风险、工程建设风险、人力资源风险、物资管理风险、信息风险、科研风险、公司形象风险、维稳风险、廉政风险等；二级风险是指在公司各主要业务领域中的具体经营活动和管理行为所产生的风险，是对一级风险的细分；三级风险是可能导致二级风险发生的主要风险诱因，是对二级风险的细分，主要由业务部门负责；四级风险是指将三级风险与末端流程相匹配，细化落实到流程步骤的风险，由具体的责任岗位负责。在截至 2014 年末的风险评估中，公司共识别出一级风险 59 个，二级风险 254 个，三级风险 892 个，四级风险 5596 个。公司建立了统一的风险管理基本程序，包括收集风险信息，开展风险评估，制定风险管理策略，提出和实施风险应对措施，编制风险管理报告、风险管理的监督与改进等工作。公司还要求各级单位分专业建立风险预警指标体系，完善风险预警机制，设定风险预警阈值，加强风险监控。

表 1-1　　GJDW 公司四级风险分类框架

一级风险		二级风险			三级风险					四级风险							
一级风险编号	一级风险名称	二级风险编号	二级风险名称	二级风险定义	三级风险编号	三级风险名称	外部因素	内部因素	影响描述	四级风险编号	四级风险点	风险对应流程编号	风险对应末端流程	风险对应控制点编号	应对措施	控制责任部门/岗位	对应制度

第四，以目标、风险和控制点为核心，公司构建了全业务流程框架，编制了内控流程手册，明确业务流程关键控制点、控制措施和控制要求以及跨专业流程接口，确保内部控制与日常管理有机融合。截至2014年末，公司明确标准流程步骤31291个、标准岗位3876个、不相容职责2727个，建立2546个内控末端流程，打通跨专业流程接口1000余个，并全部固化到信息系统，有效解决了跨部门、跨层级流程衔接问题。以科研管理为例，如表1-2所示，公司建立了内控流程四级框架及细化规则：一级流程是依据业务价值链和管理职能，将公司运营管理体系分解为有机关联、相互作用的若干业务领域，主要反映公司整体管理逻辑和业务运作模式；二级流程是按一级流程的业务全生命周期和管理逻辑，细化分解为不同的业务阶段，主要界定不同专业领域和部门职责的关系；三级流程是依据二级流程的业务活动逻辑关系细化分解为具体业务活动；四级流程是依据三级流程的业务活动性质、先后次序细化分解不同的工作环节。二级流程"科技项目实施管理"是对一级流程科研管理的细分，"科技项目实施管理"又包括项目物资及服务采购管理、项目合同管理、项目实施管理、项目验收管理、项目支付与决算管理、项目后评估管理、项目资料归档管理7个三级流程，再以三级流程"项目合同管理"为例，又细分为统一合同文本、合同审查、合同变更与终止、合同争议处理、合同资料归档、合同授权事项6个四级子流程。

表1-2　GJDW公司四级流程框架举例

一级流程编号	一级流程名称	二级流程编号	二级流程名称	三级流程编号	三级流程名称	四级流程编号	四级流程名称
KY	科研管理	KY-03	科技项目实施管理	KY-03-01	项目物资及服务采购管理	……	……
				KY-03-02	项目合同管理	KY-03-02-01	统一合同文本
						KY-03-02-02	合同审查
						KY-03-02-03	合同变更与终止
						KY-03-02-04	合同争议处理
						KY-03-02-05	合同资料归档
						KY-03-02-06	合同授权事项
				KY-03-03	项目实施管理	……	……
				KY-03-04	项目验收管理	……	……
				KY-03-05	项目支付与决算管理	……	……
				KY-03-06	项目后评估管理	……	……
				KY-03-07	项目资料归档管理	……	……

第五，公司遵循风险控制和不相容职务相分离要求，建立了分级授权体系，编制了授权管理手册，明确授权管理职责分工、授权原则、授权内容以及权限授予、变更等管理程序。公司授权类别包括常规授权和特别授权。常规授权是在日常经营管理活动中按既定职责和程序进行的授权，具体分为基本授权和岗位授权两类。基本授权是针对具体业务赋予特定单位或部门的事务决策权、人事任免权或财务审批权等权力。岗位授权是根据具体业务管控要求，将基本授权细化落实到内控流程关键环节，明确相应执行人的权力范围和责任。岗位授权应根据基本授权变化进行相应调整。特别授权是针对常规授权未规定的事项进行的特殊性、临时性授权。公司权限授予形式有制度授权和书面授权两种。制度授权是以规章制度明确被授权人的职责范围和权限，通常适用于常规授权。书面授权是指通过书面申请批复和签发授权书对被授权人进行授权。其中，申请批复适用于特别授权，签发授权书适用于基本授权和特别授权。在截至2014年末的授权管理方面，公司在“三重一大①”的决策方面明确了32类134项基本授权事项及其所涉及的管理层级、金额或标准、责任部门和审批机构，公司还通过制度授权明确了2243项岗位授权。

第六，公司以通用制度为主体，以所属各级单位辅助性规章制度为补充，编制了与四级内控流程体系相协调的规章制度手册，用以规范组织、生产、经营、管理等活动，包括通则、办法、规定、规则、准则、细则等。规章制度的内容与公司末端内控流程风险点、关键控制点和控制措施相融合，确保规章制度的针对性和执行性。

思考题

1. 如何恰当地理解内部控制的内涵和特征？
2. 内部控制的目标有哪些？如何理解目标之间的层次结构？
3. 内部控制的构成要素有哪些？如何理解它们之间的关系？
4. 内部控制建设应遵循哪些基本原则？
5. 内部控制有哪些固有的局限性？
6. 在内部控制建设中，如何理解和践行全面性原则？
7. 在内部控制建设中，如何理解和践行成本效益原则？
8. 在内部控制建设中，如何理解和践行制衡性原则？
9. 在内部控制建设中，如何理解和践行适应性原则？
10. 在内部控制建设中，如何理解和践行重要性原则？

① 三重一大是指重大决策、重要人事任免、重大项目安排及大额度资金运作。

第二章

内部环境

内部环境构成一个企业的基本氛围，是影响和制约企业内部控制设计、实施与监督的各种内部因素的总称。内部环境是内部控制存在和发展的基础，是内部控制赖以生存的土壤，控制环境的好坏直接决定着其他控制要素能否发挥作用。内部环境支配并左右着员工的意识和行为，影响全体员工实施控制活动和履行控制责任的态度、认识和行为，直接影响内部控制的效率和效果。中国企业内部控制配套指引通过组织架构、发展战略、人力资源、社会责任和企业文化五个应用指引描述了内部环境。COSO《内部控制——整合框架（2013）》认为控制环境包括：企业对诚信和道德价值观的承诺；董事会应独立于管理层；管理层为实现目标，应在董事会的监督下确立组织架构、汇报路线、合理的权利与责任；企业应致力于吸引、发展和留任优秀人才，以配合企业目标的实现；组织为实现目标，应要求员工承担内部控制的相关责任等。

第一节　组织架构

在内部控制五要素中，内部环境是其他内部控制要素的基础，而组织架构又是内部环境建设的核心，建立和完善组织架构有助于防范和化解各种舞弊风险，强化企业内部控制建设。现代企业制度的核心是组织架构问题，企业应不断完善法人治理结构、持续优化内部机构设置和权责分配，为优化内部环境，实现企业目标奠定扎实的组织保障。

一、组织架构的概念及内容

（一）组织架构的概念

任何工作的有序开展都需要有力的组织保障，企业开展经营活动，必须有科学的组织架构。组织架构是企业内部环境的重要组成部分，也是企业开展风险评估、实施控制活动、促进信息沟通、强化内部监督的平台和载体。一个有序、高效、分工制衡的组织架构对内部环境的培育和内部控制的有效性具有重要影响，决定了相关部门和人员的职责及关系模式，是内部控制良好运行的组织基础。

中国《企业内部控制应用指引第 1 号——组织架构》，对组织架构做出了明确界定：组织架构是指企业按国家有关法律法规、股东（大）会决议和公司章程，结合本企业实际情况，明确董事会、监事会、经理层和企业内部各层级机构设置、职责权限、人员编制、工作程序和相关要求的制度安排。COSO《内部控制——整合框架（1992）》中将组织架构视作控制环境的分要素之一，认为企业应在组织架构中规划、执行、控制和监督为实现企业目标而进行的活动。国务院国资委 2006 年颁布《中央企业全面风险管理指引》，要求企业建立健全风险管理组织体系，包括规范的企业法人治理结构、风险管理职能部门、内部审计部门和法律事务部门以及其他职能部门、业务单位的组织领导机构及相应职责。COSO《内部控制——整合框架（2013）》将原框架中的基本概念性内容演变为具体原则，其中，原则 3 指出："管理层为实现目标，应在董事会的监督下确立组织架构、汇报路线、权力与责任。"

（二）组织架构的内容

如图 2－1 所示，理解组织架构的内涵，需要把握两个关键点：一是治理结构的有效性，如果企业治理结构形同虚设，缺乏科学决策、良性运行机制和执行力，可能导致企业经营失败，难以实现发展战略；二是内部机构设置的科学性，如果内部机构设计不科学，权责分配不合理，可能导致机构重叠、职能交叉或缺失、推诿扯皮，运行效率低下。

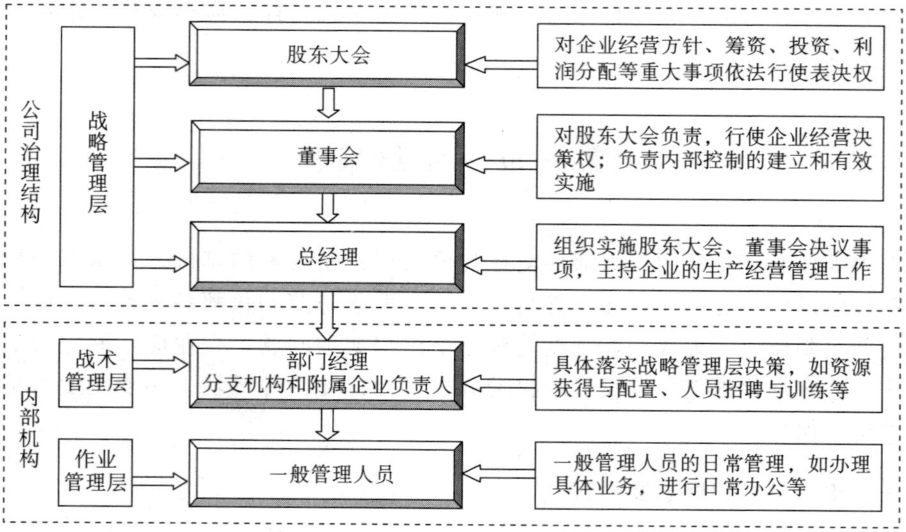

图 2－1 组织结构设计的主要层级

1. 公司治理结构。在现代企业制度下，由于所有权和经营权的分离，所有者和管理者之间形成一种委托代理关系，管理者为了实现自身目标的最大化，可能会偏离所有者的目标。为了尽可能地降低这种偏离，就需要良好的公司治理结构。公司治理结构，指为实现企业最佳经营业绩，企业所有权与经营权基于信托责任而形成相互制衡关系的结构性制度安排，具体表现为股东（大）会、董事会、监事会和经理层职责分配与制衡关系的安排。

（1）股东（大）会。由全体股东组成，是企业的最高权力机构和最高决策机构，具有选举董事和监事、进行重大决策以及依法行使企业经营方针、筹资、投资、利润分配等重大事项的表决权。

（2）董事会。股东（大）会闭会期间的办事机构，制定战略、进行重大决策、聘任经理并对经营管理活动进行监督，依法行使企业的经营决策权。在内部控制建立健全和有效实施过程中，董事会应充分认识自身对企业内部控制所承担的责任，应加强对本企业内部控制建立和实施情况的指导和监督。另外，董事会可以按股东大会的有关决议，设立战略、审计、提名、薪酬与考核、风险管理等专门委员会，为董事会科学决策提供支持。各专门委员会对董事会负责，提案应提交董事会审查决定。

（3）监事会。对股东会负责，监督企业董事、经理和其他高级管理人员依法履行职责。

（4）经理层。对董事会负责，负责组织实施股东会、董事会的决议事项，主持企业的生产经营管理工作。经理和其他高级管理人员的职责分工应明确。

依照拟人化原则，一个企业如同一个人，是全体股东投资成立的企业法人，董事会是企业的“大脑”，总经理是企业的“心脏”，总经理管辖的各部门是企业的“五脏六腑及肢体器官”，监事会是企业的“免疫力系统”，公司治理结构则是企业的“神经系统”。

2. 内部机构设置。内部机构设置，是指企业根据业务发展需要，分别设置不同层次的管理人员以及由各专业人员组成的管理团队，针对各项业务功能行使决策、计划、执行、监督、评价的权力并承担相应的义务，从而为业务顺利开展、实现企业发展战略提供组织机构的支撑平台。内部机构设置的关键在于权责分配，是依据经营目标、职能划分和管理要求，结合业务特点而进行的权责分配。在内部控制建设过程中，内部机构设置应明确各职能部门和分支机构以及基层作业单位的职责权限，将权利与责任落实到各责任单位的同时，也应特别注意内部控制要求在上述过程中的体现和落实。只有将内部控制要求所对应的权利和责任落实到具体的责任单位和岗位，才能为内部控制的设计和运行奠定良好的基础。

【案例2－1】宝钢集团有限公司公司组织结构

宝山钢铁股份有限公司（简称“宝钢股份”）是全球领先的现代化钢铁联合企业，是《财富》世界500强中国宝武钢铁集团有限公司的核心企业。2000年12月，宝钢股份在上海证券交易所上市（证券代码：600019）。2017年2月，完成吸收合并武钢股份后，宝钢股份拥有上海宝山、武汉青山、湛江东山、南京梅山等主要制造基地，在全球上市钢铁企业中粗钢产量排名第二、汽车板产量排名第三、取向电工钢产量排名第一，是全球碳钢品种最为齐全的钢铁企业之一。宝钢股份以“做钢铁业高质量发展的示范者”和“做未来钢铁的引领者”为使命，致力于为客户提供超值的产品和服务，为股东和社会创造最大价值，实现与相关利益主体的共同发展。

宝钢股份的组织结构如图 2－2 所示①。组织架构主要有治理结构和内部机构两个层面：治理结构主要是股东大会、董事会及下属各专门委员会、监事会和总经理；内部机构主要是在总经理领导下的各职能部门和业务单元。

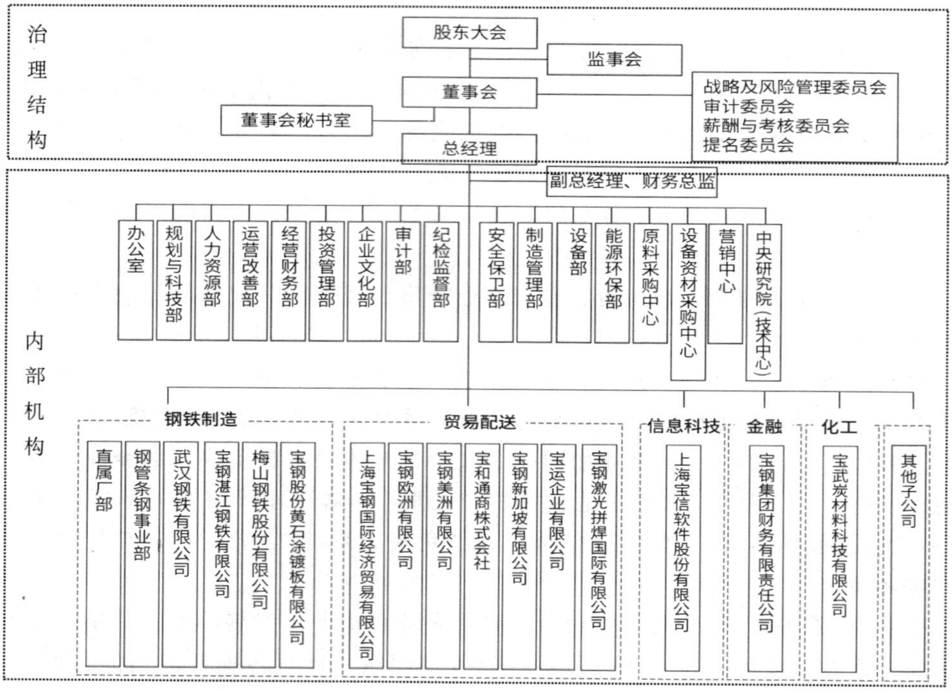

图 2－2　宝钢的组织结构图

二、组织架构的内部控制目标

企业建立和培育内部环境，首先需要根据内部控制的五大控制目标，确定内部环境要素所应达到的目标，并对目标进行分解，确定组织架构设计与运行所应达到的具体目标，以识别和分析影响预期目标实现的主要风险，并及时采取有效措施将风险降低到可接受水平，保证企业目标的实现。组织架构设计与运行的内部控制目标主要包括以下几个方面：

1. 根据相关法律法规，结合公司章程和实际情况，建立规范的法人治理结构，促进企业内部控制的有效运行。企业应科学界定决策、执行和监督各层面的机构地

① 资料来自宝钢股份的官网：http：//www. baosteel. com/about/Organization。

位、职责与任务，形成有效的分权和制衡机制，为内部控制的建立和实施提供强有力的组织保障和工作机制保障。

2. 建立科学合理的组织架构，适应企业生产经营和管理活动的实际需要，并能适应内外部环境变化，提高管理效能，避免机构重叠和效率低下，促进内部控制的有效实施。

3. 根据经营目标、职能划分和管理要求，明确高级管理人员、各职能部门和分支机构以及基层作业单位的职责权限，将权利与责任分解到具体岗位，为内部控制的设计和实施创造良好条件。

4. 通过内部管理制度汇编、员工手册、组织结构图、业务流程图、岗位描述、权限指引等适当方式，使企业员工了解和掌握内部机构设置及权责分配情况，促进企业内部各层级员工明确各自职责分工，正确行使职权，并加强对权责履行的监督。

三、组织架构设计与运行的主要风险

风险会影响目标的实现，为实现组织发展战略和经营目标，企业至少应关注组织架构设计与运行中的下列风险：

（一）治理结构层面

治理结构设计与运行的主要风险在于治理结构形同虚设，缺乏科学决策、良性运行机制和执行力，可能导致企业经营失败，难以实现发展战略。具体表现为：

1. 股东大会是否规范而有效地召开，股东是否可以通过股东大会行使自己的权利。

2. 企业与控股股东是否在资产、财务、人员方面实现相互独立，企业与控股股东的关联交易是否贯彻平等、公开和自愿的原则。

3. 对与控股股东相关的信息是否根据规定及时完整地披露。

4. 企业是否对中小股东权益采取了必要的保护措施，使中小股东能够和大股东同等条件参加股东大会，获得与大股东一致的信息，并行使相应的权利。

5. 董事会是否独立于经理层和大股东，董事会及其审计委员会中是否有适当数量的独立董事存在且能有效发挥作用。

6. 董事对于自身的权利和责任是否有明确的认知，并且有足够的知识、经验和时间来勤勉、诚信、尽责地履行职责。

7. 董事会是否能够保证企业建立并实施有效的内部控制，审批企业发展战略和重大决策并定期检查、评价其执行情况，明确企业可接受风险水平，并督促经理层对内部控制有效性进行监督和评价。

8. 监事会的构成是否能够保证其独立性，监事能力是否与相关领域相匹配。

9. 监事会是否规范而有效地运行，是否有效监督董事会和经理层正确地履行职责并纠正损害企业利益的行为。

10. 对经理层的权力是否存在必要的监督和约束机制。

（二）内部机构层面

内部机构设计与运行的主要风险在于内部机构设计不科学，权责分配不合理，可能导致机构重叠、职能交叉或缺失、推诿扯皮、运行效率低下。具体表现为：

1. 企业内部组织机构是否考虑经营业务的性质，按适当集中或分散的管理方式设置。

2. 企业是否对内部组织机构设置、各职能部门的职责权限、组织的运行流程等有明确的书面说明和规定，是否存在关键职能缺位或职能交叉的现象。

3. 企业内部组织机构是否支持发展战略的实施，并根据环境变化及时做出调整。

4. 企业内部组织机构的设计与运行是否适应信息沟通的要求，有利于信息的上传、下达和在各层级、各业务活动间的传递，有利于为员工提供履行职权所需的信息。

5. 关键岗位员工是否对自身权责有明确的认识，有足够的胜任能力去履行权责，是否建立了关键岗位员工轮换制度和强制休假制度。

6. 企业是否对董事、监事、高级管理人员及全体员工的权限有明确的制度规定，对授权情况是否有正式的记录。

7. 企业是否对岗位职责进行了恰当的描述和说明，是否存在不相容职务未分离的情况。

8. 企业是否对权限的设置和履行情况进行了审核和监督，对于越权或权限缺位的行为是否及时予以纠正和处理。

四、组织架构设计的风险控制

企业在设计组织架构时，必须考虑内部控制的要求，合理确定治理层及内部各部门之间权力和责任并建立恰当的报告关系，既能保证企业高效运营，又能适应内部控制环境的需要进行相应的调整。具体而言，应遵循以下原则：一要依据法律法规；二要有助于实现发展战略；三要符合管理控制要求；四要能够适应内外环境变化。

（一）企业治理结构层面

1. 治理结构设计的一般要求。健全的治理结构一般要求涉及股东（大）会、董事会、监事会和经理层，企业应根据国家有关法律法规的规定，按决策机构、执行机构和监督机构相互独立、权责明确、相互制衡的原则，明确董事会、监事会和经理层的职责权限、任职条件、议事规则和工作程序等。

2. 上市公司治理结构设计的特殊要求。上市公司吸纳了一定比例的社会公众的投资，具有公众性。上市公司治理结构的设计具有特殊要求，主要表现在：

（1）上市公司董事会应设立独立董事，独立董事应独立于所受聘的公司及其主要股东。独立董事不得在上市公司担任除独立董事外的其他任何职务。独立董事应按有关法律法规和公司章程的规定，认真履行职责，维护企业整体利益，尤其要关注中小股东的合法权益不受损害。独立董事应独立履行职责，不受企业主要股东、实际控制人以及其他与上市公司存在利害关系的单位或个人的影响。

（2）上市公司董事会下设的审计委员会、薪酬与考核委员会中，独立董事应占多数并担任负责人，审计委员会中至少还应有一名独立董事是会计专业人士。在董事会各专业委员会中，审计委员会对内部控制的建立健全和有效实施发挥着重要作用。审计委员会对董事会负责并代表董事会对经理层进行监督，侧重加强对经理层提供的财务报告和内部控制评价报告的监督，同时通过指导和监督内部审计和外部审计工作，提高内部审计和外部审计的独立性，在信息披露、内部审计和外部审计之间建立起了一个独立的监督和控制机制。

（3）上市公司应设立董事会秘书，董事会秘书为上市公司的高级管理人员，直接对董事会负责，并由董事长提名，董事会负责任免。在上市公司实务中，董事会秘书是一个重要角色，负责公司股东大会和董事会会议的筹备、文件保管以及公司股东资料的管理、信息披露事务等事宜。

3. 国有独资企业治理结构设计的特色。

（1）国有资产监督管理机构代行股东（大）会职权。国有独资企业不设股东（大）会，由国有资产监督管理机构行使股东（大）会职权。国有独资企业董事会可以根据授权部分行使股东（大）会的职权，决定企业的重大事项，但企业的合并、分立、解散、增加或者减少注册资本和发行企业债券，必须由国有资产监督管理机构决定。

（2）国有独资企业董事会成员中应包括企业职工代表。董事会成员由国有资产监督管理机构委派，但是，董事会成员中的职工代表由企业职工代表大会选举产生。国有独资企业董事长、副董事长由国有资产监督管理机构从董事会成员中指定产生。

（3）国有独资企业监事会成员由国有资产监督管理机构委派，但是监事会成员中的职工代表由企业职工代表大会选举产生。监事会主席由国有资产监督管理机构从监事会成员中指定产生。

（4）外部董事由国有资产监督管理机构提名推荐，由外部人士担任。外部董事在任期内，不得再任职企业担任其他职务。外部董事制度对于规范国有独资企业治理结构、提高决策科学性、防范重大风险具有重要意义。

（二）企业内部机构层面

内部机构的设计是组织架构设计的关键环节，只有切合企业经营特点和内部控制要求的内部机构，才能为实现企业发展目标发挥积极促进作用。

1. 企业应按科学、精简、高效、透明、制衡的原则，综合考虑企业性质、发展战略、文化理念和管理要求等因素，合理设置内部职能机构，明确各机构的职责权限，避免职能交叉、缺失或权责过于集中，形成各司其职、各负其责、相互制约、相互协调的工作机制。

股东（大）会、董事会、监事会及经理层四个法定刚性机构为内部控制的建立、职责分工与制约提供了基本的组织框架，但并不能满足内部控制对企业组织结构的要求，内部控制的运作还必须在这一组织框架下设立满足企业监控需要的职能机构。企业在设计内部机构时，应坚持权责对等、精简高效和运转协调的原则，使企业内部机构有利于决策科学化和运行规范化。

2. 企业应对各机构的职能进行科学合理的分解，确定具体岗位的名称、职责和工作要求等，明确各个岗位的权限和相互关系。

在内部机构设计过程中，应体现不相容岗位相分离原则，努力识别出不相容职务，并根据相关的风险评估结果设立内部牵制机制，特别是在涉及重大或高风险业务处理程序时，必须考虑建立各层级、各部门、各岗位之间的分离和牵制，对因机构人员较少、业务简单而无法分离处理的某些不相容职务，企业应制定切实可行的替代控制措施。

3. 企业应制定组织结构图、业务流程图、岗（职）位说明书和权限指引等内部管理制度或相关文件，使员工了解和掌握组织架构设计及权责分配情况，正确履行职责。

企业内部各级员工必须获得相应的授权，才能实施决策或执行业务，严禁越权办理。按授权对象和形式的不同，授权分为常规授权和特别授权。常规授权一般针对企业日常经营管理过程中发生的程序性和重复性工作，可以在由企业正式颁布的岗（职）位说明书中予以明确，或通过制定专门的权限指引予以明确。特别授权一般是由董事会给经理层或经理层给内部机构及其员工授予处理某一突发事件（如法律纠纷）、作出某项重大决策、代替上级处理日常工作的临时性权力。

（三）对“三重一大”的特殊考虑

“三重一大”是指企业的重大决策、重大事项、重要人事任免及大额资金使用。组织架构指引明确要求，企业的重大决策、重大事项、重要人事任免及大额资金支付业务等，应按规定的权限和程序实行集体决策审批或者联签制度。任何个人不得单独进行决策或者擅自改变集体决策意见。重大决策、重大事项、重要人事任免及大额资金支付业务的具体标准由企业自行确定。

五、组织架构运行的风险控制

组织机构运行涉及新企业治理结构和内部机构的运行，也涉及对存续企业组织架构的全面梳理。组织架构的运行是指企业治理结构和内部机构按既定的设计方案，行使各自权力和履行相应责任的动态过程，对组织结构运行的内部控制要求包括对治理结构的全面梳理和内部机构的梳理。企业应根据组织架构的设计规范，对现有治理结构和内部机构设置进行全面梳理，确保本企业治理结构、内部机构设置和运行机制等符合现代企业制度要求。

（一）治理结构的梳理

企业梳理治理结构，应重点关注董事、监事、经理及其他高级管理人员的任职资格和履职情况以及董事会、监事会和经理层的运行效果。治理结构存在问题，应采取有效措施加以改进。

1. 就任职资格而言，要重点关注行为能力、道德诚信、经营管理素质和任职程序等方面。

2. 就履职情况而言，要着重关注合规、业绩以及履行忠实和勤勉义务等方面。

3. 就运行效果而言，要着重关注董事会是否按时定期或不定期召集股东大会并向股东大会报告；是否严格认真地执行股东大会决议；是否合理地聘任或解聘经理及其他高级人员等。监事会是否按规定对董事、高级管理人员行为进行监督；在发现违反法律法规或损害企业利益时，是否能够提出罢免建议或制止纠正行为等。经理层是否认真有效地组织实施董事会决议；是否认真有效地组织实施董事会制定的年度生产经营计划和投资方案；是否能够完成董事会确定的生产经营计划和绩效目标等。

（二）内部机构的梳理

企业梳理内部机构设置，应着力关注内部机构设置的合理性和运行的高效性。

1. 从合理性角度梳理，应重点关注：内部机构设置是否适应内外部环境的变化；是否以发展目标为导向；是否满足专业化的分工和协作，有助于企业提高劳动生产率；是否明确界定各机构和岗位的权利和责任，不存在权责交叉重叠，不存在只有权利而没有相对应的责任和义务的情况等。

2. 从运行的高效性角度梳理，应重点关注：内部各机构的职责分工是否针对市场环境的变化做出及时调整。特别是当企业面临重要事件或重大危机时，各机构间表现出的职责分工协调性，可以较好地检验内部机构运行的效率。此外，还应关注权力制衡的效率评估，包括机构权力是否过大并存在监督漏洞；机构权力是否被架空；机构内部或各机构之间是否存在权力失衡等。梳理内部机构的高效性，还应关注内部机构运行是否有利于保证信息的及时顺畅流通，在各机构间达到快捷沟通的目的。评估内部机构运行中的信息沟通效率，一般包括信息在内部机构间的流通是否通畅，是否存在信息阻塞；信息在现有组织架构下流通是否及时，是否存在信息滞后；信息在组织架构中的流通是否有助提高效率，是否存在沟通舍近求远。

（三）集团公司对组织架构的梳理要点

企业拥有子公司的，应建立科学的投资管控制度，通过合法有效的形式履行出资人职责、维护出资人权益，重点关注子公司特别是异地、境外子公司的发展战略、年度财务预决算、重大投融资、重大担保、大额资金使用、主要资产处置、重要人事任免、内部控制体系建设等重要事项。

（四）评价与改进

企业应定期对组织架构设计和运行的效率与效果进行综合评价，发现组织架构设计与运行中存在缺陷的，应及时进行优化调整，使企业的组织架构始终处于高效运行状态。企业组织架构调整应充分听取董事、监事、高级管理人员和其他员工的意见，按规定的权限和程序进行决策审批，通过后予以调整并及时将调整结果以适当形式通知企业全体员工。

第二节 发展战略

俗话说“三年发展靠机遇，十年发展靠战略”。发展战略事关企业长远发展和总体规划，关系到企业发展方向、业务范围与运营目标，是企业何去何从的行动纲领。制定一个科学有效、适合社会需求和企业实际的发展战略，是企业谋求长远发展的不懈追求。现代企业如果没有明确的发展战略，就不可能在当今激烈的市场竞争和国际化浪潮下求得长远发展，战略失误很可能把企业引入绝路。因此，什么都可以出错，战略不能出错；什么都可以失败，战略不能失败。战略的失败是最彻底的失败！

一、发展战略的概念及内容

（一）发展战略的概念

《企业内部控制应用指引第 2 号——发展战略》指出：发展战略是企业在对现实状况和未来趋势进行综合分析和科学预测的基础上，制定并实施的长远发展目标与战略规划。这一定义表明，发展战略不仅要确定企业的未来方向和使命，还涉及企业所有的关键活动，同时需要根据内外部环境的变化不断加以调整，以期实现企业确定的战略目标。

发展战略指明了企业的发展方向、目标与实施路径，描绘了企业未来经营方向和目标纲领，是企业发展的蓝图，关系着企业的长远生存与发展。只有制定科学合理的发展战略，企业管理层才有行动的指南，其在日常经营管理和决策时才不会迷失方向，才能知晓哪些是应着力做的“正确的事”；否则，要么盲目决策，要么无所作为，既浪费企业宝贵的资源，没有形成竞争优势，又可能失去发展机会，导致企业走向衰落甚至消亡。

（二）发展战略的内容

发展战略可以分为长远发展目标和战略规划两个方面。目标与规划是发展战略两个相辅相成的方面。没有目标就谈不上战略；只有目标没有规划，目标既不能落实，也无法实现。具体来看，发展目标是企业发展战略的核心和基本内容，是在最重要的经营领域对企业使命的具体化，表明企业在未来一段时期内所要努力的方向和所要达到的水平；战略规划是为了实现发展目标而制定的具体规划，即企业通过什么路径实现长远目标，表明企业在每个发展阶段的具体目标、工作任务和实施路径。案例 2－2 为华为公司的愿景、使命与战略目标。

【案例 2－2】华为公司的愿景、使命与战略目标

华为创立于1987年，是全球领先的ICT（信息与通信）基础设施和智能终端提供商。截至2019年底，华为有19.4万员工，业务遍及170多个国家和地区，服务30多亿人口。

华为公司的愿景、使命与战略目标：华为致力于把数字世界带入每个人、每个家庭、每个组织，构建万物互联的智能世界：让无处不在的连接，成为人人平等的权利；让无所不及的智能，驱动新商业文明；所有的行业和组织，因强大的数字平台，而变得敏捷、高效、生机勃勃；个性化的定制体验不再是少数人的专属特权，每一个人与生俱来的个性得到尊重，潜能得到充分的发挥和释放。

二、发展战略的内部控制目标

企业应确定战略制定与实施所应达到的内部控制目标，以识别和分析影响目标实现的主要风险。发展战略制定与实施的内部控制目标主要包括以下几个方面：

1. 确保企业制定的发展目标和战略规划科学合理，这需要企业综合考虑宏观经济政策、国内外市场需求变化、技术发展趋势、行业及竞争对手状况、可利用的资源水平和自身优势与劣势等多种因素。

2. 确保企业发展战略有效落实和顺利实施，这需要企业加强对战略实施的统一领导。战略具有宏观性和长期性，企业应根据战略需要制定详细的年度工作计划，将年度目标进行分解、落实，通过人员安排、薪酬激励、财务安排、管理变革等配套措施，来确保战略落地。

3. 及时发现和处理战略实施中的问题和偏差，这需要企业建立发展战略评估制度，加强对战略制定与实施的事前、事中和事后评估。对于发展战略制定与实施过程中存在的问题和偏差，及时进行内部报告，并采取措施予以纠正。

4. 结合战略期内每一年度工作计划和经营预算完成情况，对战略执行能力和执行效果进行分析评价，确保发展战略贯彻实施，促进企业健康可持续发展。

三、发展战略制定与实施的主要风险

战略风险是指企业发展战略与实际状况相脱节、与社会需求相背离、与企业目标不一致，从而导致企业发展方向出现偏误的风险。《中央企业全面风险管理指引》把战略风险作为企业的首要风险。战略风险的产生与战略定位有着直接的联系，定位不当或定位失误，都会带来战略风险。为实现组织发展战略和经营目标，制定与实施发展战略至少需要关注下列风险：

1. 缺乏明确的发展战略或者发展战略实施不到位，可能导致企业盲目发展难以形成竞争优势，丧失发展机遇和发展动力。

2. 发展战略过于激进，脱离企业实际能力或偏离主业，可能导致企业过度扩张，甚至经营失败。

3. 发展战略因主观原因频繁变动，可能导致资源浪费，甚至危及企业的生存和持续发展。

四、制定发展战略的风险控制

制定发展战略是企业实现健康可持续发展的起点。企业应按科学发展观的要求，将企业前途与国家命运紧密联系起来，立足当前，面向未来，针对制定发展战略的风险评估结果，设置关键控制点，科学制定切合自身实际又符合市场经济发展规律的发展战略。

（一）建立和健全发展战略制定机构

发展战略联系着企业的现在和未来，企业各层级都应给予高度重视和大力支持，要在人力资源配置、组织机构设置等方面提供必要的保证。企业应在董事会下设立战略委员会，或指定相关机构负责发展战略管理工作，履行相应职责。此外，企业还应在内部机构中设置专门的部门或指定相关部门，承担战略委员会下达的相关工作。

1. 企业应明确战略委员会的职责和议事规则，对战略委员会会议的召开程序、表决方式、提案审议、保密要求和会议记录等作出规定，确保议事过程规范透明、决策程序科学民主。

2. 战略委员会应组织有关部门对发展目标和战略规划进行可行性研究和科学论证，形成发展战略建议方案，必要时，可借助中介机构和外部专家的力量为其履行职责提供专业咨询意见。战略委员会成员应具有较强的综合素质和实践经验，其任职资格和选任程序应符合有关法律法规和公司章程的规定。

（二）综合分析评价影响发展战略的内外部因素

企业外部环境和内部资源等因素，是影响发展战略制定的关键因素。企业在制定发展目标过程中，应综合考虑宏观经济政策、国内外市场需求变化、技术发展趋势、行业及竞争对手状况、可利用资源水平和自身优势与劣势等影响因素，在充分调查研究、科学分析预测和广泛征求意见的基础上制定发展目标。

1. 外部环境是制定发展战略的重要影响因素，包括企业所处的宏观环境、行业环境及竞争对手、经营环境等。分析企业面临的外部环境，应着重分析环境的变化和发展趋势及其对企业战略的重要影响，同时评估有哪些机会可以挖掘，以及企业可能面临哪些威胁。

2. 内部资源是企业发展战略的重要制约条件，包括企业资源、企业能力、核心竞争力等各种有形和无形资源。只有对企业所处的外部环境和拥有的内部资源展开深度分析，才能制定出科学合理的发展战略。分析企业拥有的内部资源和能力，应着重分析这些资源和能力使企业在同行业中处于何种地位，与竞争对手相比，企业有哪些优势和劣势。

（三）科学编制发展战略

1. 制定发展目标。企业发展目标作为指导企业生产经营活动的准绳，通常包括：盈利能力、生产效率、市场竞争地位、技术领先程度、生产规模、组织结构、人力资源、用户服务、社会责任等。在编制发展目标时应突出主业，不能过于激进，也不能过于保守。

2. 编制战略规划。企业应根据发展目标制定战略规划。战略规划应明确企业发展的阶段性和发展程度，制定每个发展阶段的具体目标和工作任务，以及达到目标的实施路径。

3. 严格审议和批准发展战略。发展战略拟订后，应按规定的权限和程序对发展战略方案进行审议和批准。审议战略委员会提交的发展战略建议方案，是董事会的重要职责。在审议过程中，董事会应着力关注发展战略的全局性、长期性和可行性。董事会在审议方案中如果发现重大问题，应责成战略委员会对方案进行调整。企业的发展战略方案经董事会审议通过后，应报经股东（大）会批准后付诸实施。

五、实施发展战略的风险控制

科学制定发展战略是一个复杂的过程，实施发展战略更是一个系统工程。企业只有重视和加强发展战略的实施，在所有相关目标领域全力推进，才能将发展战略描绘的蓝图转变为现实，铸就核心竞争力。为此，企业应加强对发展战略实施的统一领导，制定详细的年度计划，通过编制全面预算，将年度目标进行分解、落实，确保企业发展目标的实现。此外，还要加强对发展战略的宣传培训，通过组织结构调整、人员安排、薪酬调整、财务安排和管理变革等配套措施，保证发展战略的顺利实施。

（一）加强对发展战略实施的领导

要确保发展战略有效实施，加强组织领导是关键。企业经理层作为发展战略制定的直接参与者，往往比一般员工掌握更多的战略信息，对企业发展目标、战略规划和战略实施路径的理解和体会也更加全面深刻，应担当发展战略实施的领导者。要本着“统一领导、统一指挥”的原则，围绕发展战略的有效实施，卓有成效地发挥企业经理层在资源分配、内部机构优化、企业文化培育、信息沟通、考核激励相关制度建设等方面的协调、平衡和决策作用，确保发展战略的有效实施。

（二）将发展战略分解落实

发展战略制定后，企业经理层着手将发展战略逐步细化，确保发展战略有效实施。

1. 要根据战略规划，制定年度工作计划。

2. 要按上下结合、分级编制、逐级汇总的原则编制全面预算，将发展目标分解并落实到产销水平、资产负债规模、收入及利润增长幅度、投资回报、风险管控、技术创新、品牌建设、人力资源建设、制度建设、企业文化、社会责任等可操作层面，确保发展战略能够真正有效地指导企业各项生产经营管理活动。

3. 要进一步将年度预算细分为季度、月度预算，通过实施分期预算控制，促进年度预算目标的实现。

4. 要通过建立发展战略实施的激励约束机制，将各责任单位年度预算目标完成情况纳入绩效考评体系，切实做到有奖有惩、奖惩分明，以促进发展战略的有效实施。

（三）保障发展战略有效实施

战略实施过程是一个系统的有机整体，需要研发、生产、营销、财务、人力资源等各个职能部门间的密切配合。在目前复杂动态的市场环境和激烈的市场竞争中，对企业内部不同部门之间的这种协同运作提出了越来越高的要求。为此，企业应采取切实有效的保障措施，确保发展战略的顺利贯彻实施。

1. 培育与发展战略相匹配的企业文化。企业文化是发展战略有效实施的重要支持。发展战略制定后，要充分利用企业文化所具有的导向、约束、凝聚、激励等作用，统一全体员工的观念行为，共同为发展战略的有效实施而努力奋斗。

2. 优化调整组织结构。发展战略决定着企业组织结构模式的设计与选择；反过来，发展战略的实施过程及效果又受到所采取的组织结构模式的制约。要解决好发展战略前导性和组织结构滞后性之间的矛盾，企业必须在发展战略制定后，尽快调整企业组织结构、业务流程、权责关系等，以适应发展战略的要求。

3. 整合内外部资源。企业能够利用的资源是有限的，如何调动和分配企业不同领域的人力、财力、物力和信息等资源来适应发展战略，是促进企业发展战略顺利实施的关键所在。企业在战略实施过程中，只有对拥有的资源进行优化配置，达到战略与资源的匹配，才能充分保证战略的实现。

4. 相应调整管理方式。企业在战略实施过程中，往往需要克服各种阻力，改变企业日常惯例，在管理体制、机制及管理模式等方面实施变革，由粗放、层级制管理向集约、扁平化管理转变，为发展战略的有效实施提供强有力的支持。

（四）做好发展战略宣传培训工作

企业应重视发展战略的宣传培训工作，为推进发展战略实施提供思想支撑和行为导向。

1. 在企业董事、监事和高级管理人员中树立战略意识和战略思维，充分发挥其在战略制定与实施过程中的模范带头作用。

2. 通过采取内部会议、培训、讲座、知识竞赛等多种行之有效的方式，把发展战略及其分解落实情况传递到内部各管理层级和全体员工，营造战略宣传的强大舆论氛围。

3. 企业高管层要加强与广大员工的沟通，使全体员工充分认清企业的发展思路、战略目标和具体举措，自觉将发展战略与自己的具体工作结合起来，促进发展战略的有效实施。

六、发展战略的优化调整和转型

（一）加强对发展战略实施的监控

企业应建立发展战略评估制度，加强对战略制定与实施的事前、事中和事后评估。在评估过程中，企业应采取定性与定量相结合、财务指标与非财务指标相结合的方法。发展战略制定与实施过程中存在的问题和偏差，应及时进行内部报告，并采取措施予以纠正。

（二）根据监控情况持续优化发展战略

发展战略明确了企业长期发展目标，在一定时期内应保持相对稳定。但是，企业在开展战略监控和评估过程中，如果经济形势、产业政策、技术进步、行业竞争态势以及不可抗力等因素发生较大变化，对企业发展战略实现有较大影响；或者企业内部经营管理发生较大变化，确有必要对发展战略做出调整，应按规定的权限和程序进行调整、优化发展战略，以促进企业内部资源能力和外部环境条件保持动态平衡。

（三）抢抓机遇顺利实现战略转型

当企业外部环境尤其是所从事行业的竞争状况发生重大变化时，或当企业步入新的成长阶段需要对生产经营与管理模式进行战略调整时，企业必须选择新的生存与发展模式，即战略转型。

第三节　人力资源

在内部环境的众多分要素中，人力资源对企业实现发展战略有着不可替代的作用。企业竞争归根到底是人力资源的竞争，人力资源已经成为促进经济社会发展的第一要素。良好的人力资源管理是增强企业活力的源泉，是提升企业核心竞争力的重要基础，是实现发展战略的根本动力。内部控制是全员控制，实施主体包括董事会、监事会、经理层和全体员工。因此，人力资源水平直接影响到企业内部环境的质量。良好的人力资源政策及实践，不但有利于改善内部环境，而且有利于提升企业内部控制的有效性。企业应加强人力资源管理，强化对员工招聘、培训、评价、晋升和激励、退出等环节的风险评估和控制。

一、人力资源的概念及内容

（一）人力资源的概念

《企业内部控制应用指引第 3 号——人力资源》将人力资源定义为：企业组织生产经营活动而录（任）用的各种人员，包括董事、监事、高级管理人员和全体员工。人力资源管理的核心是建立一套科学的人力资源制度和机制，不断优化人力资源结构，实现人力资源的合理配置和布局，切实做到人尽其才，充分发挥人力资源的作用，强化激励机制，增强人才活力，合理引进和开发人才，用好和盘活现有人才，强化人力资源风险管理，全面提升管理团队、专业技术人才和全体员工的创造力，切实做到使每位员工都投身于企业的可持续发展之中。

（二）人力资源的内容

企业应重视人力资源建设，根据发展战略，结合人力资源现状和未来需求预测，建立人力资源发展目标，制定人力资源总体规划和能力框架体系，优化人力资源整体布局，明确人力资源的引进、开发、使用、培养、考核、激励、退出等管理要求，实现人力资源的合理配置，全面提升企业核心竞争力。应用指引仅从企业录用人员的类别定义了人力资源这个概念，企业的人力资源政策应包括下列内容：

1. 员工的聘用、培训、辞退与辞职。

2. 员工的薪酬、考核、晋升与奖惩。

3. 关键岗位员工的强制休假制度和定期岗位轮换制度。

4. 掌握国家秘密或重要商业秘密的员工离岗的限制性规定。

5. 有关人力资源管理的其他政策。

【案例 2－3】海底捞的人事管理

海底捞于 1994 年创办于四川绵阳，以经营川味火锅为主，其对顾客无微不至、个性化的服务，在中国餐饮业中独树一帜，闻名遐迩。在当前餐营业离职率较高的情况下，海底捞的离职率仅有 1%。那么他们是怎么实现的呢？海底捞通过金蝶 HR 系统的实施，设计出了符合其管理模式的“人事变动”工作流，总部管理人员通过 HR 系统人力规划和报表查询，在全国范围内找到合适的人选，由各个分店人事主管发起异动申请，通过总部人事经理、业务主管经理的审批，完成人员轮换工作。海底捞总部不再具体操作各分店的人事业务，由熟悉分店人员的分店主管进行操作。既减轻了总部人事部的工作量，还便于分店对所属人员的日常管理。

二、人力资源的内部控制目标

人力资源的内部控制目标可以设定为以下几个方面：

1. 建立科学、规范、公平、公开、公正的人力资源政策，调动员工积极性、主动性和创造性。

2. 确保企业选拔和聘用的员工具备良好的道德素养和专业胜任能力，能够满足企业生产经营和管理活动的需要，促进员工价值取向和行为特征符合内部控制与风险管理的有关要求。

3. 重视并加强员工培训，制定科学合理的培训计划，提高员工培训的针对性和实效性，不断提升员工的道德素养和业务素质。

4. 建立和完善针对不同层级员工的激励约束机制，通过制定合理的目标、建立明确的标准、执行严格的考核和落实配套的奖惩，促进员工责、权、利的有机统一和企业内部控制的有效执行。

5. 确保企业的人力资源政策与实践合法合规，能有效支撑企业发展战略、社会责任和企业文化等内部环境的培育。

三、人力资源政策与实践的主要风险

人力资源风险是企业人力资源政策及实践中，对企业目标实现可能产生影响的不确定因素，包括机会和损失两方面的不确定性。如果人力资源政策或实践不当，将会给企业发展带来隐患。人力资源风险来自于人力资源管理的各个环节，企业在人力资源管理过程中至少应关注下列风险：

1. 人力资源缺乏或过剩、结构不合理、开发机制不健全，可能导致企业发展战略难以实现。这一风险侧重于企业决策层和执行层的高管人员。在现代企业中，决策层和执行层对实现企业发展战略具有重要作用。在对决策层和执行层高管团队的评估考核过程中，如果发现有不胜任岗位工作的，应通过有效方式及早加以解决。当然，这一风险也不完全限于高管人员，其他人员缺乏和过剩、结构不合理等，也可能影响企业实现发展战略。

2. 人力资源激励约束制度不合理、关键岗位人员管理不完善，可能导致人才流失、经营效率低下或关键技术、商业秘密和国家机密泄露。这一风险侧重于专业技术人员，特别是掌握企业发展命脉的核心技术人员。这些专业人才是企业在激烈竞争中立于不败之地的关键“资本”。企业应建立良好的人才激励约束机制，做到以事业、待遇、情感留人与有效的约束限制相结合。对于掌握或涉及产品技术、市场、管理等方面关键技术、知识产权、商业秘密或国家机密的工作岗位的员工，要按有关法规结合企业实际情况，建章立制，加强管理，防止核心技术、商业秘密或国家机密泄露。

3. 人力资源退出机制不当，可能导致法律诉讼或企业声誉受损。这一风险侧重于企业辞退员工、解除员工劳动合同等而引发的劳动纠纷。为避免和减少此类风险，企业应根据发展战略，在遵循国家有关法律法规的基础上，建立健全良好的人力资源退出机制，采取渐进措施执行退出计划。

四、人力资源引进与开发的风险控制

（一）建立和完善人力资源引进的相关制度

1. 完善人力资源引进制度。企业应根据人力资源总体规划，结合生产经营实际需要，制定年度人力资源需求计划。完善人力资源引进制度，规范工作流程。按计划、制度和程序组织人力资源引进工作。

2. 优化选聘和选拔人才制度。企业应根据人力资源能力框架要求，明确各岗位的职责权限、任职条件和工作要求，遵循德才兼备，以德为先和公开、公平、公正的原则，通过公开招聘、竞争上岗等多种方式选聘优秀人才，重点关注选聘对象的价值取向和责任意识。企业选拔高级管理人员和聘用中层及以下员工，应切实做到因事设岗、以岗选人，避免因人设事或设岗，确保选聘人员能够胜任职责要求。

3. 建立选聘人员试用期和岗前培训制度。企业确认选聘人员后，应依法签订劳动合同，建立选聘人员试用期和岗前培训制度，对试用人员进行严格考察，促进选聘员工全面了解岗位职责，掌握岗位基本技能，适应工作要求。试用期满考核合格后，方可正式上岗；试用期满考核不合格者，应及时解除劳动关系。

（二）加强人力资源开发过程的管控

企业应重视人力资源开发工作，建立员工培训长效机制，营造尊重知识、尊重人才和关心员工职业发展的文化氛围。做好后备人才队伍建设，促进全体员工的知识、技能持续更新，不断提升员工的服务效能。

（三）分门别类地管理各类人员的引进与开发

1. 高管人员的引进与开发。高管人员的引进与开发应处于首要位置。企业应制定高管人员引进计划，并提交董事会审议通过后实施。董事会在审议高管人员引进计划时，应关注高管人员的引进是否符合企业发展战略，是否符合企业当前和长远需要，是否有明确的岗位设定和能力要求，是否设定了公平、公正、公开的引进方式。通常情况下，高管人员必须对企业所处行业及其在行业的发展定位、优势等有足够的认知，对企业文化和价值观有充分的认同；具有全局性思维，有对重大事项进行谋划的能力；具有解决复杂问题的能力；具有综合分析能力和敏锐的洞察力，有广阔的思路和前瞻性，有宽广的胸怀等；精明强干并具备奉献精神。在引进高管人员过程中，还要坚持重真才实学，不唯学历和文凭。在高管人员开发过程中，要注重激励和约束相结合，创造干事业的良好环境，让他们的聪明才智充分显现，使其真正成为企业的核心领导者。

2. 专业技术人员的引进与开发。专业技术人员是企业发展的动力，企业发展离不开专业技术人员的创新和研发。在后金融危机时代，企业需要开展自主创新，推进技术升级，走低碳可持续发展道路。在现有技术人员不能满足发展战略的情况下，企业要注重通过各种方式引进技术人员。引进专业技术人员既要满足企业当前生产经营需要，又要有一定的前瞻性，适量储备人才，以备急需；既要注重专业人才的技术素质、科研能力，也应注意其道德素质、协作精神及对企业价值观和文化的认同感，关注其事业心、责任感和使命感。专业技术人员的开发，要注重知识持续更新，紧密结合企业技术攻关及新技术、新工艺和新产品开发来开展各种专题培训等继续教育，帮助专业技术人员不断补充、拓宽、深化和更新知识。同时，要建立良好的专业人才激励约束机制，努力做到以事业、待遇、情感留人。

3. 一般员工的引进与开发。一般员工占企业人力资源的大部分，主要在生产经营的一线。一般员工流动性强，往往成为企业年度人力资源引进的重点，一般员工可以通过公开招聘方式引进。在招聘过程中，企业应严格遵循有关法规，注意招收那些具有一定技能、能独立承担工作任务的员工。在经济发展迅速、环境变化较快的今天，企业要根据生产经营需要，不断拓展员工的知识和技能，加强岗位培训，不断提升员工的技能和水平。同时，要善待员工，在最低工资标准、保险保障标准等方面严格按国家或地区要求办理，努力营造一种宽松的工作环境。

五、人力资源使用与退出的风险控制

（一）人力资源使用的风险控制

1. 建立激励约束机制。企业应建立和完善人力资源的激励约束机制，科学设置业绩考核指标体系，对各级管理人员和一般员工进行严格考核与评价，以此作为确定员工薪酬、职级调整和解除劳动合同等的重要依据，确保员工队伍处于持续优化状态。

2. 完善薪酬制度。企业应制定与业绩考核挂钩的薪酬制度，切实做到薪酬安排与员工贡献相协调，体现效率优先，兼顾公平。

3. 建立轮岗制度。企业应制定各级管理人员和关键岗位员工的轮岗制度，明确轮岗范围，轮岗周期，轮岗方式等，形成相关岗位员工的有序持续流动，全面提升员工素质。

（二）人力资源退出的风险控制

1. 建立退出机制。企业应按有关法律法规规定，结合企业实际，建立健全员工退出（辞职、解除劳动合同、退休等）机制，明确退出的条件和程序，确保员工退出机制得到有效实施。人力资源只进不出就会造成滞胀，严重影响企业有效运行。实施人力资源退出，可以保证企业人力资源团队的精干、高效和富有活力。通过自愿离职、再次创业、待命停职、提前退休、离岗转岗等途径，可实现不适宜员工的直接或间接退出，让更优秀的人员充实相应的岗位，真正做到"能上能下、能进能出"，实现人力资源的优化配置。

2. 解除劳动合同。企业对考核不能胜任岗位要求的员工，应及时暂停其工作，安排再培训，或调整工作岗位，安排转岗培训，仍不能满足岗位职责要求的，应按规定的权限和程序解除劳动合同。

3. 保守企业秘密。企业应与退出员工依法约定，保守关键技术、商业秘密、国家安全机密和竞业限制的期限，确保知识产权、商业秘密和国家机密的企业关键岗位人员离职前，应根据有关法律法规的规定进行工作交接或离任审计。

为确保实现发展战略，企业应注重人力资源管理，定期对人力资源管理情况进行评估，总结人力资源管理经验，分析存在的主要缺陷和不足，及时改进和完善人力资源政策与实践，促进企业整体团队充满生机和活力，为企业长远战略和价值提升提供充足的人力资源保障。

第四节　社会责任

社会成就企业，企业回报社会。产品质量、安全生产、环境保护、资源节约、员工权益、公益慈善等企业社会责任问题事关民生和社会稳定。我国历届党和国家

领导人都十分重视企业社会责任，多次强调企业要关心社会，担当社会责任，企业要义利兼顾，自觉履行和管理社会责任。企业忽视履行和管理社会责任可能带来重大风险。近年来，中国企业频发危及食品安全、环境污染、资源破坏的恶性事件，对企业、社会和公众造成严重危害，对企业价值造成重大毁损。企业可能因社会责任问题导致经济损失、法律风险、道德缺失等，使企业难以持续发展。进入21世纪以来，西方发达国家时常以企业社会责任问题为借口对中国企业实施贸易制裁，中国企业频频遭遇发达国家以环境、劳工权益、商业道德等名义设置的社会责任贸易壁垒①，严重影响了企业的可持续发展和"一带一路"走出去战略的实施。

一、社会责任的概念及内容

（一）社会责任的概念

早在18世纪中期，有些美国企业就开始履行部分社会职责，如帮助雇员修建住房，为雇员子女建学校等。关于企业社会责任的界定，学界有着不同的说法。Carroll（1979）提出企业社会责任应包括经济责任、法律责任、伦理责任和自愿责任四个方面②。Carroll（1991）提出了"企业社会责任金字塔"，将企业社会责任划分为经济责任、法律责任、伦理责任和自愿责任四个方面③。K. P. 安德鲁斯（1995）④强调"企业社会责任应包括：一是企业决心自愿捐助教育或其他慈善事业，尽管这会降低其收益；二是企业遵循属于自己的道德标准，该标准要高于法律和习俗所要求的最低水平；三是在具有各种机会的业务中，企业根据社会价值进行选择；四是为经济利益以外的理由投资和改善企业内部质量"。《企业内部控制应用指引第4号——社会责任》认为：社会责任是指企业在经营发展过程中应履行的社会职责和义务，主要包括安全生产、产品质量（含服务）、环境保护、资源节约、促进就业、员工权益保护等。

（二）社会责任的内容

基于利益相关方视角，我们系统梳理了企业生产经营过程中的主要社会责任，如图2－3所示。

---

① 社会责任贸易壁垒是以环境、劳工权益、商业道德等社会责任国际标准为借口设置的贸易保护措施。随着国际贸易的发展和贸易自由化程度的提高，关税已大幅度下降，一些传统非关税壁垒也在逐步被消除和规范。一些发达国家利用与发展中国家之间在教育文化和道德标准上的差异，开始构筑一种新型的、更为隐蔽的社会责任贸易壁垒。社会责任贸易壁垒最典型的代表是"SA 8000标准"，还有ISO 14000系列标准、ISO 26000标准等。

② Carroll, A. B. 1979, A Three－Dimensional Conceptual Model of Corpovate Performance, Academy of Management Review, 4, 497－505.

③ Carroll, A. B. 1991, The Pyramid of Corporate Social Responsibility: Toward the Moral Management of Organizational Stakeholders, Business Horizon , 34, 39－48.

④ K. P. 安德鲁斯. 可以使优秀的公司有道德吗？［C］//哈佛管理文集. 孟光裕，译. 北京：中国社会科学出版社，1995.

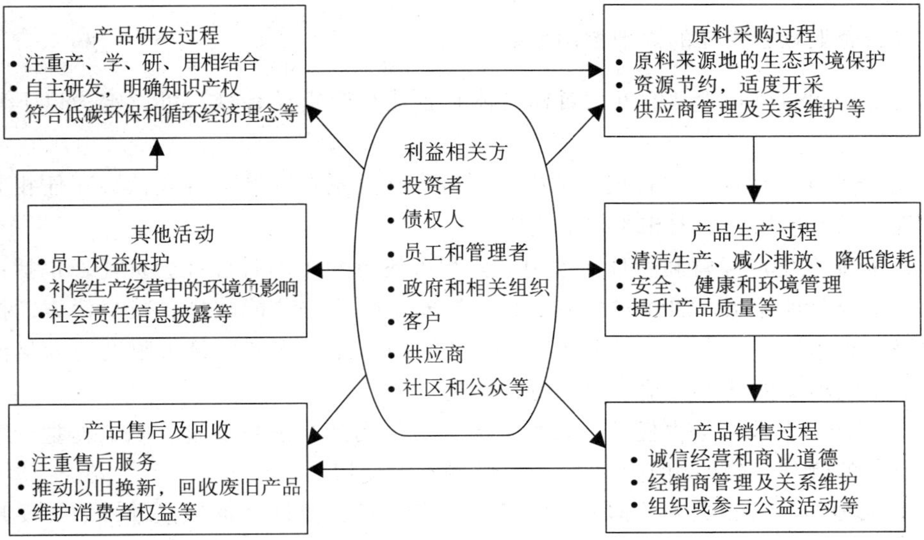

图 2-3　企业生产经营活动中的主要社会责任

1. 企业在新产品研发过程中，应坚持低碳环保和循环经济理念，自主研发，明确知识产权，避免侵权纠纷。同时，企业应积极推动产、学、研、用相结合，注重人才培养和交流，开展与高校及科研院所的合作，实现优势互补，激发创新活力。

2. 在原料采购过程中，企业应重视原料来源地的生态环境保护，努力节约资源，适度开采；依靠科技进步和技术创新，着力开发利用可再生资源。同时，注重供应商管理及关系维护，努力实现共赢多赢，避免侵害供应商权益等。

3. 在产品生产过程中，企业应坚持清洁生产，降低能耗，减少废弃物排放，加强对废弃物的回收、利用和处置；安全生产、员工健康和环境管理事关企业发展、员工权益和社会稳定，企业应加强管理，建章立制，并确保落实到位。低劣的产品质量损人不利己，企业应努力提升产品（包括服务）质量，这既是对消费者和整个社会负责，也是对自己负责。

4. 在产品销售过程中，企业应诚信经营，公平贸易，遵循商业道德，避免商业贿赂。企业应加强经销商管理及关系维护，坚持共赢多赢，避免侵害经销商和消费者权益等。

5. 在产品售后及废旧品回收过程中，企业应注重售后服务，维护消费者权益，保持畅通的沟通平台。企业应积极推动以旧换新，回收废旧产品，促进废旧物资再利用。

6. 其他社会责任活动。企业应积极促进就业，保护员工权益，维护员工健康，推动员工培训，为员工提供良好的发展平台。企业还应主动补偿生产经营中的环境负影响，积极组织或参与公益活动、慈善事业，披露企业社会责任信息等。

二、企业社会责任的内部控制目标

内部控制与风险管理的五大目标具体到企业社会责任领域，可设定为以下几个方面：

1. 企业在生产经营和管理活动中，要符合社会责任标准，遵守社会责任相关法律法规，以及单位内部的相关规章制度。

2. 企业在生产经营和管理活动中，要积极履行和主动管理社会责任，包括：建立健全安全管理体系，加强安全措施，搞好安全生产；节能减排、减少污染，提高资源综合利用效率；为社会提供优质安全健康的产品和服务，最大限度地满足消费者需求；主动保护员工权益，积极促进就业。

3. 加强与企业社会责任活动相关资产（劳保用品、消防设施、职工食堂、康乐设施等）的管理，确保相关资产安全完整和有效使用。

4. 加强与利益相关方的沟通，定期编制和发布企业社会责任报告，如实反映企业履行和管理社会责任的相关情况。

5. 在战略层面，企业在发展规划和战略决策中应贯穿社会责任思维，综合考虑各相关方的利益，关注和妥善处理企业活动对社会和环境因素的影响。

三、企业社会责任主要风险

企业社会责任贯穿企业经营和管理的全过程，既涉及公司治理层面，也涉及内部机构和业务层面。企业不承担社会责任或社会责任管理不当可能引发各种风险，包括战略风险、经营风险和操作风险等。

（一）企业发展战略中的社会责任风险

企业对社会责任的战略管理行为不当可能引发战略风险，包括战略决策风险和战略实施风险。例如，战略目标定位不科学。战略目标的规划仅从股东利益最大化的角度出发，只考虑经济利益，缺少对其他利益相关方的利益考虑，缺少对社会和环境因素的考量，可能导致企业的声誉受损或其他不利情况的出现。

（二）企业生产经营中的社会责任风险

经营风险是企业生产经营过程中的不确定性因素可能对企业经营目标产生的影响。企业主要生产经营活动中的社会责任风险包括：

1. 在研发过程中，企业未能坚持低碳环保和循环经济理念，与国家产业政策导向不一致；研发过程管理不善，存在产权纠纷；不注重人才培养，缺乏创新活力等。

2. 在采购过程中，企业不重视原料来源地的生态环境保护，或进行掠夺式开采，可能造成资源枯竭；不注重供应商管理及关系维护，侵害供应商权益等。

3. 在生产过程中，企业安全生产措施不到位，责任不落实，可能导致企业发生安全事故；对员工健康和环境管理不到位，可能损害员工权益；未坚持清洁生产，能耗超标或废弃物排放超标，可能形成环境责任事故；产品（包括服务）质量低劣，损害消费者权益等。

4. 在销售过程中，企业不遵循商业道德，进行商业贿赂，使企业声誉受损；不注重经销商管理及关系维护，侵害经销商权益；不重视售后服务，侵害消费者权益等。

5. 其他社会责任风险，如人力资源政策不当使员工积极性受挫；忽视公益活动、慈善事业使企业声誉受损；忽视企业社会责任信息披露，与利益相关方的沟通不畅等。

上述经营风险如果控制不好，可能导致企业形象受损、遭遇巨额赔偿、缺乏发展后劲、停业甚至破产，从而影响企业的可持续发展，甚至影响社会稳定或形成生态灾难。

（三）企业日常管理和岗位操作中的社会责任风险

操作风险是由企业内部程序、人员或系统的不完备或失效，或由于外部事件造成损害的风险，如商业欺诈、不履行合同、不按规程作业、对突发事件处置不力等。操作风险是一个涉及面非常广的范畴，几乎涉及企业内部的所有部门、岗位和员工。企业在履行社会责任和实施社会责任管理的过程中随时可能发生各种操作风险，例如，管理人员不按规程管理可能发生侵害员工权益的行为；员工违规作业可能导致安全生产事故或生态环境灾难；业务人员诚信缺失可能欺诈利益相关方；相关人员能力不胜任可能导致企业社会责任信息披露不当等。

四、企业社会责任风险控制

企业重视并切实履行社会责任，既是对企业前途、命运负责，也是对社会、国家、公众负责。企业应高度重视履行社会责任，在培育企业价值观和企业文化的过程中，融入社会责任理念，积极采取措施促进社会责任履行。企业应建立履行社会责任的机制，把履行社会责任融入企业发展战略，落实到生产经营的各个环节，明确归口管理部门，建立健全预算安排，逐步建立和完善企业社会责任指标统计和考核体系，为企业履行社会责任提供坚实的基础与保障。

（一）企业战略层面的社会责任风险控制

治理层对企业社会责任战略风险负责，企业应从基于股东利益最大化的战略转变为基于各利益相关方综合价值创造的战略管理，企业战略决策和战略实施应从单纯的经济考量转向经济、社会、环境三者并重。企业应深知社会责任与可持续发展密切相连，战略选择应基于企业社会责任，努力提高各利益相关方对企业社会责任的可观察及认同程度，协调好与各利益相关方的关系，使企业能从他们那里获取资源和支持，同时准确把握各利益相关方的需求和社会议题的变化，寻求企业发展机会。企业应站在为各利益相关方创造综合价值的战略高度，将社会责任管理全面融入企业目标、战略规划和经营计划，并配置相应资源；关键决策应进行社会责任评价；董事、监事和高管人员应强调社会责任管理的重要性，并与企业文化、核心价值观等相互配合，使企业上下形成统一的思想认识。

（二）生产经营和日常管理中的社会责任风险控制

生产经营和日常管理由经理层负责，为控制生产经营和日常管理中的社会责任风险，企业应设置专职机构，赋予清晰的责权，明确岗位责任制；在发展战略和年度经营计划中应设置社会责任管理目标，并通过全面预算管理工具配置社会责任管理资源，分解落实各项指标体系；应定期调查和评估社会责任管理现状，进行风险识别与评估，列示风险清单，建立风险数据库；针对风险清单，建立并实施风险应对的解决方案；对可能发生的重大社会责任事件，应设置紧急预案，并定期测试，以确保其有效性。

（三）企业社会责任活动具体作业中的风险控制

关于社会责任活动具体作业中的风险控制，企业应实行岗位责任制，由岗位员工对操作风险负责。

1. 安全生产的风险控制。

（1）建立健全安全生产管理体系。企业应根据国家有关安全生产的规定，结合本企业实际情况，建立严格的安全生产管理体系、操作规范和应急预案，强化安全生产责任追究制度，切实做好安全生产。企业应设立安全管理部门和安全监督机构，负责企业安全生产的日常监督管理工作。

（2）加大安全生产投入和经常性管理。企业应重视安全生产投入，在人力、物力、资金、技术等方面提供必要的保障，健全检查监督机制，确保各项安全措施落实到位，不得随意降低保障标准和要求。

（3）预防为主，实行特殊岗位资格认证制度。企业应贯彻预防为主的原则，采取多种形式增强员工安全意识，重视岗位培训，对于特殊岗位实行资格认证制度。企业应加强生产设备的经常性维护管理，及时排除安全隐患。

（4）建立安全生产事故应急预警和报告机制。企业如果发生生产安全事故，应按安全生产管理制度妥善处理，排除故障，减轻损失，追究责任。重大生产安全事故应启动应急预案，同时按国家有关规定及时报告，严禁迟报、谎报和瞒报。

2. 产品质量的风险控制。

（1）建立健全产品质量标准体系。企业应根据国家和行业相关产品质量的要求，从事生产经营活动，切实提高产品质量和服务水平，努力为社会提供优质安全健康的产品和服务，最大限度地满足消费者的需求，对社会和公众负责，接受社会监督，承担社会责任。

（2）严格质量控制和检验制度。企业应规范生产流程，建立严格的产品质量控制和检查制度，严把质量关，禁止缺乏质量保障、危害人民生命健康的产品流向社会。

（3）加强产品售后服务。企业应加强产品的售后服务，售后发现存在严重质量缺陷、隐患的产品，应及时召回或采取其他有效措施，最大限度地降低或消除缺陷、隐患产品对社会的危害。企业应妥善处理消费者提出的投诉和建议，切实保护消费者权益。

3. 环境保护与资源节约的风险控制。

（1）转变发展方式，实现清洁生产和循环经济。企业应按国家有关环境保护与资源节约的规定，结合本企业实际情况，建立环境保护与资源节约制度，认真落实节能减排责任，积极开发和使用节能产品，发展循环经济，降低污染物排放，提高资源综合利用效率。企业应通过宣传教育等有效形式，不断提高员工的环境保护和资源节约意识。

（2）依靠科技进步和技术创新，着力开发利用可再生资源。企业应重视生态保护，加大对环保工作的人力、物力、财力的投入和技术支持，不断改进工艺流程，降低能耗和污染物排放水平，实现清洁生产。企业应加强对废气、废水、废渣的综合治理，建立废料回收和循环利用制度。

（3）关注资源节约和保护。企业应重视资源节约和资源保护，着力开发利用可再生资源，防止对不可再生资源进行掠夺性或毁灭性开发。企业应重视国家产业结构相关政策，特别关注产业结构调整的发展要求，加快高新技术开发和传统产业改造，切实转变发展方式，实现低收入、低消耗、低排放和高效率。

（4）建立监测考核体系，强化日常监控。企业应建立环境保护和资源节约的监控制度，定期开展监督检查，发现问题，及时采取措施予以纠正。污染物排放超过国家有关规定的，企业应承担治理或相关法律责任。发生紧急、重大环境污染事件时，应启动应急机制，及时报告和处理，并依法追究相关责任人的责任。

4. 促进就业与员工权益保护的风险控制。

（1）依法保护员工的合法权益，贯彻人力资源政策，保护员工依法享有劳动权利和履行劳动义务，保持工作岗位相对稳定，积极促进充分就业，切实履行社会责任。企业应避免在正常经营情况下批量辞退员工，增加社会负担。

（2）与员工签订并履行劳动合同，遵循按劳分配、同工同酬的原则，建立科学的员工薪酬制度和激励机制，不得克扣或无故拖欠员工薪酬。企业应建立高级管理人员与员工薪酬的正常增长机制，切实保持合理水平，维护社会公平。

（3）及时办理员工社会保险，足额缴纳社会保险费，保障员工依法享受社会保险待遇。企业应依照有关规定做好健康管理工作，预防、控制和消除职业危害；按期对员工进行非职业性健康监护，对从事有职业危害作业的员工进行职业性健康监护。企业应遵守法定的劳动时间和休息休假制度，确保员工的休息休假权利。

（4）加强职工代表大会和工会组织建设，维护员工合法权益，积极开展员工职业教育培训，创造平等发展机会。企业应尊重员工人格，维护员工尊严，杜绝性别、民族、宗教、年龄等各种歧视，保障员工身心健康。

（5）按产学研用相结合的社会需求，积极创建实习基地，大力支持社会有关方面培养、锻炼社会需求的应用型人才。

（6）积极履行社会公益方面的责任和义务，关心帮助社会弱势群体，支持慈善事业。

5. 企业社会责任信息披露环节的风险控制。企业应建立社会责任信息报告制度，定期发布社会责任报告，向股东、债权人、员工、客户、社会等利益相关方如实陈述自己在社会责任领域所做的工作、所取得的成就。企业社会责任信息披露可以增强企业的战略管理能力，使企业由外而内地深入审视与社会的互动关系，全面提高企业服务能力和水平，提高企业的品牌形象和价值。

第五节 企业文化

内部控制是根植于制度和文化的科学，制度建设是企业内部控制的基础，而道德和文化建设是企业内部控制的灵魂，两者的有机结合共同影响着企业内部控制的效率效果。内部控制建设不仅要有科学的制度和流程，还要注重人力资源、正直诚信、社会责任和价值观等软环境的培育。内部软环境的培育需要靠企业文化建设来推动，企业文化不仅能为企业提供精神支柱，而且对促进企业实现发展战略、提升核心竞争力、增强内部控制有效性等具有重要意义。因此，企业应加强文化建设，培育积极向上的价值观和社会责任感，倡导诚实守信、爱岗敬业、开拓创新和团队协作精神，树立现代管理理念，强化风险意识。

一、企业文化的概念及意义

（一）企业文化的概念

“文”原意是纹，用有纹理的动物毛皮美化身体和环境是“纹化”的初义，在身体、建筑、用具、服饰等表面刻画纹饰，是“纹化”的转义。随着文字的出现，“纹化”演化为“文化”。引申后，人们将人类克服动物原始本性、美化自身言行、外表、生活、环境的一切手段和言行统称为文化。在甲骨文中，“文”指处于发情期的母畜，代表成熟与繁殖；“化”指从生到死的转变过程，代表着演变和进化。“文”与“化”合起来，表示能够使种族繁衍下去，可以保证种族行为一致性的成熟基因，是能使种族持久发展的内在因素。

泰勒（1871）将文化定义为一个复合体，包括知识、信仰、艺术、道德、法律、风俗以及人类在社会里所获得的一切能力和习惯①。Kluckhohn et al.（1961）用“价值观”来定义组织文化的思想，并被众多学者所采纳，价值观虽然是个无形的存在，却内在地左右着行为人的决策和行动，有不少学者直接从行为学视角来解

---

① ［英］爱德华·泰勒（Edward Tylor）．原始文化［M］．连树声，译．桂林：广西师范大学出版社，2005：10-11.

释组织文化[①]。庞朴（1986）将文化划分为“物质的、制度的和心理的”三个层次，其中，物质层面是最表层的；而审美趣味、价值观念、道德规范、宗教信仰、思维方式等心理层面属于深层的；介于二者之间的是种种制度和理论体系[②]。

企业文化是员工广泛接受的价值观念，以及由这种价值观念所决定的行为准则和行为方式。《企业内部控制应用指引第 5 号——企业文化》将企业文化定义为：企业在生产经营实践中逐步形成的、为整体团队所认同并遵守的价值观、经营理念和企业精神，以及在此基础上形成的行为规范的总称。

1. 价值观是个人对客观事物（包括人、物、事）及对自己行为结果的意义、作用、效果和重要性的总体评价，关系到对是非曲直的基本判断，是推动并指引一个人采取决定和行动的原则及标准。

2. 经营理念是企业在生产经营实践中逐步形成的基本原则和核心思想，任何生产经营和管理活动都要符合这些基本原则和核心思想。

3. 企业精神是一个企业基于自身特定的性质、任务、宗旨、时代要求和发展方向，为谋求生存与发展而在长期的生产经营实践中，经过精心培育、提炼而逐步形成的，并为员工群体认同的正向心理定式、价值取向和主导意识的统称。

4. 行为规范是用来规范个人行为、调解人际交往、维护社会秩序的思想工具，是人们说话、做事所依据的标准，也是社会成员都应遵守的行为准则。

（二）企业文化建设的重大意义

台湾著名作家龙应台曾说：“人本是散落的珍珠，随地乱滚，文化就是那根柔弱又强韧的细线，将珠子穿起来成为社会，当公民社会不再依赖皇权或神权来巩固它的底座时，文化和历史则是公民社会最重要的黏合剂。”著名经济学家于光远先生指出：“国家富强在于经济，经济繁荣在于企业，企业兴旺在于管理，管理优劣在于文化。”

1. 企业文化为企业发展提供精神支柱和灵魂归宿。企业作为社会的一个单元，要实现可持续发展，打造百年基业，必须重视文化建设，有自己的企业文化。企业文化渗透于管理制度设计和执行的各个层面，可以说企业文化是内部控制的灵魂。企业有了积极向上的优秀文化，就会重视创新、尊重知识、尊重人才、赢得客户、打响品牌，终成“百年老店”；反之，企业缺乏优秀的文化，它就像一个没有个性和创业激情的人，终将在市场竞争中湮没沉沦，失去竞争力，为市场所唾弃。内部控制的核心是人，个人品性，包括诚信、道德价值观和胜任能力是内部环境中最重要的因素。企业文化是象征企业灵魂的价值导向，是内部控制的最高境界，反映着以人为本的管理理念，重视人的因素，强调精神文化的力量，希望用无形的文化力量形成一种行为准则、价值观念和道德规范，凝聚企业员工的归属感、积极性和创

---

① Kluckhohn F. , Strodtbeck. Variations in Value Orientations [M]. Oxford, England: Row Peterson, 1961: 15 - 25.

② 庞朴. 文化结构与近代中国 [J]. 中国社会科学, 1986 (5): 81 - 98.

造性，引导企业员工为企业和社会的发展而努力工作、积极进取。因此，一个企业如果道德缺失、文化贫瘠是很难走向持续繁荣的。

2. 企业文化能够提升企业核心竞争力。核心竞争力是企业不可交易和不可模仿的独特优势，是企业竞争中最具有长远和决定性影响的内在因素。企业最具威力的核心竞争力是优秀的企业文化。俗话说“一流企业做文化，二流企业做市场，三流企业做产品”。成功的企业总是与成功的企业文化紧密相连，优秀的企业无不有着优秀的企业文化。拥有核心竞争力的企业一般具有以下特征：具有良好市场前景的关键技术、真实稳健的财务状况、内外一致的企业形象、真实诚信的服务态度、团结协作的团队精神、以客户为中心的经营理念、公平公正善待员工、鼓励员工开拓创新的激励机制等。所有这些特征，几乎都与企业文化有关。中医药行业的著名老字号——北京同仁堂，之所以历经300多年而不衰，不可否认的是其拥有“核心技术”，但同样重要的在于历代同仁堂人前赴后续、不懈追求，始终恪守和培育“炮制虽繁必不敢省人工，品味虽贵必不敢减物力”的文化传承。John P. Kotter（1992）在长达11年的跟踪研究中发现，重视企业文化建设的公司，其经营绩效远胜于那些不重视企业文化的公司①。因此，企业应重视和加强企业文化建设，不断提升核心竞争力。

3. 企业文化为提高内部控制有效性奠定了坚实基础。行为是文化的函数，企业内部控制主要针对员工行为而设计，员工行为受企业文化的影响。在内部控制建设中，制度和流程是基础，是保证内部控制有效运行的前提和保障；道德和文化建设是内部环境培育的重要内容，是内部控制建设的更高境界，道德能够引领员工由被动走向自觉，文化能够凝聚人心。制度是一种“硬约束”，必须融入企业道德和文化的“软约束”，才能实现“他控”和“自控”结合，以达到内部控制目标。企业文化不但能够提高制度效力，还能弥补制度约束的漏洞。诺斯（1994）指出即使在最发达的经济中，正式规则也只能决定行为选择的小部分，大部分行为空间依靠习惯、伦理等非正式规则约束②。在各种冲突面前，只有发自内心的道德诉求和人文关照才能化解矛盾，仅靠强制力在任何时候“最多只能执行全部法规制度的3%—7%”③。文化契合度直接影响到内部控制的效率效果，高契合度文化的企业，其发展的稳定性更强。李连华（2012）研究表明企业文化特征对企业内部控制的设计、执行和控制效率都有明显影响，专制型文化具有内部控制制度贯彻执行的效率优势，民主型文化则更加有助于内部控制设计的健全性④。

---

① ［美］P. 科特，L. 赫斯克特．企业文化与经营业绩［M］．李晓涛，译．北京：中国人民大学出版社，2004.

② 刘和旺．诺斯的制度与经济绩效理论研究——兼与马克思制度分析之比较［M］．北京：中国经济出版社，2010.

③ 李荣梅．会计制度不完全性的经济学分析［J］．会计研究，2005（1）：61－66.

④ 李连华．企业文化的内部控制效率分析［J］．财经论丛，2012（5）：71－77.

二、企业文化的内部控制目标

企业应根据内部控制与风险管理的五大目标，确定内部环境要素所应达到的目标，并将目标分解落实，确定企业文化所应达到的具体目标。企业文化的内部控制目标可设定为以下几个方面：

1. 培育健康向上的核心价值观和企业精神，培养社会责任感，强化法制意识和责任意识，倡导团结友爱、相互尊重、学习创新和热爱生活的企业精神。

2. 管理团队和各级管理人员要树立有利于实现企业目标的管理理念和经营风格，避免因个人风险偏好可能给企业带来的不利影响和损失。

3. 全体员工要培养以正直诚信、敬岗爱业、廉洁自律为核心的职业操守，坚持客观公正、依法办事，不损害投资者、债权人、供应商、客户、员工和社会公众的利益。

4. 坚持以人为本，文化育人，建立一种团结和凝聚员工的文化力量，培育与现代企业制度相适应的思想观念，增强员工的团队意识、风险意识、效率意识、开拓创新意识等。不断提升企业的核心竞争力。

三、企业文化建设主要风险

越来越多的企业广泛开展跨国、跨地区的经济合作以及并购活动，使组织内部的价值观、经营理念、企业精神面临冲击、更新与交替，时常引发文化风险。在加强企业文化建设时至少应关注下列风险：

1. 缺乏积极向上的企业文化，可能导致员工丧失对企业的信心和认同感，企业缺乏凝聚力和竞争力。

2. 缺乏开拓创新、团队协作和风险意识，可能导致企业发展目标难以实现，影响可持续发展。

3. 缺乏诚实守信的经营理念，可能导致舞弊事件的发生，造成企业损失，影响企业信誉。

4. 忽视企业间的文化差异和理念冲突，可能导致并购重组失败。

四、企业文化建设的风险控制

企业文化是建立和完善内部控制的重要基础。没有优秀的企业文化，就不可能统一董事、监事、高管团队和全体员工的思想和意志，就不能激发其潜力和热情，就不能培育对企业的认同感，就不能形成卓越的执行力。企业文化不是抽象的理论，而是存在于生产经营和管理活动各环节的无形约束力，不仅影响着员工的行为规范、心理状态、思维习惯，而且影响着企业的经营方针、经营风格、管理哲学、企业形象和可持续发展。

（一）塑造企业核心价值观

核心价值观是企业在经营过程中坚持不懈、努力使全体员工都必须信奉的信条，体现了企业核心团队的精神，往往也是企业家身体力行并坚守的理念。这种价值观和理念是一个企业的文化核心，凝聚着董事、监事、高级管理人员和全体员工的思想观念，从而使大家的行为朝着一个方向去努力，反映出一个企业的行为和价值取向。企业文化建设始于核心价值观的精心培育，终于核心价值观的维护、延续和创新。这是成功企业不变的法则。为此，应注重以下方面：

1. 挖掘自身文化。要注意从企业特定的外部环境和内部条件出发，把共性和个性、一般和个别有机地结合起来，总结出本企业的优良传统和经营风格，挖掘整理出本企业长期形成的宝贵的文化资源，在企业精神提炼、理念概括、实践方式上体现出鲜明的特色，形成既具有时代特征又独具魅力的企业文化。

2. 博采众长。要紧紧把握先进文化的前进方向，以开放、学习、兼容、整合的态度，坚持以我为主、博采众长、融合创新、自成一家的方针，广泛借鉴国外先进企业的优秀文化成果，大胆吸取世界新文化、新思想、新观念中的先进内容，取其精华，去其糟粕，扬长避短，为我所用。

3. 根据塑造形成的核心价值观指导企业的实际行动。核心价值观明确提倡什么、反对什么，哪一种行为是企业所崇尚的、鼓励大家去做的，哪一种行为是企业反对的、大家不应去做的，企业应根据塑造形成的核心价值观指导企业的实际行动。

【案例2-4】部分著名企业的核心价值观

华为：聚焦在主航道，抵制一切诱惑；坚持不走捷径，拒绝机会主义，踏踏实实，长期投入，厚积薄发；坚持以客户为中心，以奋斗者为本，长期艰苦奋斗，坚持自我批判。

中国航天科技：以国为重、以人为本、以质取信、以新图强。

华能国际：坚持诚信、注重合作、不断创新、积极进取、创造业绩、服务国家。

国家电网：服务党和国家工作大局、服务电力客户、服务发电企业、服务社会发展。

红塔集团：人的价值高于物的价值；共同的价值高于个人的价值；消费者所看重的价值高于企业的利润价值。

苏宁电器：做百年苏宁，国家、企业、员工、利益共享；树家庭氛围，沟通、指导、协助、责任共担。

（二）打造以主业为核心的品牌

品牌通常是指能够给企业带来溢价、产生增值的一种无形的资产，其载体是用以和其他竞争者的产品或劳务相区分的名称、术语、象征、记号或者设计及其组合。企业产品或劳务的品牌与企业的整体形象联系在一起，是企业的“脸面”或“标识”。品牌之所以能够增值，主要来自消费者心智中形成的关于其载体的印象。在市场竞争中，企业无不重视其产品或劳务品牌的建设。打造以主业为核心的品牌，是企业文化建设的重要内容。企业应将核心价值观贯穿于自主创新、产品质量、生产安全、市场营销、售后服务等方面的文化建设中，着力打造源于主业且能够让消费者长久认可、在国内外市场上彰显强大竞争优势的品牌。

（三）充分体现以人为本的理念

“以人为本”是企业文化建设应信守的重要原则。企业要在企业文化建设过程中牢固树立以人为本的思想，坚持全心全意依靠全体员工办企业的方针，尊重劳动、尊重知识、尊重人才、尊重创造，用美好的愿景鼓舞人，用宏伟的事业凝聚人，用科学的机制激励人，用优美的环境熏陶人。努力为全体员工搭建发展平台，提供发展机会，挖掘创造潜能，增强其主人翁意识和社会责任感，激发其积极性、创造性和团队精神。同时，要尊重全体员工的首创精神，在统一领导下，有步骤地发动全体员工广泛参与，从基层文化抓起，集思广益，群策群力，全员共建。努力使全体员工在主动参与中了解企业文化建设的内容，认同企业的核心理念，形成上下同心、共谋发展的良好氛围。

（四）强化企业文化建设中的领导责任

在建设优秀的企业文化过程中，领导是关键。要建设好企业文化，领导必须高度重视，认真规划、狠抓落实，这样才能取得实效。企业主要负责人应站在促进企业长远发展的战略高度重视企业文化建设，切实履行第一责任人的职责，对企业文化建设进行系统思考，出思想、谋思路、定对策，确定本企业文化建设的目标和内容，提出正确的经营管理理念。董事、监事、经理和其他高级管理人员应在企业文化建设中发挥主导和垂范作用，不断提高自身的道德操守和文化素养，以自身的优秀品格和脚踏实地的工作作风，带动影响整个团队，共同营造积极向上的企业文化环境。

（五）将企业文化融入生产经营全过程

企业文化建设应融入生产经营全过程，切实做到文化建设与发展战略的有机结合，增强员工的责任感和使命感，做到与企业同呼吸、共命运、同成长、共生死，真正实现“人企合一”。着力将核心价值观转化为企业文化规范，通过梳理完善相关管理制度，对员工日常行为和工作行为进行细化，逐步形成企业文化规范，以理念引导员工的思维，以制度规范员工的行为，使员工自身价值在企业发展中得到充分体现。

思考题

1. 内部环境在内部控制中的地位及作用有哪些？
2. 什么是企业的组织架构？它分为哪几个层面？
3. 企业组织架构设计与运行的主要风险有哪些？如何应对这些风险？
4. 企业发展战略制定的主要风险有哪些？如何应对这些风险？
5. 企业发展战略实施的主要风险有哪些？如何应对这些风险？
6. 企业人力资源政策与实践的主要风险有哪些？如何应对这些风险？
7. 如何理解企业的社会责任？它具体包括哪些内容？
8. 企业社会责任的主要风险有哪些？如何应对这些风险？
9. 企业文化包括哪些主要内容？对内部环境的培育有何意义？
10. 企业文化建设的主要风险有哪些？如何应对这些风险？

第三章

风险评估

内部控制的建立和实施不仅要明确目标，更要始终贯穿风险导向。对于影响目标实现的风险因素，企业要提高警惕，树立风险意识，积极主动地识别风险，科学地分析和评估风险，对于已识别和评估出来的风险要采取适当的策略和措施来应对风险，将其控制在可接受水平之内。风险评估作为内部控制一个要素，主要涉及目标设定、风险识别、风险分析和风险应对等内容。

第一节　风险的概念、特征和分类

人们在工作和生活中，时常要面对各种各样、大大小小的“险情”，它们会给我们带来不安和困惑。而经济活动中的“冒险”，又使人们在担心损失的同时，对获得未来收益满怀希望。风险的普遍性，使得“风险”一词广泛使用。如何识别、分析和应对风险，是内部控制建设的核心问题，这就需要首先弄清楚风险的概念、特征和分类。

一、风险的概念

人们对风险的意识自古就有，人类社会从形成开始就一直面临着自然灾害和意外事故的侵扰。我国夏朝后期就有了“天有四殃，水旱饥荒，其至无时，非务积聚，何以备之”的描述。据史料记载，公元前1700年开始，我国在长江从事货运的商人们将一批货物分装在几条船上；公元前2800年左右，古埃及平民中开始盛行互助基金组织；公元前916年，《罗蒂安海商法》确定了共同海损制度①。

据说“风险”一词是由渔民们创造的。以前的渔民每次出海前都要祈祷，祈求神灵保佑自己能够平安归来，祈祷神灵保佑自己在出海时能够风平浪静、满载而归。

① 海上贸易源远流长，在公元前2000多年的地中海，航海被视作一种海上冒险事业，载货木帆船构造简陋，抵御海上灾害事故的能力很差，一旦遇到风暴，多采取“抛货”保船的办法。经过长期实践，逐步形成了共同承担“抛货”损失的共同海损分摊原则。公元前916年，居住在爱琴海罗德岛的腓尼基人把这一原则收入《罗蒂安海商法》（Rhodian Law）。

在长期的捕捞实践中，渔民们深刻体会到“风”给他们带来的无法预测、无法确定的危险，“风”即意味着“险”，于是“风险”一词便产生了。关于风险的概念，有着不同的认识和理解，出现过“可能发生的危险”“发生不幸事件的可能性”“事件产生我们所不希望的后果的可能性”“实际结果与人们所期望目标之间的差异程度”“遭受不利、伤害、损失或毁灭的可能性”“某一特定危险情况发生的可能性和潜在后果的组合”“结果的潜在变化”“未来结果的不确定性”“可能的结果及其概率分布的组合函数，即 $R = F(E_i, P_i)$”等观点。

COSO《内部控制——整合框架（1992）》认为风险是任何可能影响目标实现的负面因素，所有企业，无论规模、结构和行业性质，都面临着诸多来自内部和外部的风险，影响既定目标的实现。COSO 委员会 2013 年修订《内部控制——整合框架》时仍然认为风险是事件发生并对组织实现其目标产生负面影响的可能性。COSO《企业风险管理——整合框架（2004）》指出所有主体都面临不确定性，管理层所面临的挑战就是在为增加利益相关者价值而奋斗的同时，要确定承受多大的不确定性。不确定性可能会破坏或者增加价值，因而它既代表风险，也代表机会。

《中央企业全面风险管理指引》认为风险是未来的不确定性对企业实现其经营目标的影响。2009 年 11 月，国际标准化委员会（ISO）发布 ISO31000：组织的风险管理国际标准，认为风险是不确定性对目标的影响。其中，影响是与期待的偏差，包括积极的影响、消极的影响，或两者兼而有之；目标可以有不同方面（如财务、健康安全以及环境目标），可以体现在不同层次（如战略、组织结构、项目、产品和过程）；风险通常以潜在事件和后果，或它们的组合来描述；不确定性是指对事件及其后果或可能性的认识或理解所需信息的缺乏或不完整的状态。

综上所述，经过不断演化，风险一词已经大大超越了“遇到危险”的狭窄含义，越来越倾向于未来的不确定性对实现目标的影响。企业在实现其目标的经营活动中，会遇到各种不确定事件，这些事件发生的概率及其影响程度是无法事先预知的，这些事件将对经营活动产生影响，从而影响企业目标实现的程度。这种在一定环境下和一定限期内客观存在的，影响企业目标实现的各种不确定因素就是风险。不确定性既可能给企业带来损失，也可能使企业获得收益。如果采取适当措施来管理这种不确定性，不仅能够减少损失，而且可能形成机会获得收益，有时风险越大，回报越高。

二、风险的特征

对风险的不同理解和定义，使得风险具有多种属性和特征。就单项风险而言，每项风险都有不确定性、动态性、偶然性、可知性等特征。其中，不确定性是风险的本质特征。从宏观方面和风险总体来看，风险又有一定的客观性和必然性，能够呈现出规律性和普遍性。

（一）风险具有不确定性

企业在一个变化的、多样的、复杂的环境中从事经营活动，在经营管理过程中，随时面临各种不确定性。风险事件是否发生、何时何地发生以及发生之后会造成什么样的后果等，都是不确定的。例如，交通事故每天都在发生，但具体是哪一辆车、何时何地发生是无法预先确定的，万一发生交通事故，将会造成怎样的损失和伤害，我们也无法确切预知。

（二）风险具有动态性

任何风险都是一定条件下的风险，是一定时空内的风险。当条件发生变化时，风险也随之变化。风险的动态性表现为风险性质的变化、风险量的变化和风险结果的变化。风险既可以从无到有，也可能从有到无；既可以从大到小，也可以从小到大。风险在一定条件下，可以转化为机会，反之亦然。风险的动态性要求企业的风险评估、控制活动、内部监督等都要动态跟进，持续改进。

（三）风险具有偶然性

风险虽然客观存在，但就某一具体风险而言，风险事件的发生具有偶然性或随机性。风险事件的发生是诸多因素共同作用的结果，每一因素的作用时间、作用点、作用方向、先后顺序、作用强度等都是在特定条件下发生的。每一因素的出现本身就具有偶然性，这就导致风险事件的发生具有偶然性。风险事件发生的偶然性还意味着发生时间的随机性，俗话说“天有不测风云”就是风险突发性的体现。风险事件的偶然性和突发性可能会加剧风险的破坏性。

（四）风险具有可知性

如果一种事物不可认知，便会陷入神秘主义的泥潭。人们既可以认识风险的性质和大小，也可以观测和度量风险的后果。对于事件发生的不确定性程度，可以用概率来描述。例如，当概率在0至50%之间时，随着概率的增加，不确定性随之加大，概率为50%时不确定性最大；当概率在50%至100%之间时，随着概率增加不确定性随之减小。当概率为0和100%时，不确定事件即转变为确定事件。对于事件结果的不确定性，可以用实际结果与预期目标的偏差或可能产生结果的变动来描述，极差或全距、标准差、方差、离散系数、β系数等指标可以用来衡量可能结果的变异程度。企业还可以通过敏感性测试、压力测试、计算VaR（Value at Risk）值等方法测试风险因素可能带来的影响。借助现代信息技术，大数据和云计算更是为人们认知和衡量风险提供了便利，人们对风险的认识和测定也越来越接近客观实际。

（五）风险具有客观性

风险不以人为意志而转移，独立于主观意识之外客观存在。例如，我们所熟知的自然灾害、意外事故、生老病死及决策失误等，虽然我们知道这些风险的存在，也能部分地控制风险，但我们无法完全消除它们。风险的存在取决于决定风险的各种因素，人们只有承认和识别风险、分析和评估风险，采取应对措施，改变风险存在和发生的条件，尽可能降低或化解风险，但风险一般是不可能彻底消除的，远离风险，也就意味着放弃收益和机会。

（六）风险具有相对性

俗话说福祸相依，没有绝对的风险，危险总是与机遇并存。风险也是相对机会而言的，没有风险，也就没有机会。一般而言，风险大，潜在收益多；风险小，潜在收益少。不同主体对同一事件的感受和处理方式不同，风险便不相同。不同主体对风险的承受能力不同，风险所产生的影响力也不同。而主体的承受能力受时间、空间的影响，具有个体差异。风险的这种相对性，要求我们面对风险应保持正确的认识理念和态度。

（七）风险具有普遍性

风险无处不在，只要某一事件的发生存在着两种或两种以上的可能性，即可认为该事件存在着风险。人类历史总是与各种风险相伴的，天灾人祸、意外事故、生老病死、冲突战争等从未远离人们。随着科学技术和人类社会的进步，新的风险层出不穷：物价、利率、汇率、股指、信用、技术、政策、法规等都处于不断的变化之中。变化就意味着风险，变化越快、变化越大，风险越大。没有变动，就没有风险。

（八）风险具有规律性

就单个风险事件而言，其发生和影响具有偶然性和突发性。但从宏观和总体来看，一定时期某种风险的发生概率及其影响程度具有一定的必然性，能够呈现出规律性。我们可以借助数理统计的方法处理大量相互独立的随机事件，发现和归纳其固有的规律性。例如，每一笔应收款项的收回都具有不确定性，该笔账款是否成为坏账具有一定的偶然性，但我们可以运用过去的数据和经验，估计出应收款项总体的收回比例和坏账损失情况，这种情况具有一定的必然性。

三、风险的分类

为了更全面地了解和认知风险，按照不同标准，可以将风险分成不同类别。

（一）以风险对企业目标实现产生的影响为标准分类

以风险对企业目标实现产生的影响为标准分类，可以分为战略风险、运营风险、合规风险、资产风险和报告风险。战略风险是影响企业战略目标实现的不确定性因素，如战略规划风险、战略实施风险等。战略风险是高层次风险，影响着整个企业的发展方向、资源配置、整体效益、核心竞争力等。运营风险是企业在运营过程中存在的影响运营效率和效果的不确定性因素，如产品价格风险、融资风险、投资风险、资本结构风险等。合规风险是企业在生产经营和管理活动中，未按法律法规、合同约定、监管要求、内部规章等的规定行使权利、履行义务，而对企业造成影响的不确定性。资产风险是影响企业资产安全完整和使用效能的不确定性因素。报告风险是由于企业的对内或对外报告达不到应有的质量要求从而影响其目标实现的不确定性因素。

（二）以风险的来源为标准分类

根据风险的来源可以将企业风险分为内部风险和外部风险。内部风险包括董事、监事、经理及其他高级管理人员的职业操守、员工专业胜任能力等人力资源风险；组织机构、经营方式、资产管理、业务流程等管理风险；研究开发、技术投入、信息技术运用等自主创新风险；财务状况、经营成果、现金流量等财务风险；营运安全、员工健康、环境保护等社会责任风险；等等。外部风险包括经济形势、产业政策、融资环境、市场竞争、资源供给等经济方面的风险；法律法规、监管要求等法律方面的风险；安全稳定、文化传统、社会信用、教育水平、消费者行为等社会方面的风险；技术进步、工艺改进等科学技术方面的风险；自然灾害、环境状况等自然环境方面的风险；等等。

（三）以风险的经济后果为标准分类

以风险的经济后果为标准可将风险分类为纯粹风险和机会风险。纯粹风险是只会带来损失等不利后果的可能性，如火灾、洪水、被盗等。对当事人而言，有的纯粹风险可以回避，有的可能无法回避。如不乘飞机的人不会有空难风险，但像地震、疾病这类风险则无法回避，总有发生这类风险事件的可能。在纯粹风险面前，人们往往处于较为被动的地位。机会风险带来损失和盈利的可能性并存，如股票市场的变化既可使持股者获得盈利，也可能给持股者带来损失。在机会风险面前，人们往往处在较为主动的地位，有决策的余地。

（四）以风险产生的原因为标准分类

以风险产生的原因为标准，可将风险分为自然风险和人为风险。自然风险指的是因自然界不可抗力因素而引起的自然灾害所导致的物质损失和人员伤亡，如台风、洪水、地震等。人为风险是由人类行为及各种经济、政治、技术活动引起的风险。人为风险又可以分为行为风险、经济风险、政治风险和技术风险。行为风险是由于个人或团体的行为不当、过失及故意行为而造成的风险，如盗窃、渎职、故意破坏等行为造成的损失和不良后果。经济风险是由于市场预测失误、经营管理不善、价格波动、汇率变化、需求变化、通货膨胀等因素导致的经济影响。政治风险是由于政局、政策的变化引发的不确定性。技术风险是由于科学技术发展的副作用带来的种种影响，如环境污染、技术犯罪等。

（五）以风险存在的层级为标准分类

以风险存在的层级为标准，可将风险分类为一级风险、二级风险、三级风险，甚至更细分的风险。一级风险是企业整体及主要业务领域所面临的总体性风险，如战略风险、财务风险、销售风险、工程项目风险、人力资源风险等。二级风险是在企业各主要业务领域中的具体经营活动和管理行为所产生的风险，是对一级风险的细分。例如，与销售风险相关的二级风险有销售计划管理风险、客户开发风险、信用管理风险、销售定价风险、销售合同风险、发货管理风险、收款管理风险、售后服务风险等。三级风险是可能导致二级风险发生的主要风险诱因，是对二级风险的细分。例如，与客户开发与信用管理风险相关的三级风险有客户管理制度缺失或不完备、潜在市场开发不够、客户档案不健全、缺乏合理的资信评估等。这里，还可以再按销售业务岗位，对三级风险进行细分为岗位操作风险（四级风险）。

（六）以风险是否可被分散为标准分类

以风险是否可被分散为标准，可将风险分为系统风险和非系统风险。系统风险又称市场风险，是由于政治、经济、社会等外部环境变化对所有个体所造成的影响。系统风险包括政策风险、经济周期性波动风险、利率风险、购买力风险、汇率风险等，不能通过分散投资加以消除，因此，也称为不可分散风险。非系统性风险是只对某个行业或个别证券产生影响的风险，通常由某一特殊因素引起，与整个市场不存在系统性关联，而只对个别企业或个别行业产生影响。非系统风险包括产品风险、管理风险、财务风险、经营风险、信用风险、偶然事件风险等。非系统风险可以通过多样化投资来分散，也称“可分散风险”。

第二节　目标设定

内部控制是对影响企业目标实现的风险进行控制，风险是影响企业目标实现的不确定因素。因此，恰当的目标设定是企业建立和实施有效内部控制的基础，是进行风险识别、风险评估和风险应对的前提。管理层应采取恰当的程序去设定控制目标，确保所选定的目标支持和切合企业的使命，并且与它的风险容忍度相一致。目标设定的相关内容在第一章第三节已详细论述，此处仅简要叙述值得关注的要点。

一、战略目标的关注点

1. 战略目标是对企业全局的总体构想，是企业整体发展的总任务和总要求，是企业宗旨的展开和具体化。战略目标是内部控制最高层次的目标，企业应设定明确的战略目标，进行战略规划，从而为经营、资产、报告和合规目标奠定基础。

2. 在战略目标设定过程中，董事会应清楚管理层的风险偏好，管理层应在董事会的监督下确定风险容忍度，风险容忍度是企业增长、风险和报酬之间可接受的平衡。企业在战略制定过程中应选择与其风险容忍度相一致的战略，并据以指导资源配置。

3. 战略目标和经营目标的实现并不完全在企业的控制范围之内，外部事项（例如，政局动荡、政策变动、自然灾害、市场变化等）的发生可能超出企业的控制范围。企业在目标设定过程中应考虑这类事项，将它们当作具有较低可能性的事项，一旦发生就启用相应的权变计划来处理。但是，这种计划只能缓解外部事项的影响，不能确保目标的实现。

4. 战略目标是中长期目标，一般是稳定的，但在企业战略的实施过程中，内外环境处于不断变化之中，当这种变化累积到一定程度时，战略目标可能会滞后或其执行偏离设定的目标。如果确需对既定目标作出调整优化甚至转型，企业应按规定权限和程序，调整战略目标或实现战略转型。

5. 战略目标需要层层细分，以便落实。在时间上，要将长期战略目标分解建立整个企业的短期执行性战术目标，形成年度运营目标。在空间上，战略目标要分解到不同业务单位、事业部或经营单位，使每个业务单位及其职能部门都有自己的长期目标和短期目标。战略目标分解形成年度运营目标后，年度运营目标再层层分解，最后落实为具体目标、具体任务和具体要求，并明确关键绩效指标等考核标准，从而使企业的目标体系成为一个空间关系、时间关系、权责关系清晰明确的协调整体。

二、运营目标的关注点

1. 运营目标关系到企业经营的效率和效果，反映管理层在企业运营的特定业务、行业背景、外部环境和内部资源等条件下的管理决策。运营目标反映了企业现实和市场需求，并且以有意义的业绩计量方式表达出来。运营目标与许多具体目标相关联，如采购、销售、生产、质量控制、安全管理、工程建造等各项活动的控制目标。

2. 设定运营目标应考虑风险容忍度，管理层应确定实现运营目标时可接受的偏离范围，并及时进行运营分析和业绩考评，董事会和管理层需要及时知悉企业实现这些目标的程度，以便及时采取应对措施修正偏差。

3. 运营目标为引导企业资源配置提供了基础，企业应依据设定的运营目标规划资源配置，以便达到预定的运营和财务绩效。如果企业运营目标不清晰或设定不完善，其资源配置可能会被误导。

4. 运营目标为企业从事运营活动提供了可计量的基准，运营目标需要得到充分了解和可计量，各层级员工应根据各自影响范围的不同对运营目标进行必要的了解，所有员工都必须对要实现什么有共同的认识，并且有办法去计量实现的情况。

5. 企业应识别影响运营目标实现的关键成功因素，并能正确处理好这些关键的事情。关键成功因素存在于企业整体层面、业务单元、职能部门或分部之中。通过设定运营目标，管理层应根据对关键成功因素的关注来确定业绩的计量标准。例如，某企业的运营目标之一是要快速扩大销售规模，确定了提高销售收入、提高售后服务质量、有效组织货源等关键成功因素，并设计了相应的绩效计量指标，如表 3－1 所示。

三、资产目标的关注点

1. 资产安全完整是企业开展生产经营的前提条件和物质基础，是促进企业实现发展战略的保障，也是投资者、债权人和其他利益相关者普遍关注的问题。将资产目标作为内部控制的目标单列，对于保证企业资产的安全完整、使用效率、保值增值、更新重置等具有重要意义。

2. 资产目标的设定不能仅关注企业资产的安全完整及权属不受侵害，更要关注资产的有效利用和利用效果，确保资产价值和功能不受损失，使其在经济上保值增值。

表 3－1　　某企业的销售目标、关键成功因素及相应的绩效计量指标

运营目标重点	关键成功因素			关键绩效考核指标
快速扩大销售规模	提高销售收入	加强市场推广	促销力度	促销计划完成率
			促销效果	明星产品销售额
		增强产品竞争力	加大新产品数量	新产品销售计划完成率
			产销衔接	成品周转率
			合理的销售结构	高端中端低端产品销售比例
			提高产品质量	开箱合格率
				售后服务费用比率
				产品直通率
		拓展销售渠道	增加客户数量	客户增加数量
			增加客户质量	增加万元客户数量
			提高渠道覆盖率	销售渠道覆盖率
			提高渠道利用率	销售渠道利用率
		有效价格策略	提升品牌指数	品牌指数
			定价合理性	与行业价格的符合率
	提高售后服务质量			客户投诉率
	有效组织货源	加快新产品开发进度		新产品开发计划完成率
		按时完成订单		周订单完成率

3. 资产目标的设定应结合管理层的风险偏好，确定风险容忍度，采取定量和定性相结合的办法设定资产的内部控制目标。

四、合规目标的关注点

1. 合规目标的设定应反映企业适用的外部法律法规，包括相关法律、监管规则、国际组织制定的相关标准、行业组织制定的自律章程等。

2. 企业内部制定的规章制度也应包括在合规目标的设定中。

3. 法律法规为企业建立了最低的行为准则，企业在设定目标的过程中，管理层有一定的自主裁量权，可以适当提高合规性标准。

4. 合规目标的设定应考虑风险容忍度，管理层应确定实现合规目标时可接受的偏离范围。企业应经常主动检查复核自己的行为是否合法合规，并定期开展合规性全面评价。

5. 积极开展相关标准的第三方认证是实现合规目标的重要举措。

6. 合规性记录可能对企业在社会和市场上的声誉产生很大的正面或负面影响。

五、报告目标的关注点

1. 报告目标的设定应以信息使用者的需求为导向，考虑使用者所要求的精准度，以合理的方式和适当的详细程度对信息进行分类和总结，使其既不过于烦琐，也不过于简单。

2. 报告应反映企业的基本商务活动，按照使用者所需要的精确度和准确度描述交易和事项。

3. 外部财务报告目标应符合适用的会计准则和监管要求，符合相应的质量特征。设定外部财务报告目标应考虑财务报表列报的重要性水平，遵循会计准则进行相关认定，包括认定报告期内的相关交易和事项、账户的期末余额、报表项目的列报和相关披露等。

4. 外部报告应在可接受的限制范围内反映各种基础性交易和事项。外部非财务报告目标应与法律法规、规章或被公认的外部机构所发布的标准及框架相一致。设定外部非财务报告目标应考虑满足信息使用者需要的精确度水平及准确性要求，并符合第三方对非财务报告方面的相关标准。

5. 内部报告目标应反映管理层的选择，为管理层提供决策所需的准确、完整的信息。设定内部报告目标时，管理层应在非财务报告目标中体现满足信息使用者需求的精确度水平及准确性要求，并在财务报告目标中体现重要性水平。

六、评估目标设定的适当性

风险评估的先决条件是企业各个层级的目标已经确立，这些目标应符合并支持企业实现其发展战略。在设定目标的过程中要先确认目标的适当性，然后才能将其作为风险评估的基础。在评估和确认目标设定的适当性时，企业应综合考虑以下因素：

1. 确立的目标是否与企业的战略重点保持一致。

2. 是否明确了与目标相关的风险容忍度。

3. 确立的目标是否与企业相适用的法律法规、规章及标准保持一致。

4. 阐述目标时所运用的术语是否具有明确的含义，目标是否可衡量、可观察、可实现、具有相关性以及时限性。

5. 目标体系在企业各层级及其分支机构是否得到充分沟通、理解和有效贯彻。

6. 需要企业关注的其他情形是否符合目标体系的要求。

第三节 风险识别

风险识别是发现、辨识和表述风险的过程，包括对风险源、风险事件、风险成因和它们的潜在后果的识别。企业应及时识别可能对其目标实现产生影响的潜在事项，并确定它们是否代表机会，或是否会对实现目标的能力产生负面影响。在风险识别过程中，企业应全面考虑一系列可能对目标实现带来影响的内部和外部风险，包括潜在的风险事件、风险源、风险原因、潜在后果等。

一、风险的组成要素及其作用原理

风险的组成因素包括风险因素、风险事件及风险后果。

（一）风险因素

风险因素，也称风险因子，是指引起或增加风险事件发生的机会或条件，是风险事件发生的潜在原因。不同领域的风险因素表现形态各异，例如，一栋大楼所用建筑材料的质量和建筑结构的合理性都是造成房屋倒塌风险的潜在因素，经纪人超越委托人授权投资范围进行证券投资是导致投资亏损的潜在因素，不按规定流程进行岗位操作是造成安全生产责任事故的潜在原因，等等。

唯物辩证法认为任何事物的产生和发展都是内因和外因共同作用的结果。诱发风险产生的内部因素总括起来包括治理因素、组织因素、经营因素、管理因素、技术因素、信息因素、人员因素、环境因素等。诱发风险产生的外部因素总括起来包括经济因素、科技因素、法律因素、社会因素、政治因素、自然因素等。

（二）风险事件

风险事件是对目标实现产生影响的偶发事件，风险事件的发生会给企业造成人身伤亡、财产损失、客户流失、声誉受损等后果。风险事件意味着潜在后果成为现实结果。

（三）风险后果

风险事件的发生对目标实现的影响可以是负面的、正面的，或者两者兼而有之。风险后果可分为直接后果和间接后果两种。例如，某企业因遭受火灾导致的设备损毁属于直接损失，间接后果包括修理或重置设备而支出的费用、因设备损毁无法运营而减少的利润、因无法正常生产不能履约而造成的违约金或罚款等。

风险是由风险因素、风险事件和风险后果构成的统一体，其作用链条可用图 3－1所示的因果关系来描述，风险因素的产生或增加引发风险事件的发生，风险事件的发生带来现实的风险后果，风险后果形成实际结果与预期目标的差异。例如，雪天路很滑，导致发生车祸，造成人员伤亡和财产损失。此时，“雪”是风险因素，“车祸”就是风险事件，“人员伤亡和财产损失”是风险后果。

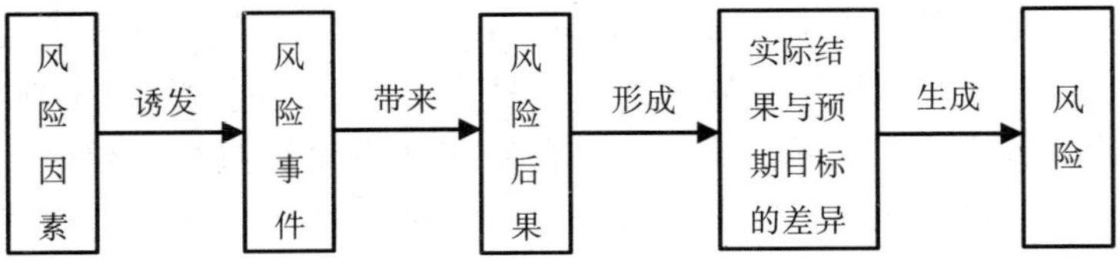

图 3－1　风险要素的作用机理

二、风险识别应注意的事项

1. 风险无处不在，存在于各领域和各层次。企业应对影响目标实现的风险因素进行全面识别，识别范围应涵盖企业整体层面、下属单位、业务或地区分部、业务活动和职能部门等，贯穿决策、执行和监督的全过程。

2. 风险识别应同时考虑内、外部因素及其对实现企业目标的影响。内部风险因素包括人力资源、生产经营、管理活动、自主创新、财务状况、社会责任等。外部风险因素包括社会环境、经济环境、政治环境、法律法规、科学技术、自然环境等。

3. 有的风险因素很明显，有的很隐晦；所产生的影响有的微不足道，有的十分重大。如果对重要目标的实现有重大影响，即使事件发生的可能性比较低，也不应该被忽略。为了避免忽略相关的风险，最好把风险识别与风险分析区分开来，对事件发生的可能性及其影响的评估属于风险分析的范畴。但在实践中存在着一些局限，通常很难知道到底应该把界线画在哪儿。

4. 在风险识别过程中，管理层应认识到不确定性的存在，此时并不知道风险事件是否会发生，或什么时候发生，或它所带来的确切影响。管理层最初只考虑源于外部和内部的一系列潜在事件，而没有必要对它们的影响是正面的还是负面的作过多关注。

5. 不同企业所面临的风险是不一致的，即使同一企业在不同时期所面临的风险也是不一致的。尽管不同企业进行风险识别的深度、广度、时机和范围各异，但管理层应高度重视风险识别，选择符合其风险管理理念的技术和支持性工具，这是风险分析和应对的基础。

6. 企业应建立有效的风险识别和评估机制，让适当层级的管理人员及专业人士参与其中。风险普遍存在于各个领域和不同的管理层级，有些风险因素专业性很强，不同领域和层级的管理人员及专业人士在本专业和本层级内熟悉相关情况，在相关领域和层级的风险识别过程中，确保适当层级的管理人员及专业人士参与其中十分重要。

7. 风险识别过程既要关注过去的经验和教训，又要着眼将来，考虑未来可能的变动和趋势，例如，人口结构、新兴市场、政策趋势、创新技术、竞争情况等方面的变化。风险识别是一个动态和持续不断的过程，需要针对内、外环境变化持续进行。

8. 事项通常并不是孤立地发生，一个事项可能引发另一事项，事项也可能同时发生。在风险识别过程中应注意事项彼此之间的联系。例如，某车间由于通风条件较差，而工人在工作时距离工作台很近且没有任何防护，当设备突然失控使工人必须进入车间进行维护时，很可能导致工人窒息或中毒，进而产生一系列后果。再如，央行利率变动会影响外汇汇率，外汇汇率会影响货币交易的利得和损失；进入新经营领域的决策及与报告业绩挂钩的重大激励措施可能会增加误用会计准则和发布欺诈性报告的风险。

三、风险识别的方法和技术

风险识别从理论上可以分筛选、监测和诊断三个环节。风险筛选是将各种风险参照本企业的实际情况对号入座，按其明显程度和重要程度进行排序。风险监测是根据某种风险及其后果，对涉及这种风险的产品、过程、现象或个人进行观测、记录和分析，以掌握它们的活动范围与变动趋势。风险诊断是根据企业的风险症状或其后果及可能的因果关系进行评价和判断，找出可疑起因，并仔细进行检查。

风险识别过程可能包含多种技术及支持性工具，针对不同情况不能依靠单一的方法或工具。例如，对生产过程来说流程图分析法可能是一个合适的风险识别方法，而在一个不以流程为主要特征的地方，使用其他风险识别工具可能会更好。下面介绍几种常用的风险识别方法和技术。

（一）流程图法（Process Flow Analysis）

流程图法是将企业的主要活动过程或操作步骤绘成流程图，对流程的每一环节和步骤逐个进行调查分析，识别出那些可能影响过程目标实现的事项。例如，一家医学实验室绘制了血液样本的接收和测试流程图，利用流程图来识别那些可能影响输入、任务、责任和输出结果的因素的范围，识别与样本采集、传递过程、测试及人员换班等有关的风险。采用流程图法进行风险识别能够给决策者一个总体印象，能够清晰地展示系统各要素之间的联系及因果传导机制。

（二）德尔菲法（Delphi Method）

德尔菲法是众多专家就某一专题达成一致意见的方法，源于20世纪40年代末，由美国兰德公司首次用于预测，后来被广泛运用。德尔菲法依据系统的程序，采用匿名发表意见的方式，即专家之间不得互相讨论，不发生横向联系，只与调查人员联系，通过多轮次调查专家对问卷所提问题的意见，经过反复征询、归纳、修改，最后汇总成专家基本一致的看法作为风险识别的结果。德尔菲法具有广泛性、匿名性、统计性和收敛性等特点，有助于减少数据中的偏倚，防止个人对风险识别结果产生过大影响。

（三）头脑风暴法（Brainstorming Method）

头脑风暴法是在主持人推动下，通过营造一个无批评的自由环境，使与会者畅所欲言，充分交流、互相启迪，产生大量创造性意见的过程。头脑风暴法可在项目团队中进行，也可邀请多学科专家参与其中。例如，一名财务主管和他的团队成员一起开会来识别对外部财务报告目标有影响的事项。这种方法能够集思广益，容易识别出新风险，相对较快，容易实施，但可能存在非正式、不全面等情况，其效果依赖于参与者的知识和技能、主持人的经验等。

（四）检查表法（Check - lists Method）

检查表法，也称风险清单法，是由专业人员根据经验将项目可能发生的潜在风险列于一张表上，形成常见风险清单，供识别人员进行检查核对，用以判别某项目是否存在表中所列或类似的风险。例如，一家从事软件开发的公司编制了一份目录，详细列示了与软件开发项目有关的常见风险，作为风险识别的出发点。这种方法能够确保常见问题不被忽视，但容易抑制风险识别过程中的想象力，以前没有发生过的风险可能会忽视。

（五）现场调查法（Field Survey Method）

现场调查法是通过直接观察工作现场、设备设施和实际操作等，了解单位的经济活动和行为方式，发现和识别潜在风险隐患。现场调查法有助于获得第一手资料，并能提供防范风险的措施建议。

（六）报表分析法（Statement Analysis Method）

报表分析法是借助比较分析、比率分析、趋势分析、结构分析和因素分析等工具对报表项目进行深入分析研究，以识别潜在风险的方法。通过财务报表分析可以获得多种综合性风险指标，如流动性、盈利能力、偿债能力、资本结构等。通过监控与特定事项有关联的数据，可以识别可能导致一个事项发生的情形是否存在。例如，持续监测应收账款周转率可及时识别应收账款管理方面的风险，持续监测存货周转率可及时识别存货积压风险。

（七）SWOT 分析法

SWOT 分析法是一种战略规划与风险识别工具，是英文 Strength（优势）、Weakness（劣势）、Opportunity（机遇）和 Threat（挑战）的简写，主要用来分析与同行比较企业所处的地位和实力、面临的内外部风险对企业的利弊影响。

（八）风险图法（Risk Graph Method）

风险图法是将企业面临的风险以图解形式逐层分解，将复杂事物分解为多个较简单事物，将大系统分解为具体的组成要素，以便顺藤摸瓜，从中找出企业所承受风险的具体形态。常见的风险图有风险流程图、鱼骨图、故障树图等，分别如图 3－2（风险流程图）、图 3－3（鱼骨图）和图 3－4（故障树图）所示。

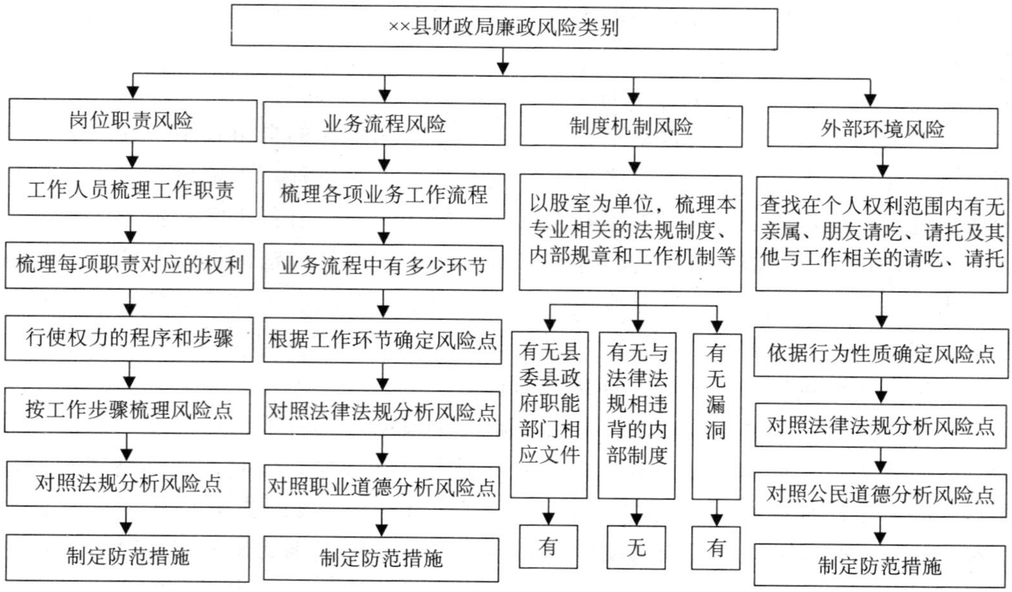

图 3－2　××县财政局廉政风险点排查流程图

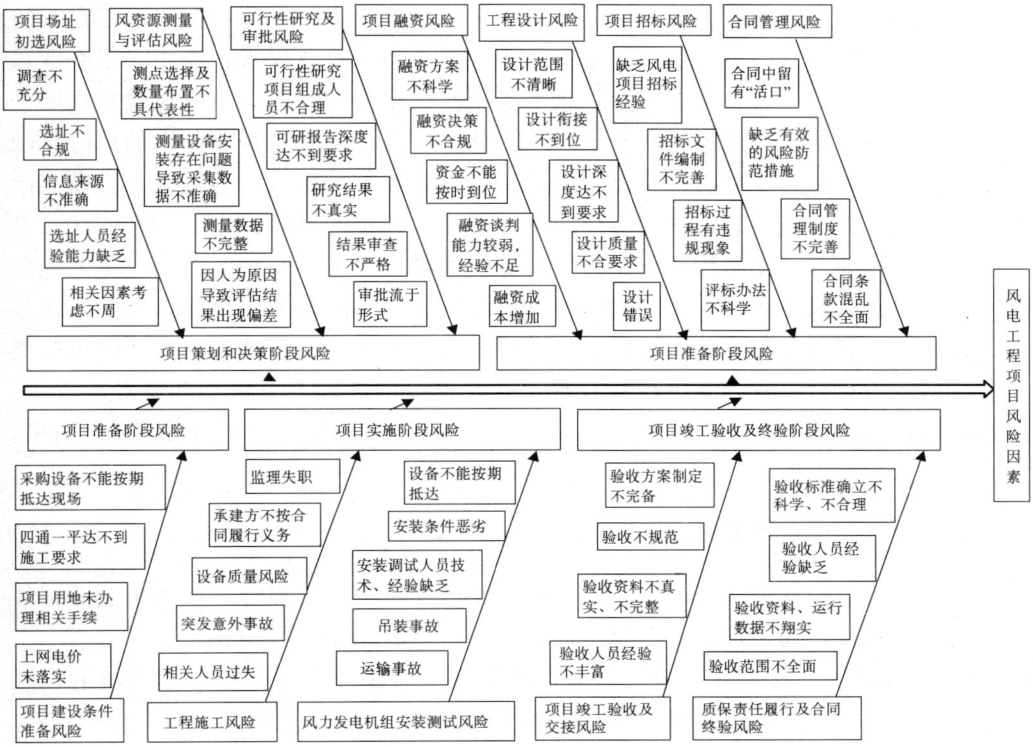

图 3-3　风电工程项目风险因素识别图

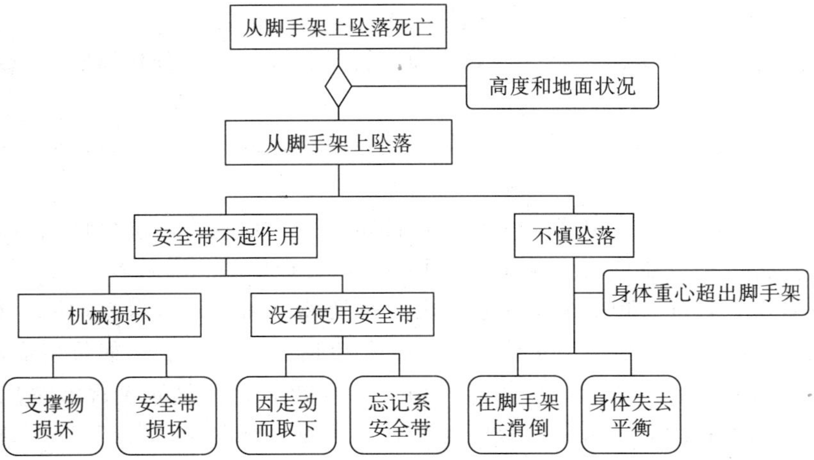

图 3-4　从脚手架上坠落死亡的风险识别图

风险识别的方法很多，不论采用什么方法，只要能把风险识别出来就行。不必过分强调定量分析模型，简单的或许是有用的。对于已识别风险应形成风险清单或风险数据库。风险数据库是企业内部的风险清单，可能没有统一的格式和内容，但能够把识别出来的风险按风险类别、风险描述、风险因素、管理部门、业务流程等列示出来。例如，某中央企业不仅建立了业务层面的风险数据库，还建立了企业风险分类表、部门风险表、企业风险汇总表等风险数据库。业务层面的风险数据库关注风险与业务活动、控制流程的联系，风险分类表结合企业自身业务中的风险事项及运营中常见的风险，分为社会风险、管理风险、经营风险、财务风险、合规风险和其他风险。部门风险表由各部门经理负责，根据确定的风险识别工具和方法，基于本部门主要业务活动和管理流程，对本部门风险事项进行识别和归类。企业风险汇总表，是部门风险表的汇总，汇集了各部门的主要风险及公司层面的风险。通过风险汇总表，可以比较清楚地了解到各部门主要业务活动和管理流程涉及的风险类别，同时，也可以了解到某项风险存在于哪些部门的哪些业务活动和管理流程中。对风险管理基础比较薄弱的企业，有个特定行业或职能领域所共有的潜在风险清单，即风险目录是必要的。

四、企业整体层面的风险识别

企业整体层面的风险是涉及面广、对企业活动产生普遍影响、存在于企业整体层面的不确定性。如果按内部控制要素来分类，主要包括以下内容：

1. 与内部环境有关的风险，例如，高管团队的诚信和道德风险、公司治理风险、内部机构风险、运行机制风险、战略规划风险、战略实施风险、人力资源风险、企业文化风险、社会责任风险、反舞弊风险、管理层凌驾风险、健康与安全风险等。

2. 与风险评估有关的风险，例如，企业目标设定不当、风险评估流于形式、风险识别不充分、风险分析不科学、风险应对措施不力等。

3. 与控制活动有关的风险，例如，预算管控风险、运营分析风险、绩效考评风险等。

4. 与信息及沟通有关的风险，例如，信息系统风险、内部报告风险、外部报告风险等。

5. 与内部监督有关的风险，例如，内部审计流于形式、内部审计人员能力不胜任或存在道德缺失、监事会形同虚设、董事会对管理层缺少监督等。

影响着企业目标实现的风险因素是由一系列外部和内部因素驱动的，在识别整体层面的风险时，企业至少应关注的外部因素包括：经济因素（如价格变动、资本成本及其可得性、竞争情况、市场准入情况等可能形成企业的经营风险）、自然环境因素（如洪水或地震、火灾、暴风雪等对企业的原料供应、资产安全、物流运输等可能构成威胁）、政治因素（如官员选举、政府更迭、政策变动、严格管制等可能形成企业的战略和经营风险）、社会因素（如人口统计、社会习俗、家庭结构、生活方式等的变化可能影响企业的产品开发、服务定价等）及技术因素（如移动终端、电子商务、工业机器人等的广泛应用可能挑战企业的运行机制、生产工艺和运营方式）。企业至少应关注的内部因素包括：基础设施（如缩短供货周期可能导致设备的超负荷运转和人工短缺等）、人员（如工作场所的意外事故、业务胜任能力不足、欺诈行为、个人诚信缺失等）、流程（如未经批准的流程修改、流程执行错误可能导致舞弊、低效率及客户不满等）及技术（如系统故障及潜在的停滞可能导致订货减少、不能按时交货等）。

风险的识别与评估是一个动态的过程，企业应及时关注对其内部控制体系可能造成重大影响的改变，包括外部环境变化（如运营中监管、经济、社会和政治环境等的变化）、商业模式变化（如新业务的潜在影响、现有业务的剧烈变化、已收购或剥离业务对内部控制体系的影响、快速增长或改变对外国地区和新技术的依赖）、领导层变化（如领导层变动及管理层对内部控制体系理念和态度的变化等）。例如，一家鞋类生产商兼进口商确定了成为高质量男鞋行业领导者的战略目标。为了实现这个目标，它采用最先进的技术，并倚重于选择性的进口采购，着手制造集款式、舒适和耐用为一体的产品。这家公司考察了它的外部经营环境，并识别了社会因素和相关事项，包括主要消费者市场年龄的变化、工作着装的变化趋势等。来自经济因素的事项包括外汇波动和利率变动。内部技术因素突出表现为落后的配送管理系统，而人员因素则表现为营销培训不够等。

五、业务和流程层面的风险识别

企业战略和经营目标最终要靠业务活动来实现，开展业务活动要遵循预先设计的流程，以防范和控制相关风险。业务和流程层面的风险识别主要集中在业务单元或职能部门，至少应关注以下主要风险：

1. 销售与收款风险，例如，产品定价风险、发货风险、客户信用风险、账款收回风险等。

2. 采购与付款风险，例如，采购价格风险、货物运输风险、货物质量不达标风险等。

3. 融资风险，例如，融资方案不合理、融资成本过高、资金结构不合理等。

4. 投资风险，例如，投资决策失误、投资行为违反国家规定等。

5. 资产管理风险，例如，存货保管不善、固定资产维护保养不到位、专利权属不清、关键技术泄密等。

6. 合同管理风险，例如，归口管理职责不清、审批不严、条款有漏洞、存在合同欺诈等。

7. 生产过程管理风险，例如，产品质量不达标、清洁生产不达标、安全生产不到位等。

8. 担保风险，例如，担保资料审核不严、担保决策程序不完备等。

9. 工程项目风险，例如，项目决策风险、项目设计风险、项目预算和决算风险等。

10. 业务外包风险，例如，业务外包审批不严、承包人选择不当等。

11. 财务收支风险，例如，虚列开支、私设小金库、资金结算违反相关规定等。

12. 会计核算与报告风险，例如，会计政策变更不符合会计准则要求、固定资产折旧不足、会计报告未经审批就对外报出等。

六、舞弊风险的识别

企业在识别影响其目标实现的风险时，应考虑潜在舞弊行为。舞弊风险可能涉及内部欺诈、外部欺诈或内外勾结欺诈等。例如，管理层提供虚假财务报告以便参与剩余利润的分配或其他目的、员工串通侵蚀企业资产、销售员与客户合谋侵占销售货款、人力资源主管违规招聘亲信入职、员工不当行为所导致的腐败等。

企业在识别舞弊风险时，应综合考虑舞弊的压力或动机、机会或漏洞、借口或态度等因素。

1. 压力因素是指舞弊者的行为动机。刺激个人为其自身利益而进行舞弊的压力大体上有经济压力、升迁压力、考核压力、恶癖压力等。例如，当员工处于入不敷出、喜好赌博或投机性投资等环境中时，其通过舞弊获取不当利益的动机或压力是很大的。

2. 机会因素是指进行舞弊而又能掩盖起来不被发现或能逃避惩罚的时机，主要有缺乏发现舞弊行为的内部控制、无法判断工作的质量、缺乏惩罚措施、信息不对称、监督者能力不足、制度不健全等。例如，未经授权的获取、使用或出售资产、改变相关记录或犯有其他不当行为等方面的机会。

3. 舞弊者在面临压力、获得机会后，还会寻找舞弊的借口因素，即自我合理化，找到某个理由，使舞弊行为与其本人的道德观念、行为准则相吻合，而无论这一解释本身是否真正合理。例如，这是公司欠我的，我只是暂时借用这笔资金、肯定会归还的，我的意图是善意的，用途是正当的，等等。

舞弊有不同的类别，常见的有侵占资产、腐败、虚假报告等。侵占资产是指未经授权擅自获取、使用或处置资产，以便获得个人或小团体的不当利益。例如，销售员非法营销企业商品、保管员盗窃企业资产、侵犯知识产权等。腐败是相关人员为其特殊利益而滥用职权的现象。虚假报告是指管理层、相关部门或人员编制报告时，故意遗漏或虚假陈述，以谋取不当利益。虚假报告可能借助未经授权的收入或支出、虚拟交易、资产重组、关联交易、滥用专业判断等手段实施。对财务报告内部控制体系的设计和实施就是为了及时发现或防止由于错弊所导致的财务报告重大遗漏或虚假陈述。识别虚假报告可重点关注管理层的偏见、估计和判断的使用程度、受管理层影响重大的不正常交易或复杂交易、管理层影响会计信息系统的程度、管理层易于凌驾的领域、企业所在行业或市场中常见的舞弊方式或案例等因素。

第四节　风险分析

风险分析是采用定性和定量相结合的方法，在风险识别的基础上对风险事件发生的可能性和条件，以及对目标实现的影响程度等进行描述、分析和判断，并确定风险等级的过程。风险分析应以个别或分类考察的方式分析潜在事项的正面和负面影响，并基于固有风险和剩余风险来进行风险评估。

一、风险分析的概念及内容

风险分析是在风险识别的基础上对风险发生的可能性、影响程度等进行综合评价的过程，是风险管理的重要环节，是企业采取风险应对策略和措施的依据。风险分析是理解风险特性和确定风险大小的过程，是确定风险应对策略的基础。风险分析通常采用定性和定量相结合的方法，量化风险不能像会计工具那样主要量化“过去”，而主要是量化“未来”，过去只能是依据。虽然计量风险是非常困难的，但风险计量是很实用的，即使是不太精确的估计。风险计量需要运用比较专业的方法和技能，需要较多的专业判断。

风险分析应从风险发生的可能性和影响程度两个维度展开。“可能性”和“潜在影响”是风险分析常用的两个术语，有的企业可能会用“概率”“几率”“危害程度”“严重性”或“后果”等词语表述。“可能性”代表特定事件将会发生的概率，“潜在影响”代表事件发生后产生的后果。“可能性”和“潜在影响”既可以采用定性，也可以采用定量的方式来描述其大小。“可能性”的定性表述，如“高”“中”“低”，采用概率来描述则是定量的表达方式，如百分比、发生频率或其他数字度量值。例如，ABC 公司将风险发生的可能性分为“低、较低、中等、高、极高”五个级别，依次对应 1 至 5 分，描述规则如表 3 – 2 所示。在分析风险发生后对目标的影响程度时，可以从企业关注的项目，如资金、产值、成本、直接经济损失、安全生产、员工健康、社会形象等方面采用定性和定量相结合的方法描述风险影响程度。例如，ABC 公司将风险影响严重程度分为“不重要、较小、中等、较大、重大”五个级别，依次对应 1 至 5 分，描述规则如表 3 – 3 所示。

表 3 – 2　　ABC 公司风险发生可能性的描述规则

		低	较低	中等	高	极高
定量方法	分值	1	2	3	4	5
定性方法	文字描述	未来 5 年内可能不发生	未来 3 – 5 年内可能出现 1 次	未来 1 – 2 年内可能出现 1 次	未来 1 年内极可能出现 1 次	未来 1 年内会出现至少 1 次

表 3-3　　ABC 公司风险发生后的潜在影响描述规则

	不重要	较小	中等	较大	重大
	1	2	3	4	5
产值	对当年产值影响在1%以下，约1亿元以下	对当年产值影响在1%—5%，1亿—5亿元	对当年产值影响在5%—10%，5亿—10亿元	对当年产值影响在10%—20%，10亿—20亿元	对当年产值影响在20%以上，约20亿元以上
直接损失	100万元以下	100万—500万元	500万—1000万元	1000万—2000万元	2000万元以上
安全生产	无人员死亡和重伤，但有人员轻伤	3人以下死亡，或10人以下重伤	3人及以上、10人以下死亡，或10人及以上、50人以下重伤	10人及以上、30人以下死亡，或50人及以上、100人以下重伤	30人及以上死亡，或100人及以上重伤
健康	对员工健康（身体和心理）有轻微损害	对员工健康已造成一定程度的伤害，如职业病，但未形成事故	发生事故，对员工健康会造成中等程度的伤害	发生较大事故，对员工健康会造成较大伤害	发生重大事故，对员工健康会造成重大伤害
社会形象	在小范围内受到影响，但该影响可在短期内自行消除	在一定范围内受到影响，但该影响需要一定时间、付出一定代价才能消除	在较大范围内受到影响，这种影响需要较长时间，付出较大代价才能消除	在全国范围内受到影响，这种影响需要通过长时间努力、付出巨额代价才能消除	在国际范围内受到影响，这种影响难以消除
……	……	……	……	……	……

作为风险分析的重要内容，企业应综合考虑风险发生的可能性及其影响程度，评估风险的重要性，确定风险等级。评估风险的重要性还应考虑风险一旦发生，产生影响的速度、影响的持续性和持续时间。例如，ABC 公司将风险等级分为高、中、低三个级别，描述规则如表 3-4 所示。再如，XY 公司用 1、2、3、4、5 描述事件发生的可能性；按事件对人员、财物、环境和声誉的影响，分别用 1、2、3、4、5 描述风险的严重性。两个因素的乘积为风险等级，在此基础上将风险分为三个等级：1—6 级为可承受风险（低度风险）、8—12 级为需要重视的风险（中度风险）、15—25 级为不可承受风险（高度风险）。描述规则如表 3-5 所示。

表 3-4　　ABC 公司风险等级分类规则

发生可能性 \ 潜在影响		不重要	较小	中等	较大	重大
		1	2	3	4	5
极高	5	中等风险	中等风险	高风险	高风险	高风险
高	4	低风险	中等风险	中等风险	高风险	高风险
中等	3	低风险	低风险	中等风险	中等风险	高风险
较低	2	低风险	低风险	低风险	中等风险	中等风险
低	1	低风险	低风险	低风险	低风险	中等风险

表 3 - 5　　　　**XY 公司的风险等级分类规则**

后果严重性					发生可能性				
					1	2	3	4	5
	人员	财物	环境	声誉	同类作业中未听说过	同类作业中发生过	本单位发生过	本单位每年几次	本作业队每年几次
1	可忽略的	极小	极小	极小	1	2	3	4	5
2	轻微的	小	小	小	2	4	6	8	10
3	严重的	大	大	一定范围	3	6	9	12	15
4	个体死亡	很大	很大	国内	4	8	12	16	20
5	多人死亡	重大	重大	国际	5	10	15	20	25

二、进行风险分析应注意的事项

（一）关注事件之间的关联性

如果潜在事件之间没有关联，企业对它们进行风险评估时应分别进行。例如，产品销售价格和安全生产风险通常是不相关的两项不同风险，应分别进行评估。当事件存在相互关联，或事件组合会产生显著不同的可能性和影响时，企业应把它们放在一起来评估。尽管单个事件的影响可能很轻微，但事件组合的影响可能更大。例如，进口原材料可能遭受采购价格和汇率变动的双重市场风险，如果是贷款采购或采用商业信用采购，可能还会遭受利率风险。企业应将这些风险因素放在一起评估。再如，仓库中丙烷罐上一个有缺陷的阀门会导致丙烷泄露，库门保持关闭以增加安全性，当保管员开启遥控装置来打开库门，泄漏的丙烷气体和库门马达产生的火花可能会共同引发一场爆炸。这些不同的事项相互关联并导致了重大风险的发生。

（二）关注事件潜在影响的范围和层级

企业进行风险评估时应关注事件潜在影响的范围和层级，如果风险可能会影响多个业务单元或多个管理层级，企业可以将它们归入共性的风险类别中，首先分单元逐个考虑分析，然后再从整体范围把它们放在一起加以考虑。例如，一家金融机构的多个业务单元面临着央行利率变动的风险，管理层不仅要从每个业务单元的角度分别评估风险，而且要将它们组合起来从整体角度进行风险评估。

（三）既要关注预期事件，又要关注非预期事件

企业在分析风险时，既要考虑预期事项发生的可能性及其影响，也要考虑非预期事项发生的可能性及其影响。许多事项是常规性的和重复性的，并且已经在管理层的计划和经营预算中提到，而其他的事项则是非预期的。

（四）尽量采用与衡量目标完成程度相一致或类似的指标分析风险影响

管理层在确定目标的完成程度时常常采用业绩指标，在分析风险对一项特定目标实现的潜在影响时通常也要采用相同或类似的指标。例如，某公司有一项目标是将客户服务质量维持在特定水平，并为这项目标设计了客户满意度指数、客户投诉数量、客户投诉反应时间等测度指标。在评估一项可能会影响客户服务的风险（如公司网站

在一段时期内可能无法使用的可能性）的影响时，最好采用相同的指标来确定其影响。

（五）尽量参照相对客观的数据进行风险分析

企业对风险可能性和影响的估计值可以参照历史数据、以往经验、行业均值、市场参数、设计参数等可观察的数据来确定，这样可以提供一个比完全主观的估计值更加客观的依据。例如，一家公司在评估由于设备故障所导致的生产中断风险时，可以参照该设备先前发生故障的频率和影响，再以该设备的设计参数、行业基准等数据来补充，就能对故障的可能性和影响进行更可靠的估计，从而制定更有效的防护性维护计划。

（六）关注风险评估人员的“过度自信偏差”

风险分析需要管理人员对不确定性作出主观判断，这时他们应该认识到固有局限。心理学研究发现不同能力的决策者，对他们的估计和判断能力过度自信，存在显著的“过度自信偏差”（Overconfidence Bias）。过度自信偏差可以通过有效地利用内部和外部的经验数据或其他更可靠数据使其最小化。

三、固有风险和剩余风险

企业进行风险分析既要考虑固有风险也要考虑剩余风险。固有风险是管理层没有采取任何措施来改变风险的可能性或影响的情况下，一个企业所面临的风险。剩余风险是在管理层的风险应对之后所残余的风险，即未被控制的风险。一旦企业风险应对的策略和措施确定下来，管理层接下来就要考虑剩余风险，确保剩余风险在可接受水平之内。

从严格意义上来说，企业风险评估主要是对剩余风险进行评估，因为任何企业的管理都或多或少地有相应的风险应对措施，管理层的这些措施有些可能达到了预期的效果，有些可能没有达到预期的效果。相应的，有些风险可能得到了有效控制，有些风险可能没有得到有效控制，形成剩余风险。剩余风险的大小与企业风险应对措施的有效性密切相关。企业对风险的管理和控制越有效，剩余风险就越少；企业对风险管理和控制的效率效果越差，剩余风险就越大。剩余风险的大小直接关系到企业目标的实现程度。剩余风险越大，内部控制的有效性越弱，内部控制对实现企业目标的保障程度就越低；剩余风险越小，内部控制的有效性越强，内部控制对实现企业目标的保障程度就越强。对控制之后的剩余风险进行评估，是一个持续性和重复性的互动过程，不能将风险评估与一次性风险活动联系起来。

无论是对固有风险的评估，还是对剩余风险的评估，始终不变的是要从可能性和影响两个方面进行分析。下面以 BJNY 集团的环境、健康和安全管理为例，介绍其风险评估程序和评估模板。

【案例 3－1】 BJNY 集团的环境、健康和安全管理（Environmental，Health & Safety，简称 EHS）风险评估。EHS 管理是针对企业在设计、建设、生产、销售各环节中可能出现的损害健康、生命、财产安全及造成环境破坏等方面的风险因素进行分析、评价、监测和控制的过程。EHS 风险管理是企业维持可持续发展的重要环节，有效降低生产经营过程中的 EHS 风险是保证企业生产经营活动顺利进行的基础。BJNY 集团成立于 2004 年，注册资本 130 亿元，业务涉及电力能源、热力供应、地产置业、节能环保和金融证券五大板块。近年来，集团坚持以科学发展观为指导，倡导绿色环保低碳和创新驱动理念，大力推进 EHS 管理，有力促进了集团的健康、和谐发展。集团 EHS 风险评估的行动方案包括：细化管理目标、辨识与评价风险、检查和治理隐患、实施作业许可、加强信息沟通、班组安全管理、承包商和供应商安全管理、应急方案管理、健康管理、环保治理等。EHS 管理的内容较多，限于篇幅，本案例仅介绍 BJNY 集团安全生产管理的风险评估。

（一）评估安全生产总体风险

在安全生产管理中，风险可解释为影响健康、生命及财产安全的不确定性因素，风险分析就是对潜在危险、危害事件发生的可能性及其危害程度进行识别、衡量和评估，确定风险等级的过程。评估安全生产总体风险是做好相关管理的前提，是实施风险导向内部控制的基础。经过深入分析，BJNY 集团识别出影响安全生产管理的总体风险如下：

1. 安全生产管理规程未及时更新，可能遭受外部监管处罚或其他损失。

2. 安全生产管理规程执行不到位，操作不规范，可能引发安全生产事故。

3. 安全生产配套设施与生产经营规模不匹配，或安全生产配套设施未达标，可能遭受外部处罚或形象受损。

4. 重大危险源未按规定进行登记和监控，可能产生重大安全生产事故隐患。

5. 未按规定恰当设置安全生产标识，可能引发伤害事件。

6. 未设置应急预案，或未定期测试和演练应急预案，可能导致突发事件应对不力。

（二）设置安全生产控制目标

控制目标是实施控制活动的依据，针对安全生产管理总体风险，BJNY 集团努力建立安全生产长效机制，以“零容忍、零伤害、零事故、零损失”为追求目标，设置安全生产控制目标如下：

1. 定期评估和更新安全生产管理规程，确保符合规定，控制合规性风险。

2. 实施安全生产责任制，确保各项规程执行到位，努力控制操作性风险。

3. 科学配置安全生产配套设施，定期保养和检测其有效性，确保其有效工作状态。

4. 按规定登记和监控重大危险源，以消除隐患，预防重大事故的发生。

5. 按规定科学设置安全生产标识，提醒各种潜在危险和威胁，降低伤害可能性。

6. 设置并定期测试或演练应对突发事件的应急预案，以确保其有效性。

（三）设计安全生产管理流程

企业应根据总体风险、控制目标、组织结构、职责分工、管理要求等合理设计管理流程，以落实安全生产管理的日常工作。为认真执行国家安全生产法律法规，全面落实安全生产责任制，建立健全安全生产监督管理体制，BJNY 集团设计并实施了安全生产管理流程，如图 3－5 所示。

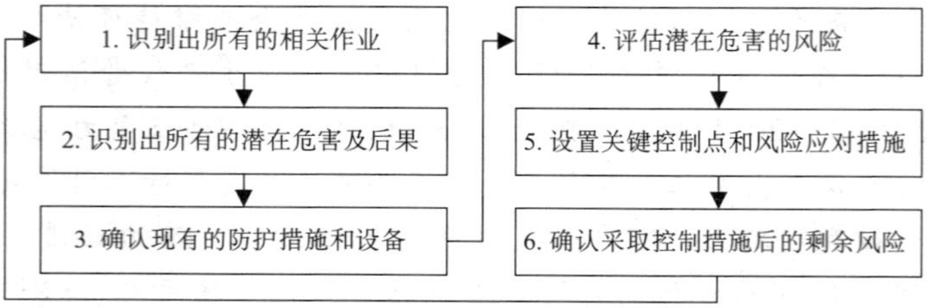

图 3-5 BJNY 集团安全生产管理流程

1. 根据相关法规要求、工作环境、作业规模、事故经历、活动流程等识别出所有相关作业。

2. 针对作业危害源，辨识出所有潜在的危害及其发生原因、危害后果，并进行适当的分类。

3. 按工程控制、管理控制及个人防护等分别确认现有防护设施。

4. 评估危害事件发生的可能性和后果，确定危害事件的风险等级，风险评估标准及分类等级如表 3-6 所示。集团将风险事件发生的可能性分为 5（很高)、4（较高)、3（中等)、2（较低）及 1（很低)，将风险事件潜在后果的严重性分为 5（很大)、4（较大)、3（中等)、2（较小）及 1（很小)。风险系数是两个因素的乘积。风险等级由事故发生的概率和事故损失的严重程度两个因素决定，集团按不确定性事件发生的可能性及事件可能造成的后果共分四级，即重大风险（系数为 20—25)、高度风险（系数为 15—20)、中等风险（系数为 10—15）和低度风险（系数为 10 以下)。

表 3-6　　BJNY 集团风险评估等级分类标准

可能性／严重性	事件发生的可能性					
	风险等级	很高 5	较高 4	中等 3	较低 2	很低 1
事件后果严重性	很大 5	25	20	15	10	5
	较大 4	20	16	12	8	4
	中等 3	15	12	9	6	3
	较小 2	10	8	6	4	2
	很小 1	5	4	3	2	1

注：风险系数 20—25 为重大风险，风险降低前应停止作业；系数 15—20 为高度风险，优先控制，风险降低前不应开始作业；系数 10—15 为中等风险，一般控制；系数 10 以下为低度风险，不需要采取额外措施，但应保持关注，并确保现有控制措施有效。

5. 根据危害事件的风险评估结果设置关键控制点和风险控制措施。

6. 评估采取控制措施后的剩余风险，检验风险应对措施的适用性及有效性，确认是否需要修正应对措施或采取其他有效措施。

以塔槽清洗作业的安全生产管理为例，上述六步骤的管理流程 BJNY 集团采用了如表 3-7 所示的风险评估及其应对模板。

表 3－7　**BJNY 集团安全生产管理流程及风险评估表**

公司名称	部门名称	评估时间	评估人员	审核人员	审核时间

1. 作业		2. 识别危害及后果			3. 现有防护			4. 风险评估			5. 风险应对措施	6. 剩余风险		
编号	名称	作业周期	作业环境	危害类型及后果	工程控制	管理控制	个人防护	严重性	可能性	等级		严重性	可能性	等级
A01	塔槽清洗	1次/月	空间狭小易燃易爆易腐蚀	1. 接触有害物，危害健康	通风设备	1. 标准化作业程序 2. 教育培训 3. 工作许可管理 4. 人员管制及登记 5. 健康检查 6. 个人防护器具管理办法	1. 防毒口罩 2. 防护手套 3. 护目镜 4. 安全鞋 5. 安全带 6. 安全帽	4	5	20	1. 佩戴携带式四用气体浓度探测器 2. 四用气体浓度探测器需定期维护保养 3. 制定紧急应变方案，并定期演练 4. 置备紧急救援设备 5. 紧急救援设备定期检查及维护保养	3	3	9
				2. 槽内缺氧致人窒息	略	略	略	略	略	略	略	略	略	略
				3. 火灾	略	略	略	略	略	略	略	略	略	略
				4. 爆炸	略	略	略	略	略	略	略	略	略	略
				5. 坠落	略	略	略	略	略	略	略	略	略	略
				6. 其他危害	略	略	略	略	略	略	略	略	略	略

（四）安全生产管理各环节的风险点及其应对措施

BJNY集团的安全生产管理作业主要由五个环节构成：安全生产工程项目的设计和建造、配备和检测安全生产配套设施、重大危险源的登记和监控、设置安全生产标志、监控日常生产经营活动。为节约篇幅，本案例仅对配备和检测安全生产配套设施环节的主要风险及应对措施进行介绍，并对表3－7进行了简化，只对该业务环节的主要风险点、关键控制点、控制目标和应对措施进行描述与分析，具体分析如表3－8所示。

表3－8 BJNY集团“配备和检测安全生产配套设施环节的主要风险及应对措施”

主要风险点	关键控制点	控制目标	应对措施
1. 未按规定配置安全生产设施 2. 未按规定保养和检测安全生产配套设施 3. 安全生产配套设施未经相关部门检测 4. 安全生产配套设施保养和检测流于形式 5. 使用国家明令淘汰或禁止使用的工艺和设备 6. 劳保或卫生条件不合规定	1. 安全生产设施采购控制 2. 安全生产设施安装控制 3. 安全生产设施保养和检测控制 4. 特种设备的配置和使用控制 5. 落实安全生产岗位责任制 6. 劳保用品的发放和使用控制	科学配备安全生产防护设施，并确保其处于有效工作状态；为员工提供必要的劳动和卫生防护	1. 依据相关规定和安全生产管理要求，购置配备相应的安全生产设备设施 2. 定期检测、维修、改造和报废安全生产设备设施，确保其工作的有效性 3. 特种设备应取得特种设备使用证，定期检测合格，在检测周期内正确使用 4. 专人负责安全生产设备设施的检测、维护和保养，并同步填制检测表 5. 积极改进工艺，淘汰落后设备设施 6. 设置相关设备设施的台账，详细记录其购置、使用、检测、维修、改造、报废等信息 7. 为员工提供合格的劳保和卫生用品

四、风险分析的方法

由于很多风险难以被量化，风险分析通常采用定量和定性相结合的方法进行。

（一）定性方法

在风险分析过程中，如果仅使用定类尺度或定序尺度[①]来描述风险，则被认为是定性方法，即主要使用文字说明或定序数字来描述风险发生的可能性和潜在影响的方法。例如，用“极低、低、中等、高、极高”或“1、2、3、4、5”等来描述风险发生可能性的高低。定性的风险分析方法通常应用于对决策而言不要求有定量分析的精确度、对风险的定量分析不具有好的成本效益、数据无法可靠取得或数据

① 从统计学来看，理论上一切均可量化，其量化方法无外乎四种：定类、定序、定距、定比。定类尺度，也称类别尺度或名义尺度，是将调查对象分类，标以各种名称，并确定其类别的方法。定类尺度实质上是一种分类体系。定序尺度，也称等级尺度或顺序尺度，是按某种逻辑顺序将调查对象排列出高低或大小，确定其等级及次序的一种尺度。定距尺度，也称等距尺度或区间尺度，是一种不仅能将变量区分类别和等级，而且可以确定变量之间的数量差别和间隔距离的方法。定比尺度，也称比例尺度或等比尺度，是测量不同变量之间的比例或比率关系的方法。

的质量不高等情况下，也可以应用在更深入的分析之前对风险的初步评价。用定性方法分析风险带有较强的主观性，往往需要凭借分析者的经验和直觉，或利用业界的标准和惯例来进行。应用定性方法时也可以加上定量的有关信息，以使定性分析尽量准确。

常用的风险定性分析方法包括：风险坐标图法、头脑风暴法、德尔菲法、访谈讨论、问卷调查、标杆分析等。为了采用定性评估技术获得有关可能性和影响的一致意见，企业可以使用与其在风险识别时所采用的相同方法，例如，头脑风暴法、德尔菲法、访谈研讨等。这些方法前文已有讲述，此处不再赘述。

1. 风险坐标图的制作。风险坐标图也称风险热力图，是把风险发生的可能性作为一轴、风险对企业目标的可能影响作为另一轴，绘制成直角坐标系，然后，根据对一项风险经识别与分析得到的可能性大小和影响程度将该风险在直角坐标系上描绘出来，这样就形成了风险坐标图。绘制风险坐标图的目的在于对多项风险进行直观的比较，从而确定对各个风险进行管理的优先顺序和策略。制作和实现风险坐标图的基本程序如下：

（1）建立一个由上而下的构架，对企业面临的所有风险进行分类；

（2）基于历史数据、同业比较和自我评估，按业务和职能部门设立一个自下而上的特定风险列表；

（3）基于管理层的判断或风险模型，在一致的时间跨度内，定性分析或定量估计每种风险发生可能性的高低或大小、风险对企业及其目标影响的程度或大小，制作如图 3－6（图中数字代表风险编号）所示的风险坐标图。

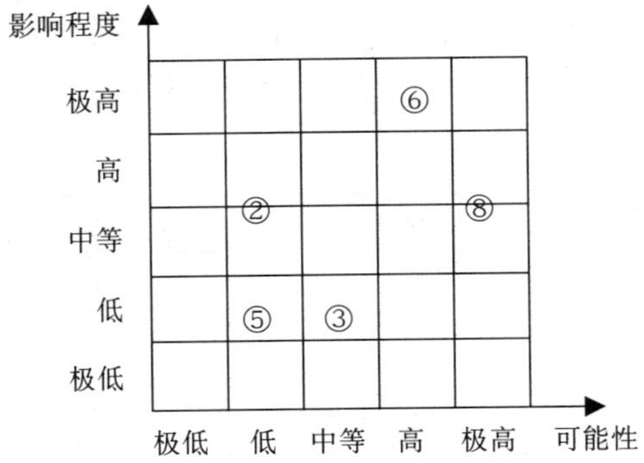

图 3－6　风险坐标图

2. 标杆分析法。标杆分析法是将企业各项活动、各方面状况和环节与竞争对手或行业最佳实践者进行比较，识别并确认差距，并提出改进行动的方法，以弥补自身的不足。在运用标杆分析法时，可以用来对比的最佳实践通常有三类：内部标杆、竞争对手标杆和通用标杆。

（二）半定量方法

在风险分析过程中，如果既使用定类尺度或定序尺度又部分地使用定距尺度或定比尺度来描述风险，则被认为是半定量方法。运用半定量方法一般是将用文字描述的结果数字化，以便得到更好的顺序等级。常见的半定量方法有影响记分卡和频率记分卡法、情景分析法、故障模式及影响和后果分析法、事件树分析法等。

1. 影响和频率记分卡（Scorecard of Effects and Frequency）。记分卡是一种主要用于企业操作风险自我评估的方法。对于每项已被识别的操作风险，可按事先设定好的指标，由包括风险管理人员在内的专家对其进行打分，从而可以对有关操作风险进行排序比较，重大操作风险可分离出来并对其做更深入的分析评估，制定适当的管理方法。影响记分卡是对风险的潜在影响进行自我评估打分，频率记分卡是对风险发生的可能性（频率）进行自我评估打分。

（1）影响记分卡。对于每项已被识别的操作风险，可以利用包括问卷调查、现场观察和头脑风暴等方法在内的各种途径进行深入分析，找出该操作风险可能产生的各种影响。然后由包括风险管理人员在内的专家各自综合各种影响的程度，对风险可能产生的总体影响程度进行打分，对可能造成的损失进行估计，如表 3－9 所示，评分专家可以在“备注”栏填写打分标准及其他备忘录，在“影响评估及建议”栏填写影响评估总结。

表 3－9　　ABC 公司的影响记分卡示例

<table>
<tr><td>已识别风险</td><td colspan="4">公司业务存在可能会被归类为欺诈的合规风险</td><td colspan="2">影响打分值</td><td>损失估计（万元）</td></tr>
<tr><td>影响 1</td><td>影响 2</td><td>影响 3</td><td>影响 4</td><td>影响 5</td><td>专家 1</td><td>3</td><td>3000</td></tr>
<tr><td>声誉</td><td>员工</td><td>组织</td><td>监管</td><td>法律</td><td>专家 2</td><td>2</td><td>2500</td></tr>
<tr><td rowspan="4">媒体的负面报道及声誉损失</td><td rowspan="4">重要员工流失</td><td rowspan="4">良好的企业风险文化受损</td><td rowspan="4">正常业务活动受审查</td><td rowspan="4">面临司法诉讼</td><td>专家 3</td><td>4</td><td>5000</td></tr>
<tr><td>专家 4</td><td>4</td><td>4000</td></tr>
<tr><td>专家 5</td><td>4</td><td>3500</td></tr>
<tr><td>专家 6</td><td>4</td><td>3500</td></tr>
<tr><td colspan="5">历史记录：历史上平均损失 3000 万元</td><td>均值</td><td>3.5</td><td>3583</td></tr>
<tr><td colspan="2">影响记分范围：
1. 很小（没有影响的）
2. 小（可忽略的）
3. 中（可容忍的）
4. 大（严重的）
5. 很大（灾难性的）</td><td colspan="3">备注：</td><td colspan="3">影响评估及建议：
1. 影响记分值 3.5（较严重）
2. 可能损失 3583 万元
3. 建议：立即采取内控措施、加强审计、调离相关人员</td></tr>
</table>

（2）频率记分卡。频率记分卡的制作过程与影响记分卡类似，对于每项已被识别的操作风险，可以利用各种方法进行深入分析，探讨该操作风险发生的可能性（频率），分析时要注意历史数据和同行业经验数据，然后由包括风险管理人员在内的专家各自打分，最后进行汇总和小结，如表 3－10 所示。

表 3－10　**ABC 公司的频率记分卡示例**

<table>
<tr><td>已识别风险</td><td colspan="4">监视设备故障</td><td colspan="2">频率得分值</td><td>描述</td></tr>
<tr><td>同行 1</td><td>同行 2</td><td>同行 3</td><td>同行 4</td><td>同行 5</td><td>专家 1</td><td>3</td><td>10 年 1 次</td></tr>
<tr><td rowspan="4">10 年 2 次</td><td rowspan="4">10 年 3 次</td><td rowspan="4">10 年 0 次</td><td rowspan="4">10 年 1 次</td><td rowspan="4">10 年 0 次</td><td>专家 2</td><td>3.5</td><td>10 年 2 次</td></tr>
<tr><td>专家 3</td><td>2.5</td><td>10 年 0.5 次</td></tr>
<tr><td>专家 4</td><td>3</td><td>10 年 1 次</td></tr>
<tr><td>专家 5</td><td>3</td><td>10 年 1 次</td></tr>
<tr><td colspan="5">同行均值：10 年 1.2 次</td><td>专家 6</td><td>2</td><td>10 年 0.3 次</td></tr>
<tr><td colspan="5">历史记录：10 年 1.1 次</td><td>均值</td><td>2.83</td><td>10 年 0.97 次</td></tr>
<tr><td colspan="3">频率记分范围：
1. 很低（罕见；100 年 1 次）
2. 低（不可能；50 年 1 次）
3. 中（一般；10 年 1 次）
4. 高（有可能；2—5 年 1 次）
5. 很高（几乎确定；1 年几次）</td><td colspan="2">备注：</td><td colspan="3">影响评估及建议：
1. 频率记分值 2.83
2. 频率：10 年 0.97 次
3. 建议：通常管理即可</td></tr>
</table>

2. 情景分析法（Scenario Analysis Method）。情景分析法是在假定某种现象或趋势将持续到未来的前提下，对可能的未来情景加以描述，对预测对象可能出现的情况及其后果做出评估的方法。运用这种方法，可用情景的发生概率为权重，对各种情景的后果进行加权平均，从而计算出项目风险的潜在损失或收益。情景分析法还可以结合敏感性测试和压力测试等进行综合分析。

运用情景分析法的基本步骤包括：

（1）分析目前与未来的经济环境，确认经济环境可能存在的状态范围，即情景；

（2）分析在各种情景下，项目可能的损失或收益；

（3）确定各种情景发生的概率；

（4）以各种情景可能发生的概率为权重，通过加权平均估计项目的综合损失或收益。

情景分析法中，对情景的构建可以根据历史情景、假设情景或两者综合进行分析。分析情景所处的环境可以运用多种技术和工具，如 PEST 分析，即政治（Political）、经济（Economical）、社会（Social）、技术（Technological）。政治的：政治环境、法律环境、政府管制、产业政策等；经济的：要素市场与供给水平、劳动力市场、价格水平、财政与税收政策、顾客因素、利率、汇率、融资等；社会的：社会态度、信念与价值观、人口年龄结构与教育程度等；技术的：技术变革、技术替代、信息技术等。再如，还可以基于 SWOT 矩阵对环境进行分析，即优势（Strength）、劣势（Weakness）、外部机会（Opportunity）、外部威胁（Threat）。

例如，某企业对一个投资项目进行风险评估时所进行的情景分析，如表 3－11

所示。

表 3－11 某投资项目的未来情景分析

	因素	最佳情景	一般情景	最差情景
影响因素	市场需求	持续上升	保持不变	持续下降
	经济增长	增长 5%—10%	增长小于 5%	负增长
发生概率		20%	45%	35%
潜在结果		投资项目可在5年内实现盈亏平衡	投资项目可在10—15年内实现盈亏平衡	高度不确定

3. 故障模式及影响和危害性分析法（Failure Mode Effects and Criticality Analysis）。故障模式及影响和危害性分析是针对系统所有可能的故障，并根据对故障模式的分析，确定每种故障模式对系统工作的影响，找出单点故障，并按故障模式的严重度及其发生概率确定其危害性。单点故障是指引起系统故障，且没有冗余或替代的工作程序作为补救的局部故障。故障影响是指该故障模式会造成对安全性、系统功能的影响，一般可分为对局部、高一层次及最终影响三个等级。例如，分析飞机液压系统中的一个液压泵，如果它发生了轻微漏油的故障模式，对局部即对泵本身的影响可能是降低效率，对高一层次即对液压系统的影响可能是压力有所降低，最终影响即对飞机可能没有影响。将故障模式出现的概率及影响的严重度结合起来称为危害性。危害性分析是把每一种故障模式按其影响的严重程度及发生概率的综合影响加以分析，确定故障等级，以便全面地评价和应对各种可能出现的故障模式及其影响。

4. 事件树分析法（Event Tree Analysis）。事件树分析起源于决策树分析，是一种按事件发展的时间顺序由初始事件开始推论可能的后果，从而进行风险源辨识的方法。一起事故的发生，是许多事件相继发生的结果，其中，一些事件的发生是以另一些事件的首先发生为条件的，而一事件的出现，又会引起另一些事件的出现。在事件发生的顺序上，存在着因果逻辑关系。事件树分析法是一种时序逻辑的事件分析方法，它以一初始事件为起点，按事件发展顺序，分成阶段，一步一步地进行分析，每一事件可能的后续事件按只能取完全对立的两种状态（成功或失败、正常或故障、安全或危险等）之一的原则，逐步向结果方面发展，直到达到系统故障或事故为止。所分析的情况用树枝状图表示，故叫事件树。它既可以定性了解整个事件的动态变化过程，又可以定量计算出各阶段的概率，最终了解事故发展过程中各种状态的发生概率。事件树分析法的应用示例如图 3－7 所示。

（三）定量方法

定量分析是仅使用定距或定比尺度的方法。例如，风险发生可能性的大小用频数或概率来表示；风险对目标影响的大小用货币金额来表示等。准确地度量风险可以提高风险管理的效率，定量技术能带来更高的精确度，通常应用在更加复杂和深

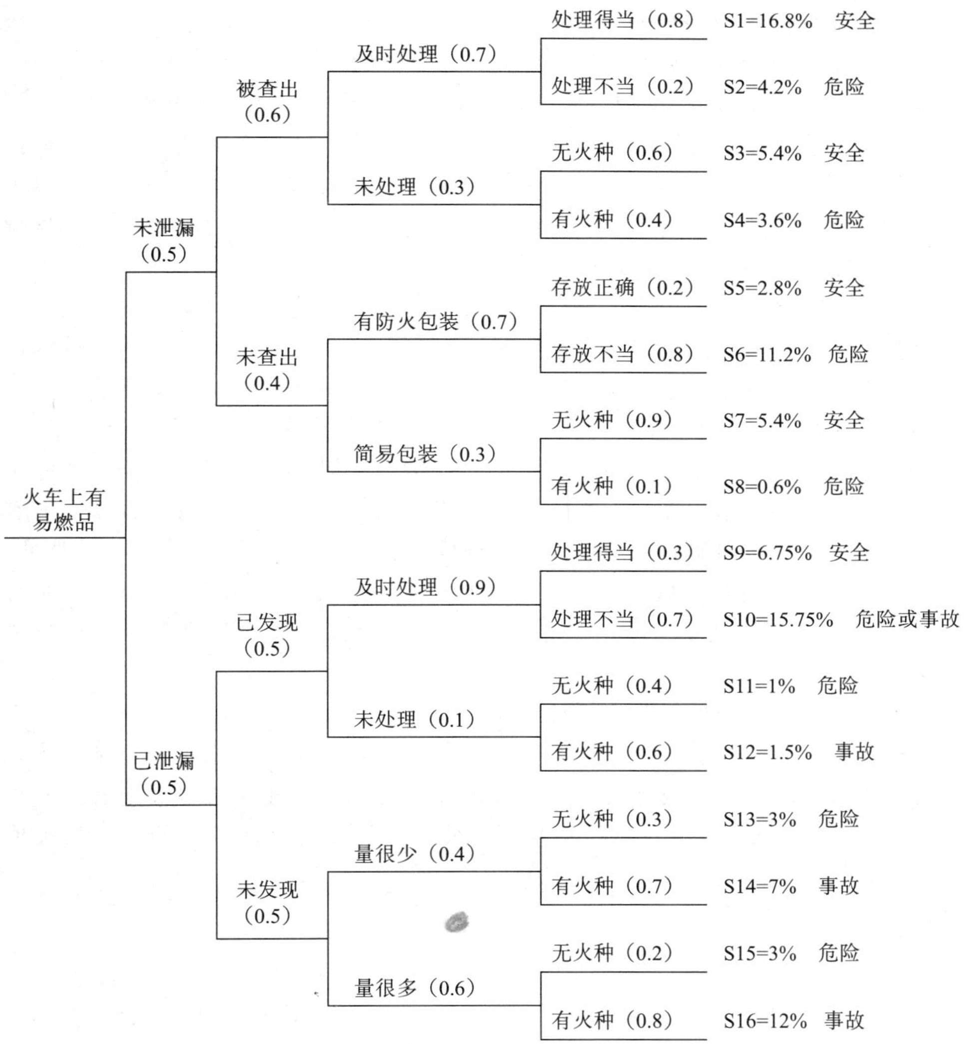

图 3－7　事件树分析法的应用示例

奥的活动中，可以对定性技术进行补充。定量技术依赖于支持性数据和假设的质量，一般需要更高程度的努力和严密性，有时采用数学模型。当一项风险被认定是关键风险或风险水平被认定很高，需要进一步分析研究时，通常要使用定量方法。使用定量方法前，企业要考察所用数据的真实性和可靠性，数据质量是进行风险分析的前提。在利用模型进行风险分析之前，要注意模型的假设条件和模型拟合度，要评估模型对具体问题的适用性，不可乱套模型。

常用的风险评估定量方法有概率技术和非概率技术两大类。

概率技术是根据特定的假设将一系列事项以及所造成的影响与这些事项的可能性联系起来，参照历史数据或反映对未来行为的假设，建立模型模拟结果（如贝叶斯模型在风险分析中应用广泛），对可能性和影响进行评估。概率模型是用来描述不同随机变量之间关系的数学模型。例如，风险值的计算过程涉及概率模型的运用。概率模型还可以用来计算均值、期望值、极值、全距、方差、标准差、变异系数、β 系数、相关系数等风险分析中常用的变量。非概率技术是在无法估计未来事件的可能性及其影响时，根据历史资料或模拟数据，以及对未来的主观假设等，对事件影响进行评估的方法。非概率模型的例子包括敏感性指标、压力测试以及情景分析等。大多数统计检验都可以被理解为一种概率模型。

风险与概率密切相关，风险事件发生的概率和概率分布是风险评估的基础。概率是度量某一事件发生的可能性大小的量，它是随机事件的函数。必然事件的概率为 1，不可能事件的概率为 0，一般随机事件的概率在 0 和 1 之间。概率分布是显示各种结果发生概率的函数，风险评估中常用的概率分布有离散分布、等概率分布、泊松分布、二项分布和正态分布等。在风险评估中，概率分布常用来描述风险事件所致各种潜在后果发生可能性大小的分布情况。确定风险事件的概率分布一般有三种方法：根据历史资料确定风险事件的概率分布、利用理论概率分布和主观概率法。一般来讲，风险事件的概率分布应当根据历史资料来确定，但相关人员没有足够的资料来确定风险事件概率分布时，也可以利用理论概率和主观概率分布进行风险评估。

下面介绍几种常见的风险定量分析技术。

1. 风险值（Value at Risk，VaR）。风险值是指在一定置信水平下，某一金融资产或证券组合价值在未来特定时期内的最大可能损失。如图 3－8 所示，在正常市场条件下，给定置信水平 $1-\alpha$ 和持有期 T，某种投资组合可能发生的最大损失值为 M，则 VaR 值可表述为：

$$P\{损失额 > M\} < \alpha$$

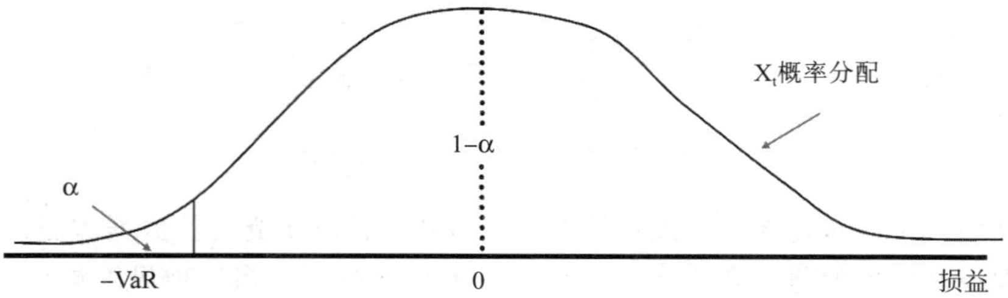

图 3－8　VaR 值概念示意图

例如，某投资组合在置信水平为 99%，持有期为一天时的 VaR 为 65 万元，表示有 99% 的把握相信持有一天该投资的最大损失是 65 万元，或者说持有一天该投资组合的损失超过 65 万元的可能性只有 1%，也可以说持有该投资组合损失超过 65 万元的可能性是百天一遇。

计算 VaR 值需要时间跨度、置信水平、投资组合的市价及未来价值变动的分布特征等信息。

2. 贝叶斯决策模型（Bayes Decision Model）。贝叶斯决策模型是由英国数学家贝叶斯（Thomas Bayes）创立的，是在不完全信息下，对部分未知的状态用主观概率估计，然后用贝叶斯公式对发生概率进行修正，最后再利用期望值和修正概率作出最优决策。该决策模型需要用到先验概率（Prior Probability）：在试验或实验之前得到的概率；条件概率（Conditional Probability）：在事件 B 已经发生的条件下，事件 A 发生的概率；后验概率（Posterior Probability）：在试验或实验之后得到的概率。

例如，在某一期间用 10000 元进行投资，可以用于投资股票或年利率 10% 的无风险政府债券。我们定义 α_1 为购买股票，α_2 为购买债券。购买股票将承担风险，在下一期间的投资净收益是不确定的。假设有三种事件类型：

θ_1：股价下跌 10%　　$P(\theta_1)=0.05$

θ_2：股价平稳 10%　　$P(\theta_2)=0.70$

θ_3：股价上涨 80%　　$P(\theta_3)=0.25$

这里 $P(\theta_1)$、$P(\theta_2)$、$P(\theta_3)$ 都是先验概率。预期投资回报情况如表 3－12 所示。

表 3－12　　**投资回报表**　　单位：元

	θ_1	θ_2	θ_3
α_1	-1000	0	8000
α_2	1000	1000	1000

如图 3－9 所示，如果仅根据先验概率决策，将选择期望值（定义为 EMV）最大的方案，即选择 α_1 购买股票。

$$EMV(\alpha_1)=0.05\times(-1000)+0.70\times0+0.25\times8000=1950（元）$$

$$EMV(\alpha_2)=0.05\times1000+0.70\times1000+0.25\times1000=1000（元）$$

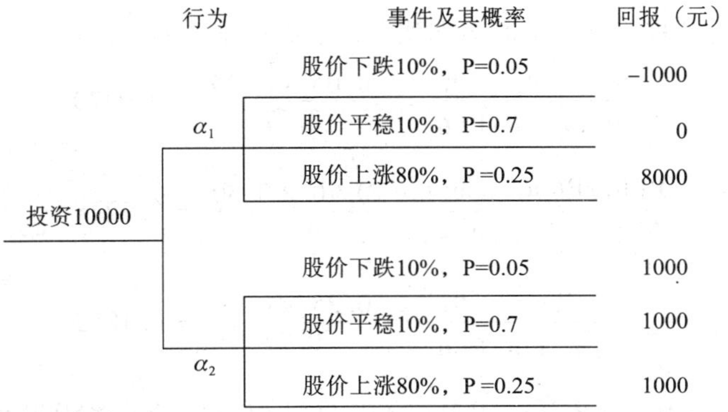

图 3－9　用先验概率进行决策的投资回报情况

如果在决策前获得额外的信息，m_1代表财务报表显示的公司实际净收益低，m_2代表财务报表显示的公司实际净收益一般，m_3代表财务报表显示的公司实际净收益高。贝叶斯定理告诉我们额外的信息能够改变决策者对于事件发生概率的先前看法。额外信息对先验概率的修正情况如表 3－13 所示。

表 3－13　　额外信息对先验概率的修正

事件	P（θ）	P（m_1 | θ）	P（m_2 | θ）	P（m_3 | θ）
θ_1	P（θ_1）＝0.05	0.75	0.20	0.05
θ_2	P（θ_2）＝0.70	0.50	0.30	0.20
θ_3	P（θ_3）＝0.25	0.10	0.20	0.70

现在，决策者可以用贝叶斯定理修正之前的先验概率。

（1）假设财务报表显示的是公司实际净收益低（m_1）：

$$P(\theta_1 \mid m_1) = \frac{P(\theta_1)P(m_1 \mid \theta_1)}{\sum_{\theta} P(m_1 \mid \theta)P(\theta)} = \frac{0.05 \times 0.75}{0.4125} = 0.09$$

$$P(\theta_2 \mid m_1) = \frac{P(\theta_2)P(m_1 \mid \theta_2)}{\sum_{\theta} P(m_1 \mid \theta)P(\theta)} = \frac{0.70 \times 0.50}{0.4125} = 0.85$$

$$P(\theta_3 \mid m_1) = \frac{P(\theta_3)P(m_1 \mid \theta_3)}{\sum_{\theta} P(m_1 \mid \theta)P(\theta)} = \frac{0.25 \times 0.10}{0.4125} = 0.06$$

EMV（α_1）$=0.09\times(-1000)+0.85\times0+0.06\times8000=390$（元）

EMV（α_2）$=0.09\times1000+0.85\times1000+0.06\times1000=1000$（元）

所以，如果财务报表显示的是公司实际净收益低，决策者就会选择 α_2，即购买债券。

（2）假设财务报表显示的是公司实际净收益一般（m_2）：

$$P(\theta_1 \mid m_2) = \frac{P(\theta_1)P(m_2 \mid \theta_1)}{\sum_{\theta} P(m_2 \mid \theta)P(\theta)} = \frac{0.05 \times 0.20}{0.27} = 0.0370$$

$$P(\theta_2 \mid m_2) = \frac{P(\theta_2)P(m_2 \mid \theta_2)}{\sum_{\theta} P(m_2 \mid \theta)P(\theta)} = \frac{0.70 \times 0.30}{0.27} = 0.7778$$

$$P(\theta_3 \mid m_2) = \frac{P(\theta_3)P(m_2 \mid \theta_3)}{\sum_{\theta} P(m_2 \mid \theta)P(\theta)} = \frac{0.25 \times 0.20}{0.27} = 0.1852$$

EMV（α_1）$=0.037\times(-1000)+0.7778\times0+0.1852\times8000=1444.6$（元）

EMV（α_2）$=0.037\times1000+0.7778\times1000+0.1852\times1000=1000$（元）

所以，如果财务报表显示的是公司实际净收益一般，决策者就会选择 α_1，即购买股票。

(3) 假设财务报表显示的是公司实际净收益高 (m_3):

$$P(\theta_1 \mid m_3) = \frac{P(\theta_1)P(m_3 \mid \theta_1)}{\sum_{\theta} P(m_3 \mid \theta)P(\theta)} = \frac{0.05 \times 0.05}{0.3175} = 0.0079$$

$$P(\theta_2 \mid m_3) = \frac{P(\theta_2)P(m_3 \mid \theta_2)}{\sum_{\theta} P(m_3 \mid \theta)P(\theta)} = \frac{0.70 \times 0.20}{0.3175} = 0.4409$$

$$P(\theta_3 \mid m_3) = \frac{P(\theta_3)P(m_3 \mid \theta_3)}{\sum_{\theta} P(m_3 \mid \theta)P(\theta)} = \frac{0.25 \times 0.70}{0.3175} = 0.5512$$

EMV (α_1) $=0.0079 \times (-1000) + 0.4409 \times 0 + 0.5512 \times 8000 = 4401.7$ (元)

EMV (α_2) $=0.0079 \times 1000 + 0.4409 \times 1000 + 0.5512 \times 1000 = 1000$ (元)

所以,如果财务报表显示的是公司实际净收益高,显然决策者会选择 α_1,即购买股票。

3. 敏感性测试 (Sensitivity Testing)。敏感性测试是在保持其他条件不变的前提下,研究单个风险因素(如利率、汇率、股票价格或商品价格等)的变化可能会对金融工具或资产组合的收益或企业价值产生的影响。例如,某商业银行对利率和汇率变动的敏感性测试如表 3-14 所示。

表 3-14　　某商业银行的利率和汇率变动敏感性测试表

币种	汇率变动	对税前利润的影响(万元)		对所有者权益的影响(万元)	
		20×8 年度	20×9 年度	20×8-12-31	20×9-12-31
美元	-1%	580	-125	65	-87
港元	-1%	890	1100	108	578
	利率变动	20×8 年度	20×9 年度	20×8-12-31	20×9-12-31
人民币利率	上升 100 个基点	-5108	-8212	-4321	-5612
	下降 100 个基点	5108	8212	4321	5612
美元利率	上升 100 个基点	-81	-126	-45	-55
	下降 100 个基点	81	126	45	55
港元利率	上升 100 个基点	-1020	-1231	-560	-658
	下降 100 个基点	1020	1231	560	658

4. 压力测试 (Stress Testing)。压力测试是系统性能测试的一种,通常是持续不断地给被测系统增加压力,直到将被测系统压垮为止,用来测试系统所能承受的最大压力。压力测试在风险评估中通常被用于衡量潜在最大损失,测算在遇到假定的小概率事件等极端不利情况下可能发生的最大损失,分析这些极端不利情况(如经济增长骤减、失业率快速上升到极端水平、房地产价格暴跌)下的负面影响,进而

对脆弱性作出评估和判断，并采取相应的控制措施。压力测试是与风险价值模型VaR（99%，X）对应的概念，即对于置信度99%以外突发事件的测试。

测试的质量取决于构造合理、清晰、全面的情景。进行压力测试可以采用敏感性分析和情景分析法进行模拟和估计。应用压力测试首先需要确定风险因素，设计压力情景，选择假设条件，确定测试程序。然后定期进行测试，分析测试结果，通过压力测试确定潜在风险点和脆弱环节，采取应急手段和其他相关改进措施。例如，某商业银行针对个人住房类贷款违约率进行压力测试：该压力测试采用自上而下的压力传导方法，选取影响个人住房类贷款（含个人住房贷款和个人商用房贷款）违约率的两个关键指标：未偿贷款与房屋价值比率、客户收入偿付比率，建立计量模型，分析房价、利率变动对个人住房类贷款违约率的影响。构造的压力测试情景是基于房价、利率、收入变动分析和组合分析。房价变动情景是下降15%（轻度）、下降20%（中度）、下降25%（重度），利率变动情景是加息3次（轻度）、6次（中度）、8次（重度）（分别上升0.81个百分点、1.62个百分点和2.16个百分点），城镇居民收入增长假设预计达到13%。压力测试结果如表3-15所示，单纯从房价变动情况看，房价的轻度、中度和重度下降分别使个人住房类贷款违约率上升0.5、0.9和1.7；加入利率变动因素后，对违约率的影响显著加大，以利率重度加息为例，在房价轻度、中度和重度下降时，分别使个人住房类贷款违约率上升1.7、2.5和4.1。由此可见，利率波动对个人住房贷款违约率的影响比较大。

表3-15 某商业银行的个人住房类贷款违约率压力测试表

房价 / 利率	基准		下降15%（轻度）		下降20%（中度）		下降25%（重度）	
	违约率	上升	违约率	上升	违约率	上升	违约率	上升
基准	1.1		1.3	0.5	1.7	0.9	2.4	1.7
上升0.81个百分点	1.1	0.3	1.4	0.6	1.8	1	2.5	1.7
上升1.62个百分点	1.5	0.7	1.8	1	2.4	1.6	2.6	2.7
上升2.16个百分点	2.0	1.2	2.5	1.7	3.3	2.5	2.8	4.1

第五节 风险应对

风险应对是在风险评估的基础上，依据企业风险管理策略，根据自身条件和内外环境，选择应对风险策略和具体措施的过程。对识别出来的风险进行评估后，需要根据评估结果，针对不同风险选择不同的应对策略，为企业进一步采取具体的控制措施提供依据。风险应对策略包括风险规避、风险降低、风险共担和风险承受。不论采用某一类或组合的风险应对策略，主要目的都是要把剩余风险降低到与期望的风险可接受水平相协调的范围之内。

一、风险应对策略

风险应对策略可以分为以下几种类型：

（一）风险规避

风险规避是指企业为了免除风险威胁，采取企图使损失发生概率等于零的风险应对策略，也就是退出会给企业带来风险的活动。例如，终止与不诚信的供应商合作、放弃一条产品生产线、拒绝向一个新的地区拓展市场、卖掉一个持续亏损的分部等。

风险规避策略是一种比较消极的风险应对策略，比较适合危害性风险控制。风险规避策略意味着所有应对方案都不能把风险的可能性和影响降低到可接受水平，企业对超出整体风险承受能力或具体业务层次上的不可接受风险，应实行风险回避。实施风险回避策略主要有彻底避免、改变条件、中途放弃三种情况。一般来说，企业最好是在选择决策方案或方案实施的早期阶段，考虑是否选用规避策略。

风险是互相关联的，当消除了某种风险后，可能会对其他风险造成不利影响。当选择风险规避策略时，有可能另一种新的风险也因此而衍生出来，或使现存的风险扩大起来。

风险规避策略不是指企业盲目地避开风险，而是在恰当的时候，实施一种策略性的回避。作为一种风险应对策略，它可以完全消除某种风险，但是选择放弃某项具有高风险的经营活动，同时也会部分或全部丧失伴随风险而来的盈利机会。运用风险规避策略应注意与其他策略进行比较，然后决定是否实施，并且明确策略实施的目标，实施步骤的保证条件，避免风险发生所需要的费用等，计划好需要避免的财产、人身风险及有关活动的范围。

（二）风险降低

风险降低是在权衡成本效益之后，采取措施降低风险的可能性或影响，或同时降低两者的风险应对策略，是一种主动应对风险的策略。它几乎涉及各种日常的经营决策，例如，购置消防设施防范火灾的发生、定期为职工体检降低职业病风险、增加安保支出防范资产损失等。再如，一家股票交割公司识别和评估出它的系统超过 3 个小时不能用的风险，并得出它不能承受发生这种情况影响的结论。进而，这家公司投资于增进故障自测和系统备份的技术，以降低系统不能用的可能性。

风险降低类别的划分通常有三种：按控制目的，可分为损失预防和损失抑制；按措施的执行程序，分为事前、事中和事后控制；按采取措施的性质不同，分为工程控制、教育培训和管理控制。风险降低策略适用于企业不愿放弃也不愿转移，且在企业风险承受能力或风险容忍度之内的风险。

（三）风险共担

风险共担是通过转移来降低风险的可能性或影响，或分担一部分风险。例如，购买保险产品、经营性租赁、从事套期保值交易、分包或外包一项业务活动等。再如，一所大学识别和评估它与管理学生宿舍相关的风险，并得出结论：它不具备有效地管理这些大型居住物业所必备的服务能力。这所大学把宿舍管理外包给了一家物业管理公司，从而更好地降低了与物业相关风险的可能性及其影响。

一般来说，如果风险发生时的影响是重大的，但在当时情况下风险发生的可能性不大，企业就可以将它转移到别处去。进一步来说，当风险不能通过风险降低的策略来降低其发生可能性、发生频率、损失额，或采用风险降低方法后，企业仍然受到威胁，这里可能要考虑风险转移的策略。

（四）风险分散

风险分散是企业采取多种经营、多方投资、多方筹资、外汇资产多元化、吸引多方供应商、争取多方客户以分散风险的策略。例如，企业不同的筹资渠道和方式，有着不同的风险，企业可以进行多方筹资分散筹资风险；外汇资产多元化可以分散外汇风险。风险分散的目的是降低企业对特定事物或人的依赖程度。“不要把所有的鸡蛋都放在一个篮子里”，形象地说明了进行多角化投资与经营对风险分散的作用。进行多角化投资与经营，通常适用于财力雄厚、技术和管理水平较高的大型企业。但是它也不是万能的，如果不切实际地盲目搞多元化投资与经营，涉及过多产品或项目，主业不突出，不仅不能分散风险，反而可能使企业遭受灭顶之灾。

（五）风险承受

风险承受是不采取任何措施去干预风险的可能性或影响。企业对于在整体风险承受能力和具体业务层次上的可接受风险水平之内的风险，在权衡成本效益之后无意采取进一步控制措施，接受可能发生的风险及其影响。例如，一个政府机构识别和评估它在不同地理区域的基础设施发生火灾的风险，并评估通过保险分担风险影响的成本，发现保险和相关的扣除所增加的成本超过重置成本，于是决定承受这一风险。

风险承受不是一种无为的风险应对策略，只是在权衡成本效益之后无意采取进一步控制措施而已。万一风险真的发生了，企业是能够应付的。风险承受有时候是无意的，或者属于无奈的、被动的选择。企业风险水平能够接受，就可以不必作出其他反应，也就是说，容忍风险的存在。

选择风险承受策略，企业应具备足够的资源和财力来承担风险后果，一旦风险发生，不会使生产经营活动受到很大影响。风险承受的财务补偿方式有从当年净利润中直接补偿、设立专用基金、借入资金及建立专业自保公司等。

【案例 3－2】 绘制风险坐标图的目的在于对多项风险进行直观的比较，从而确定对各个风险进行管理的优先顺序和策略。某公司绘制了如图 3－10 所示的风险坐标图，并将该图划分为 A、B、C、D 四个区域，公司决定对于落入 A 区域的风险实施优先控制，通过战略风险管理与决策实施风险规避、风险转移或风险降低策略，确保有效防范此类风险；对于落入 B 区域的风险，主要依靠流程控制和日常控制活动，必要时增加补充控制措施，确保剩余风险降低到可接受水平；对于落入 C 区域的风险，实施危机管理策略并购买相关保险产品，制定并定期演练灾备计划和应急方案，确保此类事件发生时不影响企业的持续经营；对于落入D区域的风险，一般实施风险承受策略，不再增加额外控制措施，但应确保日常控制和持续监督有效。

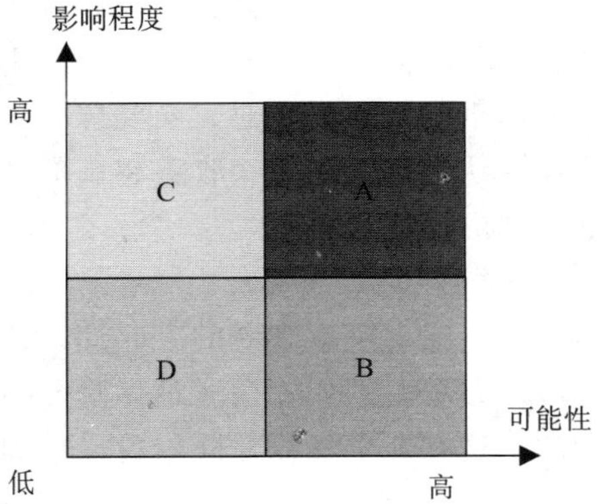

图3-10　风险坐标图的应用

二、企业选择风险应对策略应注意的问题

（一）注意权衡风险应对的成本效益

资源总是有约束的，企业应注意评价备选风险应对方案的相关成本与效益。一方面，风险应对的目标并不是要一味地降低或消除风险，事实上绝大多数风险是无法消除的，一味地增加控制，追求风险的无限降低可能不符合成本效益原则，只要使控制后的剩余风险降低到可接受水平就可以了。另一方面，内部控制存在固有的局限性，再好的控制也不可能杜绝错弊。企业应充分利用并优化相关制度、强化制度的执行和监督，实现制度化和规范化管理，以降低风险应对成本。

（二）注意风险应对的效率效果

企业应综合考虑风险应对的效率效果和经济效益，采取与企业风险管理战略和风险容忍度相协调的风险应对策略和控制措施，确保总体剩余风险在企业的风险可接受水平之内。企业应根据不同业务特点确定相应的风险偏好和风险容忍度，明确愿意承担的风险及最大损失限额，并据此确定风险预警线及应对策略。对于不可控的风险点，企业应建立风险解决方案或危机与应急预案，落实资源，明确责任，并定期演练，确保方案有效。当现有风险应对方案已达到其有效性的极限，进一步的改进只能细微影响风险的潜在后果或可能性时，这时可能需要创新风险应对方案。例如，在一个道路交叉口频繁发生大量的交通事故，一家大型汽车保险公司决定投资增加交通信号灯，从而显著降低了事故报案数量，提高了利润。在评价应对方案的过程中，企业应注意到方案对风险的可能性和影响的应对效果可能不同。再如，一家公司有一个位于强暴风雨地区的计算机中心，它制定了一个应对计划，能够减轻建筑物损坏和人员不能上班的影响，但该计划无助于降低暴风雨发生的可能性。

另一方案是把计算机中心迁移到外地，能够显著降低暴风雨发生的可能性。

（三）注意均衡风险和机会

风险的发生会给企业带来负面影响、正面影响，或二者兼有。现实生活中，人们习惯将具有负面影响的事项称为风险，将具有正面影响或抵消风险负面影响的事项称为机会。风险应对的目标是降低负面影响，放大正面影响。企业要正确认识和把控风险与机会的平衡，既要重视风险的应对，又要善于抓住机会。既要防止和纠正忽视风险，片面追求收益，认为风险越大、收益越高的观念和做法，也要防止单纯为风险规避而放弃发展机遇的保守主义。

（四）注意风险之间的关联性

在评价应对方案时，企业应注意风险之间的关联性，这有助于企业从整体上综合选择最具有成本效益的应对方案。例如，在通过保险分担风险时，把风险组合到一个险种之下可能是有利的，这有助于降低保险定价。再如，很多情况下一项方案能够应对多重风险，这种情况下企业可以不再采取其他的措施来处理某个特定的风险。

（五）高层管理者应注意风险组合观念

实际工作中，各风险责任归属单位通常都是从本业务单元、本部门或本岗位的角度去分析和应对风险，高层管理者应考虑采取组合观来确定总体应对方案，并评估总体剩余风险是否处于可接受水平之内。不同单元的风险可能处于该单元的可接受风险水平之内，但汇总后放到一起，风险可能会超过整体的风险可接受水平，在这种情况下需要附加的或另外的风险应对，以便使企业整体风险处于可接受水平之内。如果企业整体范围内的风险能够自然地相互抵消，例如，一些单个单元的风险较高，而其他单元的风险比较低，这样整体风险可能会在可接受水平之内，从而不需要另外的风险应对。再如，ABC公司对其经营性盈利目标采取风险组合观，管理层在获取各个业务单元的风险后，按风险类别和业务单元编制了图表，并用一定时间范围内的频率来表示风险可能性以及对盈利的相对影响，这样方便管理层和董事会据此考虑风险的性质、可能性和相对大小，以及它们可能对公司盈利产生的影响。

三、企业实施风险应对的工作程序

（一）建立并细化风险应对目标

公司应根据自身状况，建立并细化风险管理目标体系，如第一章第三节、第五节和本章第二节所述，此处不再赘述。

（二）明确风险责任归属，落实风险应对责任主体

企业应通过书面授权文件清晰地定义风险归属责任，合理划分决策机构、执行机构和监督机构的职责权限，明确治理层（董事会、监事会、总经理等）和内部机构层面（业务单元和职能部门）各单位的风险管理职责，使每一项风险都有责任主体，有人负责管理。各部门、各岗位不仅要对自身的绩效负责，同时要对自身应负

担的风险负责。每个员工都要认识到风险控制是日常工作的一部分，风险管控职责要与绩效评价和薪酬决定联系起来。

董事会对风险管理机制的建立健全和有效实施负有总体责任，对战略风险和重大风险负责，通常涉及目标设定与管理，管理经营、投资和财务活动中的重大风险，重要的人事任免等。董事会还要对总经理、副总经理、子公司等其他重要风险管理主体进行督导。监事会主要对董事、经理和其他高级管理人员的业务胜任能力、道德操守、履行职责的合规性、重大活动的合规性等进行监督；审计委员会是董事会下设的专业委员会，协助董事会履行其内部控制、风险管理和财务报告方面的职能，监督复核与财务报告相关的风险和重要判断、内部审计制度及其实施情况、反舞弊机制的建立和实施情况、重大财务活动的风险控制等；内部审计在内部控制体系中主要执行持续监督和内部控制评价职能，可以实行多重报告，协助监事会、董事会、管理层和业务单元持续改进风险管理机制，对日常监督风险负责。相关职能部门在风险管理职责中发挥重要作用，如合规部对相关活动的合法合规性负责，内部审计应协助业务部门加强和改进风险管理机制。对普通员工而言，实施岗位责任制管理，员工对岗位操作风险负责。

（三）制定风险应对工作计划

企业风险管理部门应根据评估出来的风险清单，组织相关部门和成员制定风险应对工作计划，包括风险应对的目标、意义、工作原则、实施步骤、应对措施和时间安排等。风险应对工作计划应经董事会或其下属的风险管理委员会审核批准。

（四）制定风险应对具体方案

企业各责任单位和人员应根据审核通过的风险应对工作计划，在明确风险管理策略的基础上，根据风险管理目标及自身面临的特定风险和特定条件，采取适宜方法，制定可操作的风险应对方案，落实相关人员，实施相应的控制活动以确保风险应对得以实施。关于控制活动的论述将在下一章展开。

（五）开展剩余风险评估

企业应认识到剩余风险总是在一定程度上存在的，这不仅因为企业资源总是有限的，风险应对受限于成本效益原则，而且还因为所有的活动都有未来的不确定性和固有局限性，风险应对的目标是将控制后的剩余风险降低到可接受水平。企业各责任单位应根据制定的风险管理策略和具体应对方案，在假设被实施的前提下，对剩余风险进行再次评估，确保预估风险事件的剩余风险降低到可接受水平。

（六）整理和汇总风险应对整体方案

在各责任单位制定风险应对具体方案后，企业风险管理部门应收集、整理和汇总各责任单位制定的风险应对具体方案和剩余风险评估报告，编制企业的风险应对整体方案，明确风险应对工作计划。针对风险应对工作计划，开展定性和定量相结合的分析，评估风险应对计划预期的实施效果。在各责任单位开展剩余风险评估的基础上，编制剩余风险汇总表，重新审视风险应对方案实施后的风险敞口。

（七）审核和批准风险应对整体方案

风险应对整体方案编制完成后，企业风险管理部门应向风险管理委员会汇报，并听取委员会的建议和意见，进一步完善方案，由风险管理委员会提请董事会审议批准，并颁布实施。

（八）实施风险应对方案

“三分计划，七分执行”。风险应对方案经董事会审议批准之后，能否达到预期目标，关键还在执行情况。企业在实施风险应对方案的过程中，应注意：强化组织领导，落实工作责任；制定或完善管控制度和工作流程，确保按制度和流程办事；建立关键风险指标监控体系，并匹配到企业各个层面和责任单位，与企业的业务活动、管理流程相衔接，动态监控关键风险预警指标；定期开展风险应对方案的实施效果评价，对方案的成本效益、适用性和先进性进行分析、检查、评估和修正；对风险应对方案落实不到位或执行不力的责任单位及个人进行约谈和责任追究。

四、设计关键风险指标，建立风险预警体系

风险预警是度量某种状态偏离预警线的强弱程度、发出警戒信号的过程，是企业实施风险管理的有效工具。风险预警要在收集大量相关信息的基础上，借助信息技术、概率论和模糊数学等方法，设定风险预警指标体系及其预警警戒线，捕捉和监视各种细微的迹象变动，对不同性质和程度的风险及时发出警报，提醒决策者及时采取防范和化解措施。

企业对风险及其变化进行实时监控，并将风险度量指标值与风险容限值进行比较，当风险度量指标值达到容限值时，就发出预警提示是很重要的。企业管理者要建立一套预警体系，在面临复杂多变的外部环境和内部风险因素时，尽可能地预先察觉经营中的危机，并采取有效应变措施化解风险，消除危机。

风险预警指标可分为定性和定量两大类。定量指标包括财务指标、杠杆系数、概率指标、盈亏平衡、敏感性分析等指标。定性指标，以定性描述来说明风险情况。

预警标准是警戒线，明确什么情况下预警很重要，也很难，但必须有，这是一个逐步完善的过程。不可能有一个所有企业都适应的预警标准，更不可能有一个长期不变的预警标准。这是企业实施风险管理最有挑战性的难点之一。

在全面风险管理的实际工作中，风险预警工作的前提是要根据不同企业的实际情况和行业特点确定风险预警指标和警戒线标准，相对而言财务方面的指标和标准好确定，其他指标则较难确定。

【案例3－3】某证券公司按中国证监会颁布的《证券公司风险控制指标管理办法》，需要计算和监控净资本这个综合性风险指标，并据此制定具体的风险监控指标。净资本是根据证券公司的业务范围和公司资产负债的流动性特点，在净资产的基础上对资产负债等项目和有关业务进行风险调整后得出的综合性风险控制指标。证券公司在计算净资本时，应按规定对有关项目充分计提资产减值准备。净资本基

本计算公式为：

净资本 = 净资产 - 金融资产的风险调整 - 其他资产的风险调整 - 或有负债的风险调整 -/+ 中国证监会认定或核准的其他调整项目。

证券公司应结合自身实际情况，在不低于[①]中国证监会规定标准的基础上，以净资本为核心确定相应的风险控制指标预警标准。证券公司应根据自身资产负债状况和业务发展情况，建立动态的风险控制指标监控和补足机制，确保净资本等各项风险控制指标在任一时点都符合规定标准。

下面是中国证监会对证券公司各项风险控制指标设置的预警标准：

1. 证券公司经营证券经纪业务的，其净资本不得低于人民币 2000 万元；经营证券承销与保荐、证券自营、证券资产管理、其他证券业务等业务之一的，净资本不得低于人民币 5000 万元；经营证券经纪业务，同时经营证券承销与保荐、证券自营、证券资产管理、其他证券业务等业务之一的，净资本不得低于人民币 1 亿元；经营证券承销与保荐、证券自营、证券资产管理、其他证券业务中两项及两项以上的，其净资本不得低于人民币 2 亿元。

2. 证券公司必须持续符合下列风险控制指标标准：净资本与各项风险资本准备之和的比例不得低于 100%；净资本与净资产的比例不得低于 40%；净资本与负债的比例不得低于 8%；净资产与负债的比例不得低于 20%。

3. 证券公司经营证券自营业务的，可以设置以下预警线：自营权益类证券及证券衍生品的合计额不得超过净资本的 100%；自营固定收益类证券的合计额不得超过净资本的 500%；持有一种权益类证券的成本不得超过净资本的 30%；持有一种权益类证券的市值与其总市值的比例不得超过 5%，但因包销导致的情形除外。计算自营规模时，证券公司应根据自营投资的类别按成本价与公允价值孰高原则计算。

4. 证券公司为客户买卖证券提供融资融券服务的，可以设置以下预警线：对单一客户融资业务规模不得超过净资本的 5%；对单一客户融券业务规模不得超过净资本的 5%；接受单只担保股票的市值不得超过该股票总市值的 20%。融资业务规模，是对客户融出资金的本金合计；融券业务规模，是对客户融出证券在融出日的市值合计。

证券公司应在开展各项业务及分配利润前对风险控制指标进行敏感性分析，合理确定有关业务及分配利润的最大规模。证券公司还应建立健全压力测试机制，及时根据市场变化情况对公司风险控制指标进行压力测试。

证券公司应从各类业务中提取风险资本准备金，用于弥补证券交易及其他业务发生的损失，赔偿因证券公司失误而对客户造成的损失，补偿自营买卖中的损失等。表 3-16 是证券公司风险资本准备计算标准。经营证券经纪业务的，应按托管的客

① 中国证监会对各项风险控制指标设置预警标准，对于规定“不得低于”一定标准的风险控制指标，其预警标准是规定标准的 120%；对于规定“不得超过”一定标准的风险控制指标，其预警标准是规定标准的 80%。

户交易结算资金总额计算经纪业务风险资本准备；经营证券自营、证券承销、证券资产管理、融资融券业务的，应按有关业务规模计算各项业务风险资本准备；设立分公司、证券营业部等分支机构的，应计算分支机构风险资本准备；营运风险资本准备应按上一年营业费用总额计算。

表 3-16　　证券公司风险资本准备计算表

编制单位：　　　　年　月　日　　　　单位：元

公司分类级别：

项目	行次	期初余额	期末余额	分类计算标准					风险资本准备	
				连续3年为A	A	B	C	D	期初余额	期末余额
1. 经纪业务风险资本准备	1									
其中：托管客户交易资金总额	2			0.8%	1.2%	1.6%	2%	4%		
2. 自营业务风险资本准备（注1）	3									
其中：（1）证券衍生品投资规模	4									
权证	5			12%	18%	24%	30%	60%		
买入股指期货（注2）	6			12%	18%	24%	30%	60%		
卖出股指期货（注2）	7			12%	18%	24%	30%	60%		
利率互换（注2）	8			12%	18%	24%	30%	60%		
（2）权益类证券投资规模	9									
股票	10			6%	9%	12%	15%	30%		
股票基金	11			6%	9%	12%	15%	30%		
混合基金	12			6%	9%	12%	15%	30%		
集合理财产品	13			6%	9%	12%	15%	30%		
信托产品	14			6%	9%	12%	15%	30%		
其他	15			6%	9%	12%	15%	30%		
（3）固定收益类证券投资规模	16									
政府债券	17			3.2%	4.8%	6.4%	8%	16%		
公司债券	18			3.2%	4.8%	6.4%	8%	16%		
债券基金	19			3.2%	4.8%	6.4%	8%	16%		
其他	20			3.2%	4.8%	6.4%	8%	16%		
（4）已对冲风险的权益类证券及其衍生品投资规模（注3）	21									
权益类证券	22			2%	3%	4%	5%	10%		
卖出股指期货（注2）	23			2%	3%	4%	5%	10%		
（5）已对冲风险的固定收益类证券及其衍生品投资规模（注3）	24									

续表

项目	行次	期初余额	期末余额	分类计算标准					风险资本准备	
				连续3年为A	A	B	C	D	期初余额	期末余额
固定收益类证券	25			2%	3%	4%	5%	10%		
利率互换（注2）	26			2%	3%	4%	5%	10%		
3. 承销业务风险资本准备	27									
其中：再融资项目股票承销业务规模	28			12%	18%	24%	30%	60%		
IPO项目股票承销业务规模	29			6%	9%	12%	15%	30%		
公司债券承销业务规模（注4）	30			3.2%	4.8%	6.4%	8%	16%		
政府债券承销业务规模（注5）	31			1.6%	2.4%	3.2%	4%	8%		
4. 资产管理业务风险资本准备	32									
其中：集合理财业务规模	33			1.2%	1.8%	2.4%	3%	6%		
限额特定理财业务规模	34			0.8%	1.2%	1.6%	2%	4%		
定向理财业务规模	35			0.8%	1.2%	1.6%	2%	4%		
专项理财业务规模	36			1.6%	2.4%	3.2%	4%	8%		
5. 融资融券业务风险资本准备	37									
其中：融资业务规模	38			4%	6%	8%	10%	20%		
融券业务规模（注6）	39			4%	6%	8%	10%	20%		
6. 分支机构风险资本准备	40									
其中：分公司家数（注7）	41			0.2	0.2	0.2	0.2	0.2		
营业部家数（注7）	42			0.03	0.03	0.03	0.03	0.03		
7. 营运风险资本准备	43									
其中：上一年度营业费用（注8）	44			10%	10%	10%	10%	10%		
8. 其他风险资本准备	45									
	46									
各项风险资本准备之和	47									
附：其他需要特别说明的事项										

注：1. 证券衍生品包括：权证、股指期货、利率互换；权益类证券具体包括：股票、股票基金、混合基金、集合理财产品、信托产品及证券公司委托基金公司、其他证券公司进行的证券投资；固定收益类证券具体包括：债券、债券基金、央行票据、货币市场基金、资产证券化产品。

2. 股指期货、利率互换投资规模分别按照股指期货合约价值总额的100%、利率互换合约名义本金总额的5%计算。

3. 股指期货、利率互换套期保值满足《企业会计准则第24号——套期保值》有关套期保值高度有效要求的，可认为已对冲风险。

4. 公司债券是指以公司为发行人的公司债、企业债、可转债、短期融资券、中期票据等。

5. 政府债券是指以政府为发行人的债券。

6. 融券业务规模按照融出时证券的市值计算。

7. 每家分公司、营业部按0.2亿元、0.03亿元计算风险资本准备，风险资本准备期初期末余额应以元为单位填列。

8. 营业费用指业务及管理费、资产减值损失、其他业务成本之和。

五、培育风险管理文化，强化风险应对的环境保障

风险评估和应对不仅要有科学的管理制度和流程、实用的管理技术、先进的风险衡量工具，还要重视企业文化和人力资源等软环境的培育，这是现代风险管理区别于传统风险管理的重要特征。“行为是文化的函数”，企业内部控制主要针对员工行为而设计，员工行为受企业文化的影响。企业文化是企业在经营实践中逐步形成的、为整体团队所认同并遵守的价值观、经营理念、企业精神和行为规范等。

内部控制与风险管理是根植于制度和文化的管理活动，制度和流程建设是企业内部控制的基础，而道德和文化建设则是企业内部控制的灵魂，两者的有机耦合共同影响着内部控制与风险管理的效率效果。内部控制的逻辑起点是自我管理，其最高境界是无为而治，而道德和文化建设则是达到这种境界的必由之路。石子、沙子、水泥等物质，加入水之后，就成为坚硬的混凝土。如果把企业的材料、厂房、设备、资金、技术等比作“物质”，制度和流程则好比制作“混凝土”的模板，而道德和文化则是制作“混凝土”的“精神之水”。企业的人力资源、物质资源、管理制度和道德文化有机地结合在一起，则可组成坚不可摧的核心竞争力。因此，制度、流程、道德及文化的互动耦合能够有力地促进企业内部控制走向无为而治的最高境界。

企业应注重建立具有风险意识的企业文化，促进企业风险管理水平、员工风险管理素质的提升，保障企业风险管理目标的实现。风险管理文化建设应融入企业文化建设全过程，并与企业文化、核心价值观等相互配合，使企业上下形成统一的思想认识。企业应大力培育和塑造良好的风险管理文化，树立正确的风险管理理念，增强员工风险管理意识，将风险管理意识转化为员工的共同认识和自觉行动，促进企业建立系统、规范、高效的风险管理机制。企业要注重培育正直、诚信及积极向上的核心价值观，包括树立良好的公众形象，制定员工道德诚信准则，提倡对正义、公理、公德的忠诚，而非狭隘的“组织忠诚”；正确对待利益冲突，保守职业谨慎和客观、公正和公平的职业精神；树立积极的进取精神和事业意识；胸襟开阔，培养高尚的人格魅力等。

企业应将风险管控策略全面融入企业目标、战略规划和经营计划，并配置相应的资源。企业应在发展战略和资源配置层面考量风险。企业在战略管理中应嵌入风险评估，包括战略规划风险和战略实施风险，特别是要关注重大风险的控制。企业关键决策应进行风险评估，企业要善于从风险管控中寻求发展机会和价值创造空间。在资源配置方面，企业应定期或不定期评估风险，根据评估结果合理配置风险管控

资源，包括资金、人力、技术、外包等，对于重大风险应配置充足的管控资源。

企业应在内部各个层面营造风险管理文化氛围。董事会应高度重视风险管理文化的培育，总经理负责培育风险管理文化的日常工作。董事、监事和高管人员应强调风险管控的重要性，并在培育风险管理文化中起表率作用。重要管理及业务流程和关键控制点的管理人员和业务操作人员应成为培育风险管理文化的骨干。全体员工尤其是各级管理人员和业务操作人员应通过多种形式，努力传播企业风险管理文化，牢固树立风险无处不在、风险无时不在、严格防控纯粹风险、审慎处置机会风险、岗位风险管理责任重大等意识和理念。

企业应建立重要管理及业务流程、关键控制点的管理人员和业务操作人员岗前风险管理培训制度。采取多种途径和形式，加强对风险管理理念、知识、流程、管控要求的培训，培养风险管理人才，培育风险管理文化。企业应大力加强员工法律素质教育，形成合法合规经营的风险管理文化。对于不遵守国家法律法规和企业规章制度、弄虚作假、徇私舞弊等违法及违反道德诚信准则的行为，应严肃查处。

企业应注重风险管理水平的持续改进，不断采取措施以提高风险管理的效率和有效性，这一过程包括评估与改进（识别、认定、报告和改进内部控制缺陷或薄弱环节）、协调（确保公司内部使用共同的风险管控语言）、同步化（在整个组织内部采取协调一致的行动）及合理化（消除无效或重复性的作业）等。

思考题

1. 如何理解风险的内涵和特征？
2. 如何设定和落实内部控制的运营目标？
3. 在设定内部控制的合规性目标时，应注意哪些关键点？
4. 如何设定内部控制的报告目标？
5. 什么是固有风险？什么是剩余风险？两者有什么关系？
6. 风险的组成要素及其作用原理是怎样的？
7. 风险识别和分析的常用方法及技术有哪些？
8. 如何运用四级风险分类框架，对风险进行分类并明确风险归属责任？
9. 如何利用舞弊三角理论识别舞弊风险？
10. 常用的风险应对策略有哪些？具体应用每种策略时，应注意哪些问题？

第四章

控制活动

控制活动是为应对风险，帮助管理者实现控制目标，确保其指令得以贯彻实施的政策、程序和方法。政策确定应做什么，程序用来贯彻政策，方法是落实政策和执行程序的手段和措施。企业应在风险评估的基础上，结合风险应对策略，确定控制措施，实施控制活动。全面预算管理具有计划、协调、控制、激励、评价等综合管理功能，是整合和优化企业资源配置，提升企业运行效率，促进企业实现发展战略的重要抓手，一方面全面预算是企业防范和化解风险的有效工具，但另一方面全面预算管理工作自身也面临诸多风险，企业应做好全面预算管理的风险控制工作。

第一节　常用控制措施

控制活动要求企业根据风险评估结果，结合风险应对策略，通过人工控制与自动控制、预防性控制与发现性控制相结合的方法，采用相应的控制措施，将风险控制在可接受水平之内，以促进内部控制目标得以实现。常用控制措施一般包括：不相容职务分离控制、授权审批控制、会计系统控制、预算控制、财产保护控制、运营分析控制、绩效考评控制、文件记录控制、内部报告控制和信息系统控制等。

一、控制活动的类型

（一）按控制手段分类

按控制手段划分，控制活动可分为人工控制和自动控制。企业的生产经营过程总是会受到各种不确定因素的影响，会发生各种各样的变化，管理当局总希望生产经营过程受到影响之后还能按预期的那样运行，为抵抗干扰，人们就需要对过程进行干预和控制。以人工方式执行的控制称为人工控制。如果由检测装置检测生产经营过程的变化状况，当出现偏离预期的状态时，按预先设计好的控制策略和干预措施，由某些装置进行自动矫正，使得生产经营过程回到预期状态，这种控制方式称为自动控制。自动控制是在没有人直接参与的情况下，利用外加的设备或装置，使机器、设备或生产过程的某个工作状态或参数自动地按照预定的规律运行。

现代企业的生产经营和管理活动广泛使用信息技术，借助信息技术执行自动控制，但不同企业采用的控制系统中人工控制和自动控制的比例是不同的。在一些小型的、生产经营不太复杂的企业，可能以人工控制为主；而在另一些企业，可能以自动控制为主。内部控制采用人工系统还是自动系统，将影响交易生成、记录、处理和报告的方式。在以人工为主的系统中，内部控制一般包括审批和复核业务活动，编制调节表并对调节项目进行跟踪。当采用信息技术系统生成、记录、处理和报告交易时，交易的记录形式（如订购单、发票、装运单及相关的会计记录）可能是电子文档而不是纸质文件。信息技术系统中的控制可能既有自动控制（如嵌入计算机程序的控制），又有人工控制。人工控制可能独立于信息技术系统，利用信息技术系统生成的信息，也可能用于监督信息技术系统和自动控制的有效运行或处理例外事项。

1. 人工控制的适用范围及相关内部控制风险。人工控制通常在处理需要主观判断或酌情处理的情形时更为适当，包括：存在大额、异常或偶发的交易；存在难以界定、预计或测算的错误情况；针对变化的情况，需要对现有的自动控制进行人工干预；监督自动控制的有效性；等等。

相对于自动控制，人工控制的可靠性较低，不适宜人工控制的情形包括：存在大量或重复发生的交易；事先可预计或预测的错误能够通过自动控制参数得以防止或发现并纠正；用特定方法实施控制的控制活动可得到适当设计和自动化处理；等等。

由于人工控制由人执行，受人为因素的影响，也会产生特定风险，包括：人工控制可能更容易被规避、忽视或凌驾；人工控制可能不具有一贯性；人工控制可能更容易产生简单错误或失误；等等。

2. 信息技术的优势及相关内部控制风险。在很多情形下，运用信息技术具有显著的优势，能够提高内部控制的效率和效果，包括：在处理大量的交易或数据时，一贯运用事先确定的业务规则，并进行复杂运算；提高信息的及时性、可获得性及准确性；促进对信息的深入分析；提高对经营业绩及其政策和程序执行情况进行监督的能力；降低控制被规避的风险；通过对应用程序系统、数据库系统和操作系统执行安全控制，提高不相容职务分离的有效性；等等。

信息技术在内部控制方面具有明显的优势，但也可能对内部控制产生特定风险，主要包括：所依赖的系统或程序不能正确处理数据，或处理了不正确的数据，或两种情况并存；未经授权访问数据，可能导致数据的毁损或对数据不恰当的修改，包括记录未经授权或不存在的交易，或不正确地记录了交易；多个用户同时访问同一数据库可能会造成特定风险；信息技术人员可能获得超越其职责范围的数据访问权限，从而破坏了系统应有的职责分工；未经授权改变主文档的数据；未经授权改变系统或程序；未能对系统或程序作出必要的修改；不恰当的人为干预；可能丢失数据或不能访问所需要的数据；等等。

（二）按功能和作用分类

按功能和作用分类，控制活动可分为预防性控制和发现性控制。

1. 预防性控制。预防性控制是为防止错误和非法行为的发生，或尽量减少其发生可能性所进行的一种控制。预防性控制有利于预先防止资金、时间或其他资源的损耗。使用这种控制措施，要求对整个活动运行的关键点有比较深刻的理解，能够预见问题。一般来说，制定规章制度、规范工作程序、增加防护设施、实施人员训练和培养计划等，在管理活动中都起着重要的预防控制作用。表4－1是预防性控制的示例及其描述。

表4－1　　预防性控制的描述及其示例

对控制的描述	控制用来防止的错报
生成收货报告的计算机程序，同时也更新采购档案	防止出现购货漏记账的情况
在更新采购档案之前必须先有收货报告	防止记录了未收到购货的情况
销货发票上的价格根据价格清单上的信息确定	防止销货计价错误
计算机将各凭证上的账户号码与会计科目表对比，然后进行一系列逻辑测试	防止出现分类错报

2. 发现性控制。发现性控制也称为检查性控制，是为及时查明已发生的错误和非法行为，或增强发现错误和非法行为机会的能力进行的各项控制。发现性控制一般通过监督检查业务流程和相应的预防性控制能否有效地发挥作用来实现其目标。发现性控制可以由人工执行，也可以由信息系统自动执行。发现性控制可能是正式建立的程序，例如，编制银行存款余额调节表，并追查调节项目或异常项目；也可能是非正式的程序，例如，财务总监复核月度毛利率的合理性，或实施特定的分析程序来确定某些费用与销售的关系是否与经验数据相符，如果不符，调查原因并采取纠正措施等。表4－2是发现性控制的示例及其描述。

表4－2　　发现性控制的描述及其示例

对控制的描述	设计控制预期查出的错报
定期编制银行存款余额调节表，跟踪调查挂账的项目	在对其他项目进行审核的同时，查找存入银行但没有记入日记账的存款收入，未记录的现金支付或虚构入账的不真实银行存款收入或支付，未及时入账或未正确汇总分类的银行存款收入或支付
将预算与实际费用间的差异列入计算机编制的报告中并由部门经理复核。记录所有超过预算2%的差异情况和解决措施	在对其他项目进行审核的同时，查找本月发生的重大分类错报或没有记录及没有发生的大笔收入、支出及相关联的资产和负债项目
计算机每天比较运出货物的数量和开票数量。如果发现差异，产生报告，由开票主管复核和追查	查找没有开票和记录的出库货物，以及与真实发货无关的发票
每季度复核应收账款贷方余额并找出原因	查找没有记录的发票和销售与现金收入中的分类错误

（三）按实施控制活动的具体措施分类

按实施控制活动的具体措施分类，一般包括：不相容职务分离控制、授权审批控制、会计系统控制、预算控制、财产保护控制、运营分析控制、绩效考评控制、文件记录控制、内部报告控制和信息系统控制等。在选择控制措施的过程中，企业应充分考虑到各项控制活动的相互关联性。有时一项控制措施可以实现多项风险应对，有时一项风险应对需要多项控制活动。另外，还要考虑控制措施与相关目标的相关性和适当性，这需要综合考虑风险应对和相关控制活动之后的剩余风险来进行，要确保实施控制活动后的剩余风险在可接受水平之内。

二、不相容职务分离控制

不相容职务是指那些如果由一个人担任，既可能发生错误和舞弊行为，又可能掩盖其错误和弊端行为的职务。不相容职务应分离，由不同的人担任。不相容职务分离的核心是内部牵制思想，其基本原理是两个或两个以上的人或部门无意识犯同样错误的机会是很小的，两个或两个以上的人或部门有意识合伙舞弊的可能性大大低于单独一个人或部门舞弊的可能性。

不相容职务分离控制要求根据企业目标和职能任务，合理设置职能部门和工作岗位，全面系统地分析、梳理业务流程和交易活动中所涉及的不相容职务，实施相应的分离措施，形成各司其职、各负其责、相互制约的工作机制。不相容职务通常包括：业务申请、授权批准、业务经办、会计记录、财产保管、稽核检查等。以采购业务为例，常见的不相容职务有申请采购与请购审批、询价与确定供货商、采购合同的拟定与审批、采购与验收、采购与相关会计记录、验收与相关会计记录、付款申请与审批、付款审批与执行等。

如果担任不相容职务的员工之间相互串通勾结，则不相容职务相分离控制就会失效。但如果企业没有适当的职务分离，则发生错误和舞弊的可能性更大。因此，有条件的企业可借助现代信息技术，通过权限设定等方式自动实现不相容职务的相互分离。另外，企业应结合岗位特点和重要程度，明确财会等关键岗位员工轮岗的期限和有关要求，建立规范的岗位轮换制度，对关键岗位的员工，可实行强制休假制度，并确保在最长不超过五年的时间内进行岗位轮换，防范并及时发现岗位职责履行过程中可能存在的重要风险。

三、授权审批控制

授权审批控制是在职务分工和不相容职务相分离的基础上，由企业权力机构或上级管理者明确规定有关人员或岗位的职责范围和业务处理权限与责任，使每项经济业务在办理前都事先得到适当授权，各级人员应在授权范围内行使职权和承担责任，经办人员应按审批意见办理相关业务。授权审批控制实际上由授权、审核和批准三个环节构成。

（一）授权管理

授权是企业为完成既定目标，赋予特定单位、部门或岗位在其职责范围内合理支配企业资源的权力。授权管理要求企业建立分级授权体系，以书面文件明确授权管理职责分工、授权原则、授权内容及权限授予、变更等管理程序，以确保各单位、各部门和各岗位权责明晰、执行有序。

1. 授权管理的原则。

（1）分级授权原则。授权应由上至下，逐级分解下达，原则上不应越级授权。

（2）有限授权原则。授权单位、部门或岗位（以下简称“授权人”）应在权限范围内进行授权，严禁超权限授权。

（3）权责对等原则。被授权单位、部门或岗位（以下简称“被授权人”）在授权范围、额度及授权期限内行使权力，并承担相应责任。

（4）全过程监督原则。授权人应监督授权履行情况，做到事前筹划、事中监督、事后评价。

2. 授权类别。企业授权管理包括常规授权和特别授权。常规授权是指企业在日常经营管理活动中按既定的职责和程序进行的授权。常见的常规授权包括财务管理权限、投资管理权限、生产经营权限、销售与收款管理权限、采购与付款管理权限、薪酬与人事管理权限、资产管理权限、法律事务管理权限等。特别授权是针对常规授权未规定的事项进行的特殊性、临时性授权，是企业在特殊情况、特定条件下进行的应急性授权。例如，发展新项目业务权限，洽谈投资、收购兼并、对外担保、关联交易及关联方资金往来等重要经济业务权限，超过常规授权限制的交易权限和其他经营管理权限等。企业应规范特别授权的范围、权限、程序和责任，严格控制特别授权。有条件的企业，可采用远程办公等方式逐步减少特别授权。

3. 授权方式。企业应编制常规授权的权限指引，并以适当形式予以公布，提高权限的透明度，加强对权限行使的监督和管理。常规授权可以通过规章制度的形式明确被授权人的职责范围和权限，制度授权在发生变更时，应履行制度修订程序。特别授权和部分常规授权可以采用书面授权方式授予，即通过书面申请批复和签发授权书对被授权人进行授权。书面授权书应载明授权书编号、授权机构名称、授权机构法定代表人或主要负责人姓名、被授权机构名称或人员姓名及身份证号码、授权类型（常规授权和特别授权）、授权范围、授权事项、授权期限、授权限制性要求等。书面授权形式下的授权变更，应制定授权变更通知书，经原授权人审批后生效。

4. 授权变更。企业如果存在下列情形，授权应及时变更：

（1）与常规授权相关的规章制度修订导致原授权需要变更的；

（2）公司内外部情况发生变化导致原授权需要变更的；

（3）授权人认为有必要对已签发的授权书进行变更的；

（4）授权事项相关的业务流程发生变更；

（5）与授权有关的人员岗位设置或职能发生变更；

（6）其他需要变更的情况。

5. 授权撤销。企业如果发生下列情形，原授权人应及时撤销授权：

（1）被授权人发生重大越权行为或超权限行为，限期未整改的；

（2）被授权人的行为失当造成重大经营风险或法律责任；

（3）外部经营环境、内部机构和管理体制发生重大变化造成原授权不适用的；

（4）其他情况。

6. 授权终止。企业如果发生下列情形，授权应自然终止：

（1）特别授权书中规定期限届满，如果原授权人未发出授权展期通知，则授权终止；

（2）采用制度授权形式的授权，在规章制度废止时自动终止；

（3）在特别授权相关事项处理结束后，授权即告终止；

（4）被授权人存在机构撤销、职务变动或丧失民事行为能力的；

（5）在授权期限内，自重新签发的授权书生效之日起，原授权书终止；

（6）其他应予终止授权的情形。

（二）审批控制

审批管理要求企业各级管理人员应在授权范围内行使职权和承担责任。未经授权的部门和人员，不得办理企业各类交易与事项，发现超越授权或未经授权办理业务的，应及时制止并督促有关单位和个人限期整改。被授权人在行使授权权限时，必须遵守各项规章制度，在授权范围内行使职权，并承担责任，不得损害企业利益。被授权人在授权范围内发生滥用权力、不正当行使权力的行为，影响企业信誉或造成经济损失，要追究被授权人及其直接责任人的责任。

被授权人在履行审批程序时，对相关交易和事项的真实性、合规性、合理性及有关资料的完整性进行复核与审查，通过签署意见并签字或签章，作出批准、不予批准或作其他处理的决定，及时报告并有效制止可能损害公司利益的行为。

对于重大问题决策、重要人事任免、重大项目投资决策、大额资金使用等事项，企业应实行集体决策审批或联签制度，任何个人不得单独进行决策或擅自改变集体决策。

（三）授权审批控制应关注的关键问题

在授权审批控制过程中，为了得到较好的控制效果，应关注以下几个关键问题：

1. 有关交易或事项的办理，必须经过授权批准。

2. 经过授权批准后的交易或事项，必须得到严格执行。

3. 授权批准控制必须有明确的权力和责任划分。

4. 授权和对授权的执行过程，必须有书面文件和书面的执行痕迹。

5. 越权批准行为和拒绝执行经批准交易或事项的行为，必须进行相应的惩处。

【案例4-1】 ABC股份有限公司（以下简称ABC公司）是生产经营电子产品的

大型工业企业，为加强内部控制制度建设，聘请甲会计师事务所对其2015年12月31日的内部控制设计与运行的有效性进行审计，在对公司销售业务控制、采购业务控制、存货管理控制、货币资金控制的相关内部控制制度的设计进行评价，并对其健全性和有效性进行检查与评价。检查中发现以下问题：

1. 销售业务控制。

（1）接受客户订单后，由销售部门的甲职员根据订单编制销售单，交给审批赊销的同部门的乙职员，乙职员在职权范围内进行审批，如果超过职权范围内的赊销业务，全部交给销售部门的经理进行审批。

（2）丙职员在核对商品装运凭证和相应的经批准的销售单后，开具销售发票。具体程序为：根据已授权批准的商品价目表填写销售发票的金额，根据商品装运凭证上的数量填写销售发票的数量；销售发票的其中一联交财务部丁职员据以登记与销售业务相关的总账和明细账。

（3）开具账单部门在收到发运单并与销售单核对无误后，编制预先连续编号的销售发票，并将其连同发运单和销售单及时送交会计部门。会计部门在核对无误后确认销售收入并登记应收账款账簿。会计部门定期向顾客催收款项并寄送对账单，对顾客提出的异议进行专门追查。

（4）公司的应收账款账龄分析由专门的"应收账款账龄分析计算机系统"完成，该系统由独立的信息部门负责维护管理。会计部门相关人员负责在系统中及时录入所有与应收账款交易相关的基础数据。为了便于及时更正录入的基础数据可能存在的差错，信息部门拥有修改基础数据的权限。

2. 采购业务控制。

（1）采购部收到经批准的请购单后，由其职员E选择并确定供应商，再由其职员F负责编制和发出预先连续编号的订购单。订购单一式四联，经被授权的采购人员签字后，分别送交供应商、负责验收的部门、提交请购单的部门和负责采购业务结算的应付凭单部门。

（2）验收部门根据订购单上的要求对所采购的材料进行验收，完成验收后，将原材料交由仓库人员存入库房，并编制预先连续编号的验收单交仓库人员签字确认。验收单一式三联，其中两联分送应付凭单部门和仓库，一联留存验收部门。对于验收过程中发生的异常情况，负责验收的部门或人员应在验收完毕后及时通知有关部门，并做出处理。

（3）应付凭单部门核对供应商发票、验收单和订购单，并编制预先连续编号的付款凭单。在付款凭单经被授权人员批准后，应付凭单部门将付款凭单连同供应商发票及时送交会计部门，并将未付款凭单副联保存在未付款凭单档案中。会计部门收到附供应商发票的付款凭单后即应及时编制有关的记账凭证，并登记原材料和应付账款账簿。

（4）应付凭单部门负责确定尚未付款凭单在到期日付款，并将留存的未付款凭单及其附件根据授权审批权限送交审批人审批。审批人审批后，将未付款凭单连同附件交复核人复核，然后交财务出纳人员J。出纳人员J据此办理支付手续，登记现金和银行存款日记账，并在每月月末编制银行存款余额调节表，交会计主管审核。

3. 存货管理控制。

(1) 在发出原材料过程中，仓库部门根据生产部门开出的领料单发出原材料。领料单必须列明所需原材料的数量和种类，以及领料部门的名称。领料单可以一料一单，也可以多料一单，通常需一式两联，仓库部门发出原材料后，其中一联连同原材料交还领部门，一联留仓库部门据以登记仓库原材料明细账。

(2) 会计部门的成本会计K根据收到的生产通知单、领料单、工时记录和产成品入库单等资料，在月末编制材料费用、人工费用和制造费用分配表，以及完工产品与在产品成本分配表，经本部门的复核人员复核后，据以核算成本和登记相关账簿。

(3) 由于公司存货中存在单位价值较大的生产用关键备件，所以特别规定，对于该备件的保管由仓库保管人员W专门负责，调用审批由公司生产部经理负责，转移由备件使用车间的P组长负责。

(4) 公司每三个月定期对全部存货盘点一次，编制盘点表。会计部门与仓库在核对结存数量后，向管理层报告差异情况及形成原因，并在经批准后进行相应处理。

4. 货币资金控制。

(1) 为加强货币支付管理，货币资金支付审批实行分级管理办法：单笔付款金额在10万元以下的，由财务部经理审批；单笔付款金额在10万元以上、50万元以下的，由财务总监审批；单笔付款金额在50万元以上的，由总经理审批。

(2) 为了保证库存现金账面余额与实际库存相符，每月末定期进行现金盘点，发现不符，及时查明原因，做出处理。

(3) 对于银行预留印鉴的管理：财务专用章由财务主管保管，个人名章应由法定代表人管理，法定代表人不在期间，由财务主管代为保管。

(4) 财务部门主管人员为ABC股份有限公司法定代表人的同学，出纳人员为财务主管的女儿。

要求：从内部控制角度，分析、判断并指出以上内部控制中存在哪些薄弱环节，并说明理由。

四、会计系统控制

会计系统是企业为记录、分析、分类、汇总和报告单位经济活动而建立的制度、方法和程序。企业应从以下几个方面做好会计系统的控制工作：

(一) 控制会计系统的合规性风险

各项会计工作必须依法、依规进行，例如，依法设置会计机构并配备合格人员，合格人员应具备良好的职业道德操守和业务胜任能力。从事会计工作的人员，必须取得会计从业资格证书。会计机构负责人应具备会计师以上专业技术职务资格。大中型企业应设置总会计师。设置总会计师的企业，不得设置与其职权重叠的副职。会计人员工作调动或因故离职，必须依法办理工作交接，没有办清交接手续的，不得调动或离职。接替人员应认真接管移交工作，并继续办理移交的未了事项。

企业应严格执行国家统一的会计准则，制定适合本企业的会计制度，加强会计基础工作，明确会计凭证、会计账簿和财务报告的处理程序，规范会计政策的选用标准和审批程序，依据会计准则进行会计确认、计量、记录和报告，确保会计职业判断符合会计准则，保证会计核算合法合规。因此，会计系统控制首先要做好自身工作的合规性风险控制。

（二）控制会计系统的报告风险

会计作为一个信息系统，其主要功能是遵循会计准则和相关法规将会计数据加工成会计信息，会计信息要满足信息使用者的需求，必须具备相关、及时和如实反映的质量要求。因此，会计系统控制要做好报告风险的控制工作，确保企业会计资料和财务报告真实、可靠和完整。如果单位领导授意、强令或指使会计人员编报虚假会计信息，会计人员有权拒绝，并阐明这样做的后果和责任，必要时依法向有关部门进行报告。

（三）依法开展会计监督

会计人员应依法开展会计监督，确保各项经济活动和财务收支合法合规合理。例如，当业务人员提供虚假的会计凭证时，会计人员可以拒绝受理，要求当事人按规定更正、补充或由出具单位重开，必要时报告相关领导。再如，当采购或销售价格明显不公允时，会计人员应质疑其合理性，并进一步审核交易是否得到恰当的审批，如果交易未得到恰当审批或相关手续不全，会计人员应暂缓办理。

（四）为其他控制活动提供信息支持

会计系统是一个单位开展管理活动和实施内部控制的基础，会计信息是最重要的经济信息，被广泛地应用在企业内部控制和风险管理的方方面面。因此，会计系统控制要求充分利用会计系统的信息优势，为企业各项日常活动和风险管理提供信息支持。例如，企业开展运营分析和绩效考评所需要的数据主要来自会计信息系统；再如，企业可以利用财务报表数据建立财务风险监控指标，并设定预警线进行财务风险预警。

（五）建立和完善以会计档案为核心的档案保管控制

文件记录和档案保管是记载、汇集、追溯和验证交易与事项的媒介，具有重要的信息传递、案件查证、决策支持、真相还原和风险控制功能。会计档案是记录和反映单位经济业务的重要史料和证据。企业应建立和完善以会计档案为核心的保管控制，加强对档案管理工作的领导，建立档案的立卷、归档、保管、查阅和销毁等管理制度，保证档案资料妥善保管、有序存放、方便查阅，严防毁损、散失和泄密。

五、财产保护控制

资产作为企业重要的经济资源，是企业从事生产经营活动并实现发展战略的物质基础。资产管理贯穿于企业生产经营全过程。现代企业的资产管理不仅要关注如何防范资金挪用、非法占用和实物资产被盗等财产保护问题，也要关注资产的使用效能，提高资产的使用效率。为了保障资产安全、提升资产管理效能，企业应全面梳理资产流程，及时识别和认定资产管理中的薄弱环节，采取有效措施及时加以改进完善。从财产保护的角度来说，企业可综合采取以下措施保护财产的安全完整：

（一）建立健全财产记录

会计部门应全面反映企业所有的财产，登记总账和财产明细账，对于已经领用下账的低值品应建立备查账，定期备份相关文件资料，避免记录受损、被盗或被毁。仓储部门或资产使用部门应建立健全资产管理台账，并定期与会计部门对账。

（二）限制未经授权人员对财产的直接接触

现金和银行存款只有出纳人员可以接触，各项财产物资除保管部门或其他授权人员可以接触外，其他部门或人员不可直接接触财产。对外投资、债权债务通常由财务部门配合相关业务部门实施管理，存货通常由仓储部门负责管理，固定资产和无形资产通常由使用单位或专设资产管理部门负责管理。

（三）加强实物资产保管

存货流动性强，实物保管难度大，以存货管理为例，企业可从以下方面加强实物资产的保管控制：

1. 严格执行存货入库管理规定，仓储部门应根据入库单的内容对存货的数量、质量、品种等进行检查，符合要求的予以入库；不符合要求的，应协助办理退换货等相关事宜。入库记录要真实、完整，定期与财会等相关部门核对，不得擅自修改。

2. 存货仓储期间要按仓储物资所要求的储存条件妥善储存，做好防火、防洪、防盗、防潮、防病虫害、防变质等保管工作，不同批次、型号和用途的产品要分类存放。生产现场的在加工原料、周转材料、半成品等要按照有助于提高生产效率的方式摆放，同时防止浪费、被盗和流失。

3. 对代管、代销、暂存、受托加工的存货，应单独存放和记录，避免与本单位存货混淆。

4. 仓储部门应对库存物料和产品进行每日巡查和定期抽检，详细记录库存情况；发现毁损、存在减值迹象的，应及时与生产、采购、财务等相关部门沟通。对于进出仓库的人员应办理进出登记手续，未经授权人员不得接触存货。

5. 制定严格的存货准出制度，明确存货发出和领用的审批权限，健全存货出库手续，加强存货领用记录。存货在不同仓库之间流动时，应办理出入库手续。

（四）定期进行财产清查

企业应重视资产的账面管理，确保账账相符的前提下，明确财产清查规程，定期和不定期进行财产清查，账实对照，确保账实相符。财产清查过程中，既要核对实物数量，关注相关记录是否相符、账实是否相符，又要关注实物质量，是否有毁损、过时、积压等情况。财产清查结果要及时编制盘点表，形成书面报告，对盘点清查中发现的问题，应及时查明原因，落实责任，按规定权限报经批准后处理，包括对责任人的奖惩等。

（五）为重要财产购买保险

企业应重视和加强资产的投保工作，为重要财产购买保险，如火灾险、盗窃险、责任险等，降低企业经营风险，确保重要财产安全和保值。企业应通盘考虑资产状况，根据其性质和特点，确定投保范围、投保金额等。对重大资产项目投保，应考虑采取招标方式确定保险人，防范资产投保舞弊。已投保资产发生损失的，应及时调查原因及受损金额，向保险公司办理相关的索赔手续。

（六）规范资产处置

资产处置主要有调拨、出售、投资转出、对外捐赠、非货币性资产交换、报废及将非经营性资产转为经营性资产（或经营性资产转为非经营性资产）等。企业的资产处置应按规定权限审批，对于重大的资产处置，应委托具有资质的中介机构进行资产评估，并经领导班子集体审议或联签后执行。对于非正常的资产毁损、报废或流失，要分析原因、落实责任、及时处理，必要时组织有关部门进行技术鉴定。对投资转出及非货币交换的资产，应由有关部门或人员提出处置申请，对资产价值进行评估，并出具资产评估报告，报经审批后执行。涉及产权变更的，应及时办理产权变更手续。

六、运营分析控制

运营分析控制是企业管理者综合运用生产、购销、投资、筹资、财务等方面的信息，通过比较分析、比率分析、因素分析、趋势分析等方法，定期分析评价企业的运营情况，若发现存在的问题，及时查明原因并加以改进的过程。企业应按管理要求建立运营情况分析制度，通常每个季度至少应分析一次。

运营分析的目的旨在了解经营真实情况，发现和解决经营过程中存在的问题，并按照客观规律指导和控制企业经营活动，从而提高企业经营管理水平，提高相关人员的操作水平，促进企业目标的实现。运营分析按不同的标准有不同的分类。按分析频率分类，有日分析、周分析、月分析、季度分析、半年度分析、年度分析等；按分析内容分类，有安全生产分析、产品质量分析、生产效能分析、环境危害分析、预算执行分析、资产质量分析、盈利能力分析、财务状况分析等。

企业开展运营分析控制应注意以下几点：

（一）运营分析要具有针对性

运营分析首先要明确分析要求和分析目标，确定要分析什么，怎样进行分析，然后紧紧围绕分析主题，有的放矢地从错综复杂的经营管理现象中抓住主要问题进行分析，不要眉毛胡子一把抓，抓不住要害，偏离分析主题，迷失分析目标。

（二）运营分析要考虑时效性

时效性是确保运营分析活动信息价值的关键所在。在一定时期循环结束或一定分析对象活动完结后，就应及时进行分析，以便对下一循环或一定分析对象再次活动过程进行及时有效地调整、改进和控制。

（三）运营分析要保证准确性和可靠性

准确性和可靠性是确保运营分析活动信息价值的决定性因素。运营分析活动必须准确客观地揭示经济现象的变化过程及规律，总结经验，找出问题，提出建议。进行运营分析时，要从事物的相互依存、相互制约中观察问题，从事物发展变化中分析问题，透过现象看本质，从经验中找不足，准确、全面、深刻地认识事物，使感性认识上升到理性认识，使分析结果得出科学的判断和客观的结论。

（四）运营分析要讲究科学实效

运营分析要以统计报表、会计核算、管理现象、市场参数、计划指标和相关资料为依据，综合运用比较分析法、比率分析法、因素分析法、趋势分析法等科学方法，以动态发展的眼光，揭示经济运行的规律，把握经营运行趋势，逐步建立符合本单位特点的运营分析模式。

七、绩效考评控制

绩效考评控制是通过设置考核指标体系，对企业内部各责任单位和全体员工的业绩进行定期考核和客观评价的过程。绩效考评控制要求企业建立和实施绩效考评制度，并将考评结果作为确定员工薪酬，以及职务晋升、评优、降级、调岗、辞退等的依据。绩效考评控制主要通过考核评价来规范企业各级管理者及员工的目标和行为，强调的是控制目标而不是控制过程，只要各级管理目标能够顺利实现，企业战略和经营目标则得以实现。良好的绩效考评控制能够促进目标实现、协调利益分配、实施人员激励、挖掘潜在问题、引领企业和员工共同成长等。

绩效考评控制从考评对象来分，可分为经营者绩效考评控制和部门及员工绩效考评控制两大类。经营者绩效考评包括企业绩效考评和经营者个人绩效考评，考评主体是股东或股东大会和董事会，评价客体是经营者，经营者是指企业的经理层，一般包括董事长或总经理和副总经理。由于经营者特殊的工作性质，决定了企业本身的业绩是其工作业绩的重要反映，故经营者评价系统有两个评价内容，即企业业绩和经营者个人业绩。部门及员工绩效考评控制是由各级管理者按一定的标准和方法对其下属部门及员工的工作完成情况进行考评。

绩效考评控制主要包括考评指标和考评程序的制定、考评方法的选择、考评结果分析、奖励与处罚等关键环节。

（一）制定考评指标和考评程序

绩效考评指标是进行绩效考评的基本要素，制定合理有效的绩效考评指标是绩效考评取得成功的前提。绩效考评前应制定合理而有可操作性的考评标准和考评程序，并进行公开，为员工指明方向、确定目标并引领行动。实务工作中，企业应尽量避免设计过于复杂的考核指标和考评程序。

（二）选择公平公正的考评方法

绩效考评有多种方法可供选择，如评级量表法、图尺度考评法、关键事件法、行为锚定等级评价法、直接排序法、目标考评法、书面叙述法和360度考评法等。

（三）考评过程管理

考核过程要严格管理，避免使考核流于形式，形同虚设。在考评过程中，要尽可能做到公平合理，充分发扬民主，建立畅通的沟通渠道，使最关键的问题能够得到及时的反馈，避免出现“一言堂”，单凭个人的印象评定结果，影响考评的公正性。

（四）考评结果分析

绩效考评结果应公开公示，以保证考核结果的公平与合理。绩效考评结果要对照预算指标、盈利水平、投资回报率、安全生产目标等方面的业绩指标，对各部门和员工当期业绩进行考核和评价，兑现奖惩，强化对各部门和员工的激励与约束。

（五）结合考评结果，落实奖惩

绩效考评控制要求企业依据绩效考评的结果，据工作绩效的大小、好坏，有赏有罚，有升有降，而且这种赏罚、升降不仅与精神激励相联系，而且要通过工资、奖金等方式同物质利益相联系，这样，才能真正达到绩效考评控制的目的。

八、文件记录控制

文件记录控制是以文件和记录的形式记载、传递和保持企业的组织架构、管理制度、交易或事项、各种报告等的过程。文件记录控制是企业内部控制的基础性控制，健全有效的文件记录既是企业开展其他控制活动的重要依据和条件保证，又是企业有效获取、追溯和验证信息的重要手段。企业常见的文件包括组织结构、权责配置文件、岗位说明书、业务程序手册、经济合同、会计凭证、会计账簿、会计报表、会议记录等。

文件记录是记载、汇集、追溯和验证交易与事项的媒介，具有重要的信息传递功能，同时也为企业管理和交易反映提供依据。企业应以书面或其他适当的形式记录交易和事项，确保事件的可验证性。文件记录可采用纸张、光盘、照片、磁带等多种形式。记录在填写过程中要简明易懂、字迹清晰、完整真实，不得用铅笔填写。出现错误需要修改时，应留下更正痕迹，圈掉错误的，写上正确的，并签名（章）、注上日期。文件记录应统一编号，妥善保存与管理，并建立借阅和销毁制度，重要数据要及时备份。

九、信息技术控制

信息技术是用于处理数据和传递信息所采用的各种技术的总称。信息技术控制是应用管理学、计算机科学和通信技术而建立和实施的一种控制。信息技术控制要求企业结合实际情况和计算机信息技术应用程度，建立与本企业经营管理业务相适应的信息化控制流程，提高业务处理效率，减少和消除人为操纵因素，同时加强对计算机信息系统开发与维护、访问与变更、数据输入与输出、文件储存与保管、网络安全等方面风险的控制，保证信息系统安全、有效运用。本章第二节将以信息系统控制为例，介绍信息技术控制在风险管理中的具体运用。

十、全面预算控制

预算控制通过预算编制来指导企业的经营活动，并根据预算执行差异进行业绩评价，从而实现企业经营管理的事前计划、事中控制和事后分析。预算控制按企业确立的发展战略目标，逐层分解、下达于企业内部各单位，涉及预算编制、执行控制、过程分析、预算考核等环节。预算控制是一种面向未来的计划，它确定了企业目标及为实现这些目标应采取的行动，它是计划的量化，这种量化有助于管理者协调、贯彻计划，是一种不可或缺的内部控制手段。本章第二节将以全面预算管理为例，介绍预算控制在风险管理中的具体运用。

第二节　全面预算管理

全面预算是指企业对一定期间的经营活动、投资活动、融资活动等作出的预算安排。全面预算作为一种全方位、全过程、全员参与编制与实施的预算管理模式，凭借其计划、协调、控制、激励、评价等综合管理功能，整合和优化配置企业资源，提升企业运行效率，成为促进企业实现发展战略的重要抓手。全面预算管理不仅是一种有效的内部控制工具，也是一种很好的风险管控手段。同时，全面预算管理自身各环节也面临着种种风险和不确定性，需要进行风险管控。企业实施全面预算管理，需要突出风险管控的导向性，从识别和分析全面预算管理各环节的主要风险入手，并采取有针对性的控制措施，切实提升全面预算管理实施的效率效果。

一、企业实施全面预算管理的总体风险

从内部控制的角度看，全面预算的编制和实施过程，是企业不断用量化的工具，使自身所处的经营环境及资源利用和企业的发展目标保持动态平衡的过程，也是企业对预算管理各环节面临的种种风险进行识别、分析与控制的过程。企业实行全面预算管理，至少应关注下列总体风险：

1. 全面预算组织体系设计不科学，或权责配置不清晰。
2. 不编制预算或预算不健全，可能导致企业经营缺乏约束或盲目经营。
3. 预算目标不合理、编制不科学，可能导致资源浪费或发展战略难以实现。

4. 预算缺乏刚性、执行不力、考核不严或奖罚不到位，可能导致预算管理流于形式。

二、全面预算组织体系设计的主要风险及其控制

全面预算组织体系设计是做好全面预算管理工作的前提和基础，其设计内容主要是全面预算组织架构及其权责配置。全面预算组织领导与运行体制健全，是防止预算管理松散、随意，预算编制、执行、考核等各环节流于形式的关键。全面预算组织体系设计的主要风险有：一是机构设置不科学，或由财务部门全权负责预算管理的全部事务；二是预算决策、执行和考评的权责配置不清晰，存在职能缺失或重叠。

为控制全面预算组织体系设计的主要风险，企业应加强全面预算管理工作的组织领导，明确预算管理体制及各预算执行单位的职责权限、授权批准程序和工作协调机制等。全面预算组织架构一般包括全面预算管理决策机构、工作机构和执行单位三个层次。例如，图 4－1 是××地铁集团公司全面预算组织架构。

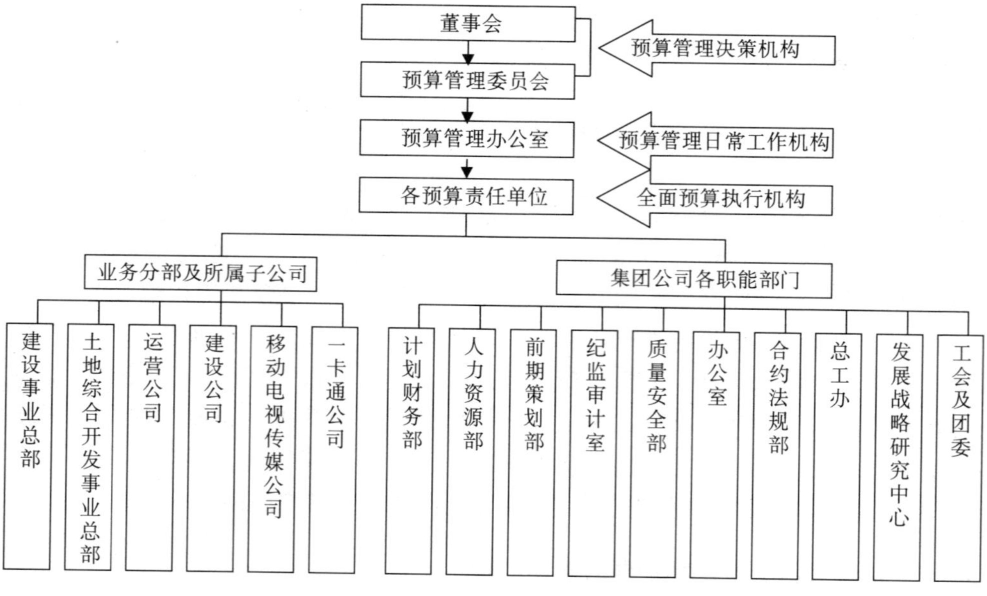

图 4－1　××地铁集团公司全面预算组织架构

（一）全面预算决策机构——预算管理委员会

为提高预算的权威性，企业应在高层设立预算管理决策机构，例如，将企业全面预算管理的决策机构设定在董事会，董事会下设专业委员会——预算管理委员会，辅助董事会做好预算决策工作。预算管理委员会以预算会议的形式工作，主任一般由董事长或总经理兼任，总会计师或财务总监或分管财会工作的副总经理任副主任，委员由独立核算部门和各职能部门负责人兼任。预算管理委员会主要职责如下：

1. 制定、颁布企业全面预算管理制度，包括预算管理的政策、措施、办法、要求等。

2. 根据企业战略规划和年度经营目标，拟订预算目标，并确定预算目标分解方案、预算编制方法和程序。

3. 指导各预算责任单位编制业务计划、预算草案、综合平衡预算草案，提供相关定员、定额、费用开支标准等基础信息。

4. 下达经批准的年度全面预算方案。

5. 协调解决预算编制和执行中的重大问题，仲裁与预算有关的冲突。

6. 审议预算调整方案，依据授权进行审批。

7. 审议预算考核和奖惩方案。

8. 对企业全面预算的总体执行情况进行分析、评价与考核。

9. 负责超预算或预算外支出的审批。

10. 其他与全面预算管理有关的事宜。

（二）全面预算工作机构——预算管理办公室

预算管理委员会一般为非常设机构，企业应在该委员会下设立预算管理工作机构（预算管理办公室），由其履行预算管理委员会的日常管理职责。预算管理办公室一般设在财会部门，其主任一般由总会计师（或财务总监、分管财会工作的副总经理）兼任，工作人员除了财会部门人员外，还应有计划、人力资源、投资、生产、销售、研发等业务部门人员参加。

预算管理办公室的主要职责包括：

1. 拟订企业各项全面预算管理制度，并负责检查落实预算管理制度的执行。

2. 拟订年度预算总目标分解方案及有关预算编制程序、方法的草案，报预算管理委员会审定。

3. 组织和指导各级预算单位开展预算编制工作。

4. 预审各预算单位的预算初稿，进行综合平衡，并提出修改意见和建议。

5. 汇总编制全面预算草案，提交预算管理委员会审查。

6. 跟踪、监控预算执行情况。

7. 定期汇总、分析各预算单位预算执行情况，并向预算管理委员会提交预算执行分析报告，为委员会进一步采取行动拟订建议方案。

8. 接受各预算单位的预算调整申请，根据企业预算管理制度进行审查，集中制定年度预算调整方案，报预算管理委员会审议。

9. 协调解决预算编制和执行中的有关问题。

10. 提出预算考核和奖惩方案，报预算管理委员会审议。

11. 组织开展对企业二级预算责任单位（内部各职能部门、所属分企业、子企业等）预算执行情况的考核，提出考核结果和奖惩建议，报预算管理委员会审议。

12. 预算管理委员会授权的其他工作。

（三）全面预算执行机构——预算责任单位

全面预算执行单位是指根据其在企业预算总目标实现过程中的作用和职责划分的，承担一定经济责任，并享有相应权力和利益的企业内部单位，包括企业内部各职能部门、所属分（子）企业等。企业内部预算责任单位的划分应遵循分级分层、权责利相结合、责任可控、目标一致的原则，并与企业的组织机构设置相适应。根据权责范围，企业内部预算责任单位可分为投资中心、利润中心、成本中心、费用中心和收入中心。

预算执行单位在预算管理部门（预算管理委员会、预算管理办公室）的指导下，组织开展本部门或本企业全面预算的编制工作，并严格执行批准下达的预算。各预算执行单位负责人应对本单位预算的执行结果负责。

各预算责任单位的主要职责有：

1. 提供编制预算的各项基础资料。

2. 负责本单位全面预算的编制和上报工作，将本单位预算指标层层分解，落实到各部门、各环节和各岗位。

3. 严格执行经批准的预算，监督检查本单位预算执行情况，及时分析、报告本单位的预算执行情况，解决预算执行中的问题。

4. 根据内外部环境变化及企业预算管理制度，提出预算调整申请。

5. 组织实施本单位内部的预算考核和奖惩工作，配合预算管理部门做好企业总预算的综合平衡、执行监控、考核奖惩等工作。

6. 执行预算管理部门下达的其他预算管理任务。

（四）全面预算管理体制和工作协调机制

企业应在建立健全全面预算管理体制的基础上，进一步梳理、制定预算管理工作流程，按照不相容职务相互分离的原则细化各部门、各岗位在预算管理体系中的职责、分工与权限，明确预算编制、执行、分析、调整、考核各环节的授权批准制度与程序。预算管理各环节的不相容岗位包括：预算编制与预算审批、预算审批与预算执行、预算执行与预算考核等。

在全面预算管理各环节中，预算管理部门主要起决策、组织、领导、协调、平衡的作用。企业可以根据自身的组织结构、业务特点和管理需要，责成内部生产、市场、投资、技术、人力资源等各预算归口管理部门负责所归口管理预算的编制、执行监控、分析等工作，并配合预算管理部门做好企业总预算的综合平衡、执行监控、分析、考核等工作。

三、全面预算编制环节的主要风险及其控制

预算编制是企业实施全面预算管理的起点，是确定并分解预算目标，结合各部门、各单位的业务计划，分配预算指标、配置预算资源的过程。预算编制的合理性、准确性及可行性，直接关系到后续的执行与考核的成败与否。

（一）预算目标的确立与分解

企业的经营总目标设定以后，必须按层次逐级对目标进行分解落实，将总目标从上到下层层展开，从纵向、横向或时序上分解到各级、各部门直至每个人，形成自下而上层层保证的目标体系。

预算目标是全面预算管理的起点，是企业发展战略和经营计划的具体体现。预算目标可分为总目标和具体目标两个层次，预算总目标具有总括性、全局性和方向性，通常表现在企业的一些关键指标上，如销售目标、费用目标、利润目标等。预算总目标必须分解为具体目标，才能方便执行。

预算目标分解是把预算总目标分解成各个具体目标的过程。企业进行预算目标分解的形式主要有两种：一是按时间顺序分解，例如，把预算目标分成季度预算目标、月份预算目标等，这样可以监控预算实施进度；二是按空间关系分解，即将预算目标逐层分解落实到每个部门、每个岗位和每个人。预算目标的分解应坚持“纵向到底、横向到边”的原则。所谓“纵向到底”就是从预算总目标开始，从上向下逐级分解，从预算总目标到次级预算目标，再到更次一级的预算目标，最后到个人目标。所谓“横向到边”是指在预算目标的横向分解过程中，每个相关的业务单元和职能部门都要承担自己的预算目标，不能出现“盲区”和“失控点”。因此，预算总目标的实现必须有分解后的部门目标（横向的）和层级目标（纵向的）作支持。

（二）预算编制环节的主要风险

1. 预算编制以财会部门为主，业务部门参与度较低，可能导致预算编制不合理，预算管理责、权、利不匹配。

2. 预算编制范围和项目不全面，各个预算之间缺乏整合，可能导致全面预算难以形成。

3. 预算编制所依据的相关信息不足，可能导致预算目标与战略规划、经营计划、市场环境、企业实际等相脱离；预算编制基础数据不足，可能导致预算编制准确率降低。

4. 预算编制程序不规范，横向、纵向信息沟通不畅，可能导致预算目标缺乏准确性、合理性和可行性。

5. 预算编制方法选择不当，或强调采用单一的方法，可能导致预算目标缺乏科学性和可行性。

6. 预算目标及指标体系设计不完整、不合理、不科学，可能导致预算管理在实现发展战略和经营目标、促进绩效考评等方面的功能难以有效发挥。

7. 编制预算时间太早或太晚，可能导致预算准确性不高，或影响预算的执行。

（三）预算编制环节的管控措施

针对上述主要风险，企业在预算编制环节应采取如下管控措施：

1. 全面性控制：一是明确企业各部门、各单位的预算编制责任，使企业各部门、各单位的业务活动全部纳入预算管理；二是将企业经营、投资、融资、财务收支、项目建设等各项经济活动的各个方面、各个环节都纳入预算编制范围，形成由经营预算、投资预算、筹资预算、建设预算、财务预算等一系列预算组成的相互衔接和钩稽的综合预算体系。

2. 编制依据和基础控制：一是制定明确的战略规划，并依据战略规划制定年度经营计划，作为制定预算目标的首要依据，确保预算编制真正成为战略规划和年度经营计划的年度具体行动方案；二是深入开展外部环境的调研和预测，确保预算编制以科学预测为依据，与市场、社会环境相适应；三是深入分析企业上一期间的预算执行情况，充分评估预算期内企业的资源状况、生产能力、技术水平等自身环境的变化，确保预算编制符合企业生产经营活动的客观实际；四是重视和加强预算编制基础管理工作，包括历史资料记录、定额制定与管理、标准化工作、会计核算等，确保预算编制以可靠、翔实、完整的基础数据为依据。

3. 预算目标及指标体系设计控制：一是按“财务指标为主体、非财务指标为补充”的原则设计预算指标体系；二是将企业战略规划、经营目标体现在预算指标体系中；三是将企业各项经济活动的各个环节、各项业务都纳入预算指标体系；四是将预算指标体系与绩效评价指标协调一致；五是按各预算责任单位在工作性质、权责范围、业务活动特点等方面的不同，设计不同或各有侧重的预算指标体系；六是各预算项目的编制应说明计算依据和潜在影响因素。

4. 编制程序及时间控制：企业按上下结合、分级编制、逐级汇总的程序，编制年度全面预算。

5. 编制方法控制：企业本着遵循经济活动规律，充分考虑符合自身经济业务特点、历史数据、基础数据管理水平、生产经营周期和管理需要的原则，选择或综合运用零基预算、固定预算、增量预算、弹性预算、滚动预算等方法编制预算。

四、预算审批与下达环节的主要风险及其控制

（一）预算审批与下达环节的主要风险

1. 全面预算未经适当审批或超越授权审批，可能导致预算权威性不够、执行不力，或可能因重大差错、舞弊而导致损失。

2. 全面预算下达不力，可能导致预算执行或考核无据可查。

3. 预算指标分解不够详细、具体，可能导致企业的某些岗位和环节缺乏预算执行和控制依据。

4. 预算指标分解与业绩考核体系不匹配，可能导致预算执行不力。

5. 预算责任体系缺失或不健全，可能导致预算责任无法落实，预算缺乏强制性与严肃性。

6. 预算责任与执行单位或个人的控制能力不匹配，可能导致预算目标难以实现。

（二）预算审批与下达环节的管控措施

1. 全面预算草案完成后，由预算管理委员会提交董事会审批。企业董事会在审核全面预算草案时，重点关注预算的科学性和可行性，以确保全面预算与企业发展战略、年度生产经营计划相协调。

2. 全面预算草案经企业董事会审议批准后，形成全面预算方案，并及时以文件形式下达。

3. 全面预算方案一经批准下达，预算管理办公室即应组织培训学习，并以全面预算方案为依据，制定详细可行的预算指标分解计划，将预算指标层层分解，从横向和纵向落实到内部各部门、各环节和各岗位，形成全方位的预算执行责任体系。

4. 预算管理办公室在时间上将年度预算指标分解细化为季度、月度预算，通过实施分期预算控制，实现年度预算目标。

5. 建立预算执行责任制度，对照已确定的责任指标，定期或不定期地对相关部门及人员责任指标完成情况进行检查，实施考评。

6. 分解预算指标，建立预算执行责任制应遵循定量化、全局性、可控性原则。

例如，图 4－2 和表 4－3 是××地铁集团公司全面预算编制及控制流程。

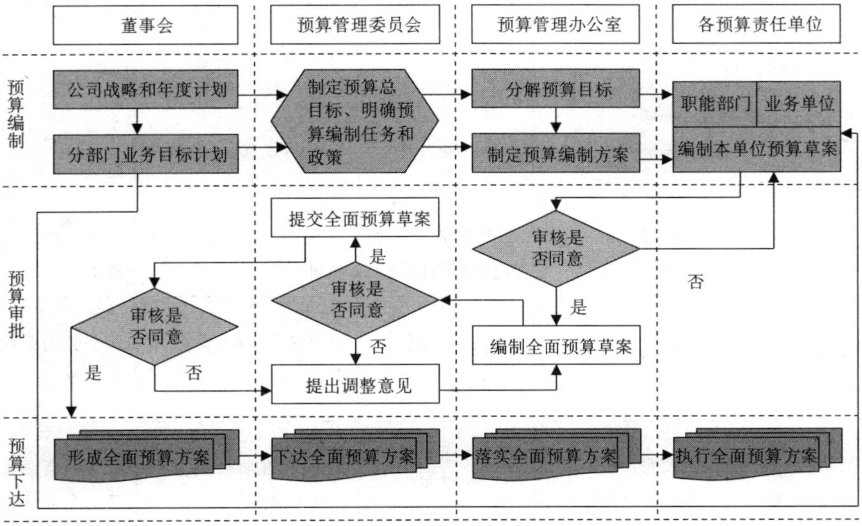

图 4－2　××地铁集团公司全面预算编制及控制流程

表 4－3　××地铁集团公司全面预算编制步骤及时间控制

步骤	主要工作	完成时间	涉及部门	流入文件	流出文件
1	1. 制定或调整发展战略 2. 制定公司年度经营计划 3. 分解分部门的经营目标	11 月初	董事会	外部环境分析报告、企业内部资源分析报告、企业能力分析报告、经营预测报告等	公司发展战略 年度经营计划 部门经营计划和目标

续表

步骤	主要工作	完成时间	涉及部门	流入文件	流出文件
2	1. 制定预算总目标 2. 明确预算编制任务 3. 制定预算编制政策	11月上旬	预算管理委员会	公司发展战略 公司年度经营计划 分部门经营计划和目标	预算总目标 预算编制任务 预算编制政策
3	1. 分解预算目标 2. 制定预算编制方案 3. 下达预算编制任务	11月中旬	预算管理办公室	预算总目标、预算编制任务、预算编制政策 年度经营计划	预算编制方案 预算编制通知
4	预算责任单位初步填报业务计划表、部门预算草案	11月下旬	各预算责任单位	预算编制方案、预算编制通知、部门经营计划	预算责任单位业务计划表和费用预算草案
5	1. 审核业务计划表和费用预算草案 2. 协调各预算责任单位预算草案的调整 3. 汇总编制全面预算草案	11月底	预算管理办公室	各预算责任单位的业务计划表和费用预算草案	全面预算草案
6	审核全面预算草案，如果认为有必要，提出调整意见	12月初	预算管理委员会	全面预算草案	全面预算草案审核意见
7	沟通、协调、平衡、调整全面预算草案	12月上旬	预算管理办公室 各预算责任单位	全面预算草案审核意见	调整之后的全面预算草案
8	审核全面预算草案，如果认为有必要，提出调整意见	12月中旬	董事会	调整之后的全面预算草案	董事会的全面预算草案审核意见
9	沟通、协调、平衡、调整全面预算草案	12月上旬	预算管理委员会、预算管理办公室、预算责任单位	董事会的全面预算草案审核意见	按董事会意见调整之后的全面预算草案
10	审核、批准全面预算草案	12月中旬	董事会	按董事会意见调整之后的全面预算草案	经董事会批准的全面预算方案
11	下达、讲解、学习、分解全面预算方案	12月下旬	预算管理委员会、预算管理办公室、预算责任单位	经董事会批准的全面预算方案	将全面预算指标分解至各预算责任单位

五、预算执行环节的主要风险及其控制

全面预算要从“文件”走向“实用”，关键在执行环节。“三分制度，七分执行”，再好的制度，得不到有效落实，也只能是“纸上谈兵”。预算执行是将经批准的全面预算方案付诸实施的过程，是全面预算管理的核心。全面预算执行的程序包括预算分解、预算下达、讲解和培训、预算沟通和预算实施。预算分析是通过比较预算的实际执行结果与预算标准之间的差异，分析差异产生原因，以便采取适当措施予以矫正的行为。

（一）预算执行环节的主要风险

1. 缺乏严格的预算执行授权审批制度，可能导致预算执行随意。

2. 预算审批权限及程序混乱，可能导致越权审批、重复审批，降低预算执行效率和严肃性。

3. 预算执行过程中缺乏有效监控，可能导致预算执行不力，预算目标难以实现。

4. 缺乏健全有效的预算反馈和报告体系，可能导致预算执行情况不能及时反馈和沟通，预算差异得不到及时分析，预算监控难以发挥作用。

（二）预算执行环节的管控措施

1. 根据全面预算管理要求，组织各项生产经营活动和投融资活动，严格预算执行和控制。财会部门对预算内各项支出按审批权限，经有关领导审核签字后方可办理借款、报销手续。

2. 财会部门加强资金收付业务的预算控制，及时组织资金收入，严格控制资金支付，调节资金收付平衡，防范支付风险。对于超预算或预算外的资金支付，应实行严格的审批制度。同时建立预算执行实时监控制度，及时发现和纠正预算执行中的偏差。办理各类业务和事项，均应符合预算要求，及时制止不符合预算目标的经济行为，确保各项业务和活动都在授权的范围内运行。涉及成本费用的，还应执行相关计划、定额、定率标准。

3. 建立严格的授权审批制度，确保各项业务活动合法合规，与预算目标一致。企业应就涉及资金支付的预算内事项、超预算事项、预算外事项建立规范的授权批准制度和程序，避免越权审批、违规审批、重复审批现象的发生。对于预算内非常规或金额重大事项，应经过总经理审批。对于超预算或预算外事项，应实行严格、特殊的层层审批程序，最后报经总经理审批；金额重大的，还应报经预算管理委员会或董事会审批。预算执行单位提出超预算或预算外资金支付申请，应提供有关发生超预算或预算外支付的原因、依据、金额测算等资料。

4. 建立重大预算项目特别关注制度。对于工程项目、对外投融资等重大预算项目，预算管理办公室应密切跟踪其实施进度和完成情况，实行严格监控。借助信息化管理平台，建立预算执行情况预警机制，科学选择预警指标，合理确定预警范围，

及时发出预警信号，积极采取应对措施。通过电子信息技术手段监控预算执行，提高预警与应对水平。

5. 建立健全预算执行情况内部反馈和报告制度，确保预算执行信息传输及时、畅通、有效。预算管理办公室应加强与各预算责任单位的沟通，运用财务信息和其他相关资料监控预算执行情况，采用恰当方式及时向决策机构和各预算责任单位报告、反馈预算执行进度、执行差异及其对预算目标的影响，促进企业全面预算目标的实现。

六、预算分析与调整环节的主要风险及其控制

在预算执行过程中要建立预算执行情况分析制度，定期召开预算执行分析会议，通报预算执行情况，研究、解决预算执行中存在的问题，提出改进措施。企业批准下达的全面预算方案应保持稳定，不得随意调整。由于市场环境、国家政策或不可抗力等客观因素，导致预算执行发生重大差异确需调整预算的，应履行严格的审批程序。预算调整是指经过批准的预算方案在执行中因特殊情况需要变更现行预算方案的行为。

（一）预算分析与调整环节的主要风险

1. 预算分析不正确、不科学、不及时，可能削弱预算执行控制的效果，或可能导致预算考评不客观、不公平。

2. 对预算差异的解决措施不得力，可能导致预算分析形同虚设。

3. 预算调整依据不充分、方案不合理、审批程序不严格，可能导致预算调整随意、频繁，预算失去严肃性和“硬约束”。

（二）预算分析环节的管控措施

1. 预算管理办公室和各预算责任单位建立按季度或月份分析预算执行情况的制度，定期召开预算执行分析会议，通报预算执行情况，研究、解决预算执行中存在的问题，提出改进措施。

2. 定期编制预算执行情况分析报告。各预算责任单位按规定的格式和内容编制预算执行分析报告，预算管理办公室汇总各预算责任单位预算执行报告，最终汇总为企业的全面预算执行报告。

3. 运用科学的预算分析流程和方法，确保预算分析结果准确、合理。预算分析流程一般包括确定分析对象、收集资料、确定差异及分析原因、提出措施及反馈报告等环节。分析预算执行情况，应充分收集有关财务、业务、市场、技术、政策、法律等方面的信息资料，根据不同情况分别采用比率分析、比较分析、因素分析等方法，从定量与定性两个层面充分反映预算执行单位的现状、发展趋势及其存在的潜力。

4. 及时采取措施恰当处理预算执行偏差。根据造成预算差异的不同原因采取不同的处理措施：因内部执行导致的预算差异，应分清责任归属，与预算考评和奖惩

挂钩，并将责任单位或责任人的改进措施的实际执行效果纳入业绩考核；因外部环境变化导致的预算差异，应分析该变化是否长期影响企业发展战略的实施，并作为下期预算编制的影响因素。

5. 对预算偏差的分析，包括预算不利差异产生的原因、责任归属、改进措施以及预算有利差异产生的原因和贡献归属。以管理费用中的办公用品消耗为例，预算执行偏差可能由消耗数量或采购成本，或两者共同引起，消耗数量原因应由使用部门负责，采购成本原因应由采购部门负责。

6. 预算管理办公室应每季度或每月份向预算管理委员会提交预算执行报告和说明。预算管理办公室应在年度结束后的一段时间内，向预算管理委员会提交上年度企业全面预算完成情况综合分析报告，并由预算管理委员会审议后提交董事会。

（三）预算调整环节的管控措施

预算调整是指经过批准的预算方案在执行中因特殊情况需要变更现行预算方案的行为。为保证预算的严肃性，强化预算的约束力，全面预算方案一经确定，原则上不予调整。如遇企业体制改革、国家宏观政策大幅调整、自然灾害、并购重组等特殊事项，对经营活动和财务收支产生重大影响，使既定预算确实难以实现时，允许对预算进行调整。

预算调整应遵循以下原则和程序进行：

1. 预算调整应符合企业发展战略、年度经营目标和现实状况，重点放在预算执行中出现的重要的、非正常的、不符合常规的关键性差异。

2. 预算调整方案应客观、合理、可行，在经济上能够实现最优化。

3. 预算调整应遵循严格的审批程序：

（1）预算调整申请：调整预算一般由预算执行单位逐级向预算管理委员会提出书面申请，详细说明预算调整理由、调整建议方案、调整前后预算指标的比较、调整后预算指标可能对企业预算总目标的影响等内容；

（2）预算调整审议：预算管理办公室对预算执行单位提交的预算调整报告进行审核分析，集中编制企业年度预算调整方案，提交预算管理委员会；

（3）预算调整批准：预算管理委员会对年度预算调整方案进行审议，根据预算调整事项性质或预算调整金额的不同，根据授权进行审批，或提交董事会审议批准；

（4）预算管理委员会或董事会审批预算调整方案时，应依据预算调整条件，并考虑预算调整原则严格把关，对于不符合预算调整条件的，坚决予以否决；对于预算调整方案欠妥的，应协调有关部门和单位研究改进方案，并责成预算管理工作机构予以修改后再履行审批程序；

（5）审批后的预算调整方案以文件的形式下达。

七、预算考核与奖惩环节的主要风险及其控制

预算考核是对企业内部各级责任部门、岗位或责任中心的预算执行结果进行考

核和评价的过程，是管理者对预算执行者实行的一种激励和约束形式。预算考核与奖惩在全面预算管理体系中，是承上启下的关键环节。只有把各责任单位的预算执行情况与其经济利益挂钩，做到奖惩分明，才能使各责任单位真正成为责、权、利于一体的经济单位，才能最大限度地调动各责任单位及员工的积极性和创造性。全面预算管理也是企业实施绩效管理的基础，是对部门、岗位和员工进行绩效考核的重要依据。将预算考核与绩效管理相结合，可保持全面预算管理的严肃性，起到真正的约束与激励效果。

（一）预算考核与奖惩环节的主要风险

1. 考核主体和考核对象的界定不合理，可能导致预算考核受阻。

2. 考核指标设计不科学，可能使考核结果不客观、不公正，导致预算考核的权威性受到质疑。

3. 考核过程不公开，缺少透明度，可能影响考核结果的客观性、公正性。

4. 奖惩措施不公平、不合理，不能奖罚并举，或在奖惩实施中添加人情因素，可能导致奖罚结果缺少约束性和公信力。

（二）加强预算考核与奖惩的管控措施

1. 建立健全并有效实施严格的预算考核制度，按年度对各预算执行单位和个人进行考核，将预算目标执行情况纳入考核和奖惩范围，切实做到有奖有惩、奖惩分明。

2. 合理界定预算考核主体和考核对象。预算考核主体有预算管理委员会、预算管理办公室和各预算责任单位三个层次。预算考核对象为内部各预算责任单位和相关个人。

3. 明确预算考核原则。

（1）上级考核下级，即由上级预算责任单位对下级预算责任单位实施考核。

（2）逐级考核，即由预算执行单位的直接上级对其进行考核，间接上级不隔级考核间接下级。

（3）预算执行与预算考核相互分离，即预算执行单位的预算考核应由其直接上级部门来进行，不能自己考核自己。

4. 科学设计预算考核指标体系。

（1）预算考核指标要以各预算责任单位承担的预算指标为主，同时本着相关性原则，增加一些全局性的预算指标和与其关系密切的相关责任单位的预算指标。

（2）考核指标应以定量指标为主，同时根据实际情况辅之以适当的定性指标。

（3）考核指标应具有可控性、可达到性和明晰性。

5. 预算考核按年度进行。各预算责任单位应在每年年初，向预算管理办公室上报上年度预算执行分析报告。预算管理办公室根据各责任单位的预算执行情况提出初步考评意见，并报预算管理委员会。预算考核表经预算管理委员会审核评议后，如果没有异议，则批准公布，并上报董事会备案。

6. 预算考核过程公开、公平、公正。

（1）将全面预算考核程序、考核标准、奖惩办法、考核结果等及时公开。

（2）预算考核以客观事实为依据。预算执行单位上报的预算执行报告是预算考核的基本依据，应经本单位负责人签章确认。预算考核主体应将各预算执行单位负责人签字上报的预算执行报告和已掌握的动态监控信息进行核对，确认各执行单位预算完成情况。必要时，实行预算执行情况内部审计制度。

7. 奖惩措施要公平合理并及时落实。

预算考核结果应与各预算执行单位及其员工薪酬、职位等挂钩，实施预算奖惩。预算奖惩方案应公平合理、奖罚并举，不能只奖不罚或只罚不奖，同时要注意各部门利益分配的合理性，根据各部门承担的工作难易程度和技术含量合理确定奖励差距。同时要防止奖惩实施中的人情因素。

思考题

1. 什么是预防性控制？什么是发现性控制？两者有何区别？
2. 在不相容职务相分离控制中，以采购业务为例，常见的不相容职务有哪些？
3. 在授权审批控制中，授权类别一般包括哪些？
4. 在财产保护控制中，常见的财产保护控制方法有哪些？
5. 会计系统控制作为基础性的控制活动，应从哪些方面做好相关风险的控制工作？
6. 针对风险点，在设计具体的控制措施时，应遵守“5W1H”原则，什么是“5W1H”原则？
7. 全面预算管理与企业发展战略及企业年度经营计划有什么关系？
8. 企业在实施全面预算管理过程中面临的主要风险有哪些？
9. 大型企业应如何设置全面预算管理的组织体系？
10. 在全面预算管理过程中，预算编制环节的主要风险有哪些？如何控制这些风险？
11. 在全面预算管理过程中，预算执行环节的主要风险有哪些？如何控制这些风险？
12. 在全面预算管理过程中，预算考核环节的主要风险有哪些？如何控制这些风险？

第五章

信息与沟通

企业活动需要协同，协同需要信息与沟通。管理和控制随时需要信息与沟通，美国著名学者奈斯比特曾指出："未来竞争是管理的竞争，竞争的焦点在于每个组织内部成员之间及其与外部组织的有效沟通。"沟通不畅、信息受阻是多数企业存在的通病。企业结构越复杂，沟通越困难，基层的许多建设性意见不能及时反馈至高层决策者，有些意见在反馈过程中甚至被层层扼杀，而决策层的政策在传达过程中，常常无法以原貌展现给基层员工。

第一节　信息与沟通概述

21 世纪是社交化的社会，工作和生活中的每一天我们都会与别人交流。沟通是我们工作、生活的润滑油，随时随地都伴随着我们。沟通是消除隔膜，达成共识、朝着共同目标前进的桥梁和纽带。公司规模越大、组织结构越复杂，管理和控制的难度越大，信息与沟通也就越重要。

一、信息与沟通的概念、特征及重要性

信息同粮食、能源一起被列为人类赖以生存的三大资源。信息是客观世界中事物特征、状态及发展变化的直接或间接反映，是影响使用者分析和决策的证据。我们的生活和工作中充满着各种信息，新闻、消息、情报、数据、声音、图像、文字、信号、指令、符号……

信息（Information）和数据（Data）是有区别的，数据是对某种情况或经济活动的记录，包括数值数据（如各种统计资料数据等）和非数值数据（如图像、表格、文字和特殊符号等）；而信息则是对数据加工处理后对决策有参考价值的证据，是和使用者相关的一种资源。

信息的类别非常多，按来源，可分为内部信息和外部信息，内部信息如财务会计资料、经营数据、管理资料、调研报告等，外部信息如经济形势、社会文化、科技进步、监管要求、金融政策、市场动态、行业资讯、客户投诉等；按规范性，可

分为格式化信息与非格式化信息；按描述性，可分为定量信息和定性信息；按描述字符，可分为文字信息与数字信息；按重要性，可分为重要信息与次要信息，等等。

沟通是将某一信息传递给接收对象，以期接收对象做出预期反映效果的过程，是传递信息、交换思想、说明观点、表达需求、阐明意愿、增进理解、达成共识的过程。

在企业内部控制中，信息与沟通的对象主要是各种管理信息。管理信息是人们在整个管理过程中收集、加工和输出的各类信息的总称。管理信息可从各种不同角度进行分类，例如，自然信息和社会信息、内部信息和外部信息、预知信息和突发信息，等等。

要准确理解信息与沟通的含义，需要注意以下几点：

1. 信息和使用者的决策需求相关，正确的决策依赖于充分的高质量信息，信息又是通过决策来体现其自身价值的。

2. 沟通首先是信息的传递，如果信息没有被传递，沟通就没有发生。

3. 成功的沟通，不仅需要信息被传递，还要信息被理解。

4. 沟通的主体是人，即沟通主要发生在人与人之间。

5. 信息与沟通具有时效性，延迟的信息与沟通会降低其功效，甚至可能起到截然相反的作用。

信息与沟通作为内部控制的重要因素，对于企业上下准确理解和有效执行企业决策、激励员工履职敬业、积极化解管理矛盾等具有重要意义，能够显著提高内部控制的效率和效果。正如沃尔玛总裁山姆·沃尔玛所说“如果将沃尔玛管理体系浓缩成一种思想，那就是沟通。因为它是我们成功的真正关键因素之一”；通用公司CEO 应飞曾说“根据四十多年的管理工作经验，我发现所有的问题归结到最后都是沟通问题”；英国著名学者帕金森也说过“未能有效沟通而造成的真空，将很快充满谣言、误解和废话”。有研究表明，人们除睡眠外，70% 的时间用在沟通上，剩下的 30% 用在分析和处理相关事务上；普林斯顿大学的一个研究小组通过对 1 万份人事档案进行分析，发现“智慧”“专业技术”“经验”只占成功因素的 25%，其余 75% 取决于良好的人际沟通；哈佛大学的一项调查结果显示：在 500 名被解职的男女中，因人际沟通不良而导致工作不称职者占 82%。可见信息与沟通在企业内部控制与风险管理中的重要性。

二、信息与沟通的过程及方式

如图 5 -1 所示，信息与沟通过程大致分传递和反馈两个阶段，由五个要素组成，包括信息源（需要向对方传达的内容）、信息发送者编码（采用某种形式来传递信息的内容，如符号、文字、言语、眼神、动作、声音、视频等）、传递通道（如快递、电波、电视、广播、报纸、QQ 平台、微信平台等）、信息接收者解读信息（接收者分析和理解所收到信息的内容和含义）、信息接收者的反馈（如按照指令采取某种行动、向信息发送者友好的祝福表达感谢等)。信息与沟通的效率效果会受到各种噪音的干扰，如信息发送者的表达能力、接受者的理解能力等。

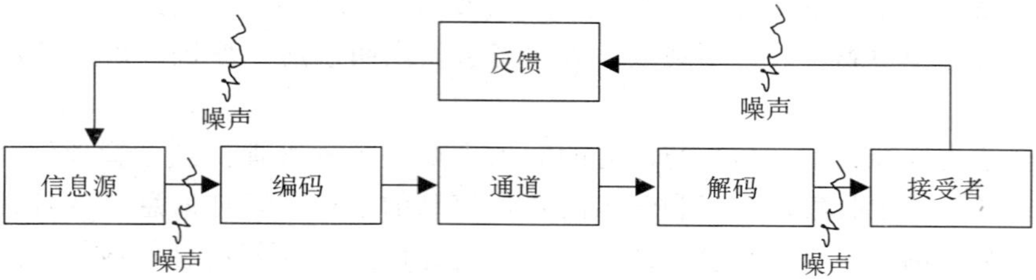

图 5－1 信息与沟通的过程

借助大数据和现代信息技术，沟通的方式多种多样，可以从多种角度进行划分。

按沟通的对象，可分为内部沟通和外部沟通。内部沟通是存在于组织内部各管理级次、责任单位、业务环节之间的沟通，例如，开会学习董事会决策精神，培训新员工学习企业文化，等等；外部沟通是组织与外部单位或人员之间的沟通，例如，企业与投资者、债权人、客户、供应商、监管机构、审计师、律师等的沟通。

按沟通的方向，可分为横向沟通和纵向沟通。横向沟通又称平行沟通，是指处于同一层级的组织、单位或个人之间的信息传递和交流；纵向沟通又称垂直沟通，是指上下级之间的信息传递与沟通，又可细分为上行沟通（如向上级汇报工作）和下行沟通（向下逐级传达文件）。

按是否存在互动，可分为单向沟通和双向沟通。单向沟通是接受者没有反馈的信息沟通，如通过广播、电视、报纸发布公告；双向沟通是存在互动过程的沟通，如谈话沟通、互动课堂、电话交流等。

按沟通手段，可分为语言沟通和非语言沟通。语言沟通又可细分为口头沟通和书面沟通；非语言沟通，如表情、手势、眼神等。

按是否正式，可分为正式沟通与非正式沟通。正式沟通，如采取文件、书信、快报、会议、报告、手册、公告等方式沟通；非正式沟通，如采取微信、QQ 等聊天平台、电话、短信等方式所进行的沟通。

三、信息与沟通过程中的主要障碍及其应对

如图 5－1 所示，信息与沟通过程充满着各种噪音，直接影响着沟通的效率效果。

（一）信息与沟通中的主要障碍

从信息与沟通的过程来看，影响沟通效率效果的主要因素有以下方面：

1. 信息的长度和复杂程度。信息越复杂越难以被传递，传递过程会有较多的丢失和扭曲；信息过载，一次试图传递太多的信息，信息传递的效率效果会降低。例如，有个故事叫“上校的命令”。一位上校向他的执行官发布命令：“晚上 8 点左右

我们会在这个地区看见哈雷彗星，这种现象大约 75 年才出现一次。让所有人身着军装在原地解散，我将向他们解释这种罕见的现象。如果下雨，我们什么也看不见，那就把大家集合在礼堂，我给他们放映有关的影片。”执行官对连长说：“上校命令，明天晚上 8 点哈雷彗星将在营地上空出现，如果下雨，全体着装原地解散，然后列队去大礼堂，在那里这种 75 年才发生一次的罕见现象将出现。”连长对少尉说：“按上校的命令明天晚上 8 点着装，哈雷彗星将在礼堂出现，如果下雨，上校将发布另一命令，75 年才会发生一次。”少尉对上士说：“明天晚上 8 点上校将同 75 年才出现一次的哈雷彗星一起在礼堂出现，如果下雨，上校将命令哈雷彗星进入营地。”上士对士兵说：“明天晚上 8 点下雨时，少见的哈雷将军将由上校陪同，驾驶他的彗星着装穿过礼堂营地。”这个故事说明，信息越复杂越难以被传递，传递层级越多信息损失越多。

2. 信息发送者的个人特质。信息发送者的个人特质直接影响信息传递的质量，信息发送者的表达能力越强、人品越好、专业性越权威、职务层级越高、名气越大，信息传递的效率效果越好。例如，产品代言人的名气越大，效果越好；权威专家对专业标准的解读要比普通工作人员强很多；正直、诚信和品德高尚的人发布的消息比较有说服力，等等。信息发送者的表达能力也是直接影响信息传递质量的关键因素，信息发送者用词不当、词不达意、断章取义、口齿不清、语速过快、字体难辨、观念含糊、逻辑混乱、无意疏漏、模棱两可等都可能降低信息传递的效率效果。

3. 信息接受者的个人特质。信息接受者的教育水平、知识结构、接受能力、理解能力、专业经验、年龄背景、个人情绪等个人特质都直接影响信息接收的完整性和理解信息的准确性。专业经验不足、个人负面情绪、态度不端正等都可能降低信息接收的效率效果。例如，情绪激动时很难接受对方的观点；知识结构和工作经验不足直接影响对专业标准的理解；年纪较大的人对新技术新事物的敏感性会降低，接受过程较慢，等等。

4. 信息传播的方式和渠道。信息传递渠道和沟通方式选择不当也会引起沟通障碍。例如，涉及商业秘密的信息，不宜采取 Email、QQ、微信等保密性差的方式沟通；投诉和举报电话、信箱应尽可能广泛地传播，不宜仅停留在文件上；对出席公司年会的重要嘉宾，应通过请柬等书面形式正式邀请；讨论复杂问题的解决方案时可选择研讨会沟通；在小范围内沟通简单问题时可采用 Email、短信等比较经济的方式进行，等等。

5. 其他干扰因素。例如，组织架构、环境噪音、单位文化、外部压力等都可能影响信息传递与沟通的效率效果。

（二）提升信息与沟通效率效果的对策

1. 学会倾听。多数情况下的沟通是互动过程，学会有效倾听是技能，也是修养。聆听有听而不闻、假装聆听、选择性聆听、专注地聆听、设身处地地聆听等多种境界。有效的聆听，应认真地听、用心感受、大脑思考、适当记录、眼神交流、积极互动、概括复述重要内容，并与自己的体会经历做比较。沟通过程应避免不做任何努力地被动听、做出假象聆听或只听自己感兴趣的内容。

2. 提升表达能力。表达能力是人工作和生活的关键技能，一句话可以架起友谊的桥梁，也可能成为隔阂的藩篱。语言表达有很多技巧和艺术，例如，大事一定要清楚地说，小事可以幽默地说，没把握的事谨慎地说，没发生的事不要胡说，做不到的事别乱说，伤害人的话不要说，讨厌的事对事不对人地说，开心的事看场合说，伤心的事不要见人就说，别人的事小心地说。再如，说话时将“但是”换成“也”，沟通的效果可以显著提升。“你说得很有道理，但是……”实际上他是指你说的没道理。若把“但是”换成“也”，沟通的效果就不一样了：您说的有道理，我这里也有一个蛮好的主意，我们不妨再议一议，如何？

3. 多用积极的肢体语言。积极的肢体语言有精力集中、神情专注、恰当的表情和目光接触、思考性地点点头、身体正面朝向对方、身体适度前倾、理解的附和声等；消极的肢体语言有身体远离对方、捂着鼻子、目光游离、手捂嘴巴、握紧拳头、烦躁地走动、玩弄手机、频繁看表、不停眨眼、乱写乱画等。

4. 构造良好的沟通环境。沟通前构造良好的交流环境十分重要，例如，认真准备、尊重对方、面带微笑、相互信任、理解宽容、换位思考、建立感情、关闭手机、自我克制、不轻易打断对方、选择友好轻松的场所等。

四、企业应建立健全信息与沟通机制

信息与沟通机制是企业及时、准确地收集、传递与内部控制相关的信息，确保信息在企业内部、企业与外部之间进行有效沟通的基础，是实施内部控制的重要条件。企业应建立信息与沟通制度，明确内部控制相关信息的收集、处理和传递程序，确保信息及时沟通，促进内部控制有效运行。

企业内部各部门及管理层级之间应建立良好的沟通机制。不同部门之间、员工之间应处理好沟通协作问题，企业内部的合理竞争有助于企业发展，但各部门之间、各岗位之间的沟通障碍也会影响企业发展，给企业带来损害。

站在企业内部控制的角度来说，信息与沟通要素的建设一般包括信息收集、内部沟通、外部沟通、媒体宣传、反舞弊机制、信息系统等。

（一）信息收集

信息收集是信息得以有效利用的前提，是企业通过各种方式获取所需要的信息。信息收集工作的好坏，直接影响信息质量。信息可以分为原始信息和加工信息两大类。原始信息是指在经济活动中直接产生或获取的数据、知识、经验，是未经加工的“原材料”。加工信息则是对原始信息经过加工、分析、改编和重组而形成的具有新形式、新内容的信息。企业在日常经营和管理控制中需要收集各种内部信息和外部信息，并对这些信息进行合理筛选、核对、整合，以提高信息的有用性。企业可以通过财务会计资料、调研报告、内部刊物、办公网络等渠道，获取内部信息；

还可以通过行业协会组织、社会中介机构、业务往来企业、市场调查、来信来访、网络媒体以及有关监管部门等渠道，获取外部信息。

收集信息，应注意信息质量，坚持准确性、全面性、时效性、适当性等原则，收集高质量的内部和外部信息。

（二）内部沟通

信息的价值必须通过传递和使用才能体现。企业应将内部控制相关信息在内部各管理级次、责任单位、业务环节之间进行沟通和反馈。企业可采取互联网、电话传真、信息快报、例行会议、专题报告、调查研究、员工手册、教育培训、内部刊物等方式，实现信息在企业内部的传递和共享，确保董事会、管理层和员工之间有效沟通。重要信息须及时传递给董事会、监事会和经理层。

企业沟通的效率效果直接影响着内部控制有效性。畅通而有效的内部沟通有利于信息在企业内部充分流动和共享，有利于提高工作效率，有利于增强民主管理、改善员工关系，有利于企业上下统一思想和行动，对促进企业目标的实现起到事半功倍的效果。企业可以利用会议、报告、培训、调查、访谈、信件、内刊、手册、展板等正式渠道沟通，也可以利用旅游、晚会、节庆、微信、QQ 等非正式渠道沟通。沟通过程中发现的问题，应及时报告并加以解决。

企业应建立有效的内部沟通制度，培育良好的沟通规则，约束沟通中的不良行为，促进员工行为的一致性，提高内部沟通的效率效果。现代企业管理中，企业文化和价值理念等软约束力对员工行为的引领作用已经超越了权力、等级、制度等硬约束力的规范作用。企业领导、部门主管要与时俱进地树立以人为本的理念，对下属的管理主要体现在工作方向和企业目标上，手段体现在文化引导和人格魅力感染上，合理运用手中的职权，要学会当教练而不是当家长，信任下属并放权给他们，让他们在企业统一价值理念和整体目标的前提下，放开手脚自主地开展工作，以激励他们的主动性和创造性，充分发掘自身潜能。同时要扩大下属的知情权和参与权，提高决策透明度。

（三）外部沟通

企业有责任建立良好的外部沟通渠道，重点关注以下方面：

1. 与投资者沟通。企业应按公司法、证券法等法律法规、公司章程的规定，通过股东大会、投资者会议、定向信息报告等方式，及时向投资者报告企业的战略规划、经营方针、投资计划、融资计划、年度预算、经营成果、财务状况、利润分配方案以及重大担保、合并分立、资产重组等方面的信息，听取投资者的意见和要求，妥善处理企业与投资者的关系。

2. 与债权人沟通。企业可通过信函、会谈、电话、传真等方式，与债权人就账目核对、信用额度、贷款安排、债务清偿等进行定期或不定期沟通，妥善处理企业与债权人的关系，维持或提升企业的信用和形象。

3. 与客户沟通。企业可通过座谈、走访、专题调研等形式，定期听取和收集客户对消费偏好、销售政策、产品质量、售后服务、货款结算等方面的意见和建议，及时反馈和妥善解决客户投诉等问题。

4. 与供应商沟通。企业可通过供需见面会、订货会、洽谈会等形式与供应商就供货渠道、产品质量、技术性能、交易价格、信用政策、结算方式等问题进行沟通，及时发现并妥善解决可能存在的控制不当问题。

5. 与监管机构沟通。企业应及时向监管机构了解监管政策、监管要求及其变化情况，并相应完善自身的管理制度；同时，认真了解自身存在的问题，积极反映诉求和建议，努力加强与监管机构的协调。

6. 与外部审计师沟通。企业应定期与外部审计师进行会晤，听取外部审计师有关财务报表审计、内部控制等方面的建议，以保证内部控制的有效运行以及双方工作的协调。

7. 与律师沟通。企业可根据法定要求和实际需要，聘请律师参与重大业务、项目和法律纠纷的处理，并保持与律师的有效沟通。

8. 公共关系协调。企业应关注与当地社区及社会公众的沟通，特别是当企业面临征地拆迁补偿、环境事件纠纷等问题时，应妥善处理好公众关系。

（四）媒体宣传

随着社交网络、搜索引擎、网络杂志、QQ、微信等传播方式的迅速发展，信息传播已从纸质媒体进入到传播更迅速、内容更丰富、受众更广泛的新媒体时代。相对于传统媒体而言，它的传播速度更快、覆盖范围更广、内容更加丰富、受众更加广泛。在新媒体时代，企业要更加重视对外宣传和与媒体的沟通，与媒体保持适度的联络关系，避免出现媒体关系不融洽。企业对外宣传不当，应对媒体准备不充分，与媒体沟通不畅，可能导致媒体误解，带来不实报道，损害企业声誉。

根据对外宣传工作的需要，企业可以分别按日常信息、突发事件及专项信息的管理要求，及时收集和沟通与本单位有关的信息。日常信息包括日常生产经营情况、财务信息、价格政策、安全环保、科技进步、工程进展、重大合同、公益事业、涉及本单位及同类单位的媒体报道和舆情等；突发事件相关信息是指在不可预见情况下发生的，经预判可能会引起大规模社会负面影响，对企业形象造成损害或影响正常生产经营活动的事件所涉及的信息，如生产事故、金融财务、公共卫生、群体事件、涉外事件、竞争合作和自然灾害等信息；专项信息是根据企业对外宣传工作的需要，要求相关单位按要求向企业宣传部门呈报的信息。

如果发生可能带来重大负面影响的事件，企业应加强舆情管理，重视与媒体的沟通，及时向利益相关方和主流媒体澄清事实真相，积极采取措施降低负面影响，安抚公众情绪，挽回企业声誉和损失。

在重大危机面前，为引导企业转“危”为“机”，可遵循以下原则处理：

1. TTT（Tell the Truth）原则，告诉公众真相，不要试图谎报和瞒报。想让谣言无处可藏，就让真相大白于天下。在新媒体的今天，事件是透明的，没有什么秘密可以一直隐瞒下去。

2. OOO（Only One Out）原则，唯一而权威的新闻出口。危机发生后，迅速抢占舆论的桥头堡，由权威人士通过官方主流媒体对外发布新闻，并确保信息的权威可靠。指定专人对外发布新闻，其他人员未经审核和批准不得对外散布消息。

3. FFF（First person，First time and First place）原则，一把手在第一时间到达现场。事件发生后，相关单位或部门主要负责人反应要快，责任人和领导要迅速到达现场指挥应对。

4. PPP（People，People and People）原则，救人优先，人的生命安全和身体健康高于一切。

5. SAS（See and Seen）原则，让公众看到希望，人们正在努力，事情正向好的方向转变。

（五）反舞弊机制

如果信息沟通与交流机制不畅通，就会产生信息不对称问题，发生舞弊的可能性就会增大。舞弊是企业董事、监事、经理、其他高级管理人员、员工或第三方使用欺骗手段获取不当或非法利益的故意行为，它是需要企业重点控制的领域之一。企业建立反舞弊机制对于企业防范、发现和处理舞弊行为具有重要意义。

企业应建立反舞弊机制，坚持惩防并举、重在预防的原则，明确反舞弊工作的重点领域、关键环节和有关机构在反舞弊工作中的职责权限，规范舞弊案件的举报、调查、处理、报告和补救程序。明确举报投诉处理程序、办理时限和办理要求，确保举报、投诉成为企业有效掌握信息的重要途径。为确保反舞弊工作落到实处，企业应建立举报投诉制度和举报人保护制度，设置举报信箱和投诉热线，鼓励员工及其他利益相关方举报和投诉企业内部的违法违规、舞弊和其他有损企业形象的行为。落实举报人保护制度是举报投诉制度有效运行的关键，举报投诉和举报人保护制度应及时传达至全体员工。企业应定期召开反舞弊情况通报会，由审计部门通报反舞弊工作情况，分析反舞弊形势，评价现有的反舞弊控制措施和程序。

反舞弊工作应重点关注以下事项：

1. 未经授权或者采取其他不法方式侵占、挪用企业资产，牟取不当利益。例如，管理人员利用职务之便，把企业资产贱卖给他人从中套取好处；员工公车私用；员工拿着企业的钱炒房或炒股票等。企业应关注和监督重大不寻常交易、各管理层级的审批、授权、认证等，防止企业资产侵占、资金挪用等现象的发生。

2. 在财务会计报告和信息披露等方面存在的虚假记载、误导性陈述或重大遗漏等。例如，企业编制虚假财务报告以获得银行贷款；上市公司发布虚假报告以操纵股价，从股价波动中获利等。审计委员会应对内部审计收集的信息进行复查，监督管理层对财务报告施加不当影响的行为、审核企业的重大会计政策变更和异常会计事项，防止虚假财务报告的出现。

3. 董事、监事、经理及其他高管人员滥用职权。因为信息不对称，董事、监事、经理及其他高管人员可能发生道德风险和逆向选择，滥用职权是其中的表现之一，是内部控制较难控制的行为。企业应健全公司治理，做好高管团队的激励和约束工作。

4. 相关机构或人员串通舞弊。如果忽视了对员工的正直、诚信及道德价值观的培育和教化，或内部监督不到位，很可能发生相关机构或人员串通舞弊的情况，不相容职务相分离控制就会失效。

（六）信息系统

为提高沟通的效率效果，企业应利用信息技术促进信息的集成与共享，充分发挥信息技术在信息沟通中的作用，建立与经营管理相适应的信息集成与交流平台，以提高沟通便利性和有效性。信息系统相关内容在第四章已有详细介绍，此处不再赘述。

第二节　内部信息传递

内部信息传递是企业内部各管理层级、各部门、各岗位之间传递生产经营和管理信息的过程。内部控制离不开信息的传递和沟通，信息在企业内部进行有目的地传递，对贯彻落实企业发展战略和经营计划、执行企业全面预算、识别企业生产经营活动中的内外部风险具有重要作用。

一、信息收集与传递的总体风险和管控要求

为更好地服务于企业的生产经营和管理决策，企业应做好各项内部报告工作，从各种渠道获取相应的信息。企业内部信息有来自一线业务人员根据市场或业务工作整理的信息，也有来自管理人员根据相关内部信息对所负责部门形成的指示或情况通报等。尽管有关信息的来源、内容、提供者、传递方式和渠道等各不相同，但收集和传递相关信息至少应关注下列总体风险：一是内部报告系统缺失、功能不健全、内容不完整，可能影响生产经营有序运行；二是内部信息传递不通畅、存在信息孤岛，可能导致决策失误、相关政策措施难以落实；三是信息收集和处理不及时、不准确、不适用，导致无效信息；四是内部信息传递中泄露商业秘密，可能削弱企业核心竞争力，也可能遭受监管处罚（例如，上市公司高管提前泄露内幕消息等）。

为应对信息收集与传递过程中的上述总体风险，企业应采取以下管控措施：

1. 明确内部信息传递的控制目标。目标引领行动，面对信息收集与传递风险，企业首先应明确内部信息传递的控制目标，一般包括建立合理规范的内部信息报告流程、确保信息沟通及时准确、确保内部信息得到及时处理、确保信息报告机制能有效发现舞弊行为、确保内部资料不被泄露等。

2. 核实信息的真实性和准确性。虚假或不准确的信息将误导信息使用者，甚至

导致决策失误，造成损失。信息收集者和传递者应加强对信息源的核实和查验，确保信息与所要表达的现象和状况保持一致，若不能真实反映所描述的经济事项，就不具有可靠性。

3. 注意信息的及时性和有效性。如果信息未能及时提供，或信息不具有相关性，或相关信息未被有效利用，都可能导致企业决策延误，经营风险增加，甚至可能使企业高层管理陷入困境。信息收集者和传递者应关注信息的及时性和相关性，以便管理者对实际情况进行及时有效的控制和矫正，从而提高信息支持决策的有效性。只有那些切合具体任务和实际工作，符合使用者需求的信息才是具有使用价值的信息。

4. 做好涉密信息的保密工作。企业内部的运营情况、技术水平、财务状况以及有关重大事项等通常涉及商业秘密，内幕信息知情者（包括董事会成员、监事、高级管理人员及其他涉及信息披露有关部门的涉密人员）都负有保密义务。这些内部信息一旦泄露，可能导致企业的商业秘密被竞争对手获知，使企业处于被动境地，甚至造成重大损失。

二、内部信息传递流程

内部信息通常以内部报告的形式传递，企业内部报告可分为定期报告和即时报告。定期报告提供企业在某一时间段内业务运转、生产经营和管理情况的周期性信息报告，通过周报、月报、季报等形式定期报告。常见的内部定期报告有生产经营统计报告、经济运行分析报告、财务会计报告、生产情况报告、人力资源报告、应收账款报告等。即时报告是企业在生产经营和管理过程中遇到的可能对企业运营产生重大影响的突发情况说明等内部资料。例如，公司下发文件、采购价格调整报告、安全事故报告、质量事故说明等。

企业应加强内部报告管理，全面梳理内部信息传递过程中的薄弱环节，建立科学的内部信息传递机制，明确内部信息传递具体要求，关注内部报告的有效性、及时性和安全性，促进内部报告的有效利用，充分发挥内部报告的作用。图 5－2 列示的是企业内部信息传递的一般流程。

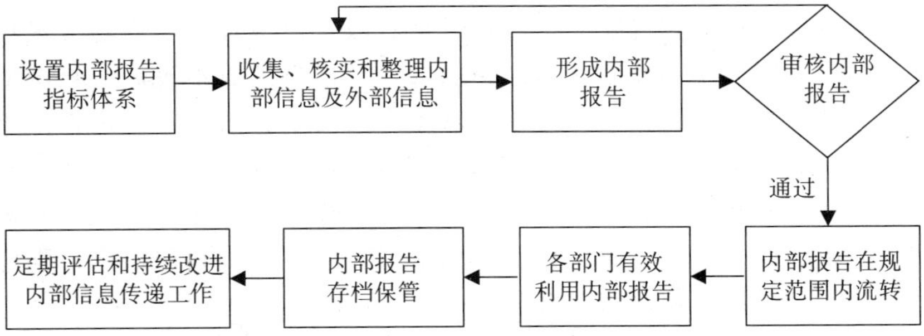

图 5－2 内部信息传递流程

三、内部报告指标设计环节的主要风险及其控制

内部报告指标体系是否科学直接关系到内部报告反映的信息是否有价值，这就要求企业根据自身发展战略、风险控制和业绩考核特点，科学制定不同级次内部报告的指标体系，合理设置关键信息指标和辅助信息指标，并与全面预算管理等相结合，采用经营快报等多种形式，全面反映与企业生产经营和管理活动相关的各种内部信息及外部信息。在设计内部报告指标体系时，企业应根据内部各“信息用户”的需求选择信息指标，以满足其经营决策、业绩考核、企业价值与风险评估的需要，并能随着环境和业务的变化不断进行修订和完善。

内部报告指标体系设计环节的主要风险有：指标体系设计未能结合企业的发展战略，指标体系级次混乱，与全面预算管理要求相脱节，或未能根据环境和业务变化作适当调整等。相应的管控措施主要有：一是认真研究企业的发展战略、风险控制要求和业绩考核标准，根据各管理层级对信息的需求和详略程度，建立一套级次分明的内部报告指标体系；二是内部报告指标确定后，企业应进行细化，层层分解，使各责任中心、相关职能部门和岗位都有自己明确的目标，以利于控制风险并进行业绩考核；三是内部报告需要依据全面预算的标准进行信息反馈，将预算控制的过程和结果向管理层报告，以有效控制预算执行情况、明确责任、考核业绩；四是企业应根据新环境和新业务的发展需要，适当调整决策部署，适时优化内部报告指标，以实现资源有效配置和管理协同效应。

四、收集内外部信息环节的主要风险及其控制

收集和整理各种内外部信息是形成内部报告的信息来源，企业应广泛收集、分析、整理内外部信息，并通过内部报告传递到企业内部相关管理层级，以便及时采取应对策略。企业可以通过行业协会组织、社会中介机构、业务往来单位、市场调查、来信来访、网络媒体以及有关监管部门等渠道，获取外部信息；通过财务会计资料、经营管理资料、调研报告、专项信息、内部刊物、办公网络等渠道，获取内部信息。

信息收集环节的主要风险有：收集的内外部信息过于散乱，重点不突出；信息收集范围界定不清，信息收集缺乏针对性；信息收集时效性差，内容准确性低，据此信息进行的决策容易误导经营活动；获取内外部信息的成本过高，经济上不划算等。相应的管控措施主要有：一是考虑信息用户的需求，信息收集过程中重点关注用户需要的信息类型和内容，按相应的标准对信息进行分类汇总；二是对收集到的信息进行筛选、审核和鉴别，确定其真实性和合理性；三是在收集信息的过程中考虑获取信息的便利性及其获取成本高低，如果需要较大代价获取信息，则应权衡其成本与使用价值，确保所获取信息符合成本效益原则。

五、内部报告形成环节的主要风险及其控制

企业各责任中心和职能部门应对收集到的有关资料数据按相应标准进行筛选和整理，根据各管理层级的信息需求和设计的指标体系，对有效数据进行分析和汇总，必要时可借助各种分析模型，以提高数据分析的科学性，在此基础上编制和审核内部报告，形成总结性结论，并提出相应的建议，从而为发展趋势、策略规划、前景预测等提供分析性支持，为企业决策提供有力保障。尽管企业内部报告种类众多，格式也不尽一致，但内部报告通常都应包括报告名、文件号、执行范围、内容、起草或制定部门、报送和抄送部门及时效要求等。

内部报告形成环节的主要风险有：内部报告未能根据内部使用单位的需求进行编制，内容不完整，编制不及时，未经审核即向有关部门传递等。相应的管控措施主要有：一是内部报告编制者应紧紧围绕使用者的信息需求，以内部报告指标体系为基础，编制内容全面、简洁明了、通俗易懂的内部报告；二是合理设计内部报告编制程序，提高编制效率，以保证信息的及时性，对于重大突发事件应以速度优先，尽快向董事会和相关人员报告；三是建立内部报告审核制度，设定审核权限，确保内部报告信息质量。企业必须对岗位与职责分工进行控制，内部报告的起草应与审核岗位分离，内部报告在传递前须经签发部门负责人审核。

六、内部报告传递环节的主要风险及其控制

内部信息传递必须及时、准确，重要信息要及时传递给董事会、监事会和经理层。正常情况下，内部报告应按职责分工和权限指引中规定的报告关系传递信息。对于重要的紧急信息，可越级向董事会、监事会或经理层直接报告，便于相关负责人迅速作出决策。

内部信息传递环节的主要风险有：缺乏内部报告传递流程，内部报告未按传递流程准确传递，内部报告流转不及时，信息流转过程缺乏记录和签字确认，不能追溯信息流转过程等。相应的管控措施主要有：一是制定内部报告传递制度。企业可根据信息的重要性、内容等特征，确定不同的流转环节；二是严格按设定的传递流程进行流转，并做好流转记录，对未按流转制度进行操作的事件，应调查原因，并做相应处理；三是对于重要信息，企业应委派专门人员对其传递过程进行复核，确保信息正确的传递给使用者；四是充分利用信息技术，强化内部报告信息集成和共享，将内部报告纳入企业统一信息平台，构建科学的内部报告网络体系；五是及时更新信息系统，确保内部报告有效安全的传递。

七、内部报告利用环节的主要风险及其控制

企业应有效利用内部报告进行风险评估，准确识别、及时分析和有效应对企业生产经营和管理活动中的内外部风险。各级管理人员应充分利用内部报告进行有效

决策，管理和指导日常生产经营活动，及时反映全面预算执行情况，协调企业内部相关部门和各单位的运营进度，对于内部报告反映出来的问题应及时解决，严格绩效考核和责任追究，促进企业实现发展战略和经营目标。

内部报告使用环节的主要风险有：一是未建立有效的决策支持系统，信息不能辅助管理决策；二是管理人员在决策时未使用内部报告信息，内部报告未能用于风险识别和控制，降低了内部报告的有效性；三是商业秘密通过内部报告被泄露，等等。相应的管控措施主要有：一是在经营分析和管理决策中充分使用内部报告提供的信息，要求各级管理人员有效利用内部报告信息对生产、购售、投资、筹资等业务进行分析，发现存在问题的，要及时查明原因并加以改进；二是在预算控制中充分使用内部报告提供的信息，将预算控制和内部报告接轨，通过内部报告及时反映全面预算的执行情况；三是将绩效考评和责任追究制度与内部报告联系起来，依据及时、准确、按规范流程提供的信息进行透明、客观的定期业绩考核，并对相关责任人进行追究惩罚；四是在风险评估中充分利用内部报告提供的信息，准确识别和系统分析企业生产经营活动中的内外部风险，涉及突出问题和重大风险的，应启动应急预案；五是从内部信息传递的时间、空间、节点、流程等方面建立控制，通过职责分离、授权接触、监督和检查等手段防止商业秘密泄露。企业应制订严格的内部报告保密制度，明确保密内容、保密措施、密级高低和传递范围，防止泄露商业秘密。

八、内部报告后续管理环节的主要风险及其控制

持续生成的内部报告会产生大量的数据信息，企业应管理好这些资料，重要数据应备份并永久保存，以便为后续的数据查寻、事件还原、责任追究等提供档案依据。这一环节的主要风险有：缺少内部报告保管制度，内部报告保管杂乱无序，重要资料的保管期限过短，保密措施不严等。相应的管控措施主要有：一是建立内部报告保管制度，指定专人负责保管；二是按类别保管内部报告，以便于查阅；三是对影响大、金额高的内部控制要严格保管，如企业重大重组方案、公司章程及相应的修改、企业债券发行方案等应永久保管；四是有条件的企业应建立电子内部报告保管库，分性质，按类别、时间、保管年限、影响程序及保密要求等分门别类地储存电子内部报告；五是制定严格的内部报告保密制度，明确保密内容、保密措施、密级高低和传递范围，防止泄露商业秘密。有关公司商业秘密的重要文件要由企业较高级别的管理人员负责，具体至少由两人共同管理，放置在专用保险箱内。查阅保密文件，必须经该高层管理人员同意，由两人分别开启相应的锁具方可打开。

为持续改进内部信息传递和利用的有效性和安全性，企业应建立内部报告评价制度，定期对内部报告是否全面、完整，内部信息传递是否及时、安全，内部信息利用是否有效等情况进行分析和评价，掌握内部信息收集、传递和利用的真实状况。企业对内部报告的评估应定期进行，一般至少每年度对内部报告进行一次评估。经

过评估发现内部报告存在缺陷的，应及时改进，并对产生缺陷的单位或个人进行教育和处罚。

思考题

1. 什么是信息？信息和数据有什么区别？
2. 沟通的基本过程是怎样的？
3. 沟通过程中的主要障碍有哪些？如何应对？
4. 如何提升信息与沟通的效率效果？
5. 在重大危机面前，为引导企业转“危”为“机”，应遵循哪些处理原则？
6. 内部报告传递过程中的主要风险有哪些？如何控制这些风险？
7. 内部报告利用过程中的主要风险有哪些？如何控制这些风险？
8. 企业应当从哪些方面建立反舞弊机制？反舞弊关注的重点在哪里？

第六章

资产业务内部控制

内部控制是由目标、要素和结构组成的三维度整合框架，结构层面包括企业整体层面的控制、业务活动层面的控制、对分支机构的控制和对子公司的控制。企业整体层面的控制是存在于企业整体范围内，对内部控制目标的实现能够产生深远影响，对业务层面的控制及其他控制的有效实施能够产生普遍影响的控制领域。企业整体层面的控制是与内部控制各要素直接相关的基础性控制，如风险管理理念、风险承受能力、全面预算管理、信息系统及沟通机制、内部监督的有效性、公司治理水平、内部机构设置和运行的有效性、对诚信和道德价值观的遵守、管理理念和经营风格、员工素质与及权责配置等，这些控制前面的章节已有讲述，此处不再赘述。在业务活动层面，企业生产经营活动一般包括货币资金、采购、存货、销货、投资、固定资产、无形资产、筹资、担保、工程项目、业务外包、财务报告等业务循环。本章重点介绍资产业务的内部控制。

第一节　业务活动控制的基本思路

不同企业在组织形式、行业特点、业务类别、经营范围、规模大小、管理模式等方面各有不同，现实中并不存在一个适用于所有企业的内部控制模式，但在主要控制活动的设计和建设中，一些基本的思路和方法值得借鉴。业务活动层面风险控制的基本思路是：首先，明确该项业务活动的内部控制目标（根据内部控制的五大目标在该业务领域的具体化和细分）；第二，针对业务控制目标分析该业务活动面临的总体风险；第三，设计业务流程，识别和分析流程各环节的风险点；第四，针对风险点，设置控制点，针对主要风险点设置关键控制点；第五，在控制点和关键控制点采取控制措施，实施控制活动；第六，定期评价该业务活动风险控制的有效性，持续改进其内部控制和风险管理水平。

一、设定业务活动控制目标

目标引领行动，任何活动都要有明确的目标。内部控制是对影响企业目标实现的各种风险因素进行分析和应对，从而帮助实现企业目标的过程。按照“目标—风险—控制”的逻辑思路，明确业务控制目标是确保业务活动风险控制有效性的前提。业务活动控制目标是业务活动控制所要达到的预期，应根据内部控制与风险管理的五大目标予以细分和具体化。

二、分析业务活动总体风险

总体风险是一项业务活动在总体层面存在的一般性风险。以销售业务为例，总体风险可能包括销售业务控制制度及程序设计缺失或存在设计缺陷、客户信用调查缺失或流于形式、客户选择不当、业务谈判可能存在舞弊、合同签订存在重大遗漏或不利于公司的条款、产品发货及运输环节问题频发、客户投诉处理不当或反馈不及时、货款回笼不及时或出现舞弊或坏账，等等。再以担保业务为例，企业办理担保业务至少应关注下列总体风险：一是对担保申请人的资信状况调查不深，审批不严或越权审批，可能导致企业担保决策失误或遭受欺诈；二是对被担保人出现财务困难或经营陷入困境等状况监控不力，应对措施不当，可能导致企业承担法律责任；三是担保过程中存在舞弊行为，可能导致调查、审批、经办等相关人员涉案或企业利益受损，等等。

总体风险对业务控制目标的实现有重要影响，是企业制定业务管理制度和设计业务流程的重要依据。

三、设计业务活动流程

现代企业管理的重要特征是规范化和制度化，而规范化和制度化的关键在于设计和执行先进适用的业务流程。企业应以流程构建为基础，规范各类活动的办理程序，将控制目标、主要风险点、控制标准、关键控制点、应对措施、部门和岗位职责权限等固化于流程之内。

（一）流程的概念及流程设计

流程可以理解为一组将输入转化为输出的相互关联或相互作用的活动，是为完成特定目标所采取的一系列动作集合体。业务流程是为实现特定业务目标而由不同的人分别共同完成的一系列活动。在业务控制目标引导下，安排若干人员采取一系列连贯衔接的活动，即每个人做一个或几个活动，这些活动环环相扣，串接起来就形成了一个活动链，即业务流程。业务流程的各项活动之间不仅有严格的先后顺序限定，而且各项活动的内容、方式、责任以及活动与活动之间在时间及空间上的转移交接等也都有明确的安排和界定。

业务流程设计是建立在合理分工和相互牵制的基础上，将业务循环管控的目标、风险点、控制点、控制手段、控制措施、职责分工等加以规范化、程序化的过程。流程设计应遵循风险导向、标准化、专业化和协同性等原则。

流程设计的基本步骤如下：

1. 明确业务活动控制目标，梳理业务活动基础信息，明确流程起点和终点，按风险导向原则，兼顾效率效果提炼流程步骤。

2. 系统梳理各专业和各项业务活动的不相容职责或岗位，明确关键职责和岗位。

3. 将流程所涉及的管理层级、部门和岗位按职责匹配到流程各步骤。

4. 明确各流程步骤所涉及的业务活动、流程接口、文档等信息。

5. 沟通协调流程中涉及的各部门，分清主体责任部门、牵头责任部门和配合部门，明确各部门责任和业务衔接，厘清工作界面，设定流程横向衔接点。

6. 沟通协调流程中涉及的上下各层级，厘清责任界面，明确流程上下对接点。

7. 填写控制目标、风险点、控制点、控制手段、控制措施、涉及岗位、岗位权限、匹配制度等信息，绘制连接线条。

8. 对流程信息的完整性、准确性进行审核，并对流程进行模拟穿行测试，检查能否走通。

（二）流程图的含义和类别

流程图是用来描述操作步骤或演算过程的独特语言，是以图例的形式，描述业务流转程序，展示责任部门和岗位，明确审核、审批关系的工具，是揭示和掌握业务操作和风险控制状况的有效方式。好的流程图清晰、直观、简洁，能够较好地理解步骤之间的逻辑关系，一般比文字叙述更具有逻辑性和启发性。

流程图主要有框图式流程图和符号式流程图两种。

1. 框图式流程图。它是用矩阵框图和直线组成的一种流程图，框图内反映所处理的内容，直线反映信息及其载体的传递；框图亦可反映信息及其载体，直线反映处理要求。框图式流程图主要用于简单的业务处理流程或组织结构关系，例如，图6－1是××高等职业技术学院请购审批流程。

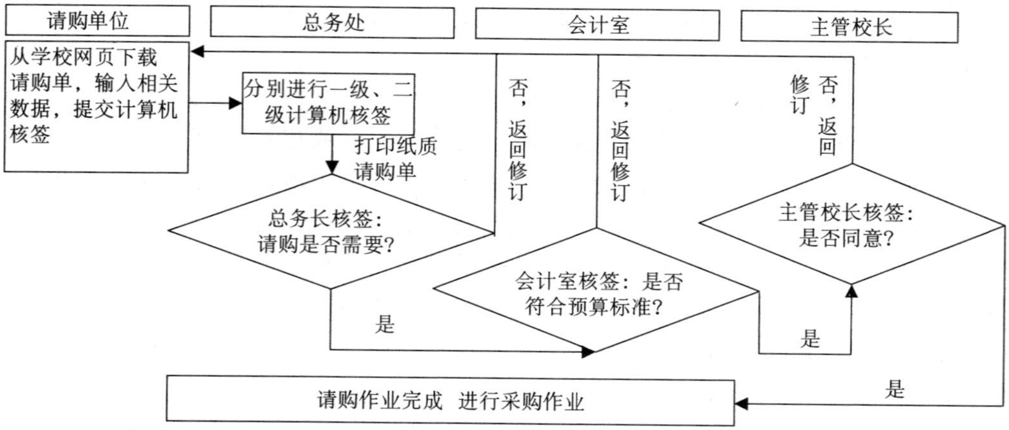

图6－1 ××高等职业技术学院请购审批流程

2. 符号式流程图。符号式流程图是用来描述业务流程或演算逻辑的独特语言，它利用具有一定意义的各种特定图形符号，以图表的方式来说明业务处理程序或演算逻辑的方法及步骤。它比框图式流程图表达的内容更全面，不仅能反映业务处理部门、人员，还能反映信息传递、变换的过程和信息载体生成、传递、记录、存档的情况，被广泛应用于业务处理程序设计中。符号式流程图要事先规定符号及其含义，并规定绘制规则，例如，表 6－1 是 ×× 有限责任公司流程图常用符号释义，图 6－2 是该公司采购费用报销业务的流程。

表 6－1　　×× 有限责任公司流程图常用符号释义

	凭证		开始/结束
	副本		处理
	账簿		输入输出
	报表		保存
	文件		暂存
	连接		注释
	准备		流程线/数据流
N Y	决策		核对
			汇总
	文字型文档		表单型文档
	下一页		上一页

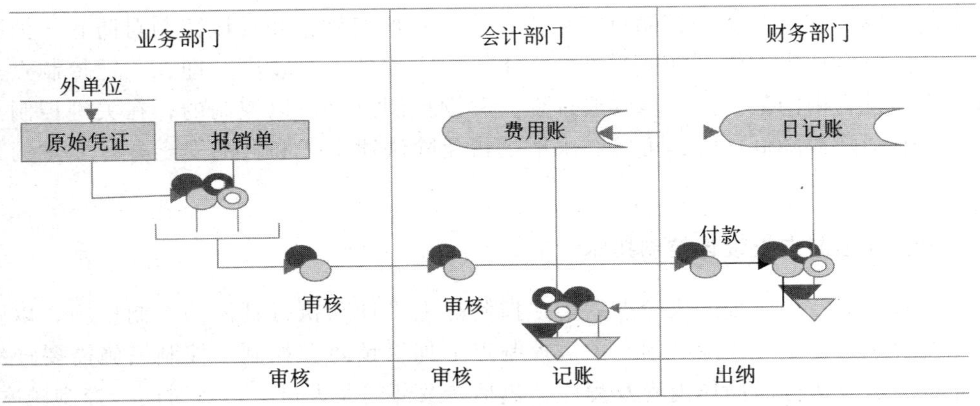

图 6－2　×× 有限责任公司采购费用报销业务的流程

（三）流程图的制作要求

流程图的制作应注意整齐与美观，可以使用 Office Visio 软件绘制，并使用统一、规范的图标。流程图的制作应符合以下要求：

1. 画线要求。每个流程图均有开始和结束（用类似椭圆的形状表示），或流程转入或转出，禁止出现死循环，流程图通常只能有一个逻辑上的起点，至少有一个逻辑上的终点；判断和决策符号用棱形表示，通常有一条流入线，至少有两条流出线，二元选择有两条流出线，多元选择有多条流出线；作业用方框表示，终止符号不可以有流出线，除了起始符号之外，每个符号必须有一条流入线。

2. 使用规范的流程图符号。目前，我们还没有全国统一的流程图符号，世界各国的流程图符号也不一致。企业可以自行设计比较实用的流程图符号，基本原则应该是简易、形象和公识，也可以使用 Office 软件常用的制图符号。

3. 流程各步骤衔接要顺畅。流程图通常以业务流程为主线，自始至终要前后衔接、流程通畅，也就是一种业务的流程从头流到尾，不能出现流不通的情况。以图 6-2 中的××有限责任公司采购费用报销业务为例，从审核外来凭证和报销单开始，到付款再到登记入账，全流程要通畅而有序。

四、针对风险点，设置控制点

按照“目标—风险—控制”的逻辑关系，针对风险点开展的控制活动，首先需要解决的问题是在哪些环节或步骤上设置控制点。风险点是影响目标的不确定性，由风险因子、潜在事件、潜在影响等构成。控制点是在流程运行过程中能抑制风险发生概率或减少风险损失，能协助业务控制目标实现，及前一步骤正确性的操作环节、步骤或过程。控制点是解决在哪些环节、步骤或过程采取措施和实施控制的问题。

主要风险必须在关键控制点上加以预防和控制，关键控制点应设置在最佳、最有效的控制点上。目前对于关键控制点的相关研究很少，ISO 22000（食品安全管理体系的国际标准）将关键控制点定义为：能够施加控制，并且该控制对防止、消除某一食品安全危害或将其降低到可接受水平是必需的某一步骤。即，关键控制点是食品生产过程中的某一点、步骤或过程；关键控制点是可以控制的；在关键控制点通过控制消除或降低危害；可接受水平是指免除法律责任和食品安全方针要求的最大危害程度。

五、在控制点上设计控制措施

针对影响目标实现的风险点需要在控制点上设计和执行具体的控制措施，以防范和化解风险，主要风险必须在关键控制点上加以预防和控制。控制措施需要详细描述每个岗位执行的操作内容及程序，包括涉及部门及人员、执行时间、控制频率、涉及表单、具体活动等内容。控制措施可按 5W1H 原则设计，详见第一章。

六、定期评估，持续改进

根据 PDCA 循环理论[①]，按“目标—现状—差异—改进”的行动逻辑，管理总是在不断地发现问题、分析问题和解决问题的循环过程中得到改进和提升。针对业务活动风险控制的效率效果，企业应定期开展控制有效性评价，分析现状，识别和认定缺陷或薄弱环节，分析各种影响因素及产生原因，针对影响因素和主要原因，提出解决问题的改进措施并持续追踪改进措施的执行和落实情况。

第二节 货币资金内部控制

货币资金，指企业在生产经营过程中处于货币形态的那部分资金，包括库存现金、银行存款和其他货币资金。库存现金是企业拥有的由出纳保管，用于日常小额支付的零用现钞；银行存款是企业存放在开户银行的货币资金；其他货币资金是除库存现金和银行存款以外的货币资金，包括外埠存款、银行本票存款、银行汇票存款、信用卡存款、信用证存款、在途货币资金等。

一、货币资金业务总体风险

货币资金具有流动性强、控制风险高等特征。很多贪污、诈骗、挪用公款等违法乱纪行为都与货币资金有关。为保证货币资金安全，提高资金使用效益，企业至少应关注下列风险：

1. 资金管理违反法律法规，可能遭受外部处罚、经济损失和信誉损失。

2. 资金管理未经适当审批或越权审批，可能因重大差错、舞弊、欺诈而导致损失。

3. 银行账户的开立、审批、使用、核对和清理不符合有关法律法规要求，可能导致受到处罚造成资金损失。

4. 资金记录不准确、不完整，可能造成账实不符或导致财务报表信息失真。

5. 有关票据遗失、变造、伪造、被盗用以及非法使用印章，可能导致资产损失、法律诉讼或信用损失。

【案例 6-1】 某公司会计、出纳分设，出纳兼任总经理秘书，所有发生管理费用的事项均由出纳办理，并由总经理签字报销。出纳为了减少跑银行的麻烦，取得现金收入后通常直接保存在保险柜，以备需要使用现金时提取，只有时间充裕的时候才将款项送存银行。有时候考虑现金放在保险柜闲着也是闲着，也出借给亲友应

---

① PDCA 循环管理最早由美国质量管理专家戴明提出，又称为“戴明环”，工作过程依次为计划（Plan）—实施（Do）—检查（Check）—改进（Act）四个阶段，工作总是在这种循环过程中得到改进和提升。

急，月末与会计对账时收回。另外，考虑到该出纳已经任职6年，从来没有发现问题，领导委以重任，将空白支票、银行预留印鉴均交由出纳保管。

要求：请分析指出公司货币资金管理是否存在问题，如有问题，请指出。

二、货币资金业务控制目标

内部控制目标是企业建立内部控制的出发点，货币资金内部控制目标是内部控制五大目标在货币资金业务中的具体化，可设定如下：

1. 货币资金业务的合规目标：有效防范货币资金业务过程中的差错和舞弊，促进其会计核算、财务收支等活动合法合规，手续齐备，符合单位内部的各项规章制度规定。

2. 货币资金业务的资产目标：保护库存现金、银行存款和其他货币资金的安全完整，防范资金被盗窃、诈骗和挪用，严防“小金库”。

3. 货币资金业务的报告目标：做好并保持各种原始记录，及时、准确、完整地记录资金活动，按会计准则要求组织会计核算，并确保相关记录、资料和信息真实完整可靠，为相关用户提供相关可靠的高质量信息。

4. 货币资金业务的运营目标：合理调度资金，有效使用资金，加快资金周转，防止或减少资金的闲置与浪费，提高资金效益，提高企业经营的效率和效果。

5. 货币资金业务的战略目标：将货币资金业务与公司战略及年度经营计划紧密联系，能与公司发展战略及经营计划相匹配，有效支持企业战略和经营计划的实施，促进公司战略的实现等。

三、货币资金业务流程设计

企业因经营特点、业务性质等的不同，其货币资金业务处理流程也有所不同。案例6-2是××公司备用金业务办理流程，涉及设立审批、定额拨付、使用报销、及时撤销等环节。

【案例6-2】 ××公司备用金业务办理流程，见表6-2。

表6-2　　××公司备用金业务办理流程

步骤	涉及部门及人员	步骤说明
1	经办人	根据项目需要，起草《项目备用金申请报告》，提交部门部长、财务部部长、会计部部长
2	部门部长	审核《项目备用金申请报告》，检查申请金额和用途是否符合项目需要，由部门部长提交总经理
3	总经理	审批《项目备用金申请报告》
4	经办人	持经总经理审批的《项目备用金申请报告》，到会计部办理备用金借款手续，详见《借款管理制度》之“1. 借款环节管理”。借款完成后建立定额备用金

续表

步骤	涉及部门及人员	步骤说明
5	经办人	使用备用金作日常、小额支出后，持相关单据到会计部办理费用报销手续，详见《费用报销管理制度》。购买设备、大批量物料采购等业务执行供应管理相关制度，不允许从备用金中开支
6	经办人	项目完成后1个月内，最长不超过3个月，起草《项目备用金撤销申请》，交部门部长
7	部门部长	确认无须继续保留备用金，审批《项目备用金撤销申请》
8	经办人	持《项目备用金撤销申请》，到会计部办理撤销备用金手续，缴回所领取的备用金，详见《现金管理制度》之“1. 现金收入管理”；如有从备用金中开支尚未报销的费用，撤销备用金同时办理费用报销手续，详见《费用报销管理制度》

四、货币资金业务的关键控制点

企业在建立与实施货币资金内部控制的过程中，应强化对下列关键点的控制：

1. 职责分工、权限范围和授权审批程序应明确规范，机构设置和人员配备应科学合理。

2. 现金、银行存款的管理应合法合规，银行账户的开立、审批、使用、核对、清理等应严格有效，现金盘点和银行对账单的核对应按规定严格执行。

3. 货币资金的会计记录应真实、准确、完整和及时。

4. 票据的购买、保管、使用、销毁等应有完整记录，银行预留印鉴和有关印章的管理应严格有效。

五、货币资金业务的职责分工和授权审批

（一）货币资金业务的职责分工

企业应建立货币资金业务的岗位责任制，明确相关部门和岗位的职责权限，确保办理货币资金业务的不相容岗位相互分离、制约和监督，任何个人不得办理货币资金业务的全过程。

货币资金业务的不相容岗位至少应包括：货币资金支付的审批与执行，货币资金的保管与盘点清查，货币资金的会计记录与审计监督，出纳岗位与稽核、会计档案保管、收入、支出、费用、债权债务等涉及货币资金收支的明细账的登记工作。

企业应配备合格人员办理货币资金业务，并结合实际情况，对办理货币资金业务的人员定期进行岗位轮换。对关键财会岗位，可实行强制休假制度，并在最长不超过5年的时间内进行岗位轮换。出纳因工作变动必须按有关规定办理业务移交手续。移交人员在办理移交时，现金、有价证券必须与账簿记录保持一致，银行存款余额要与银行对账单核对，如不一致，应编制银行存款余额调节表，并说明原因。

移交人员经管的票据、印章和其他实物等，必须填列交接清单。

出纳是货币资金业务中的重要职务，对出纳岗位的职责权限必须进行清晰的界定。

【案例6-3】 ××电网公司的出纳岗位职责说明书，如表6-3所示。

表6-3　　××电网公司岗位说明书

岗位名称	出纳	所属部门	财务部	岗位编号	02101
职　　系	辅助生产	岗　　级	9	直接上级	财务部经理

工作概要：按规定管理现金、银行存款，按规定办理货币资金的收付结算业务，及时登记现金和银行存款日记账，随时掌握银行存款余额，确保公司资金的运行安全。

在组织中的位置：

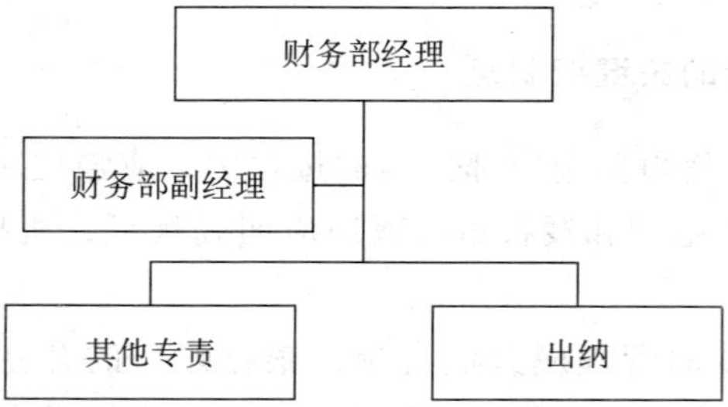

编号	工作内容与职责（按工作重要性依次排列）		权限
1	按国家现金管理、银行存款管理和财务管理的有关规定办理货币资金的收付结算业务		直接责任
2	登记现金和银行存款日记账，根据会计人员编制的“银行存款余额调节表”，及时查询差错和未达账项		直接责任
3	保管库存现金和各种有价证券，每日核对库存现金		直接责任
4	保管空白收据和空白支票，专设登记簿登记，保管收付和银行结算所需用的部分印章		直接责任
5	掌握银行存款余额的管理及监控工作		直接责任
6	完成领导交办的其他工作		
工作关系	联系对象（部门或单位）		联系主要内容
	内部关系	公司各部门、各分公司等	费用报销
	外部关系	相关银行等	业务办理

续表

任职资格	学历及专业	大专及以上学历，专业相关
	培训要求	接受过电力生产与管理、经济法律、税务实务等方面培训
	所需经验	2 年及以上本企业工作经验，其中至少 1 年及以上相关工作经验
	所需技能	● 管理技能 ● 专业技能：熟悉国家财税法律法规、财务管理、财务分析等业务 ● 计算机能力：熟练操作办公软件及财务软件 ● 其他技能
	个性特征	为人正直、责任心强、作风严谨、工作细致认真、谨慎细心、积极主动
	其他要求	身体健康、无赌博等不良嗜好
工作条件	工作场所	办公室
	工作时间	执行标准工时制
	均衡性	工作有规律性
	使用工具/设备	一般办公设备
	职业病与危险性	无危险，无职业病危险

（二）货币资金业务的授权审批

企业应建立货币资金分级授权和审批制度，并按规定权限和程序办理货币资金收支业务。审批人应在授权范围内审批，不得越权审批，大额支付应由董事会或领导班子集体审批。授权审批的方式、权限、程序、责任和相关控制措施应以书面形式公开。严禁未经授权的机构或人员办理货币资金业务或直接接触货币资金。经办人应在职责范围内，按审批意见办理货币资金业务。对越权审批的情况，经办人员有权拒绝办理，并及时向审批人的上级授权部门报告。

涉及货币资金支付的业务，应按下列流程办理：

1. 支付申请。企业有关部门或个人用款时，应提前向经授权的审批人提交货币资金支付申请，注明款项的用途、金额、预算、限额、支付方式等内容，并附有效经济合同、原始单据或相关证明。

2. 支付审批。审批人根据其职责、权限和相应程序对支付申请进行审批。对不符合规定的货币资金支付申请，审批人应拒绝批准，性质或金额重大的，还应及时报告有关部门。

3. 支付复核。复核人应对审批后的货币资金支付申请进行复核，复核货币资金支付申请的审批范围、权限、程序是否正确，手续及相关单证是否齐备，金额计算是否准确，支付方式、支付对象是否妥当等。复核无误后，交由出纳等相关负责人员办理支付手续。

4. 办理支付。出纳应根据复核无误的支付申请，按规定办理货币资金支付手续，及时登记现金和银行存款日记账。

案例6-4是某公司办理货币资金授权审批业务的一个实例。

【案例6-4】××有限责任公司货币资金业务授权审批实例

××有限责任公司货币资金收支管理制度规定：在年度预算内的资金支付，5万元以下的开支由财务处长审批；5万元至20万元的开支由总会计师审批；20万元至50万元的开支由总会计师签署意见，总经理审批；50万元以上的开支由董事会商讨决定。

某日，公司采购部门送来付款申请及相关凭证，要求按采购合同约定用转账支票支付上月采购某种货物的货款6万元。碰巧当日总会计师在外出差，负责预算内资金支付的出纳小李也因病请假，小李的个人名章和票据经财务处长同意由小王保管，但小王平时只负责日常零星开支和与银行对账，不经手支票开立事务。因此财务处长答复采购处，暂时无法支付货款。

但是采购部说按采购合同，当日若无法付款，将支付供货方一定比例的违约金。在此情况下，财务处长着手启动了特别授权程序：①立即与总会计师取得联系，说明具体情况，总会计师同意先由财务处长代签，出差回来后再办理补签手续。财务处长将总会计师的特别授权意见及时告知了相关复核人员；②财务处长授权小王暂行小李的职权，待小李病假回来后仍各归其位，各负其责；③向管理公司法定代表人图章的小张说明情况，取得其支持。至此，特别授权程序完成，采购货款得以顺利支付。

六、票据及印章管理

票据及印章管理是货币业务风险管控的一个关键控制点。企业应加强与货币资金相关票据的管理，明确各种票据的购买、保管、领用、背书转让、注销等环节的职责权限和处理程序，并专设登记簿进行记录，防止空白票据遗失和被盗用。对收取的重要票据，应留有复印件并妥善保管；不得跳号开具票据，不得随意开具印章齐全的空白支票。

企业因填写、开具失误或其他原因导致作废的票据，应按规定保存，不得随意处置或销毁。对超过法定保管期限、可销毁的票据，在履行审批手续后进行销毁，但应建立销毁清册并由授权人员监销。

企业应加强银行预留印鉴的管理。财务专用章应由专人保管，个人名章应由本人或其授权人员保管，不得由一个人保管支付款项所需的全部印章。按规定需要由有关负责人签字或盖章的经济业务与事项，必须严格履行签字或盖章手续。

七、库存现金业务的主要风险及其控制

（一）库存现金业务的主要风险

1. 贪污库存现金。常用手法有：（1）少列现金收入总额或多列现金支出总额，多余现金占为己有；（2）涂改凭证金额，将支出改大或收入改小，多余现金据为己

有；（3）使用空白发票或收据向客户开票，这种作案手法较为隐蔽；（4）撕毁票据或在收入现金时不开票，也不报账或记账，从而隐瞒收入；（5）经办人员在复写纸的下面放置废纸，利用假复写的方法，开具头尾不一致的票据，使现金存根的金额与实际支出或收入的金额不一致，从而少计收入或多计支出；（6）会计人员与其他业务人员利用承办借款事项的工作便利条件和内部控制制度上的漏洞，对借入款项不入账，并销毁借据存根，从而侵吞现金。

2. 挪用库存现金。常用手法有：（1）以职工预借差旅费、采购员预借采购款等为借口，滥用借款；（2）收入现金不及时入账，如果收入现金未制证或虽已制证但未及时登账，就给出纳提供了挪用现金的机会；（3）循环入账，例如，会计或出纳在应收账款收现后，暂不入账，而将现金挪作他用，待下一笔应收账款收现后，再抵补上一笔应收账款，并继续挪用第二笔应收账款的收现，如此循环入账；（4）白条抵库，用不符合规定的字条或单据抵充库存现金。

3. 账实不符，出现现金短款或长款等。

（二）库存现金业务的风险控制

1. 企业应加强现金库存限额的管理，建立上下限额标准，超过上限额时应及时存入开户银行，低于下限额时应及时提现补充库存。库存现金的限额一般按企业3—5天的日常零星开支的需要量确定，边远地区和交通不便地区企业的库存现金限额，可多于5天，但最长不得超过15天的日常零星开支需要。

2. 企业应根据相关规定，结合企业实际情况，确定现金收支范围和限额。不属于现金开支范围或超过现金开支限额的业务应通过银行办理转账结算。

可用现金支付的情况有：（1）职工工资、津贴；（2）个人劳务报酬；（3）根据国家规定颁发给个人的科学技术、文化艺术、体育等各种奖金；（4）各种劳保、福利费用以及国家规定的对个人的其他支出；（5）向个人收购农副产品和其他物资的款项；（6）出差人员必须随身携带的差旅费；（7）结算起点（1000元人民币）以下的零星支出；（8）中国人民银行确定需要支付现金的其他支出。

可进行现金收入的情况通常有：（1）单位或职工交回差旅费剩余款、赔偿款、备用金退回款；（2）收取不能转账的单位或个人的销售收入；（3）不足转账起点的小额收入等。

3. 企业现金收入应及时存入银行，支付现金，可从库存现金中支付或从银行提取，不得自行坐支现金。借出款项必须执行严格的审批程序，严禁擅自挪用、借出货币资金。不得用不符合财务制度的凭证顶替库存现金，即不得“白条抵库”。

4. 企业取得的货币资金收入必须及时入账，不得账外设账，严禁收款不入账。有条件的企业，可实行收支两条线和集中收付制度，加强对货币资金的集中统一管理。

5. 企业应定期和不定期地进行现金盘点，确保现金账面余额与实际库存相符。发现不符，及时查明原因，作出处理。

6. 对经常使用现金的单位或个人可建立备用金制度。备用金是拨付给非独立核算的内部单位或个人备作差旅费、零星采购、零星开支等使用的款项。备用金一般按估计需用数额拨付，支用后一次报销，多退少补，前账未清时不得继续预支。对备用金的管理，应建立严格的设置审批、定额管理、明确责任、清查盘点、报账审查等控制程序。

7. 现金收付必须依法取得或填制原始凭证，并经严格审核；收付后应在收付款凭证上加盖“现金收讫”或“现金付讫”章及出纳印章；随时根据有关凭证逐日逐笔顺序登记现金日记账，做到日清月结，账实相符。

八、银行存款业务的主要风险及其控制

（一）银行存款业务的主要风险

1. 利用工作便利，私自签发支票，擅自提现，不留存根，不记账。此类现象容易发生在支票管理制度混乱、内部控制松弛的单位。

2. 公款私存，侵吞利息或挪用单位资金。

3. 利用工作便利，非法将转账支票借给他人用于私人营利性业务结算，或将空白转账支票为他人做买卖充当抵押。

4. 将银行对账单和银行存款日记账上的同一发生额一并涂改，保持账面上的平衡。为了使账证相符，有的还涂改相应的记账凭证，掩饰从银行存款日记账中套取现金的事实。

5. 利用工作便利，用支票提出现金时，只登记银行账，不登记现金账，从而将现金占为己有。

6. 转账套现，即通过外单位银行账户套取现金。

7. 利用业务漏洞，故意漏记银行存款收入账，伺机转出转存占为已有。

8. 重支存款，利用实际支付款项时取得的银行结算凭证和有关的付款原始凭证，分别登记银行存款日记账，使得一笔业务两次报账，再利用账户余额平衡原理，采取提现不入账的手法，将款项占为已有。

9. 涂改银行存款进账单日期，利用工作便利，将以前年度会计档案中的现金送存银行的进账单日期，涂改为本年度的日期，采取重复记账的手法侵吞现金。作弊人员为了防止被发现，通常也会相应地在银行对账单上填列借方余额，或采用收款不入账的手法掩饰真相，使日记账与对账单自动平衡。

10. 将以前年度已入账转账支票的收账通知日期涂改为报账年度日期重复记账，再擅自开具现金支票提现占为已有。

11. 套取利息，利用账户余额平衡原理，采取支取存款利息不记账手法将其占为已有。这种手法，在对账单和调节表由出纳一人经管的单位很难被发现。

（二）银行存款业务的风险控制

1. 严格按有关规定，加强对银行账户的管理，严格按规定开立账户，办理存

款、取款和结算。银行账户的开立应符合企业经营管理实际需要，不得随意开立多个账户，禁止企业内设管理部门自行开立银行账户。企业应定期检查、清理银行账户的开立及使用情况，发现未经审批擅自开立银行账户或不按规定及时清理、撤销银行账户等问题，应及时处理并追究有关责任人的责任。企业还应加强对银行结算凭证的填制、传递及保管等环节的管理与控制。

2. 严格遵守银行结算纪律，不得签发没有资金保证的票据或远期支票，套取银行信用；不得签发、取得和转让没有真实交易和债权债务的票据；不得无理拒绝付款，任意占用他人资金；不得违反规定开立和使用银行账户。

3. 指定专人定期核对银行账户，每月至少核对一次，编制银行存款余额调节表，并指派对账人员以外的其他人员进行审核，确定银行存款账面余额与银行对账单余额是否调节相符。如调节不符，应查明原因，及时处理。企业应加强对银行对账单的稽核和管理。出纳不得同时从事银行对账单的获取、银行存款余额调节表的编制等工作。

4. 采用网上交易、电子支付等方式办理货币资金支付业务时，应与承办银行签订网上银行操作协议，明确双方在资金安全方面的责任与义务、交易范围等。操作人员应根据操作授权和密码进行规范操作。使用网上交易、电子支付方式的企业办理货币资金支付业务，不应因支付方式的改变而随意简化、变更支付货币资金所必需的授权审批程序。企业在严格实行网上交易、电子支付等不相容岗位相互分离的同时，应配备专人加强对交易和支付行为的审核。

九、其他货币资金业务的主要风险及其控制

其他货币资金往往不在企业本部，资金收付须经一定时间才能反映到资金控制中心，管理起来较为困难，是货币资金管理的薄弱环节，如果疏于管理，则可能出现资金流失、费用失控等问题。下面以外埠存款为例，介绍其他货币资金的内部控制重点。

1. 加强外埠存款账户设立时的审查。因经营活动需要在外埠开户时，财会部门应加强对开户的审查，重点审查设立的必要性、规范性、可控性和唯一性。只有资金收付业务频繁、持续时间较长的经营单位，才有必要开设外埠银行账户。财会部门应对外埠存款收支业务的可控性和规范性进行测试。经审查同意开设外埠账户的单位或业务，只能开设一个外埠账户，以便财会部门随时了解资金流向。

2. 明确外埠存款负责人，建立岗位责任制。企业应以规章制度或合约的形式明确外埠存款管理责任人，明确规定管理人的权责关系、授权额度、开支范围及用途等。财会部门应同时设置监控外埠存款的岗位，规范资金使用程序，及时反馈外埠存款使用的准确性和合理合法性。

3. 规范会计核算，实施必要的监控管理。外埠存款应在“银行存款”或“其他货币资金”账户中反映，不得在往来账款中核算和归类，外埠存款使用单位应建立

规范的收支记录，确保交易和支出的可追溯性和可核实性。外埠存款使用单位必须通过可靠途径，及时向财会部门传递外埠存款收支单据，确保账、款一致。出现账、款不一致时，应采取资金保全措施，冻结外埠存款账户，待查明原因、明确责任后，予以解冻。

4. 保留企业对外埠存款的统一调度权。外埠存款是企业货币资金的重要组成部分，财会部门可通过预留银行印鉴等方式，保留对外埠存款的统一调度权。外埠存款责任人虽在授权额度内有一定的管理权限，但当企业认为必要时，财会部门有权将外埠存款调回，以满足企业对资金需求和对责任人监督的需要。外派职工以个人名义设立的银行账户或信用卡属个人所有，应与企业外埠存款严格区分。

5. 坚持“收支两条线”。外埠存款账户不能作为收入账户，不能赋予外埠存款使用者以收款权，避免发生“坐支”、事后记账等现象。

6. 及时注销外埠存款。当设立外埠存款的理由不复存在或已转移时，财会部门应及时清理外埠存款，收回余款，注销账户。

十、货币资金业务的内部监督

企业应建立货币资金业务的内部监督制度，明确内部监督机构或人员的职责权限，定期和不定期地进行检查。货币资金内部监督的重点包括：

1. 相关岗位及人员的设置情况。重点检查是否存在不相容职务混岗的现象。

2. 授权审批制度的执行情况。重点检查货币资金支出的授权审批手续是否健全，是否存在越权审批行为。

3. 支付款项印章的保管情况。重点检查是否存在办理付款业务所需全部印章交由一人保管的现象。

4. 票据保管情况。重点检查票据的购买、领用、保管手续是否健全，票据保管是否存在漏洞。

对内部监督中发现的薄弱环节或缺陷问题，企业应及时采取措施，加以纠正和完善。

第三节　存货业务内部控制

存货是企业在日常活动中持有以备出售的产成品或商品、处在生产过程中的在产品、在生产过程或提供劳务过程中耗用的材料和物料，主要包括各类原材料、在产品、半成品、产成品、商品、周转材料、劳务成本等。对存放于企业，但不属于企业的存货，如受托代销、代管存货、接受委托加工、代修存货等，也应加强管理和控制。

一、存货业务总体风险

存货是企业为出售或耗用而持有的流动资产，具有流动性强、品种繁杂、存放地点分散、多种计价、易短缺或被盗等特点。存货业务主要包括验收入库、存储保管和发出等环节，涉及采购、生产、仓储、生产、销售、财会等多个部门。在存货管控中，企业至少应关注下列风险：

1. 存货业务违反国家法律法规，可能遭受外部处罚、经济损失和信誉损失。

2. 存货业务未经适当审批或越权审批，可能因重大差错、舞弊、欺诈而导致资产损失。

3. 验收程序不规范，可能导致资产账实不符和资产损失。

4. 存货保管不善，可能导致存货损坏、变质、浪费、被盗和流失等。

5. 发出存货管理不善，可能因计量、计价、记录等差错而导致账实不符。

6. 存货盘点不规范，未能及时查清资产状况并做出处理而导致信息不实，资产和利润虚增等。

二、存货业务控制目标

针对上述总体风险，存货业务的内部控制应实现如下目标：

1. 保证存货业务合法合规，符合企业内部规章制度的规定。

2. 保证各项存货（包括存放于企业，但不属于企业的存货）的安全完整。

3. 提高存货管理和利用的效率效果，加速存货资金周转，提高资金效益。

4. 保持完整的存货记录，存货会计处理符合会计准则规定，提供各种有用信息。

5. 与企业战略和年度经营计划紧密联系，使存货业务能有效支持企业战略和经营计划。

三、存货业务流程设计

存货业务涉及验收、存储、发货等环节。主要作业有组织存货验收入库，填制收料单、退料单、自制材料交库单、产品入库单等；汇总存货入库情况，编制收料汇总表、产品入库汇总表；填制领料单、材料销售单、产品出库单等并报经审批；编制发料汇总表、产品出库汇总表；进行存货盘点，登记盘盈盘亏报告表；稽核检查，定期进行账证、账账、账实核对。

企业因经营特点、行业性质等的不同，其存货业务处理流程也有所不同，现举一例，图 6－3 是制造业企业发料业务的一般流程。

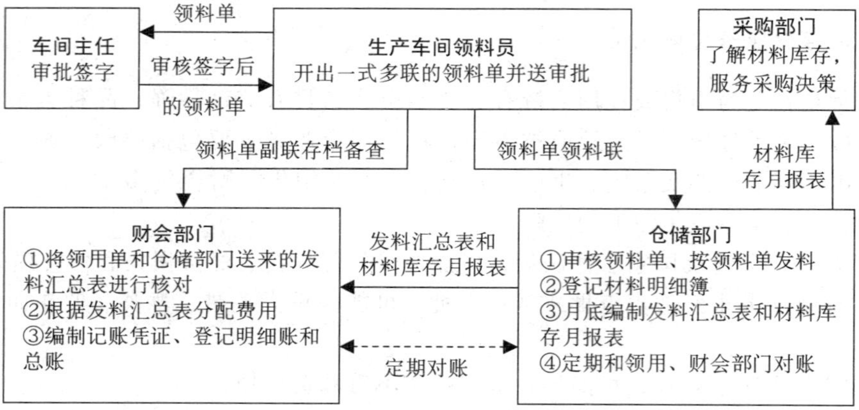

图 6-3 制造业企业发料业务的一般流程

四、存货业务的职责分工和授权审批

企业应建立健全存货业务岗位责任制，明确相关部门和岗位的职责、权限，确保不相容岗位相互分离、制约和监督。存货业务的不相容岗位主要包括：存货采购、验收与付款；存货保管与记录；存货领用的申请、审批与记录；存货处置的申请、审批与记录等。

企业应建立存货业务授权审批制度，明确授权审批方式、权限、程序、责任和相关控制措施。审批人应在授权范围内审批，不得越权审批。经办人应在职责范围内，按审批人的批准意见办理存货业务。企业应配备合格人员办理存货业务，合格人员应具备良好的业务技能和职业道德。

有条件的企业可根据业务特点及成本效益原则选用计算机系统和网络技术进行存货管控，但应注意计算机系统的有效性、可靠性和安全性，并制定防范意外事项的有效措施。

五、存货验收入库环节的主要风险及其控制

存货验收入库环节的主要风险有：验收程序不规范、标准不明确，可能导致数量克扣、以次充好、账实不符等。

企业应制定存货验收入库管理制度，保持完整的验收入库记录。与验收入库有关的证单包括收料单、退料单、自制材料交库单、产品入库单、收料汇总表等。

（一）外购存货的验收入库

企业应根据存货验收制度和经审批的订单、合同等采购文件，对外购存货或劳务进行验收。验收小组的构成应包括专门验收部门或人员、采购部门、仓储部门、请购部门及供应商等有关方面的代表。验收小组应对所购物品或劳务的品种、规格、数量、质量和技术标准等进行验收，出具检验报告、计量报告和验收证明。对验收

过程中发现的异常情况，应立即向有关部门报告，有关部门应查明原因，及时处理。

验收小组一般应实施下列验收程序：

1. 检查订货合同、入库通知单、供应商提供的材质证明、合格证、运单、提货通知单等原始单据与待检验货物之间是否相符。

2. 对拟入库存货的交货期进行检验，确定外购货物的实际交货期与订单交货期是否一致。

3. 对待验货物进行数量复核和质量检验，必要时可聘请外部专家协助进行。

4. 对数量相符、质量合格的货物办理入库手续，对经验收不符合要求的货物，应及时办理退货、换货或索赔。

5. 对不经仓储直接投入生产或使用的存货，应采取适当方法进行检验。

（二）自制存货的验收入库

拟入库的自制存货，一般由生产部门组织专人检验，只有检验合格的产成品才可作为存货办理入库手续。由生产车间发出至客户，实物不入库的产成品，应采取适当方法办理出入库手续。

对已售商品退货的入库，仓储部门应根据销售部门填写的退货凭证办理入库手续，经批准后，对拟入库商品进行验收。因产品质量发生的退货，应分清责任，妥善处理。对劣质产品，可选择修复、报废等措施。

（三）存货验收入库记录

仓储保管人员根据验收单点收所购货物的数量和质量，并填写入库单，注明供应商名称、收货日期、物品名称、数量、质量等内容。入库单一式三联，一联留存，登记仓库台账；一联交财会部门，办理结算；一联退回采购部门，与购销合同、请购单核对后归纳备案。

六、存货存储保管环节的主要风险及其控制

存储保管环节的主要风险有：存货仓储保管方法不适当、监管不严密，可能导致损坏变质、价值贬损、资源浪费等。

企业应建立存货保管制度，综合运用限制未经授权人员对财产的直接接触、财产记录、定期盘点、账实核对等措施，确保存货安全完整。

1. 存放和管理应指定专人负责并进行分类编目，严格限制其他无关人员接触存货，入库存货应及时登记，并详细标明存放地点。

2. 应按仓储物资所要求的储存条件储存，并建立健全防火、防潮、防鼠、防盗和防变质等措施。

3. 贵重物品、生产用关键备件、精密仪器和危险品的存储，应实行严格的审批制度。

4. 重视生产现场的材料、低值易耗品、半成品等物资的管理控制，防止浪费、被盗和流失。

5. 对于因业务需要分设仓库的情形，应对不同仓库间的存货流动办理出入库手续。

6. 仓储部门应建立存货台账，详细登记存货类别、编号、名称、规格型号、数量、计量单位等，并定期与财会部门就存货品种、数量、金额等进行核对。存货台账的登记依据有入库单、退库单、领料单、发货单、出库单、销售凭证等单证。台账记录不得随意修改，如确需修改入库记录，应经有效授权审批。

企业应定期对存货保管情况进行检查。

七、存货领用发出环节的主要风险及其控制

领用发出环节的主要风险有：存货领用发出审核不严格、手续不完备，可能导致货物流失等。

企业应建立严格的存货发出流程和制度，保持完整的发货记录。与发货有关的证单包括领料单、销售材料发料单、委托加工发料单、发料汇总表、产品出库单、盘盈盘亏报告表等。

发出存货需经授权审批，大批商品、贵重商品或危险品的发出应得到特别授权。为保证存货发出准确无误，仓储保管员要审核领料单，确认手续齐全，双方要检查存货品名、规格、型号、数量和质量，并签字或盖章。

生产用原材料可采用定额制，由相关部门核定消耗定额，生产部门根据定额填制限额领料单，向仓储部门领料。材料发出后，保管人员要按计划或实际价格在领料单上标明金额，登记材料台账，并转材料明细账记账员记账后，随发料汇总表定期送往财会部门。

为保证存货安全，记录正确，企业应建立内部稽核制度。财会部门应加强对仓储部门的经常性审核工作，定期进行账证、账账、账实核对。

八、存货盘点和处置环节的主要风险及其控制

盘点和处置环节的主要风险有：存货盘点清查制度不完善、计划不可行，可能导致工作流于形式、无法查清存货真实状况；存货报废处置责任不明确、审批不到位，可能导致企业利益受损，等等。

企业应制定适当的存货盘点制度，明确盘点范围、方法、人员、频率、时间等，确保及时发现存货丢失、损坏、变质等情况。企业应制定详细的盘点计划，合理安排人员、有序摆放存货、保持盘点记录的完整，及时处理盘盈、盘亏。对特殊存货，可聘请专家采用特定方法盘点。

存货盘点应及时编制盘点表，盘盈、盘亏情况要分析原因，提出处理意见，经相关部门审批后，在期末结账前处理完毕。

仓储部门应通过盘点、清查等方式全面掌握存货状况，及时发现存货的残、次、冷、背等情况。对残、次、冷、背存货，应选择合理的处置方式，经相关部门审批

后及时处置。

仓储与财会部门应结合盘点结果对存货进行库龄分析，确定是否需要计提存货跌价准备。经相关部门审批后，方可进行会计处理，并附上有关书面材料。

企业应定期对存货进行检查，及时、充分了解存货的存储状态，对于存货变质、毁损、报废或流失的处理要分清责任、分析原因、及时处理。

【案例6－5】ABC股份有限公司是生产经营电子产品的大型工业企业，为加强内部控制制度建设，聘请甲会计师事务所对其内部控制设计与运行的有效性进行审计，在对存货相关控制进行审计时，发现以下情况：

1. 在发出原材料过程中，仓库部门根据生产部门开出的领料单发出原材料。领料单必须列明所需原材料的数量和种类，以及领料部门的名称。领料单可以一料一单，也可以多料一单，通常需一式两联，仓库部门发出原材料后，其中一联连同原材料交还领部门，一联留仓库部门据以登记仓库原材料明细账。

2. 会计部门的成本会计K根据收到的生产通知单、领料单、工时记录和产成品入库单等资料，在月末编制材料费用、人工费用和制造费用分配表，以及完工产品与在产品成本分配表，经本部门的复核人员复核后，据以核算成本和登记相关账簿。

3. 由于公司存货中存在单位价值较大的生产用关键备件，所以特别规定，对于该备件的保管由仓库保管人员W专门负责，调用审批由公司生产部经理负责，转移由备件使用车间的P组长负责。

4. 公司每三个月定期对全部存货盘点一次，编制盘点表。会计部门与仓库在核对结存数量后，向管理层报告差异情况及形成原因，并在经批准后进行相应处理。

要求：请分析和判断以上情况是否存在薄弱环节，并说明理由。

第四节　固定资产业务内部控制

固定资产是企业为生产商品、提供劳务、出租或经营管理而持有的，使用寿命超过一个会计年度的有形资产，主要包括房屋、建筑物、机器、机械、运输工具，以及其他与生产经营活动有关的设备、器具、工具等。固定资产是企业生产经营的主要劳动资料，直接影响到企业的可持续发展能力。企业应制定固定资产业务流程，明确固定资产投资预算编制、取得与验收、使用与维护、处置等环节的控制要求，并设置相应的记录或凭证，如实记载各环节业务开展情况，及时传递相关信息，确保固定资产业务全过程得到有效控制，保证固定资产安全、完整、高效运行。

一、固定资产业务总体风险

固定资产业务通常涉及取得、验收移交、日常维护、更新改造和淘汰处置等环节，企业至少应关注下列总体风险：

1. 固定资产业务违反国家法律法规，可能遭受外部处罚、经济损失和信誉损失。

2. 固定资产业务未经适当审批或越权审批，可能因重大差错、舞弊、欺诈而导致资产损失。

3. 固定资产购买、建造决策失误，可能造成企业资产损失或资源浪费。

4. 固定资产使用、维护不当或管理不善，可能造成企业资产使用效率低下或资产损失。

5. 固定资产处置不当，可能造成资产损失。

6. 固定资产会计处理和相关信息不真实、不完整，可能导致企业资产账实不符或资产损失。

二、固定资产业务控制目标

针对上述总体风险，固定资产业务的内部控制应实现如下目标：

1. 保证固定资产业务合法合规，符合企业内部规章制度的规定。

2. 保证各项固定资产（包括租入和租出的固定资产）的安全完整。

3. 提高固定资产管理和利用的效率效果，提高固定资产的价值创造能力。

4. 保持完整的固定资产记录，相关会计处理符合会计准则规定，提供各种有用信息。

5. 与企业战略和年度经营计划紧密联系，使固定资产业务能有效支持企业战略和经营计划。

三、固定资产业务的职责分工和授权审批

企业应建立固定资产业务的岗位责任制，明确相关部门和岗位的职责、权限，确保不相容岗位相互分离、制约和监督。同一部门或个人不得办理固定资产业务的全过程。固定资产业务不相容岗位至少包括：固定资产投资预算的编制与审批，审批与执行；固定资产采购、验收与款项支付；固定资产投保的申请与审批；固定资产处置的申请与审批，审批与执行；固定资产取得与处置业务的执行与相关会计记录。

企业应配备合格人员办理固定资产业务，合格人员应具备良好的业务素质和职业道德。

企业应对固定资产业务建立严格的授权审批制度，明确授权审批的方式、权限、程序、责任和相关控制措施，规定经办人的职责范围和工作要求。严禁未经授权的机构或人员办理固定资产业务。

审批人应在授权范围内审批，不得越权审批。经办人在职责范围内，应按审批人的批准意见办理。对审批人越权审批的情况，经办人员有权拒绝办理，并及时向上级部门报告。

四、固定资产取得与记录环节的主要风险及其控制

固定资产业务通常可分为取得、记录、验收移交、日常维护、更新改造和淘汰处置等环节。

图6－4是××公司固定资产取得流程，取得环节的主要风险有：固定资产投资不科学，可能造成设备闲置或浪费；新增固定资产验收程序不规范，可能导致资产质量不符要求、进而影响资产运行；固定资产登记内容不完整，可能导致资产流失、资产信息失真、账实不符，等等。

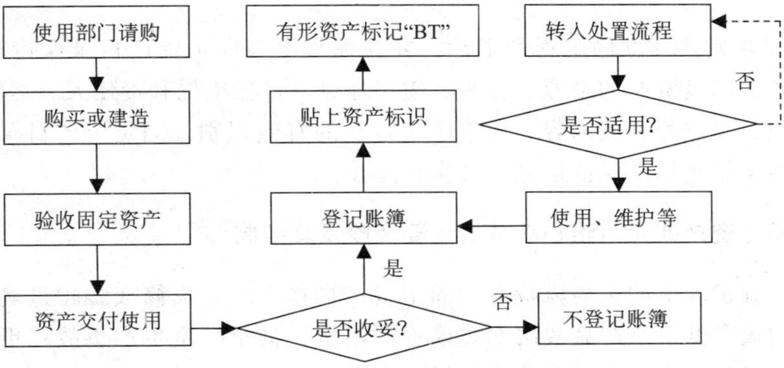

图6－4　××公司固定资产取得流程

针对上述风险，相应的控制措施如下：

1. 建立并严格执行固定资产预算管理制度。对预算内固定资产投资，应严格按预算执行进度办理相关手续；超预算或预算外固定资产投资，应由相关部门提出申请，经严格审批后办理。

2. 根据使用情况、生产经营、发展战略等因素拟定固定资产投资项目建议书，进行可行性研究，并按规定程序审批，确保固定资产投资决策科学合理。重大固定资产投资项目，可组织独立第三方进行可行性研究与评价，并由企业实行集体决策和审批，防止出现决策失误而造成严重损失。

3. 外购固定资产需要请购与审批，明确请购部门和审批人员职责权限及请购与审批程序。固定资产采购过程应规范、透明。一般固定资产采购，应由采购部门充分了解和掌握供应商情况，采取比质比价的办法确定供应商；重大固定资产采购，应采取招投标方式进行。

4. 企业应建立严格的固定资产交付验收制度，确保数量、质量等符合使用要求。验收工作由固定资产管理部门、使用部门及相关部门共同实施。外购固定资产，应根据合同、供应商发货单等对所购固定资产品种、规格、数量、质量、技术要求等进行验收，出具验收单或验收报告。验收合格后方可投入使用。自行建造的固定资产，应由制造部门、管理部门、使用部门共同填制固定资产移交使用验收单，移

交使用部门使用。对尚未及时办理竣工验收手续，但已达到预定可使用状态的固定资产，应按暂估价及时将在建工程转为固定资产核算。投资者投入、接受捐赠、债务重组、企业合并、非货币性资产交换等方式取得的固定资产均应办理验收手续。验收合格的固定资产应及时办理入库、编号、建卡、分配等手续。需要办理产权登记手续的固定资产，应及时到相关部门办理。对经营租赁、借用、代管的固定资产应设立登记簿记录备查，避免与本企业财产混淆。

5. 编制固定资产目录，列明固定资产编号、名称、种类、所在地点、使用部门、责任人、数量、账面价值、使用年限、损耗等内容，以便了解固定资产使用情况的全貌。

6. 按单项资产建立固定资产卡片，并在编号上与固定资产目录保持对应关系，详细记录各项固定资产的来源、验收、使用地点、责任单位和责任人、运转、维修、改造、折旧、盘点等相关内容，便于固定资产的有效识别。固定资产目录和卡片均应定期或不定期复核，保证信息的真实和完整。

五、固定资产使用与维护环节的主要风险及其控制

使用与维护环节的主要风险有：固定资产操作不当、失修或维护过剩，可能造成资产使用效率低下、产品残次率高或资源浪费，甚至发生生产事故；更新改造不够，可能造成固定资产老化、缺乏市场竞争力；固定资产投保制度不健全，可能导致应投保资产未投保、索赔不力，不能有效防范资产损失风险，等等。

针对上述风险，相应的控制措施如下：

1. 使用部门会同资产管理部门负责固定资产日常维修、保养，将资产日常维护流程体制化、程序化、标准化，定期检查，及时消除风险，提高固定资产的使用效率，切实消除安全隐患。

2. 使用部门及管理部门建立固定资产运行管理档案，并据以制定合理的日常维修和大修理计划，并经主管领导审批。

3. 实物管理部门审核施工单位资质和资信，并建立管理档案；修理项目应分类，明确需要招投标项目。修理完成，由施工单位出具交工验收报告，经资产使用和实物管理部门核对工程量并审批。重大项目应专项审计。

4. 关键设备的操作人员上岗前应由具有资质的技术人员对其进行充分的岗前培训，特殊设备实行岗位许可制度，需持证上岗，必须对资产运转进行实时监控，保证资产使用流程与既定操作流程相符，确保安全运行，提高使用效率。

5. 定期对固定资产技术先进性评估，结合盈利能力和企业发展可持续性，资产使用部门根据需要提出技改方案，与财务部门一起进行预算可行性分析，并且经过管理部门的审核批准。固定资产更新有部分更新与整体更新两种情形，部分更新的目的通常包括局部技术改造、更换高性能部件、增加新功能等方面，需权衡更新活动的成本与效益综合决策；整体更新主要指对陈旧设备的淘汰与全面升级，更侧重

于资产技术的先进性，符合企业的整体发展战略。

6. 管理部门需对技改方案实施过程适时监控、加强管理，有条件企业建立技改专项资金并定期或不定期审计。

7. 依据会计准则，结合企业实际，确定计提折旧的固定资产范围、方法、年限、净残值率等。折旧政策一经确定，除符合会计准则规定的情况外，未经审批，不得随意变更。

8. 确定固定资产投保范围和政策，由管理部门提出投保申请，按规定程序审批后，办理投保手续。必要时，可采取招标方式确定保险公司。已投保固定资产因增减、转移及处置等原因而发生变动时，应提出变更申请，经授权人员审批后办理投保、转移、解除等保险手续。

六、固定资产清查与处置环节的主要风险及其控制

企业应定期对固定资产进行清查，发现账实不符的情况应及时处理。这一环节的主要风险有：固定资产丢失、毁损等造成账实不符，或资产贬值严重；固定资产抵押制度不完善，可能导致抵押资产价值低估和资产流失；固定资产处置方式不合理，可能造成企业经济损失，等等。

针对上述风险，相应的控制措施如下：

1. 财务部门组织固定资产使用部门和管理部门需定期进行清查。清查前，应保证管理部门、使用部门和财会部门进行固定资产账簿记录的核对，保证账账相符。盘点结果应填写固定资产盘点表，并与账簿记录核对。如有账实不符，应编制固定资产盘盈、盘亏表。

2. 清查结束后，清查人员需要编制清查报告，管理部门需就清查报告进行审核，确保真实性、可靠性。清查过程中发现的盘盈（盘亏），应分析原因，追究责任，妥善处理，报告审核通过后及时调整固定资产账面价值，确保账实相符，并上报备案。

3. 管理部门和使用部门对未使用、不需用或使用不当的固定资产应及时提出处理措施，报授权人员审批后实施。对封存固定资产，应指定专人负责日常管理，定期检查，确保资产完整。

4. 如有固定资产抵押、质押，应加强管理，明晰程序和审批权限等，确保资产抵押、质押经过授权审批及适当程序。同时，应做好相应记录，保障企业资产安全。财务部门办理资产抵押时，如需要委托专业中介机构鉴定评估固定资产的实际价值，应会同金融机构有关人员、固定资产管理部门、固定资产使用部门现场勘验抵押品，对抵押资产的价值进行评估。对于抵押资产，应编制专门的抵押资产目录。

5. 至少在每年年末由管理部门和财会部门对固定资产进行检查、分析。固定资产存在减值迹象的，应进行减值测试；可收回金额低于账面价值的，应计提减值准备，确认减值损失。

6. 建立固定资产处置制度，确定处置范围、标准、程序和审批权限等，确保固定资产合理利用。企业应区分固定资产不同的处置方式，采取相应控制措施。对使用期满、正常报废的固定资产，应由使用部门或管理部门填制固定资产报废单，经授权人员审批后进行报废清理。对使用期限未满、非正常报废的固定资产，应由使用部门提出报废申请，注明报废理由、估计清理费用和可回收残值、预计出售价值等。企业应组织有关部门进行技术鉴定，按规定程序审批后进行处置。对拟出售或投资转出的固定资产，应由有关部门或人员提出处置申请，列明原价、已提折旧、预计使用年限、已使用年限、预计出售价格或转让价格等，报经授权人员审批后出售或转让。固定资产内部调拨，应填制内部调拨单，明确调拨时间、调拨地点、编号、名称、规格、型号等，经有关负责人审批通过后，及时办理调拨手续。固定资产调拨的价值应由财会部门审批。

7. 固定资产处置应由独立于使用部门和管理部门的其他部门或人员办理。处置价格应选择合理的方式，经授权人员审批后确定。如有必要，可委托中介机构进行资产评估。重大固定资产应由董事会或领导班子集体审批。

8. 固定资产处置涉及产权变更的，应及时办理产权变更手续。出租、出借固定资产，应由管理部门会同财会部门按规定报经审批后办理，并签订合同，对固定资产出租、出借期间的维护保养、税赋责任、租金、归还期限等进行约定。对固定资产处置及出租、出借收入和发生的相关费用，应及时入账，保持完整的记录。

图 6－5 是××公司固定资产处置业务流程。

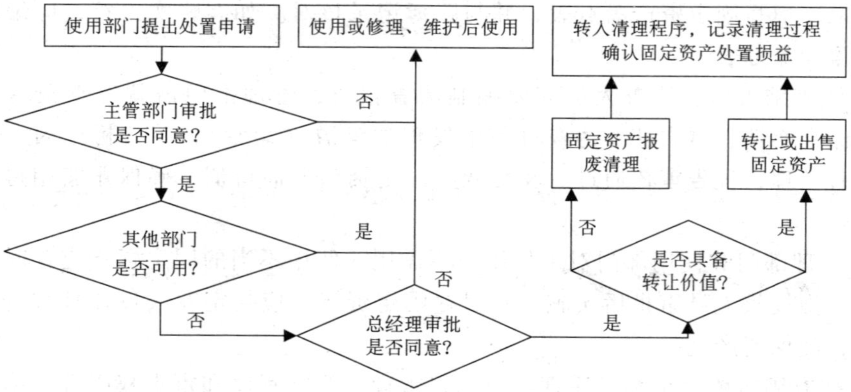

图 6－5 ××公司固定资产处置业务流程

第五节 无形资产业务内部控制

无形资产是企业拥有或控制的没有实物形态的可辨认非货币性资产，包括专利权、非专利技术、商标权、著作权、特许权、土地使用权等。无形资产对提升企业创新能力和核心竞争力具有重要作用。企业应加强管理，对无形资产取得、验收、使用、保护、评估、技术升级、处置等环节的主要风险进行全面梳理，采取有效措施，确保无形资产业务全过程得到有效控制，以保护资产安全，提高使用效率。

一、无形资产业务总体风险

无形资产业务涉及取得无形资产、验收并落实权属、使用和安全防范、技术升级与更新换代、处置与转移等环节。无形资产业务的总体风险至少包括以下方面：

1. 取得的无形资产不具先进性或权属不清，可能导致企业资源浪费或引发法律诉讼。

2. 无形资产使用效率低下，效能发挥不到位；缺乏严格的保密制度，致使体现在无形资产中的商业机密泄露；由于商标等无形资产疏于管理，导致其他企业侵权，严重损害企业利益。

3. 无形资产内含的技术未能及时升级换代，导致技术落后或存在重大技术安全隐患。

4. 无形资产长期闲置或低效使用，就会逐渐失去其使用价值；无形资产处置不当，往往造成企业资产流失。

5. 无形资产会计处理和相关信息不真实、不完整，可能导致企业资产账实不符或资产损失。

二、无形资产业务控制目标

针对上述总体风险，无形资产业务的内部控制应实现如下目标：

1. 保证无形资产业务合法合规，符合企业内部规章制度的规定，特别是符合保密性规定。

2. 保证各项无形资产（包括租入和租出的无形资产）的安全完整，权属清晰。

3. 保证无形资产的先进性，提高利用的效率效果，提高无形资产的价值创造能力。

4. 保持完整的记录，保证无形资产会计处理符合会计准则规定，提供各种有用信息。

5. 与企业战略和年度经营计划紧密联系，使无形资产资产业务能有效支持企业战略和经营计划。

三、无形资产业务流程设计

无形资产业务流程包括无形资产的取得、验收并落实权属、自用或授权其他单位使用、安全防范、技术升级与更新换代、处置与转移等环节。主要作业有编制无形资产投资预算、拟定研发方案、进行可行性论证、确定权属关系、进行所有权登记、签订技术保密协议、技术适用性评估、技术升级、无形资产处置等。图6－6是无形资产业务的一般流程。

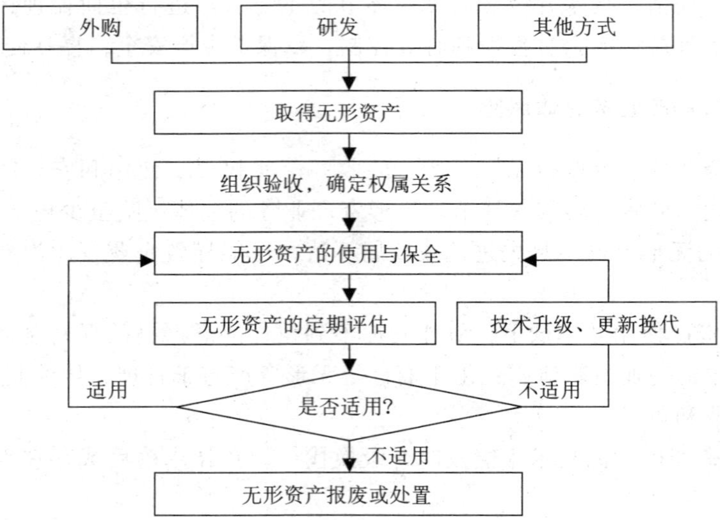

图 6－6　无形资产业务的一般流程

四、无形资产业务的职责分工和授权审批

企业应建立无形资产业务的岗位责任制，明确相关部门和岗位的职责、权限，确保不相容岗位相互分离、制约和监督。同一部门或个人不得办理无形资产业务的全过程。无形资产业务不相容岗位至少包括：无形资产投资预算的编制与审批；无形资产投资预算的审批与执行；无形资产取得、验收与款项支付；无形资产处置的审批与执行；无形资产取得及处置业务的执行与相关会计记录；无形资产的使用、保管与会计处理。

企业应配备合格人员办理无形资产业务。合格人员应具备良好的业务素质和职业道德。

企业应建立无形资产业务授权审批制度，明确授权批准的方式、权限、程序、责任和相关控制措施，规定经办人的职责范围和工作要求。严禁未经授权的机构或人员办理无形资产业务。审批人应在授权范围内进行审批，不得越权审批。重大无形资产的购置、升级或处置决策，应由董事会或领导班子集体审批。经办人在职责范围内，按审批人的批准意见办理无形资产业务。对审批人越权审批的情况，经办人有权拒绝办理，并及时向上级部门报告。

五、无形资产取得与验收环节的主要风险及其控制

无形资产取得与验收环节的主要风险有：无形资产投资不科学，可能造成闲置或浪费；取得的无形资产不具先进性，或权属不清，可能导致企业资源浪费或引发

法律诉讼。

针对上述风险，相应的控制措施如下：

1. 建立无形资产预算制度。根据使用效果、生产经营、发展目标等拟定无形资产投资项目，进行可行性研究，编制无形资产投资预算，并按规定程序审批，确保相关决策科学合理。对重大无形资产投资项目，应考虑聘请独立第三方进行可行性研究与评价，并实行董事会或领导班子集体审批，防止出现决策失误而造成严重损失。严格执行无形资产投资预算，对于预算内无形资产投资项目，有关部门应严格按预算执行进度办理相关手续；对超预算或预算外无形资产投资项目，应由相关责任部门提出申请，经审批后办理相关手续。

2. 外购无形资产应建立请购与审批制度，明确请购部门和审批人员的职责权限及相应的请购与审批程序。无形资产采购过程应规范、透明。对一般无形资产采购，应由采购部门充分了解和掌握供应商情况，采取比质比价的办法确定供应商；重大无形资产采购，应采取招标方式进行；对非专有技术等非公开性无形资产，还应注意采购过程中的保密保全措施。

3. 建立严格的无形资产交付使用验收制度，明确无形资产的权属关系，及时办理产权登记手续。验收工作由无形资产管理部门、使用部门及相关部门共同实施。外购无形资产，必须仔细审核有关合同协议等法律文件，及时取得无形资产所有权的有效证明文件，必要时应听取专业人员或法律顾问的意见，同时特别关注外购无形资产的技术先进性；自行开发的无形资产，应由研发部门、无形资产管理部门、使用部门共同填制无形资产移交使用验收单，移交使用部门使用；购入或以支付土地出让金方式取得的土地使用权，必须取得土地使用权的有效证明文件。除已确认为投资性房地产外，在尚未开发或建造自用项目前，应根据合同、土地使用权证办理无形资产验收手续。对投资者投入、接受捐赠、债务重组、政府补助、企业合并、非货币性资产交换等方式取得的无形资产均应办理验收手续。

4. 对验收合格的无形资产应及时办理编号、建卡、调配等手续。对需要办理产权登记手续的无形资产，应及时到相关部门办理。根据国家及行业有关要求和经营管理需要，确定无形资产分类标准和管理要求，并建立无形资产目录。当无形资产权属关系发生变动时，应按规定及时办理权证转移手续。

六、无形资产使用与保全环节的主要风险及其控制

使用与保全环节的主要风险有：无形资产使用效率低下，效能发挥不到位；缺乏严格的保密制度，致使体现在无形资产中的商业机密泄露；由于商标等无形资产疏于管理，导致其他企业侵权，严重损害企业利益。

针对上述风险，相应的控制措施如下：

1. 强化无形资产使用过程的风险管控，充分发挥无形资产对提升企业产品质量和市场影响力的重要作用。

2. 建立健全无形资产核心技术保密制度，严格限制未经授权人员直接接触技术资料，对技术资料等无形资产的保管及接触应保有记录，实行责任追究，保证无形资产的安全与完整。

3. 对侵害本企业无形资产的，要积极取证并形成书面调查记录，提出维权对策，按规定程序审核并上报。

4. 依据会计准则，结合企业实际，确定无形资产摊销范围、摊销年限、摊销方法、残值等。摊销方法一经确定，不得随意变更。确需变更的，应遵循会计准则，按规定程序审批。

5. 定期或至少在每年末，由无形资产管理部门和财会部门对无形资产进行检查、分析。存在减值迹象的，应计算可收回金额；可收回金额低于账面价值的，应计提减值准备，确认减值损失。

七、无形资产升级或处置环节的主要风险及其控制

无形资产技术升级与更新换代环节的主要风险有：无形资产内含的技术未能及时升级换代，导致技术落后或存在重大技术安全隐患。相应的控制措施有：定期对专利、专有技术等无形资产的先进性进行评估。发现某项无形资产给企业带来经济利益的能力受到重大不利影响时，应考虑淘汰落后技术，同时加大研发投入，不断推动企业自主创新与技术升级，确保企业在市场经济竞争中始终处于优势地位。

无形资产处置环节的主要风险有：无形资产长期闲置或低效使用，就会逐渐失去其使用价值；无形资产处置不当，往往造成企业资产流失。相应的控制措施有：建立无形资产处置制度，明确无形资产处置的范围、标准、程序和审批权限等要求。无形资产的处置应由独立于无形资产管理部门和使用部门的其他部门或人员按规定权限和程序办理；应选择合理的方式确定处置价格，并报经企业授权部门或人员审批；重大无形资产处置，应当委托具有资质的中介机构进行资产评估，并经董事会或领导班子集体审批。

无形资产处置应区分不同情况采取相应的控制措施。使用期满、正常报废的无形资产，应由使用部门或管理部门填制无形资产报废单，经授权部门或人员批准后进行报废清理。使用期限未满、非正常报废的无形资产，应由使用部门提出报废申请，注明报废理由、估计清理费用和可回收残值、预计出售价值等。组织有关部门进行技术鉴定，按规定程序审批后进行报废清理。拟出售或投资转出的无形资产，应由有关部门或人员提出处置申请，列明原价、已提摊销、预计使用年限、已使用年限、预计出售价格或转让价格等，报经授权部门或人员批准后出售或转让。企业出租、出借无形资产，应由管理部门会同财会部门按规定报经批准后办理，并签订合同，对出租、出借期间所发生的维护保全、税赋责任、租金、归还期限等进行约定。对无形资产处置及出租、出借收入和相关费用，应及时入账，保持完整的记录。

思考题

1. 在业务活动层面，企业实施控制活动的基本思路是怎样的？
2. 设计业务活动流程图应注意哪些事项？
3. 设计业务活动流程图的基本步骤有哪些？
4. 什么是风险点？什么是控制点？什么是关键控制点？
5. 控制点和控制措施有什么区别？
6. 如何设定货币资金业务活动的控制目标？
7. 库存现金业务的主要风险点有哪些？如何控制？
8. 银行存款业务的主要风险点有哪些？如何控制？
9. 存货验收入库的主要风险点有哪些？如何控制？
10. 存货盘点环节的主要风险点有哪些？如何控制？
11. 固定资产业务中，应予以分离的不相容职务有哪些？
12. 相对固定资产而言，无形资产的内部控制有哪些特殊要求？

第七章

购销及投融资业务内部控制

采购、销售、投资及筹资等业务循环是企业的核心业务，也是差错和舞弊频发的高风险领域，企业应高度重视相关风险控制。在业务活动层面企业应围绕控制目标、业务流程、风险点、控制点、控制措施、持续监督等关键词开展控制活动。

第一节　采购业务内部控制

采购是企业取得外购材料、商品或劳务并支付价款的过程，是生产经营中的重要环节。采购质量和价格在一定程度上影响着企业的生存与发展。采购业务和存货管理、生产活动及销售活动等紧密相关，业务发生频繁、交易金额大、运行环节多，容易产生管理漏洞，企业必须加强采购过程的管理和控制。

一、采购业务总体风险

采购业务的类别多种多样，按采购对象分，有货物采购和服务采购；按采购地区分，有国内采购与国外采购；按采购方式分，有直接采购、委托采购与招标采购；按约定方式分，有订约采购、口头或电话采购；按定价方式分，有招标采购、询价现购、比价采购、议价采购、定价采购及市场采购；按采购数量分，有大宗采购和零星采购，等等。

在采购过程中，企业至少应关注下列总体风险：

1. 采购行为违反国家法律法规或部门规章，可能遭受外部处罚、经济损失或信誉损失。

2. 采购未经适当审批或越权审批，可能因重大差错、舞弊、欺诈而导致损失。

3. 请购依据不充分、不合理，审批程序不规范、不正确，可能导致企业资产损失、资源浪费或发生舞弊。

4. 询价与采购不规范，可能由于业务经办人员舞弊、腐败、渎职等行为的发生而导致企业资金损失，或信用受损，或采购物品质量达不到合同要求。

5. 付款方式不恰当、执行有偏差，可能导致企业资金损失或信用受损。

二、采购业务控制目标

针对上述风险，为确保采购业务合法合规、有序高效，采购业务的内部控制应实现如下目标：

1. 促进采购业务合法合规。采购业务必须符合国家法律法规和企业内部各项规章制度的要求，有效预防差错和舞弊行为的发生。

2. 保证采购过程中相关资产安全完整。既要保证企业所购货物安全完整、保质保量地运达企业，又要保证应付账款的真实性和货款支付的严密性。

3. 提高采购业务的效率和效益。采购必须适应企业生产、销售和管理的需要，既要避免重复采购、盲目采购，也要避免因采购不及时而影响生产经营的正常运行。在满足需要的前提下，要合理决策，努力降低采购成本，减少采购资金占用和采购环节的损失，提高采购业务的经济效益。

4. 采购业务报告目标。按会计准则及相关规章制度的规定，及时、准确、完整地记录采购和付款过程，保证信息质量，为使用者提供真实、准确和完整的相关信息。

5. 与企业战略和年度经营计划紧密联系，使采购业务能有效支持企业战略和经营计划。

三、采购业务流程设计

采购是企业生产经营的起点，是“实物流”和“资金流”交织的经营活动。不同企业有不同的采购方式，其业务流程也不尽相同。采购业务一般涉及请购与审批、询价与采购、结算与付款等环节，主要作业有编制请购单并报经审批、编制采购计划、进行采购询价、确定供应商、签订采购合同、预付货款、组织送货、货款结算、应付账款记录、与供应商对账等。采购流程要能较好地保证物资和劳务供应顺畅，并能与生产和销售等环节紧密衔接。

采购业务环节虽不复杂，但蕴藏着大量风险。在采购流程设计过程中，企业应对采购业务管理现状进行全面分析与评价，系统梳理采购业务各环节的控制目标、风险点、控制点、控制手段、控制措施、部门职责、涉及岗位、岗位权限、匹配制度等信息，将这些信息固化于流程之内。

图 7－1 是采购业务的一般流程，表 7－1 是×××高等学校的采购业务流程。

四、采购业务职责分工和授权审批

企业应建立采购业务的岗位责任制，明确相关部门和岗位的职责权限，确保不相容岗位相互分离、制约和监督。同一部门或个人不得办理采购业务的全过程。采购业务不相容岗位至少应包括：请购与审批；询价与确定供应商；采购合同的订立与审查；采购与验收；采购、验收与相关会计记录；付款审批与付款执行。

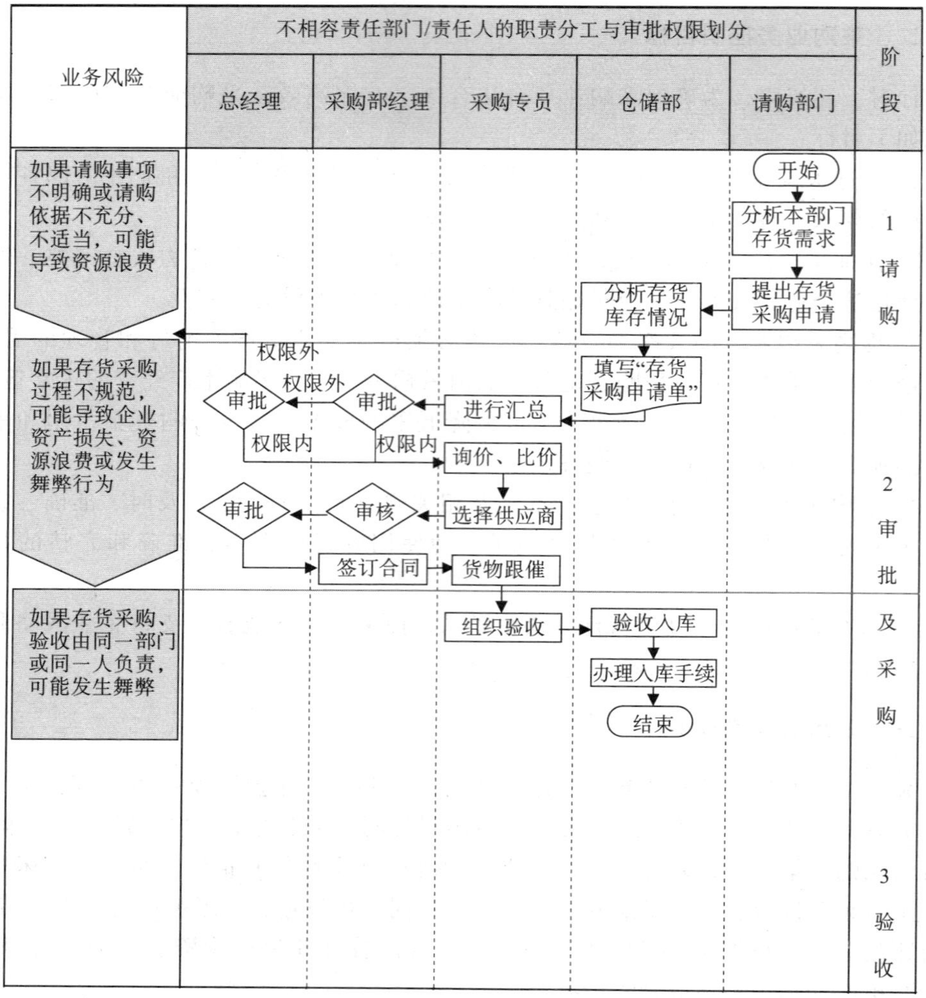

图 7－1　采购业务的一般流程

表 7－1　　　×××高等学校的采购业务流程

流程＼金额		小额采购 未达 1 万元（不含 1 万元）	大额采购 1 万元以上（含 1 万元）	备 注
请购	请购单	需求单位填制请购单，列明需购物品的品名、规格、质量及数量等	需求单位填制请购单，列明需购物品的品名、规格、质量及数量等（一般不得指定品牌，通常不得为独家厂商商品）	
	询价人	总务处		
	审查人	会计室		
	核定人	校　长		

续表

<table>
<tr><td colspan="2">金额
流程</td><td>小额采购
未达1万元（不含1万元）</td><td>大额采购
1万元以上（含1万元）</td><td>备 注</td></tr>
<tr><td rowspan="3">采购</td><td rowspan="2">办理
方式</td><td>直接采购</td><td>公开招标</td><td rowspan="2"></td></tr>
<tr><td>请购单应附参考报价单；采购人员需提供三家以上的估价单，并进行比质比价程序；确定供货商应经总务处长同意</td><td>公告招标，明确招标范围、标准、实施程序和评标规则等。参与招标的人员应保守商业秘密，不得接受投标人的吃请、礼品、礼金等</td></tr>
<tr><td>招标人</td><td>无</td><td>总务处长</td><td></td></tr>
<tr><td colspan="2">签 约</td><td>无</td><td>合 同</td><td></td></tr>
<tr><td colspan="2">验 收</td><td colspan="3">总务处召集请购单位、使用单位、财务处等相关单位的人员参与会验，清点采购财物的规格、质量、数量等是否符合合同约定，并填制验收报告单。</td></tr>
<tr><td colspan="2">结 算
付 款</td><td colspan="3">依据验收报告单、请购单、采购合同等办理货款结算，支付或拒付货款。结算和付款办理应注意供货商可能给予的商业折扣、现金折扣、销售折让等。</td></tr>
</table>

企业应配备合格人员办理采购业务。办理采购业务的人员应具备良好的业务素质和职业道德。企业应根据具体情况对办理采购业务的人员进行岗位轮换。

企业应建立采购业务的授权和审批制度，对采购申请、采购计划、询价谈判、合同签订、结算付款等进行授权审批，明确授权审批的方式、权限、程序、责任和相关控制措施，规定经办人办理业务的职责范围和工作要求。审批人员应根据授权审批制度，在授权范围内审批，不得越权审批。

经办人应在职责权限内，按审批人的批准意见办理采购业务。对审批人越权审批的事项，经办人有权拒绝办理，并及时向审批人的上级授权部门报告。严禁未经授权的机构或人员办理采购业务。

对重要的和技术性较强的采购业务，企业应组织专家论证，实行集体决策和审批，防止决策失误。信息化技术较为先进的企业，采购职责权限可相对集中，以提高采购效率，堵塞管理漏洞，降低成本和费用。

企业应加强对购买、验收、付款业务的会计系统控制，详细记录供应商、采购申请、采购合同、采购通知、验收证明、入库凭证、退货情况、商业票据、款项支付等情况，确保会计记录、采购记录与仓储记录核对一致。指定专人定期与供应商对账，对供应商异议应及时查明原因，报经批准后，做出相应调整。

五、请购与审批环节的主要风险及其控制

请购与审批环节的主要风险有：缺乏采购申请制度，请购未经适当审批或超越授权审批，可能导致采购物资过量或短缺；需求或采购申请不合理、不按实际需求安排采购或随意超计划采购，甚至与企业生产经营计划不协调，等等。

针对上述风险，可以相应地采取以下控制措施：

1. 生产、经营、项目建设等部门，应当根据实际需求及时、准确地编制需求计划。需求部门提出需求计划时，不能指定或变相指定供应商。对独家代理、专有、专利等特殊产品应提供相应的独家、专有资料，经专业技术部门研讨后，经具备相应审批权限的部门或人员审批。

2. 采购计划是企业年度生产经营计划的重要内容，企业应根据发展目标实际需要，结合库存和在途情况，科学安排采购计划，防止采购过高或过低。

3. 采购计划应纳入采购预算管理，经相关负责人审批后，作为企业刚性指令严格执行。

4. 建立请购制度，依据购买物资或接受劳务的类型，确定归口管理部门，授予相应的请购权，明确相关部门或人员的职责权限及相应的请购程序。请购单应明确采购类别、质量等级、规格、数量、相关要求和标准、到货时间等。请购单通常一式三联，经审批后，一联退请购部门，以示答复；一联交财会部门筹备资金和备查；一联交采购部门作为编制采购计划和签订购销合同的依据。

5. 请购部门对于预算内采购项目，应严格按预算执行进度办理请购手续，并根据市场变化提出合理采购申请。对于超预算和预算外采购项目，应先履行预算调整程序，由具备相应审批权限的部门或人员审批后，再行办理请购手续。

6. 具备审批权限的部门或人员审批采购申请时，应重点关注采购申请内容是否准确、完整，是否符合生产经营需要，是否符合采购计划，是否在采购预算范围内等。对不符合规定的采购申请，应要求请购部门调整请购内容或拒绝批准。

六、供应商管理环节的主要风险及其控制

供应商管理是采购业务中非常重要的环节，直接影响着采购质量和相关风险的控制。供应商管理环节的主要风险有：供应商选择不当，可能导致采购物资质次价高，甚至出现舞弊行为；供应商关系维护不当，或信息更新不及时，未对供应商进行动态管理等。

针对上述风险，可以相应地采取以下控制措施：

1. 建立科学的供应商评估和准入制度，对供应商资质信誉情况的真实性和合法性进行审查，确定合格供应商清单，建立健全统一的供应商网络。新增供应商的市场准入、供应商新增服务关系以及调整供应商物资目录，都要由采购部门根据需要提出申请，并按规定权限和程序审批后，纳入供应商网络。必要时可委托有资质的中介机构对供应商进行资信调查。

2. 采购部门应按公平、公正和竞争的原则，择优确定供应商，在切实防范舞弊风险的基础上，与供应商签订质量保证协议。

3. 建立供应商管理信息系统和供应商淘汰制度，对供应商提供物资或劳务的质量、价格、交货及时性、供货条件及其资信、经营状况等进行实时管理和考核评价，

根据考核评价结果，提出供应商淘汰和更换名单，经审批后对供应商进行合理选择和调整，并在供应商管理系统中作出相应记录。

七、询价与采购环节的主要风险及其控制

询价与采购环节的主要风险有：定价机制不科学，或定价方式选择不当，或缺乏对重要物资品种价格的跟踪监控，引起采购价格不合理；框架协议签订不当，可能导致物资采购不顺畅；未经授权对外订立采购合同，对方主体资格、履约能力等未达要求、合同内容存在重大疏漏和欺诈，可能导致企业合法权益受损；缺乏对采购合同履行情况的有效跟踪，运输方式选择不合理，忽视运输过程风险，可能导致采购物资损失或无法保证供应。

针对上述风险，可以相应地采取以下控制措施：

1. 企业应根据商品或服务的性质及其供应情况确定采购方式。大宗商品或服务的采购应采用招标方式并签订合同；购货合同应按采购权限规定，由各级授权人审核同意。合同通常一式三份，一份交供应商请求发货；一份由采购部门专人保管，负责合同的执行；一份交财会部门以监督合同的执行。对采购比较频繁的货物，企业可用订单替代购货合同，但订单要素必须设计完整，一般一式三联并连续编号。

2. 健全采购定价机制，采取协议采购、招标采购、询比价采购、动态竞价采购等多种方式，科学合理地确定采购价格。对标准化程度高、需求计划性强、价格相对稳定的物资，通过招标、联合谈判等公开、竞争方式签订框架协议。大宗商品或劳务采购应采用招标方式确定采购价格，并明确招标的范围、标准、实施程序和评标规则。委托中介机构进行招标的，应加强对中介机构的监督。其他商品或劳务的采购，应根据市场行情制定最高采购限价，不得以高于采购限价的价格采购。以低于最高采购限价进行采购的可适当奖励。企业应根据市场行情的变化适时调整最高采购限价。小额零星物品或服务的采购可采用直接购买等方式，以简化手续，加快进货速度。

3. 充分了解和掌握供应商信誉、供货能力、价格、质量、供货条件、装备、技术水平和售后服务等信息，由采购、使用等部门共同参与比质比价，并按规定的授权审批程序确定供应商。小额零星采购也应由经授权部门事先对采购价格等有关内容进行审核。

4. 采购部门应定期研究大宗通用重要物资的成本构成与市场价格变动趋势，确定重要物资的采购执行价格或参考价格。建立采购价格数据库，定期开展重要物资的市场供求形势及价格走势商情分析并合理利用。

5. 与有长期购销关系的供应商订立框架协议。对拟签订框架协议的供应商的主体资格、信用状况等进行风险评估；框架协议的签订应引入竞争制度，确保供应商具备履约能力。

6. 拟订采购合同要准确描述合同条款，明确双方权利、义务和违约责任，按规定权限签署采购合同。对于影响重大、涉及较高专业技术或法律关系复杂的合同，

应组织法律、技术、财会等专业人员参与谈判，必要时可聘请外部专家参与相关工作。对重要物资验收量与合同量之间允许的差异，应作出统一规定。

7. 依据采购合同的主要条款跟踪合同履行情况，对有可能影响生产或工程进度的异常情况，应出具书面报告并及时提出解决方案，采取必要措施，保证需求物资的及时供应。

8. 对重要物资建立并执行合同履约过程中的巡视、点检和监造制度。对需要监造的物资，择优确定监造单位，签订监造合同，落实监造责任人，审核确认监造大纲，审定监造报告，并及时向技术等部门通报。

9. 根据生产建设进度和采购物资特性等因素，选择合理的运输工具和运输方式，办理运输、投保等事宜。

10. 实行全过程的采购登记制度或信息化管理，确保采购过程的可追溯性。

【案例7－1】 ××电子设备制造有限责任公司采购业务流程，见图7－2。

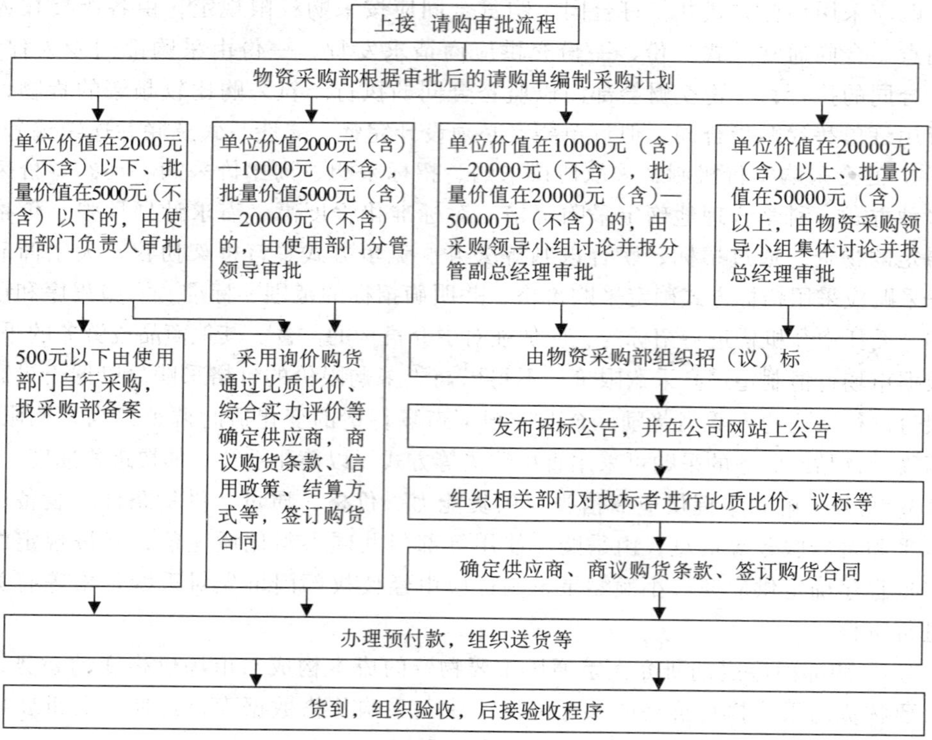

图7－2　××电子设备制造有限责任公司采购业务流程

八、验收及付款环节的主要风险及其控制

验收及付款环节的主要风险有：验收标准不明确、验收程序不规范、对验收中存在的异常情况不作处理，可能造成账实不符、采购物资损失；付款审核不严格、

付款方式不恰当、付款金额控制不严，可能导致企业资金损失或信用受损；会计记录与相关采购记录、仓储记录不一致等。

针对上述风险，可以相应地采取以下控制措施：

1. 制定明确的采购验收标准，结合物资特性确定必检物资目录，规定此类物资出具质量检验报告后方可入库。

2. 验收机构或人员应根据采购合同及质量检验部门出具的质量检验证明，重点关注采购合同、发票等原始单据与采购物资的数量、质量、规格型号等核对一致。对验收合格的物资，填制入库凭证，加盖物资"收讫章"，登记实物账，及时将入库凭证传递给财会部门。物资入库前，采购部门须检查质量保证书、商检证书或合格证等证明文件。验收时涉及技术性强的、大宗的和特殊物资，还应进行专业测试，必要时可委托具有检验资质的机构或聘请外部专家协助验收。

3. 对于验收过程中发现的异常情况，比如无采购合同或大额超采购合同的物资、超预算采购的物资、毁损的物资等，验收机构或人员应向有权管理的相关机构报告，相关机构应查明原因并及时处理。对于不合格物资，采购部门依据检验结果办理让步接收、退货、索赔等事宜。对延迟交货造成生产建设损失的，采购部门要按合同约定索赔。

4. 加强付款管理，完善付款流程，明确付款审核人的责任和权力，严格审核采购预算、合同、相关单据凭证、审批程序等相关内容。审核人员要严格审查采购发票等票据的真实性、合法性和有效性，判断采购款项是否确实应予支付。如审查发票填制的内容是否与发票种类相符合、发票加盖的印章是否与票据的种类相符合等。同时重视采购付款的过程控制和跟踪管理，如果发现异常情况，应当拒绝向供应商付款，避免出现资金损失和信用受损。

5. 严格遵循合同约定和相关法规，合理选择付款方式，防范付款方式不当带来的法律风险，保证资金安全。除了不足转账起点金额的采购可以支付现金外，采购价款应通过银行办理转账。

6. 加强预付账款和定金的管理，涉及大额或长期的预付款项，应定期进行追踪核查，综合分析预付账款的期限、占用款项的合理性、不可收回风险等情况，发现有疑问的预付款项，应及时采取措施，尽快收回款项。

7. 加强应付账款和应付票据的管理，指定专人通过函证等方式，定期向供应商寄发对账函，核对应付账款、应付票据、预付账款等往来款项，对供应商提出的异议应及时查明原因，报有权管理的部门或人员批准后，作出相应调整。货款到期后，应及时支付，以维持企业良好的信用。

8. 建立退货管理制度，对退货条件、退货手续、货物出库、退货货款回收等作出明确规定，及时收回退货货款。

九、采购业务的内部监督和后续评价

企业应建立对采购业务的内部监督制度，明确内部监督机构或人员的职责权限，定期或不定期地进行检查。

内部监督机构或人员应通过实施符合性测试和实质性测试，检查采购业务内部控制是否健全，各项规定是否得到有效执行。内部监督的内容主要包括：

1. 相关岗位及人员的设置情况。重点检查是否存在不相容职务混岗的现象。

2. 授权审批制度的执行情况。重点检查大宗采购业务的授权审批手续是否健全，是否存在越权审批的行为。

3. 应付账款和预付账款管理。重点审查应付和预付账款支付的正确性、时效性和合法性。

4. 有关单据、凭证和文件的使用和保管情况。重点检查凭证的登记、领用、传递、保管、注销手续是否健全，使用和保管制度是否存在漏洞。

企业应定期对物资需求计划、采购计划、采购渠道、采购价格、采购质量、采购成本、协调或合同签约与履行情况等采购活动进行专项评估和综合分析，及时发现采购业务薄弱环节，优化采购流程，防范采购风险，全面提升采购效能。

【案例 7-2】 ABC 股份有限公司是生产经营电子产品的大型工业企业，为加强内部控制制度建设，聘请甲会计师事务所对其内部控制设计与运行的有效性进行审计，在对采购业务控制进行审计时，发现以下情况：

1. 采购部收到经批准的请购单后，由其职员 E 选择并确定供应商，再由其职员 F 负责编制和发出预先连续编号的订购单。订购单一式四联，经被授权的采购人员签字后，分别送交供应商、负责验收的部门、提交请购单的部门和负责采购业务结算的应付凭单部门。

2. 验收部门根据订购单上的要求对所采购的材料进行验收，完成验收后，将原材料交由仓库人员存入库房，并编制预先连续编号的验收单交仓库人员签字确认。验收单一式三联，其中两联分送应付凭单部门和仓库，一联留存验收部门。对于验收过程中发生的异常情况，负责验收的部门或人员应在验收完毕后及时通知有关部门，并作出处理。

3. 应付凭单部门核对供应商发票、验收单和订购单，并编制预先连续编号的付款凭单。在付款凭单经被授权人员批准后，应付凭单部门将付款凭单连同供应商发票及时送交会计部门，并将未付款凭单副联保存在未付款凭单档案中。会计部门收到附供应商发票的付款凭单后即应及时编制有关的记账凭证，并登记原材料和应付账款账簿。

4. 应付凭单部门负责确定尚未付款凭单在到期日付款，并将留存的未付款凭单及其附件根据授权审批权限送交审批人审批。审批人审批后，将未付款凭单连同附件交复核人复核，然后交财务出纳人员 J。出纳人员 J 据此办理支付手续，登记现金和银行存款日记账，并在每月末编制银行存款余额调节表，交会计主管审核。

要求：请分析和判断以上情况是否存在薄弱环节，并说明理由。

第二节　销售业务内部控制

销售是企业通过销售商品或提供劳务等经营活动取得货款的行为，既涉及资金流，又涉及实物流，是企业实现经济利益流入的关键环节。为规范销售业务，防范销售业务中可能出现的差错和舞弊行为，企业应加强对销售业务的管控。

一、销售业务总体风险

企业生产的商品若不能实现销售的稳定增长，已售商品货款如不能足额收回或不能及时收回，必将导致企业持续经营受阻、难以为继。针对销售业务，企业至少应关注下列总体风险：

1. 销售行为违反国家法律法规，可能遭受外部处罚、经济损失和信誉损失。

2. 销售未经适当审批或越权审批，可能因重大差错、舞弊、欺诈而导致损失。

3. 销售政策和信用政策管理不规范、不科学，可能导致资产损失或存货运营效率低下。

4. 合同签订未经正确授权，可能导致资产损失、舞弊或陷入法律诉讼。

5. 应收账款和应收票据管理不善，账龄分析不准确，可能由于未能收回或未能及时收回欠款而导致收入流失或陷入法律诉讼。

二、销售业务控制目标

针对上述总体风险，销售业务的内部控制应实现如下目标：

1. 保证销售业务合法合规。销售业务必须符合国家法律法规和企业内部各项规章制度的要求，有效预防差错和舞弊行为的发生。

2. 保障商品和货款安全完整。商品是企业对外销售的基础，货款是企业实现经济利益流入的体现，商品和货款的安全与完整是企业销售业务内部控制的基本目标。

3. 提高销售业务的效率和效益。企业应采取积极的销售和收款政策，努力扩大销售，不断提高市场占有率，同时注意控制营销费用，积极催收货款，争取将营业收入尽快转变为现金流量。同时，又要加强销售各环节风险控制，避免重大差错、舞弊、欺诈、诉讼等情况的出现。

4. 保证销售业务的报告目标。按会计准则及相关规章制度的规定，及时、准确、完整地记录销售和收款过程，保证信息质量，为使用者提供真实、准确和完整的相关信息。

5. 与企业战略和年度经营计划紧密联系，使销售业务能有效支持企业战略和经营计划。

三、销售业务流程设计

销售业务一般涉及销售、发货、结算、收款等环节，主要作业有接受订单、信用调查、签订合同、预收货款、开票发货、货款结算、账款回收、应收账款管理、呆坏账处理等。

为简化设计，本节以流程图的形式介绍两种常见的销售业务处理程序。图 7－3 是商业零售业现金销售业务的一般处理流程。

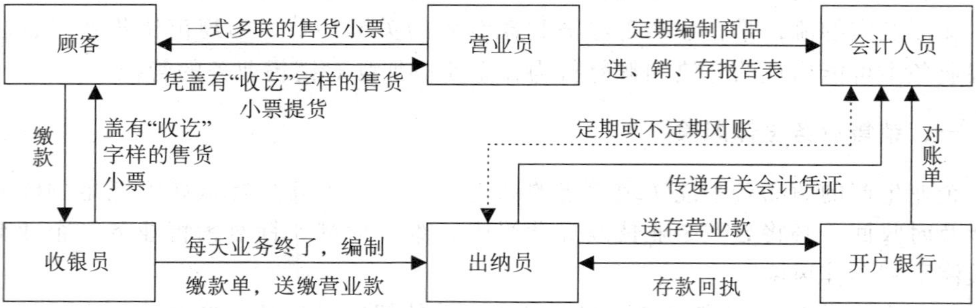

图 7－3 商业零售业现金销售业务的一般处理流程

四、销售业务职责分工和授权审批

企业应建立销售业务岗位责任制，明确相关部门和岗位的职责权限，确保不相容岗位相互分离、制约和监督。销售业务的不相容岗位至少应包括：客户信用管理与销售合同的审批、签订；销售合同的审批、签订与发货办理；销售货款的确认、回收与相关会计记录；销售退回货品的验收、处置与相关会计记录；销售业务经办与发票开具、管理；坏账准备的计提与审批、坏账的核销与审批。

企业应将办理销售、发货、收款三项业务的部门分设。销售部门主要负责处理订单、签订合同、执行销售政策和信用政策、催收货款。发货部门主要负责审核销售发货单据是否齐全，并办理发货的具体事宜。财会部门主要负责销售款项的结算和记录、监督货款回收。任何一个部门或岗位不得办理销售业务的全过程。

企业应建立销售业务授权制度和审批制度，明确授权审批方式、权限、程序、责任和相关控制措施。审批人应在授权范围内审批，不得越权审批。经办人应在职责范围内，按审批人的批准意见办理销售业务。对审批人越权审批的事项，经办人员有权拒绝办理，并及时向上级授权部门报告。严禁未经授权的机构和人员经办销售业务。对大额销售或超过既定销售政策和信用政策范围的特殊销售，应集体决策，防止因决策失误而造成严重损失。

企业应配备合格人员办理销售业务，合格人员应具备良好的业务素质和职业道德。企业应根据具体情况对办理销售业务的人员进行岗位轮换或管区、管户调整。

在销售过程中，会计系统控制至关重要，包括销售收入确认、应收款项管理、坏账准备的计提和冲销、销售退回的处理等。企业应加强对销售、发货、收款业务的会计系统控制，详细记录销售客户、销售合同、销售通知、发运凭证、商业票据、款项收回等情况，确保会计记录、销售记录与仓储记录核对一致，并根据会计准则确认、计量、记录和列报收入及相关的成本费用。

五、销售计划与定价政策环节的主要风险及其控制

销售计划管理和销售定价政策环节的主要风险有：销售计划缺乏或不合理，或未经授权审批，导致产品结构和生产安排不合理；定价或调价不合理，未能结合市场状况、盈利测算等进行适时调整，造成价格过高或过低；价格未经恰当审批，或存在舞弊，可能损害企业利益或形象。

针对上述风险，可以相应地采取以下控制措施：

1. 根据发展战略和年度生产经营计划，结合企业实际，制定年度销售计划，并结合客户订单情况，将销售计划分解到季度和月份。

2. 定期对各产品的区域销售额、进销差价、销售计划与实际销售情况等进行分析，结合生产现状，及时调整销售计划。

3. 根据价格政策、综合考虑企业财务目标、营销目标、产品成本、市场状况及竞争对手情况等因素，确定产品基准定价。定期评估基准价格的合理性，定价或调价需经审批。

4. 在基准定价的基础上，针对某些商品可授予销售部门一定限度的价格浮动权，销售部门可结合市场特点，将价格浮动权向下逐级递减分配，同时明确权限执行人。价格浮动权限执行人必须严格遵守规定的价格浮动范围，不得擅自突破。

5. 销售折扣、销售折让等政策制定应经审核批准，实际发生的销售折扣、销售折让应记录金额、数量、原因及对象等，并归档备查。例如，表 7－2 是 ××公司销售折让呈核表。

表 7－2　××公司销售折让呈核表

编制部门：　　　　填制时间：　年　月　日　　　　编号：

货品名称	原开发票明细				折让明细				
	日期	送货号	数量	金额	原单价	新单价	单价差	数量	金额
客户名称									
折让原因									
折让计算办法									

业务员：　　　　业务主管：　　　　部门经理：　　　　总经理：

六、客户开发与信用管理环节的主要风险及其控制

客户开发与信用管理环节的主要风险有：现有客户管理不足、潜在市场需求开发不够，可能导致客户丢失或市场拓展不利；客户档案不健全，缺乏合理的资信评估，可能导致客户选择不当，销售款项不能收回或遭受欺诈等。

针对上述风险，可以相应地采取以下控制措施：

1. 在充分市场调查的基础上，合理细分市场并确定目标市场，根据不同目标群体的具体需求，确定定价机制和信用方式，灵活运用销售折扣、销售折让、信用销售、代销和广告宣传等多种策略和营销方式，促进销售目标实现，不断提高市场占有率。

2. 建立和不断更新维护客户信用动态档案，由与销售部门相对独立的信用管理部门对客户付款情况进行持续跟踪和监控，提出划分、调整客户信用等级的方案。根据客户信用等级和企业信用政策，拟定客户赊销限额和时限，经销售、财会等部门具有相关权限的人员审批。对于境外客户和新开发客户，应当建立严格的信用保证制度。

3. 评估客户信用，确定客户销售政策。企业应充分了解和考虑客户的信用和财务状况等，加强赊销管理。赊销业务应遵循规定的销售政策、信用政策及程序。有条件的企业可设立专职信用管理部门或岗位，负责制定信用政策，评估客户信用等级，确定客户信用政策，监督各部门信用政策执行情况。信用政策应明确不同客户的信用额度、回款期限、折扣标准，及违约情况下应采取的应对措施等。有条件的企业可运用计算机网络集成分公司、子公司或业务分部的销售发货信息与授信情况，防止向未经信用授权客户发出商品，并防止客户以较低的信用条件同时与企业两个或多个分公司、子公司进行交易而损害企业利益。有条件的企业可利用国家政策性出口信用保险机构的政策支持，防范风险。

七、订单处理与销售合同环节的主要风险及其控制

订单处理与销售合同环节的主要风险有：订单审核不严，可能导致虚假销售等欺诈；订单处理不及时，可能影响后续的销售进程；合同内容存在重大疏漏和欺诈，未经授权对外订立销售合同，可能导致企业权益受损；销售价格、收款期限等违背企业销售政策，可能导致企业利益受损等。

针对上述风险，可以相应地采取以下控制措施：

1. 销售部门收到客户订单后，应依据授权范围决定是否接受订单。销售授权可分别设置一般授权和特别授权。一般授权是对常规业务的制度性授权，例如，金额在5000元以下的销售可由销售部门自行决定是否同意客户赊销或给予折扣、折让。特别授权是针对非常规业务或超过一般授权限制的常规业务，销售部门不能自行决定，而需特别报请经理办公会议或董事会决定是否同意客户赊销或给予折扣、折让。

对没有受理的订单，销售部门应及时向客户说明原因。

2. 销售合同订立前，应指定专人就销售价格、信用政策、发货及收款方式、权利与义务等具体事项与客户谈判。谈判人员应有两人以上，并与合同订立人员分离。谈判中涉及的重要事项应有书面记录，重大合同应征询财会、法律等专业人士意见。

3. 建立健全销售合同审批制度。审批人员应对销售价格、信用政策、发货及收款方式等严格把关。

4. 销售合同草案经审批同意后，企业应授权有关人员与客户签订正式销售合同。

八、发货环节的主要风险及其控制

发货是根据销售合同约定向客户提供商品的环节。该环节的主要风险有：未经授权发货或发货不符合合同约定，可能导致货物损失或客户与企业的销售争议、销售款项不能收回。

针对上述风险，可以相应地采取以下控制措施：

1. 销售部门按经审核后的销售合同开具销售通知单交仓储部门和财会部门。

2. 仓储部门应落实出库、计量、运输等环节的岗位责任，对销售通知单进行审核，严格按所列的发货品种和规格、发货数量、发货时间、发货方式、接货地点等，在规定时间内组织发货，形成相应的发货单据，并应连续编号。

3. 以运输合同或条款等形式明确运输方式、商品短缺、毁损或变质的责任、到货验收方式、运输费用承担、保险等内容，货物交接环节应做好装卸和检验工作，确保货物安全发运，由客户验收确认。

4. 做好发货各环节的记录，填制相应凭证，设置销售台账，实行销售全过程登记制度。

5. 财会部门或经授权的有关部门在接到销售通知单后，对客户信用及实际出库记录凭证等信息进行审查无误后，向客户开出销售发票。编制销售通知单人员与开具销售发票的人员应分离。

九、收款环节的主要风险及其控制

收款环节的主要风险有：企业信用管理不到位，结算方式选择不当，票据管理不善，账款回收不力，导致销售款项不能收回或遭受欺诈；收款过程中存在舞弊，使企业利益受损。

针对上述风险，可以相应地采取以下控制措施：

1. 结合销售政策，选择恰当的结算方式，及时办理货款结算和收款业务，加快款项回收，提高资金的使用效率。收取的现金、银行本票、汇票等应及时缴存银行并登记入账。应避免销售人员直接接触销售现款，如必须由销售人员收取的，应由财会部门加强监控。

2. 加强商业汇票管理，由专人保管应收票据，明确应收票据的受理范围和管理措施，对票据贴现、背书、保管等明确规定。严格审查其真实性和合法性，防止票据欺诈。

3. 加强应收账款管理，建立账龄分析和逾期催收制度。严格区分并明确收款责任，建立合理的清收奖励、责任追究和处罚制度。财会部门应督促和配合销售部门加紧催收货款，催收记录（包括往来函电）要妥善保存。催收无效的逾期账款可通过法律程序解决。应收账款应分类管理，针对不同性质的应收款项，采取不同方法和程序。企业应按客户设置应收账款台账，及时登记并评估每一客户应收账款余额变动和信用额度使用情况。

4. 加强代销业务款项的管理，及时与代销商结算款项。

5. 呆账是可能成为坏账的应收账款，企业应按会计准则规定计提坏账准备，并按权限范围和审批程序进行审批。发生坏账损失，应查明原因，明确责任，并在履行审批程序后做出会计处理。已核销坏账应进行备查登记，做到账销案存。已核销坏账又收回时应及时入账，防止形成账外款。

十、售后服务及销售退回环节的主要风险及其控制

售后服务是在企业与客户之间建立信息沟通机制，对客户提出的产品维修、销售退回、维护升级等问题，企业应予以及时解答或反馈、处理，不断改进服务水平，提升客户满意度和忠诚度。这一环节的主要风险有：客户服务水平低，消费者满意度不足，影响公司品牌形象，造成客户流失；退货管理不善，可能造成商品毁损或丢失。

针对上述风险，可以相应地采取以下控制措施：

1. 结合竞争对手客户服务水平，建立和完善客户服务制度，包括客户服务内容、标准、方式等。

2. 设专人或部门进行客户服务和跟踪。有条件的企业可按产品线或地理区域建立客户服务中心。加强售前、售中和售后技术服务，实行客户服务人员的薪酬与客户满意度挂钩的制度。

3. 加强销售、生产、研发、质量检验等相关部门之间的沟通协调。

4. 做好客户回访工作，定期或不定期开展客户满意度调查；建立客户投诉制度，记录所有的客户投诉，并分析产生原因及解决措施。

5. 加强销售退回控制。销售退回需经具有相应权限的人员审批后方可执行；销售退回商品应参照物资采购入库管理，由质检部门检验和仓储部门清点后方可入库。质检部门应对客户退回的货物进行检验并出具检验证明；仓储部门应填制退货接收报告单，注明退回货物的品种、数量、金额、退货原因等；财会部门应对检验证明、退货接收报告单，及退货方出具的退货凭证等进行审核后办理相应的退款事宜。企业应对退货原因进行分析并明确有关部门和人员的责任。

表 7 – 3 是 × ×公司销售退回业务处理工作流程。

表 7 – 3　　　　　　　　　× ×公司销售退回业务处理工作流程

业务编号		业务名称	销售退回
业务涉及的相关岗位、职责、权限等			
部门	业务职责	业务权限	业务衔接
销售部	接受客户退货申请；审查客户退货申请；填制退货单	根据质检意见，在授权范围内是否同意客户退货	通知质检部验货，并接收质检部意见反馈；通知仓储部接收退货，并沟通退货情况；通知财务部退款或冲账，并沟通冲账情况
质检部	对退回货物进行质量检验	建议销售部门是否同意退货	通知销售部，建议是否同意退货
仓储部	接收销售部同意的退货	检查退货数量、包装、外观等是否完好	通知销售部、财务部退货接收情况
财务部	审查是否符合退款或冲账条件；办理退款或冲账手续	是否同意退款或冲账	根据销售部开具的退货单和仓储部的验货单办理退款或冲账

业务流程图

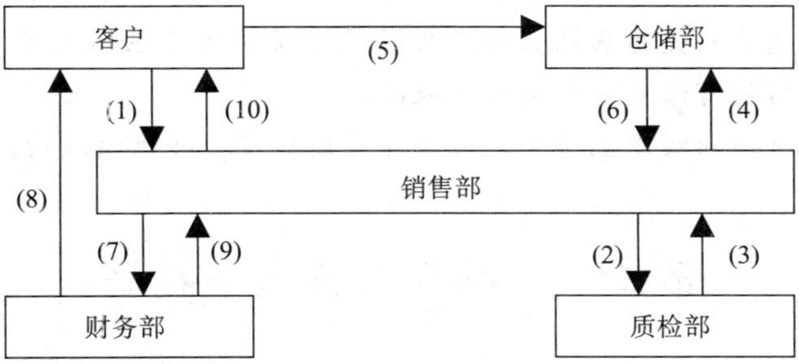

业务描述

（1）客户持货物或货物样品向销售部提出退货申请；

（2）销售部通知质检部对货物或货物样品进行质检或其他检查；

（3）质检部对货物或货物样品进行质检或其他检查，确认有无质量或其他问题，向销售部反馈检验结果，并建议是否退货；

（4）销售部根据质检结果，对照合同等，决定是否同意退货。如果不同意退货，工作结束；如果同意退货，通知仓储部接收客户退货；

（5）客户向仓储部交付退货；仓储填制货物入库单（一式五联，一联交客户、一联交销售部、一联交财务部、一联用于登记存货明细簿、一联存根）；

（6）仓储部接收客户退货后，根据验收情况，通知销售部；

（7）销售部根据质检部的检查情况和仓储部的验收情况，开具退货单（一式三联，一联交客户、一联交财务部、一联存根），并通知财务部退款或冲账；

（8）财务部审查销售部的退货单和仓储部的收货情况，向税务部门申请退货发票，为客户办理退款或冲账手续；

（9）财务部将退款或冲账情况反馈给销售部；

（10）销售部将退款或冲账情况与客户沟通。

【案例7-3】 ABC股份有限公司是生产经营电子产品的大型工业企业，为加强内部控制制度建设，聘请甲会计师事务所对其内部控制设计与运行的有效性进行审计，在对采购业务控制进行审计时，发现以下情况：

1. 接受客户订单后，由销售部门的甲职员根据订单编制销售单，交给审批赊销的同部门的乙职员，乙职员在职权范围内进行审批，如果超过职权范围内的赊销业务，全部交给销售部门的经理进行审批。

2. 丙职员在核对商品装运凭证和相应的经批准的销售单后，开具销售发票。具体程序为：根据已授权批准的商品价目表填写销售发票的金额，根据商品装运凭证上的数量填写销售发票的数量；销售发票的其中一联交财务部丁职员据以登记与销售业务相关的总账和明细账。

3. 开具账单部门在收到发运单并与销售单核对无误后，编制预先连续编号的销售发票，并将其连同发运单和销售单及时送交会计部门。会计部门在核对无误后确认销售收入并登记应收账款账簿。会计部门定期向顾客催收款项并寄送对账单，对顾客提出的异议进行专门追查。

4. 公司的应收账款账龄分析由专门的“应收账款账龄分析计算机系统”完成，该系统由独立的信息部门负责维护管理。会计部门相关人员负责在系统中及时录入所有与应收账款交易相关的基础数据。为了便于及时更正录入的基础数据可能存在的差错，信息部门拥有修改基础数据的权限。

要求：请分析和判断以上情况是否存在薄弱环节，并说明理由。

第三节 投资业务内部控制

投资作为一种营利性活动，对企业筹资成本补偿和利润创造具有重要意义。投资业务属于高风险经济活动，很多企业因对外投资导致重大经济损失，特别是全球性金融危机爆发以来，因对外投资引发的风险急剧扩大，严重影响了企业的生存和可持续发展能力。企业应慎选投资项目，突出主业，谨慎从事股票或衍生金融工具等高风险投资。本节将对投资业务各环节的主要风险进行梳理，并采取有针对性的风险控制措施，以有效防范投资风险，保证投资安全，提高投资效益。

一、投资业务总体风险

企业在对投资业务进行风险管控时，至少应关注下列总体风险：

1. 盲目并购，贪大求全，与企业发展战略不符，可能为企业带来发展风险。

2. 投资行为违反国家法律法规，可能遭受外部处罚、经济损失和信誉损失。

3. 投资业务未经适当审批或越权审批，可能因重大差错、舞弊、欺诈而导致损失。

4. 相关员工不具备良好的职业道德和必要的专业知识。

5. 投资项目未经科学、严密的评估和论证，可能因决策失误导致重大损失。

6. 投资项目执行缺乏有效的管理，可能因不能保障投资安全和投资收益而导致损失。

二、投资业务控制目标

针对上述总体风险，投资业务的内部控制应实现如下目标：

1. 保证投资业务合法合规。投资活动要遵循国家法律法规，符合国家产业政策和宏观调控趋势。

2. 有效预防差错和舞弊行为的发生，保护投资相关资产安全完整。合理安排与投资活动有关的资产结构，控制流动性风险。

3. 保持完整的投资及投资收益记录，会计确认、计量、记录和报告要符合会计准则要求，能为使用者提供真实、准确和完整的高质量信息。

4. 提高投资效益。无论对内投资还是对外投资都要强调效益目标，包括经济效益和社会效益等。

5. 投资决策要与企业战略和年度经营计划紧密联系，使投资业务能有效支持企业战略和经营计划。

三、投资业务流程设计

投资业务涉及可行性研究、投资决策、投资执行、投资处置、投资评价等环节。主要作业有提出投资建议、拟定投资方案、进行可行性论证、编制投资计划、投资计划审批、投资执行、收益或减值核算与持续管理、投资处置、投资评价与考核等。图 7 - 4 是投资业务的一般流程。

四、投资业务职责分工和授权审批

企业应建立投资业务岗位责任制，明确相关部门和岗位在投资论证、授权、执行、记录、资产保管等方面的职责权限，确保不相容职务相互分离、制约和监督。投资业务中的不相容职务至少应包括：投资计划的编制及可行性研究与投资项目评估；投资审批与投资执行；投资处置环节的申请、执行与审批；投资绩效评估与投资执行；投资执行与会计记录；投资执行与有价证券保管；会计记录与有价证券保管等。

企业应配备合格人员办理对外投资业务。合格人员应具备良好的职业道德，掌握金融、投资、财会、法律等方面的专业知识。

企业应建立投资授权和审批制度，并按规定的权限和程序办理投资业务。根据投资类型制定业务流程，明确投资业务中各环节的责任人员、风险点和控制措施等。例如，表 7 - 4 是 × × 石油天然气股份有限公司 TH 油田对外投资业务职责分工和权限指引。

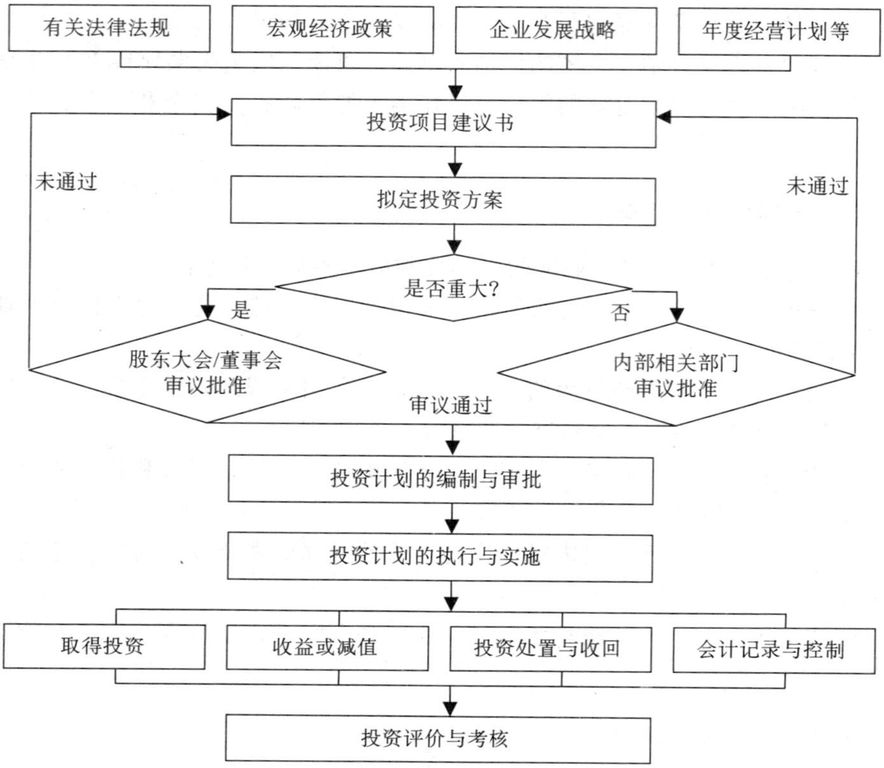

图 7－4　投资业务的一般流程

表 7－4 ××石油天然气股份有限公司 TH 油田对外投资业务职责分工和权限指引

环节	部门	科室/岗位	职责及权限
投资方案拟订与审批	财务资产处	资本运营科	1. 会同有关部门提出项目建议，组织编写或委托具备资质的中介机构编写可行性研究报告 2. 可行性研究报告经总经理办公会和投资部审批后编制投资方案
	总经理办公会		按权限对项目投资建议书、可行性研究报告及投资方案进行审批
	股份公司投资部		经总经理办公会审批通过后，由股份公司投资部对投资方案按权限进行审查或评审
投资计划编制	计划预算处	计划管理岗	1. 根据股份公司年度投资计划和经审批的投资方案，编制投资计划 2. 汇总并平衡各项投资计划
		预算管理岗	根据投资计划编制投资和筹资预算，并报处长审批
		计划预算处处长	1. 平衡并审核公司年度投资计划和投资、融资预算 2. 提交预算管理委员会审批 3. 下达经预算管理委员会审批的投资计划和投资、融资预算，并上报股份公司投资部备案
	预算管理委员会		审议并批准年度投资计划和投资、融资预算

续表

环节	部门	科室/岗位	职责及权限
投资计划执行与实施	财务资产处	资本运营科科长	根据经批准投资计划和投资、融资预算，会同相关部门草拟投资合同
	总经理办公会		审查并批准投资合同，并报股份公司投资部备案
	财务资产处	股权管理岗	根据投资合同，执行支付或转移，按规定程序取得投资证明文件
		投资核算岗	按会计准则和内部会计制度规定核算投资及其收益
投资收回或处置	财务资产处	资本运营科科长	提交投资处置申请
		财务资产处处长	审核投资处置申请，并报总经理办公会审批
	总经理办公会		审议并批准投资处置申请
	财务资产处	股权管理岗	办理投资的收回或处置
		投资核算岗	按会计准则和内部会计制度规定核算对外投资的收回或处置
后续评价	总会计师		组织相关人员撰写并提交投资绩效评价报告
	总经理办公会		审议并批准投资绩效评价报告，反馈评价结果

企业应保持完整的记录和凭证，如实记载投资业务各环节的开展情况。明确各种与投资业务相关文件资料的取得、归档、保管、调阅等各个环节的管理规定及相关人员的职责权限。

五、投资业务各环节的主要风险及其控制

为节约行文篇幅，下面以列表的形式说明投资业务各环节的控制目标、主要风险及其控制。

（一）投资方案拟定、论证及审批环节的主要风险及其控制

企业应按国家投资法律法规，结合宏观经济政策、企业发展战略和年度经营计划等书写投资项目建议书，进行可行性评估，拟定投资方案。根据项目涉及金额和影响判断其是否重大，若项目重大则需提交股东大会或董事会进行审议并投票表决，反之，则提交相关部门审批，经反复修改后最终确定。这一阶段的控制目标、主要风险、关键控制点及控制措施如表 7－5 所示。

（二）投资计划编制与审批环节的主要风险及其控制

投资计划编制是企业根据审批通过的投资方案，签订投资合同或协议编制具体的投资计划，落实不同阶段的资金投放数量、投资具体内容、项目进度、完成时间、质量标准与要求等，并根据授权审批制度报有关部门审批。投资计划编制的合理性及可行性，直接关系到后续的执行与考核的成败。企业应建立和完善投资计划编制工作制度，明确编制依据、编制程序、编制方法等，确保投资计划编制依据合理、程序适当、方法科学，避免预算指标过高或过低。这一阶段的控制目标、主要风险、关键控制点及控制措施如表 7－6 所示。

表 7－5　投资方案拟定、论证及审批环节的主要风险及其控制

业务环节	控制目标	主要风险点	关键控制点	控制措施
提出投资申请	确保项目建议书的编制程序合法合规、内容完整翔实、规划科学、投资数额估算准确	1. 投资行为违反法律法规，可能遭受外部处罚、经济损失和信誉损失 2. 投资项目不符合国家产业政策和宏观调控趋势，影响其未来收益 3. 相关人员业务能力不胜任，或不具备良好道德 4. 盲目并购，贪大求全，与企业战略不符，投资效益差，可能带来发展风险 5. 投资规模、方向、时机不适当	熟悉相关法律法规；不相容职务相分离；配备合格人员；相关联人员实施回避制度；审核及初评申请资料是否完整齐全	1. 职责分工、权限范围应明确规范，机构设置和人员配备应科学合理 2. 熟知国家相关法律法规，了解宏观经济政策和宏观调控趋势，考虑政治、经济、法律、市场等因素对投资的影响，必要时聘请专业人员进行咨询 3. 根据投资目标和规划，选定投资项目，关注投资收益和风险 4. 突出主业，谨慎从事股票投资或衍生金融产品等高风险投资 5. 严控并购风险，关注并购对象的隐性债务、承诺事项、发展能力、员工状况、与本企业治理层和管理层的关联关系
可行性论证	确保可行性报告的客观、真实、科学严谨、有效地识别风险	1. 投资项目未经科学评估和论证，投资与筹资在资金数量、期限、成本与收益上不匹配，可能因决策失误导致重大损失 2. 可行性研究人员能力不胜任，不具备良好的道德素质或专业知识 3. 可行性研究流于形式，未能识别潜在风险	不相容职务相分离；人员配备；相关联人员回避制度；投资项目风险评估；可行性论证	1. 职责分工、权限范围应明确规范，机构设置和人员配备应科学合理 2. 投资项目建议书和可行性研究报告的内容应真实可靠，支持投资建议和可行性的依据与理由应充分恰当 3. 重点对投资目标、投资规模、投资方式、资金来源、技术可行性、市场容量与前景、风险与收益等作出客观评价。根据需要，可委托有资质的专业机构进行可行性评估
投资方案审批	确保审批程序规范、公正，依据充分，结论合理	1. 审批人员能力不胜任，不具备良好的道德素质或专业知识 2. 投资业务未经适当审批或越权审批，致使审批不规范 3. 可能因重大差错、舞弊、欺诈而导致损失	不相容职务相分离；人员配备合理；审批流程是否恰当；相关联人员实施回避制度	1. 审批程序应明确规范，机构设置和人员配备应科学合理 2. 重大投资项目应报经董事会或股东大会批准。投资方案需经有关部门审批的，应履行报批程序。投资方案发生重大变更时应重新履行程序 3. 决策审批需重点审查可行性、资金能力、是否符合产业政策及相关法规，是否符合投资战略目标和规划，划入资金能否按时收回、预期收益能否实现、投资风险是否可控，并严控投资规模

（三）投资计划执行与实施环节的主要风险及其控制

投资计划的执行与实施环节是企业按编制的投资计划进入具体执行阶段，保证投资活动按计划合法、有序、有效地进行。企业有关人员应积极关注企业内部条件变化对投资方案的积极或消极影响，一旦投资方案的某些关键性因素发生较大变化，

表 7－6　　投资计划编制与审批环节的主要风险及其控制

业务环节	控制目标	主要风险点	关键控制点	控制措施
投资计划编制与审批	确保投资计划编制的科学合理，与企业发展战略相一致	1. 职责分工，权限范围不清晰 2. 编制人员能力不胜任，或不具备良好的道德素质或专业知识 3. 编制范围和项目不全面，各计划间缺乏整合，可能导致全面计划难以形成 4. 编制所依据的信息不足，可能导致目标与战略规划、经营计划、市场环境、公司实际等相脱离，准确率降低 5. 编制程序不规范，横向、纵向信息沟通不畅，编制方法不当，可能导致投资计划目标缺乏科学性和可行性 6. 目标及指标体系不完整、不科学 7. 投资计划完成时间太早或太晚，可能导致准确性不高，或影响计划执行 8. 计划未经适当审批或越权审批，可能因重大差错、舞弊、欺诈而导致损失	不相容职务相分离；配备合格人员；审批流程是否恰当；相关联人员实施回避制度；投资计划编制的科学准确	1. 编制和审批职责相分离 2. 完善投资计划编制制度，明确编制依据、程序、方法等 3. 配备合格人员编制投资计划，合格人员应具备良好的职业道德和专业胜任能力 4. 核查企业当前资金额及正常生产经营预算对资金的需求量，积极筹措投资项目所需资金 5. 编制的计划应与国家产业政策及企业自身战略相结合，保证其可行性 6. 计划编制时要与各部门进行沟通，以获取各部门的配合及全方位的数据和信息，使计划书编制的更为全面

企业就应当果断地采取相应对策，如对原有投资方案做出某些修正，或停止对原投资方案的执行，以避免投资损失的进一步扩大。这一阶段的控制目标、主要风险、关键控制点及控制措施如表 7－7 所示。

表 7－7　　投资计划执行与实施环节的主要风险及其控制

业务环节	控制目标	主要风险点	关键控制点	控制措施
投资计划执行与实施	确保投资计划的执行与实施，严格按照投资计划进行，按照会计准则进行会计处理	1. 权责配置不清晰，授权审批不规范 2. 监督职责不到位，截留投资收益形成账外资金，给企业造成损失 3. 投资资产保管不善 4. 违反法律法规或会计准则，可能遭受外部处罚、经济损失和信誉损失 5. 关键因素发生变化，未及时对投资方案做出相应修正，使损失持续扩大 6. 计划的执行与实施和计划书不一致，无法达到投资目的 7. 执行与实施各环节未经适当审批或超越授权审批，可能因重大差错、舞弊、欺诈而导致损失 8. 会计记录混乱或错误	不相容职务相分离；配备合格人员；计划执行恰当；严格监督投资计划执行与实施的全过程	1. 规范职责权限和审批程序，机构设置和人员配备应科学合理 2. 通过限制未经授权人员直接接触资产、定期盘点、财产记录、账实核对、财产保险、分析评价等多种措施，确保投资资产安全完整 3. 严格会计系统控制，遵循准则进行会计处理，详细记录投资资产的增减变化；妥善保管投资合同、出资证明等文件 4. 持续监控投资项目实施进程，做好投资项目跟踪分析工作。被投资方出现财务状况恶化、市价大幅下跌等情形，应计提减值准备

（四）投资处置环节的主要风险及其控制

投资处置环节就是对已到期投资项目按照投资计划书中对其进行收回，转让或核销等，妥善处置，实现利润最大化。投资项目的处置要按照规定报有关部门批准，处置方式要符合国家法律法规。这一阶段的控制目标、主要风险、关键控制点及控制措施如表 7－8 所示。

表 7－8　投资处置环节的主要风险及其控制

业务环节	控制目标	主要风险点	关键控制点	控制措施
投资项目的处置	确保投资项目的处置合法合规，按照相关会计制度进行正确的会计处理和记录	1. 职责分工，权限范围不清晰，审批程序不规范 2. 处置未经审批或越权审批，可能导致重大差错、舞弊、欺诈 3. 处置方式违反相关法规，可能遭受外部处罚 4. 员工舞弊使投资资产价值评估有误 5. 会计记录不完整或有错误	熟知相关政策和法律法规；不相容职务相分离；配备合格人员；严格监督投资处置环节的全过程	1. 明确投资收回、转让、核销等的职责授权和审批程序 2. 及时足额收取处置投资的价款。转让投资应由相关机构或人员合理定价，并经授权审批；必要时，可委托有资质的专门机构评估。核销投资，应取得因被投资方破产等原因不能收回投资的法律文书和证明文件 3. 认真审核与投资处置有关的审批文件、会议记录、资产回收清单等相关资料，确保资产处置真实、合法 4. 遵循会计准则进行会计确认、计量和报告 5. 建立投资项目后续跟踪评价管理制度，并将评价结果作为奖励或责任追究的依据

六、投资业务的内部监督

企业应加强对投资业务内部控制的监督检查，明确监督检查机构或人员的职责权限，定期或不定期地进行检查。对投资业务内部控制监督检查的内容包括：

1. 相关岗位设置及人员配备情况。重点检查岗位设置是否科学、合理，是否存在不相容职务混岗的现象，以及人员配备是否合理。

2. 授权审批制度的执行情况。重点检查分级授权是否合理，对外投资的授权审批手续是否健全、是否存在越权审批等违规行为。

3. 投资业务决策情况。重点检查对外投资决策过程是否符合规定的程序。

4. 投资业务执行情况。重点检查各项资产是否按投资方案投出，投资期间获得的投资收益是否及时进行会计处理，以及对外投资权益证书和有关凭证的保管与记录情况。

5. 投资处置情况。重点检查投资资产的处置是否经过决策并符合授权审批程序，资产回收是否完整、及时，资产作价是否合理。

6. 投资业务会计处理情况。重点检查会计记录是否真实、完整，是否符合会计准则的要求。

【案例7-4】 W股份有限公司（以下简称W公司）是2004年由某大型国企改制的股份有限公司，在改制初期，企业经营情况良好，并于2006年成功在上海证券交易所上市，2012—2014年对外报告均显示企业经营状况良好，经营收益按20%的增幅递增，负责审计的Q会计师事务所出具了标准无保留意见的审计报告，股价稳步增长。但在2016年4月10日报出的2015年年报却显示公司累计巨额亏损达3亿元人民币，并说明之前两年的财务报告中存在虚假信息，根据修改后的前期财务报表显示，2013年公司亏损1亿元，2014年公司亏损0.9亿元，并且存在高达5亿元的资产抵押给银行，存在涉及金额12亿元的未决诉讼。W公司董事会委托K会计师事务所对公司的内部控制进行了全面审计，经过审计，发现了以下问题：

1. 2014年2月，在总经理张某的策划和推动下，W公司开始从事外币期货和期权交易。W公司成立以来主要经营基本建设工程，高层管理人员对于期货和期权交易并不了解，主要是根据市场行情分析，感觉这个业务收益高，周期短，赚钱快，所以积极推动上马。W公司董事会事后通过其他渠道获知公司在从事期货和期权交易，认为不当，但在管理层的坚持下，没有采取有效措施予以制止。

2. 2014年8月，W公司董事会准备采用直接委派方式，委派财务经理和内部审计经理，总经理张某表示既然公司已经将经营管理委托给自己，且自己对经营情况全权负责，如果委托其他人员担任财务经理和内审经理，将不利于自己的工作，所以仍然坚持安排自己的人员担任上述职务。董事会只好表示认可。

3. 2014年12月，由于受到国际外币市场的重大影响，W公司没有能够准确判断投资外币的走势，造成亏损，总经理张某认为趋势很快就会转回，仍然坚持补仓。为了满足不断增加的交易量对交易保证金的需求，张某授意公司财务部将董事会和银行贷款协议中明确规定的基建建设工程用途的贷款3亿人民币用于支付保证金。同时对于该资金用途的变化没有向董事会报告，也没有告知贷款银行。对于造成的期权、期货交易的损失，也没有在财务报表中反映和披露。

4. 2015年3月，总经理张某担心财务报表不能通过事务所的审计，于是与事务所高级经理（负责W公司审计业务）李某进行商谈，李某表示如果W公司同时将今后10年的审计业务均交给Q事务所审计，事务所可以发表无保留意见的审计报告。张某表示同意，并于当日与李某签订10年的审计业务约定书。为了感谢李某的大力支持，张某私下给予其100万元人民币的中介费。

5. 根据W公司《风险管理手册》的规定，期权交易业务实行“交易员—审计部—总经理—风险管理委员会—董事会”多层次上报、交叉控制的制度。同时规定，损失在100万元以上的单笔交易要提交风险管理委员会评估，任何导致500万元以上损失的交易均必须强制平仓。《风险管理手册》中还明确规定公司的止损限额是每年1000万元。但是交易员、审计部、风险管理委员会均没有按规定执行。张某为挽回损失，一错再错，造成巨额损失，但是董事会对期权期货交易的盈亏情况始终不知情。

审计工作结束，K事务所的注册会计师向W公司股东会提交一份详细的审计报告。报告对W公司的内部控制缺陷进行了深入的分析，并针对董事会应如何加强对W公司的控制提出了改进建议。

要求：

1. 从内部控制的角度，简要分析W公司在内部环境、风险评估、控制活动、信息与沟通、内部监督等方面存在的缺陷。

2. W公司董事会应如何加强对W公司的内部控制？请您提出合理建议。

第四节　筹资业务内部控制

筹资是企业为满足对外投资和生产经营需要，通过发行股票、债券或银行借款等形式筹集资金的活动。筹资是企业整个经营活动的基础，为企业筹措投资和生产经营活动所需的资金，从而使投资和生产经营活动能顺利进行。企业应根据筹资业务特点，设计合理的业务流程，查找各环节风险点，健全风险管控措施，控制筹资风险，防止筹资过程中的差错与舞弊。

一、筹资业务总体风险

筹资业务可能面临诸多风险，企业在建立和实施筹资业务内部控制过程中，至少应关注下列总体风险：

1. 缺乏完整的筹资战略规划，盲目筹资，使得企业资本结构、资金来源结构、利率结构、资本成本等频繁变动，给企业带来财务风险。

2. 缺乏对企业资金现状的全面认识，无法正确评估资金的实际需要及期限等，容易导致筹资过度或筹资不足。

3. 缺乏完善的授权审批制度，容易使筹资活动草率决策，给企业带来潜在风险。

4. 缺乏对筹资条款的认真审核，可能使企业在未来潜在经济纠纷或诉讼中处于不利地位。

5. 因无法保证支付利息、股利股息等筹资成本导致的风险。

6. 缺乏严密的跟踪管理制度导致的风险。

二、筹资业务控制目标

针对上述总体风险，筹资业务的内部控制应实现如下目标：

1. 保证筹资业务合法合规。

2. 有效预防差错和舞弊行为的发生，保护筹资相关资产安全完整。

3. 筹资业务的会计处理要符合会计准则要求，能为使用者提供高质量信息服务。

4. 在保证资金需要的前提下，努力降低筹资成本，保持合理的资本结构。

5. 筹资业务能有效支持企业战略和经营计划。

三、筹资业务流程设计

筹资业务通常涉及拟订筹资方案、进行可行性论证、筹资方案审批、编制筹资计划、执行筹资方案、筹资活动评价与责任追究等流程。一般业务流程如图7－5所示。

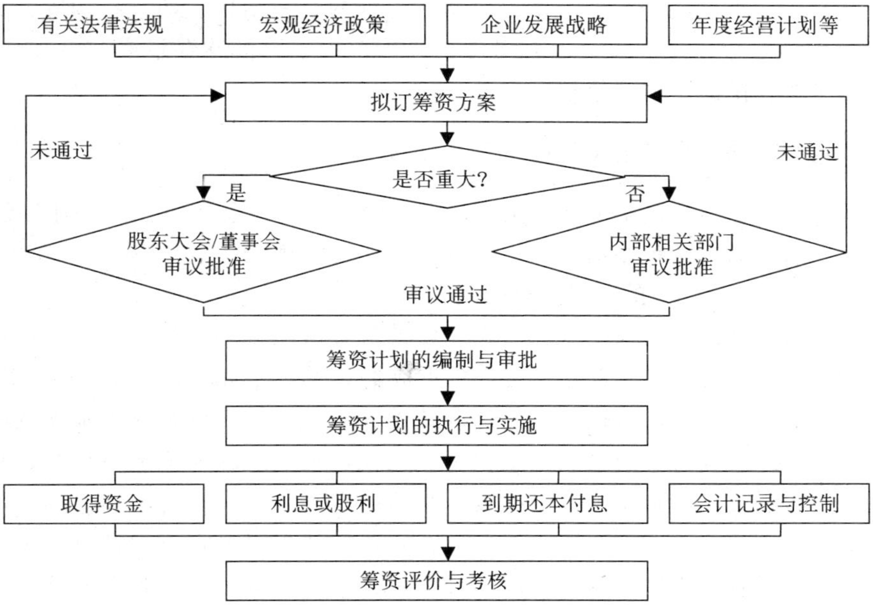

图7－5 筹资业务一般流程

四、筹资业务职责分工和授权审批

企业应建立筹资业务的岗位责任制，明确有关部门和岗位的职责、权限，确保不相容岗位相分离、制约和监督。同一部门或个人不得办理筹资业务的全过程。筹资业务的不相容岗位至少包括：筹资方案的拟订与决策；筹资合同的审批与订立；与筹资有关的各种款项偿付的申请、审批与执行；筹资业务的执行与相关会计记录；筹资业务的审批、执行和评价考核等。

企业应配备合格人员办理筹资业务，合格人员应具备良好的职业道德和必要的筹资业务专业知识，熟悉国家有关法律法规、相关国际惯例及金融业务。

企业应对筹资业务建立严格的授权批准制度，明确授权批准方式、程序和相关控制措施，规定审批人的权限、责任以及经办人的职责范围和工作要求。

企业应制定筹资业务流程，明确筹资决策、执行、偿付等环节的内部控制要求，并设置相应的记录或凭证，如实记载各环节业务的开展情况，确保筹资全过程得到有效控制。为明确责任，筹资决策和审批过程应有书面记录，合同、凭证等应入档保管。

财会部门在筹资业务控制中发挥重要作用，企业应按会计准则规定正确核算和监督资金筹集、本息偿还、股利支付等相关情况，妥善保管筹资合同或协议、收款凭证、入库凭证等资料，定期与资金提供方进行账务核对，保证资金及时到位与资金安全，确保筹资活动符合筹资方案的要求。

财会部门应做好资金管理工作，协调好筹资的利率结构、期限结构等，努力降低资金成本。编制贷款申请表、内部资金调拨审批表、借款存量表、借款计划表、还款计划表等，随时掌握资金情况。

五、筹资业务各环节的主要风险及其控制

企业筹资业务可能面临的风险类型较多，较为发散，企业应注意识别主要风险，设计并实施有针对性的控制活动，对风险进行有效控制。

（一）筹资决策环节的主要风险及其控制

筹资决策环节的主要风险有：缺乏完整的筹资战略规划；盲目筹资，使得企业资本结构、资金来源结构、利率结构、资本成本等频繁变动，给企业带来财务风险；缺乏与生产经营等部门的沟通协调使筹资缺乏针对性；缺乏对企业资金现状的全面认识，容易导致筹资过度或筹资不足；筹资授权审批制度缺失或流于形式；缺乏集体审批或连签制度，使得重大筹资决策不科学；等等。

针对上述主要风险，在筹资决策环节，企业应加强对筹资方案拟订、可行性论证及筹资决策过程的控制。筹资方案应符合有关法律法规、政策和企业筹资预算要求，明确筹资规模、筹资用途、筹资结构、筹资方式和筹资对象，并对筹资时机选择、预计筹资成本、潜在筹资风险和具体应对措施及偿债计划等作出安排和说明。筹资方案应考虑投资项目未来效益、目标资本结构、可接受资金成本水平和偿付能力等。海外筹集还应考虑筹资地政治、法律、汇率、利率、环保、信息安全等风险。筹资方案应具备多个方案作为比较分析。重大筹资方案应进行可行性论证和风险评估，形成评估报告，报董事会或股东大会审批。评估报告应全面反映评估人员的意见，并由所有评估人员签章。企业需要综合筹资成本和风险评估等因素对方案进行选定。重大筹资方案应实行集体决策审批或联签制度。决策过程应有完整的书面记录。筹资方案需经有关管理部门或上级主管单位批准的，应及时报请批准。

（二）筹资执行环节的主要风险及其控制

筹资执行环节的主要风险有：筹资计划编制不当或未经恰当审批；不按计划实施筹资活动；缺乏筹资合同或未对合同条款认真审核，合同条款存在重大缺失或错

误；因无法保证支付利息、股利股息等筹资成本导致的风险。

针对上述主要风险，企业应加强筹资执行环节的控制，对筹资合同的订立与审核、资产的收取等作出明确规定。企业应根据经批准的筹资方案和筹资计划，按规定程序与有关方面订立筹资合同。相关部门或人员对筹资合同要进行认真审核，审核情况和意见应有书面记录。筹资合同应经授权人员审批。重大筹资合同，应征询法律顾问或专家的意见。筹资通过证券经营机构承销或包销企业债券或股票的，应选择具备规定资质和资信良好的证券经营机构，并签订承销或包销合同。变更筹资合同，应按原审批程序进行。企业应按筹资合同及时足额取得相关资产。筹资取得的非货币性资产，应合理确定其价值，办理财产转移手续，并及时入账。需要评估的资产，应聘请有资质的中介机构及时评估。筹资费用的计算、支付应符合筹资合同约定。

（三）筹资后评估环节的主要风险及其控制

筹资后评估环节的主要风险有：筹集资金使用混乱；未对重大筹资活动进行绩效评价；缺乏严密的跟踪管理制度导致的风险，等等。

企业应按筹资方案规定的用途使用所筹资金。严禁擅自改变资金用途。因环境变化等确需改变资金用途的，应履行审批手续。企业应建立筹资决策责任追究制度。对重大筹资项目应进行后期评估，明确相关部门及人员的责任。

筹资业务各环节的控制目标、主要风险、关键控制点及其控制措施等详细信息如表 7－9 所示。

表 7－9　　筹资业务各环节的主要风险及其控制措施

业务环节	控制目标	主要风险点	关键控制点	控制措施
提出筹资方案	筹资方案可行性论证科学合理	1. 缺乏完整的筹资战略规划 2. 盲目筹资，使得企业资本结构、资金来源结构、利率结构、资本成本等频繁变动，给企业带来财务风险 3. 缺乏与生产经营等部门的沟通协调使筹资缺乏针对性 4. 缺乏对企业资金现状的全面认识，无法正确评估资金的实际需要及期限等，容易导致筹资过度或筹资不足	1. 制定资金战略规划 2. 与资金需求部门加强沟通协调 3. 评估资金现状	1. 进行筹资方案的战略性评估，包括是否与发展战略相符合，筹资规模是否适当 2. 进行筹资方案的经济性评估，如筹资成本是否最低，资本结构是否恰当，筹资成本与资金收益是否匹配 3. 进行筹资方案的风险性评估，如筹资方案面临哪些风险，风险大小是否适当、可控，是否与收益匹配 4. 对企业的资金现状进行评估，包括评估生产经营各部门对现金需求量的评估
筹资方案审批	选择批准最优筹资方案	1. 缺乏完善的授权审批制度，容易使筹资活动草率决策，给企业带来潜在风险 2. 缺乏集体审批或连签制度，使得重大筹资决策不科学	1. 分级授权和审批 2. 三重一大治理规则	1. 根据分级授权审批制度，按照规定程序严格审批经过可行性论证的筹资方案 2. 重大筹资决策应实行集体审议或联签制度，保证决策的科学性

续表

业务环节	控制目标	主要风险点	关键控制点	控制措施
制定筹资计划	筹资计划科学合理、切实可行	1. 不根据当前经济形势，不结合筹资方式的资金成本，不能制定或选择正确的筹集计划 2. 筹资计划制定人员缺乏专业经验，使得筹资计划风险大 3. 筹资计划的编制与审批未实现职务分离	1. 制定筹资计划 2. 授权审批 3. 不相容职务分离	1. 根据筹资方案，结合当时经济金融形势，分析不同筹资方式的资金成本，正确选择筹资方式和不同方式的筹资数量，制定具体的筹资计划 2. 根据授权审批制度报有关部门批准 3. 筹资计划审批人与编制人职务分离
实施筹资	保证筹资活动正确、合法、有效进行	1. 不按计划实施筹资活动 2. 缺乏筹资合同等法律文件，不能明确筹资数额、期限、利率、违约责任 3. 缺乏不相容职务分离制度 4. 缺乏对筹资合同条款的认真审核，可能对企业未来潜在纠纷或诉讼不利 5. 因无法保证支付利息、股利股息等筹资成本导致的风险	1. 签订筹资协议 2. 授权审批 3. 会计系统控制 4. 监督检查筹资执行过程	1. 根据筹资计划进行筹资 2. 签订筹资协议，明确权利义务 3. 按照岗位分离与授权审批制度，各环节和各责任人正确履行监督和审批责任 4. 做好筹资记录，完善会计系统控制
筹资活动评价与责任追究	保证筹集资金的正确使用，维护筹资信用	1. 筹集资金使用混乱 2. 未评价筹资活动绩效 3. 缺乏严密的跟踪管理制度导致的风险	1. 筹集资金使用管理 2. 筹资业务绩效评价 3. 后续责任追究	1. 督促各部门严格按规定用途使用资金 2. 督促各环节严密保管未发行股票、债券或票据 3. 督促会计部门正确计提、支付利息 4. 加强债务偿还和股利支付的监督管理 5. 评价筹资活动绩效，落实相关责任

思考题

1. 采购业务的内部控制目标如何设定？
2. 采购业务中常见的风险有哪些？
3. 如何设置采购业务中的关键控制点？
4. 采购业务中常见的单据和文件有哪些？
5. 销售业务中应予以分离的不相容职务有哪些？
6. 根据你所学知识，分析出口销售面临哪些特定风险？
7. 如何设置销售业务中的关键控制点？
8. 现金销售业务和赊销业务在内部控制方面有何特殊要求？
9. 如何设定投资业务的内部控制目标？
10. 投资业务中应予以分离的不相容职务有哪些？

第八章
其他业务内部控制

担保业务、业务外包、财务报告等业务循环是舞弊和腐败高发的业务领域，特别是担保业务一般涉及金额大、时间长、环节多、多种利益关系错综复杂，成为经济犯罪和腐败问题的“高危区”。企业应加强这些领域的内部控制，防范相关风险。另外，对子公司和分支机构的控制薄弱，也是困扰很多企业的一块心病，很多企业对此感到力不从心，鞭长莫及。本章将重点介绍担保业务、业务外包、财务报告及对子公司和分支机构的风险控制。

第一节　担保业务内部控制

担保是对偿还债务的一种保证：“在借贷、买卖、货物运输、加工承揽等经济活动中，债权人需要以担保方式保障其债权实现的，可依照规定设定担保。”担保有贷款担保、贸易担保、租赁担保、发行债券担保、票据担保、工程担保、商业信用担保、纳税担保等很多种类。本节主要介绍债务担保，即企业作为担保人按公平、自愿、互利原则与债权人约定，当债务人不履行债务时，依照法律规定和合同承担相应法律责任的行为。债务契约是一种高风险契约，债权人为防范风险，经常要求债务人或第三方提供担保。担保主要有保证、抵押、质押、留置和定金等形式，实践中多采用抵押和质押。担保业务属于高风险经济活动，很多企业因担保陷入诉讼，导致重大经济损失。为防范担保业务风险，企业应加强担保业务管理，全面梳理和分析担保业务流程及其主要风险点，并有针对性地采取风险管控措施。

一、担保业务总体风险

企业办理担保业务至少应关注下列总体风险：

1. 担保活动不符合国家政策、相关法规或企业内部制度的规定，可能导致担保业务违规操作，加大企业合规风险。

2. 对担保申请人的资信状况调查不深，审批不严或越权审批，可能导致企业担保决策失误或遭受欺诈。

3. 对被担保人出现财务困难或经营陷入困境等状况监控不力，应对措施不当，可能导致企业承担法律责任。

4. 担保过程中存在舞弊行为，可能导致调查、审批、经办等相关人员涉案或企业利益受损。

5. 担保业务的会计处理不符合会计准则的规定，或未履行信息披露责任，可能遭受监管部门谴责或处罚。

二、担保业务控制目标

控制目标是确定担保业务关键控制点和实施控制活动的原则与依据，针对担保业务总体风险，企业应设定担保业务的内部控制目标如下：

1. 合规目标：确保担保业务符合国家政策、相关法规和企业内部制度的规定；堵塞漏洞，消除隐患，防止并及时发现、纠正担保业务中的错误或舞弊行为。

2. 资产目标：确保与担保业务相关资产的安全、完整。

3. 报告目标：促使担保业务会计处理符合会计准则规定，提高信息披露质量，为使用者提供真实、准确和完整的相关信息。

4. 经营目标：促进担保业务有序高效地进行，提高经济效益。

5. 战略目标：与企业战略和年度经营计划紧密联系，使担保业务能有效支持企业战略和经营计划。

三、担保业务流程设计

担保业务一般包括受理申请、调查评估、授权审批、签订担保合同、进行日常监控等流程。具体流程如图 8－1 所示，该图列示的担保流程适用于各类企业的一般担保业务，具有通用性。

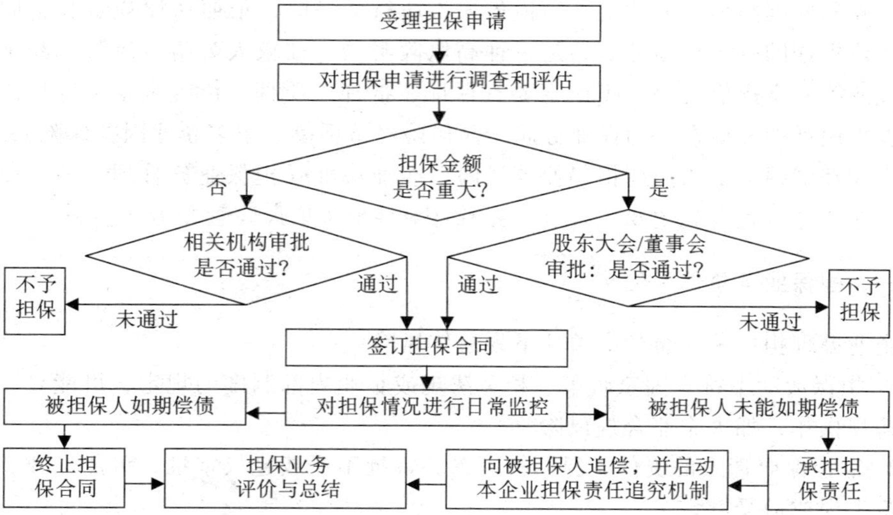

图 8－1 担保业务一般流程

企业应依法制定和完善担保业务政策及相关制度，明确担保的对象、范围、方式、条件、程序、担保限额和禁止担保等事项，规范调查评估、审核批准、担保执行等环节的工作流程，按政策和流程办理担保业务。

四、担保业务职责分工和授权审批

企业应建立担保业务岗位责任制，明确相关部门和岗位的职责、权限，确保不相容岗位相互分离、制约和监督。同一部门或个人不得办理担保业务的全过程。担保业务不相容岗位至少包括：接受担保申请与审批；对申请人资信的调查评估与审批；对被担保人日常监控与担保业务的监督检查等。

企业应建立担保授权和审批制度，规定授权批准方式、权限、程序、责任和相关控制措施，审批人在授权范围内进行审批，不得越权审批。重大担保，应报经董事会或类似权力机构批准。经办人员应在职责范围内，按审批人批准意见办理担保业务。对审批人越权审批的情况，经办人应拒绝办理。企业应采取合法有效的措施加强对子公司担保业务的统一监控。企业内设机构未经授权不得办理担保业务。为关联方提供担保的，与关联方存在经济利益或近亲关系的人员在评估与审批环节应回避。对境外企业进行担保的，应遵守外汇管理规定，关注被担保人所在国家的政治、经济、法律等风险，并评估外汇政策、汇率变动等可能带来的影响。

担保业务直接涉及担保财产、费用收取、财务分析、债务承担、会计处理和相关信息披露等，因此，财会部门在担保业务风险控制中具有举足轻重的重要作用。担保业务经办部门应与财会部门保持顺畅的信息沟通，促进担保信息及时有效沟通；财会部门应建立担保事项台账，详细记录担保对象、金额、期限、用于抵押和质押的物品或权利以及其他有关事项；同时，及时足额收取担保费用，维护企业担保权益；财会部门应严格按会计准则进行担保会计处理，发现被担保人出现财务状况恶化、资不抵债、破产清算等情形的，应合理确认预计负债和损失。属于上市公司的，还应区别不同情况依法予以公告；财会部门应切实加强对反担保财产的管理，妥善保管被担保人用于反担保的权利凭证，定期核实财产的存续状况和价值，发现问题及时处理，确保反担保财产安全完整；财会部门还应夯实担保合同基础管理，妥善保管担保合同、与担保合同相关的主合同、反担保函或反担保合同，以及抵押、质押的权利凭证和有关原始资料，做到担保业务档案完整无缺。当担保合同到期时，企业要全面清查用于担保的财产、权利凭证，按照合同约定及时终止担保关系。

表 8－1 是 ××股份有限责任公司担保业务职责分工和权限指引。

五、担保业务各环节的主要风险及其控制

担保业务一般包括决策审批、签订合同、担保过程监控、代偿和追偿、绩效评价和追责等环节。下面列表分析担保业务各环节的控制目标、主要风险、关键控制点及相应的风险控制措施。

表 8－1　　××股份有限责任公司担保业务职责分工和权限指引

部门	岗位	职责及权限
计划财务部	信用调查岗	受理担保申请；检查受理资料是否齐全；对担保申请人进行资信调查和风险评估；提交担保初查报告；对被担保人进行日常监控
	担保审查岗	审查担保初查报告；提交担保可行性分析报告；对被担保人进行日常监控；相关文件归档管理；办理与担保有关的其他事宜。
	担保办理岗	具体办理担保手续；进行抵押登记；收取担保费用；办理代偿和追偿；编制担保清单；办理担保终结手续
	部长	审核批准单笔担保额在 500 万元（不含 500 万元）以下，且担保余额小于最近一期经审计净资产 5% 的担保事宜；定期与分管副总经理沟通担保情况；担保信息披露
合约合规部		协同财务部做好担保申请人的资信调查和风险评估工作；组织相关人员参与签订担保合同；负责处理与担保有关的法律纠纷；协助财务部处理向被担保人追偿
分管副总经理		审核批准单笔担保额在 500 万元（含 500 万元）—1000 万元（不含 1000 万元）以下，且担保余额小于最近一期经审计净资产 10% 的担保事宜
总经理		审核批准单笔担保额在 1000 万元（含 1000 万元）—2000 万元（不含 2000 万元）以下，且担保余额小于最近一期经审计净资产 20% 的担保事宜
董事会		审核批准单笔担保额在 2000 万元（含 2000 万元）—5000 万元（不含 5000 万元）以下，且担保余额小于最近一期经审计净资产 50% 的担保事宜 经全体董事过半数，且出席董事会会议的 2/3 以上董事同意，才算审核通过
股东大会		须经股东大会审批的对外担保，包括但不限于下列情形：①单笔担保额超过最近一期经审计净资产 10% 的担保；②对外担保总额，超过最近一期经审计净资产 50% 以后提供的任何担保；③为资产负债率超过 70% 的担保对象提供的担保；④对股东，实际控制人及其关联方提供的担保；⑤单笔担保额超过 5000 万元的担保 股东大会在审议为股东、实际控制人及其关联方提供的担保议案时，该股东或受该实际控制人支配的股东，不得参与该项表决，表决由出席股东大会的其他股东所持表决权的半数以上通过。除上述第④项以外，应由股东大会做出决议，并经出席会议的股东所持表决权的 2/3 以上通过
内部审计机构		对担保业务管理和控制的健全性和有效性进行评价和监督

注：

1. 如遇利益冲突，相关人员在办理担保业务过程中应主动回避
2. 需由上级人员审批的担保事宜，下级人员应先行审批，再提交上级审批。应由股东大会审批的对外担保，必须经董事会审议通过后，方可提交股东大会

（一）决策审批阶段的主要风险及其控制

决策审批是企业办理担保业务的起点，主要工作包括受理担保申请人的资料、对担保申请人的资信状况和担保项目的风险水平进行调查和评估、审核批准担保等。这是控制担保风险的关键环节，只有进行全面深入的调查研究，科学评估担保项目风险，才能做出合理判断，才有可能将后续的担保风险提前拒之门外。这一阶段的

主要风险、关键控制点、控制目标及控制措施如表 8－2 所示。

表 8－2　　担保业务决策审批阶段的主要风险及其控制

业务环节	控制目标	主要风险点	关键控制点	控制措施
受理申请	确保受理的担保申请资料齐全，申请人资质符合企业担保政策	1. 担保政策和管理制度不健全，未对担保申请进行审核和初评 2. 对担保申请的审查和评价把关不严，导致申请受理流于形式 3. 受理人员可能与申请人存在关联关系，形成利益冲突，导致审核与评价缺少独立性和公正性 4. 受理人员缺乏足够的专业素养进行合理判断，或存在职业道德问题	不相容职务相分离；配备合格人员；实施回避制度；审核及初评申请资料	1. 建立健全担保业务政策和管理制度，明确担保对象、范围、方式、条件、程序、担保限额和禁止担保的事项 2. 严格按担保政策和相关管理制度对担保申请进行审核和初评 3. 担保申请受理人员如与申请人存在关联关系，形成利益冲突，应回避 4. 配备具有良好职业道德且能胜任业务的人员进行初审和评价
资信调查和风险评估	确保资信调查和风险评估报告客观、公正，真实反映申请人资信状况和担保风险	1. 调查评估人员专业能力不胜任，或存在职业道德方面的问题 2. 调查评估人员与申请人存在关联关系，形成利益冲突，导致调查和评估缺少独立性和公正性 3. 对担保申请人的资信调查不深入、不完备，未完全了解其资产状况、履约能力和信誉状况 4. 未能全面、科学地对担保项目进行风险评估，不能有效识别风险	不相容职务相分离及回避控制；配备合格人员；申请人资信调查控制；担保项目风险评估	1. 配备具有良好道德且能胜任业务的人员进行资信调查和风险评估 2. 调查评估人员必须与申请受理人员、审批人员岗位分离 3. 调查评估人员如与申请人存在关联关系，形成利益冲突，应回避 4. 重点关注申请人资信状况和风险水平是否符合相关法规和本企业规定 5. 合理预测担保项目经营前景和盈利能力 6. 规范资信调查和风险评估报告
担保审批	确保审批人员在授权范围内审批，不越权审批；审批依据充分，审批结果恰当	1. 授权审批制度不健全，导致对担保业务的审批不规范 2. 审批不严格或者越权审批，导致担保决策出现重大疏漏，可能引发严重后果 3. 审批过程存在舞弊行为，可能导致经办审批等相关人员涉案或企业利益受损 4. 审批人员与申请人存在关联关系，形成利益冲突，未申请回避	担保业务授权控制；担保业务审批控制	1. 完善授权审批制度，明确授权审批方式、权限、程序、责任和控制措施 2. 重大担保项目实行集体审批和联签 3. 上市公司重大担保，应取得董事会成员 2/3 以上同意或经股东大会批准 4. 企业内部机构和分公司不得以企业名义对外提供担保 5. 设定并严格执行不予担保的“红线” 6. 审批依据要充分，审批结果要恰当，担保金额应控制在设定担保限额内 7. 从严办理担保变更审批。担保变更应重新履行调查评估和审核批准程序

（二）签订担保合同阶段的主要风险及其控制

担保合同是约定担保双方权利、义务的载体。该环节的控制目标是确保合同签订程序合规、合同内容合法、合同要件完备、语言表述严谨准确。这一环节的主要风险及控制如表 8－3 所示。

表 8－3 签订担保合同阶段的主要风险及其控制

业务环节	控制目标	主要风险点	关键控制点	控制措施
签订担保合同	确保担保合同内容合法、形式完备、表述准确、结构严谨	1. 未经授权对外签订合同，可能导致合同无效 2. 合同内容存在重大疏漏和欺诈，可能导致企业诉讼失败、权利追索被动、经济利益和形象信誉受损 3. 相关人员可能损公利私	合同内容控制；合同形式控制；合同合规性控制；合同用章控制；合同记录控制	1. 相关人员应根据经审批后的担保内容拟订合同 2. 合同应明确规定担保范围、期限，被担保人权利和义务及违约责任等，并要求被担保人定期提供财务报告和有关资料，及时通报担保项目实施情况 3. 实行担保合同会审联签，以增强合同的合法性、规范性、完备性 4. 加强对有关身份证明和印章的管理，保证用章用印符合当事人真实意愿 5. 规范担保合同的记录、传递和保管，确保担保合同运转轨迹清晰完整、有案可查

（三）担保过程监控阶段的主要风险及其控制

担保过程监控一般包括日常监控和会计系统控制。在担保合同执行过程中，企业应持续追踪被担保人的经营和财务状况，定期评估被担保项目的风险水平，发现异常，应及时报告，以便适时作出反应。会计系统控制不仅是企业实施内部控制的基础，也是有效的内部控制方法，企业应确保担保业务的会计处理和信息披露符合会计准则，会计记录和相关档案妥善保管，会计监督检查健全有效。这一环节的主要风险、关键控制点、控制目标及控制措施如表 8－4 所示。

表 8－4 担保过程监控阶段的主要风险及其控制

业务环节	控制目标	主要风险点	关键控制点	控制措施
日常监控	持续追踪被担保人的经营和财务状况，发现异常，及时应对	对担保合同履行情况疏于监控或监控不当，导致企业不能及时发现和妥善应对被担保人的异常情况，可能延误处置时机，加剧担保风险，形成经济损失	被担保人财务状况；担保项目实施状况	1. 指定专人定期监测被担保人经营情况和财务状况；持续跟踪和监督担保项目执行、资金使用、贷款归还、财务运行及风险等 2. 及时报告被担保人异常情况和重要信息，特别是被担保人经营困难、债务沉重，或违反担保合同等情况 3. 针对被担保人异常情况及时采取措施，降低或规避担保风险

续表

业务环节	控制目标	主要风险点	关键控制点	控制措施
会计系统	确保会计处理符合会计准则，会计记录和相关档案完整有序，会计控制健全有效	1. 会计系统控制不力，担保业务记录和相关档案保管残缺不全，日常监控难以奏效 2. 未能及时足额收取保费，损害企业利益 3. 担保业务会计处理和信息披露不合规，可能引发行政处罚 4. 对反担保财产和权利凭证保管不力，使企业利益受损 5. 担保合同到期后，未能及时终止担保关系	会计记录控制；担保信息披露控制；担保档案控制	1. 加强信息沟通，促进信息及时传递 2. 建立担保台账，详细记录担保对象、金额、期限、用于抵押和质押的资产等 3. 及时足额收取担保费用，维护企业利益 4. 遵循会计准则进行会计处理，及时确认预计负债和损失 5. 加强对反担保财产的管理，妥善保管有关凭证，定期核实财产存续状况和价值，确保反担保财产安全完整 6. 担保合同到期后，全面清查用于担保的财产、权利凭证，及时终止担保关系 7. 夯实档案管理基础，确保会计记录和业务档案完整无缺

（四）代偿和追偿阶段的主要风险及其控制

当被担保人无法按约偿还债务时，企业应依据担保合同承担连带赔偿责任，同时启动向被担保人的追偿行动。企业应确保在被担保人无法按约偿还债务时，自觉履行代偿义务，同时积极向被担保人追偿，减少担保损失。该阶段的主要风险、关键控制点、控制目标及控制措施如表 8－5 所示。

表 8－5　　代偿和追偿阶段的主要风险及其控制

业务环节	控制目标	主要风险点	关键控制点	控制措施
代偿和追偿	自觉代偿，积极追偿，减少损失	1. 不履行代偿义务，可能被告上法庭，影响企业形象和声誉 2. 承担代偿义务后向被担保人追偿不力，可能造成经济损失	代偿控制；追偿控制	1. 被担保人无力偿债时，自觉按担保合同承担清偿义务，树立法制意识和诚信形象 2. 代偿之后，依法加大对被担保人的追偿力度，注意搜集证据，做到举证有力

（五）绩效评价和追责阶段的主要风险及其控制

任何业务的完成和终结，都应建立相应的总结评价和责任追究制度，担保业务也不例外。企业应在解除担保合同，完成代偿和追偿任务后，及时总结经验教训，落实岗位责任制，追究相关人员责任。该环节的控制目标、主要风险、关键控制点及控制措施如表 8－6 所示。

表 8－6　　绩效评价和追责阶段的主要风险及其控制

业务环节	控制目标	主要风险点	关键控制点	控制措施
担保业务绩效评价和追责	落实担保业务责任制	未对担保业务及时评价，未总结经验和教训，没有落实岗位责任制，未有效追究失职人员责任	业务评价控制；责任追究控制	落实责任追究制度，对担保业务中出现的受理、审查、评估、审批、监控等失误，及未按规定办理业务的部门和人员追究责任，落实奖罚措施

第二节　业务外包内部控制

业务外包是企业利用专业化分工优势，将生产经营和管理活动中的部分业务委托给外部专业服务机构或经济组织（下文简称承包方）完成的经营行为，常见的外包业务如研发、资信调查、可行性研究、委托加工、物业管理、客户服务、IT 服务等。

一、业务外包总体风险

企业将一些非核心、次要或辅助性的功能或业务外包给外部专业机构，能够利用其专长和优势来提高企业的整体效率和竞争力，而自身则专注于那些核心功能或业务，可以带来成本降低、效率提高、核心竞争力突出和整体实力增强的局面。但业务外包自身也充满很多风险，企业应加强这一领域的内部控制，防范相关风险。在业务外包过程中企业至少应关注下列总体风险：

1. 业务外包违反国家法律法规，可能遭受外部处罚、经济损失和信誉损失。

2. 业务外包未经适当审核或超越授权审批，策略不科学，可能因重大差错、舞弊、欺诈而导致损失。

3. 外包范围和价格确定不合理，承包方选择不当，可能导致企业资产遭受损失。

4. 外包业务实施过程监控不严，服务质量低劣，可能导致企业难以发挥业务外包优势，外包战略失败或经营效率低下。

5. 业务外包信息保护措施不当，可能导致企业商业秘密泄露。

6. 业务外包会计处理不当，相关记录不完整，可能导致财务报告及其他相关信息失真等。

二、业务外包控制目标

针对业务外包总体风险，企业应设定业务外包的内部控制目标如下：

1. 合规目标：确保业务外包符合国家政策、相关法规和企业内部规章制度的规定。

2. 资产目标：防止并及时发现、纠正外包业务中的错误或舞弊行为，确保与业务外包相关资产的安全、完整。

3. 报告目标：外包业务记录完整，数据真实可靠，业务外包会计处理符合会计准则规定，能为内部及外部信息使用者提供真实、准确和完整的高质量信息。

4. 经营目标：促进外包业务有序高效地运行，充分发挥业务外包优势，提高经济效益，提高企业整体运营的效率效果。

5. 战略目标：与企业战略和年度经营计划紧密联系，使外包战略的决策和执行能在总体上有效支持企业战略和经营计划。

三、业务外包流程设计

如图 8－2 所示，业务外包流程主要包括：制定业务外包实施方案、审核批准、选择承包方、签订业务外包合同、组织实施业务外包活动、业务外包过程管理、验收、会计系统控制等环节。

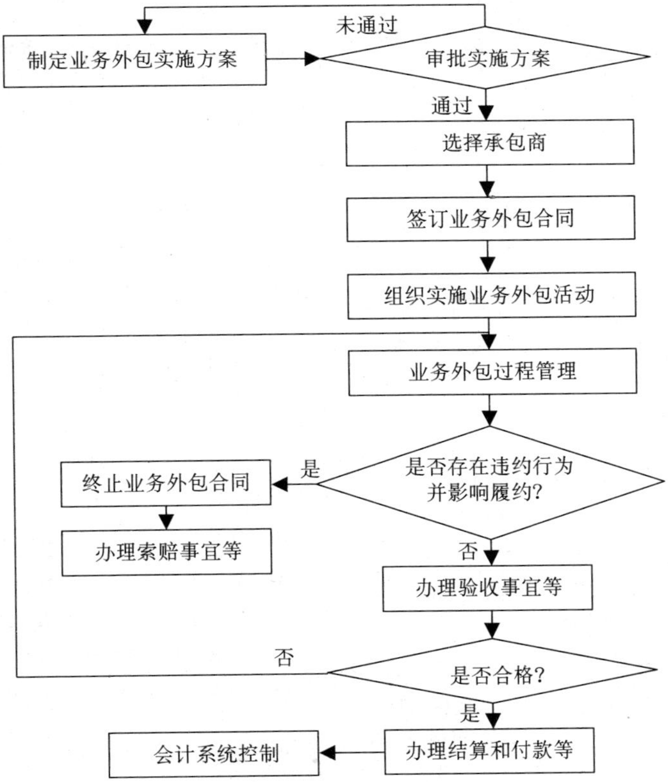

图 8－2　外包业务一般流程

四、业务外包各环节的主要风险及其控制

（一）业务外包决策阶段的主要风险及其控制

业务外包决策阶段包括制定业务外包实施方案、审核批准、选择承包商等环节。

制定业务外包实施方案是企业根据年度生产经营计划和业务外包管理制度，结合确定的业务外包范围，制定实施方案的过程。审核批准是企业按规定的权限和程序审核批准业务外包实施方案。选择承包方是企业按批准的业务外包实施方案择优选择承包方的过程。

业务外包决策阶段的控制目标、关键控制点、主要风险点及其控制措施如表8－7所示。

表8－7　业务外包决策阶段的控制目标、关键控制点、主要风险点和控制措施

业务环节	控制目标	关键控制点	主要风险点	控制措施
制定业务外包实施方案	业务外包方案科学完整、合理可行，符合企业生产经营特点	1. 制定业务外包管理制度 2. 实施方案的可行性评估或论证	1. 缺乏业务外包制度，导致方案制定无据可依 2. 实施方案不合理、不符合企业生产经营特点或内容不完整	1. 建立和完善业务外包管理制度，合理确定业务外包范围，明确业务外包的方式、条件、程序和实施等 2. 严格按业务外包管理制度规定的业务外包范围、方式、条件、程序和实施等制定实施方案 3. 根据企业年度预算及生产经营计划，对实施方案的重要方面进行深入评估，确保方案的可行性 4. 认真听取专业人员对业务外包的意见，并根据其合理化建议完善实施方案
审核批准	授权恰当；审批程序规范；审核评价科学合理	1. 授权 2. 审核 3. 批准	1. 授权不当 2. 审批制度不健全或流于形式 3. 审批不严格或越权审批 4. 未审核方案的经济性和可行性等	1. 建立和完善业务外包审核批准制度 2. 加大对分公司重大业务外包的管控力度，避免因分公司越权进行业务外包给企业带来不利后果 3. 审查和评价业务外包实施方案，对比分析该业务自营与外包的风险和收益，评估外包合理性和可行性 4. 总会计师或分管会计工作的负责人应参与重大业务外包决策，对业务外包的经济效益做出合理评价 5. 重大业务外包方案，应由董事会或类似机构审批
选择承包方	择优选择承包方；合理确定承包价格；避免相关人员舞弊或收受贿赂	1. 调查候选承包方 2. 确定外包价格 3. 选择承包方 4. 审批承包方	1. 承包方无资质 2. 从业人员不具备专业资格或缺少专业经验 3. 外包价格不合理，成本过高 4. 存在贿赂等舞弊行为	1. 调查候选承包方的合法资格和专业资质 2. 调查候选承包方的技术实力及从业人员专业技能 3. 考察候选承包方类似成功案例、业界评价和口碑 4. 综合考虑内外因素，合理确定外包价格，严控成本 5. 引入竞争机制，择优选择承包方 6. 按规定程序和权限选择和审批承包方，并建立回避和监督处罚制度，避免相关人员选择承包方时出现受贿和舞弊行为

（二）业务外包实施阶段的主要风险及其控制

业务外包实施阶段包括签订业务外包合同、组织实施业务外包和业务外包过程管理等环节。

确定承包方后，企业应及时与选定的承包方签订业务外包合同，约定业务外包的内容和范围，双方权利和义务，服务和质量标准，保密事项，费用结算标准和违约责任等事项。组织实施业务外包要求企业严格按照业务外包制度、工作流程和相关要求，组织业务外包过程中人、财、物等方面的资源分配，建立与承包方的合作机制，为下一环节的业务外包过程管理做好准备，确保承包方严格履行业务外包合同。企业在组织实施业务外包时，应根据业务外包合同条款，落实双方应投入的人力资源、资金、硬件及专有资产等，明确承包方提供服务或产品的工作流程、服务模式、职能架构、项目实施计划等内容。根据业务外包合同的约定，承包方会采取在特定时点向企业一次性交付产品或在一定期间内持续提供服务的方式交付业务外包成果。由于承包方交付成果的方式不同，业务外包过程也有所不同，前者的业务外包过程是指承包方对产品的设计制造过程，后者的业务外包过程是指承包方持续提供服务的整个过程。

业务外包实施阶段的控制目标、关键控制点、主要风险点及其控制措施如表8-8所示。

表8-8　业务外包实施阶段的控制目标、关键控制点、主要风险点和控制措施

业务环节	控制目标	关键控制点	主要风险点	控制措施
签订业务外包合同	业务外包价格合理；业务外包合同内容完整、表述准确、权责清晰	1. 确定业务外包价格 2. 草拟外包合同 3. 审核外包合同 4. 签订外包合同	1. 未针对相关风险做明确约定 2. 承包方违约责任界定不清晰 3. 业务外包价格不合理或费用过高 4. 未明确违约补救措施	1. 拟订合同前，评估外包方案中的重要风险点，并通过合同条款予以有效规避或降低 2. 明确约定承包方提供服务的类型、数量、成本，及服务环节、作业方式、作业时间、服务费用等细节 3. 明确约定双方的责权利及存在问题的沟通方式 4. 明确约定服务和质量标准，及未达标的补救措施 5. 具体约定承包方的保密责任和义务 6. 综合考虑内外因素，合理确定外包价格 7. 明确约定双方的违约责任及补救措施
组织实施业务外包	承包方工作流程和质量标准清晰明确；外包业务实施过程有序高效；与承包方沟通协调积极有效	1. 制定业务外包实施全过程管控机制 2. 明确承包方工作流程和质量标准 3. 业务外包实施中的信息与沟通	1. 业务外包过程管控工作不充分或未落实到位 2. 未明确承包方工作流程和质量标准 3. 未与承包方建立有效的沟通协调机制，缺乏相关信息的收集和传递机制	1. 按业务外包制度、工作流程和相关要求，制定业务外包实施全过程的管控措施，落实与承包方之间的资产安全、信息资料、人力资源、安全保密等管理机制 2. 做好与承包方的对接工作，通过培训等方式确保承包方充分了解企业的工作流程和质量要求，从价值链的起点开始控制业务质量 3. 与承包方建立并保持畅通的沟通协调机制，及时发现并解决业务外包过程存在的问题 4. 梳理工作流程，针对每个岗位职责分工、质量要求等提出明确要求，并建立即时监控机制，及时检查、收集和反馈业务外包实施过程相关信息

续表

业务环节	控制目标	关键控制点	主要风险点	控制措施
业务外包过程管理	督促承包方持续保持履约能力，按约定质量要求持续提供合格产品或服务；保护相关信息安全，避免商业秘密泄露	1. 承包方履约能力评价与考核 2. 实时监控承包方履约能力 3. 建立重大业务外包失败应急方案 4. 承包方违约索赔 5. 相关信息保密控制	1. 承包方不能持续保持履约能力，无法按合同约定履行义务 2. 承包方违约，无法按约定质量要求持续提供合格产品或服务，外包优势难以发挥，甚至遭受重大损失 3. 信息管控不力，导致商业秘密泄露	1. 动态监控重大业务承包方的履约能力，对承包方开展日常绩效评价和定期考核 2. 持续评估承包方对项目投入是否能够支持其产品或服务质量达到企业预期目标，承包方自身财务状况、技术创新等综合能力是否满足项目要求 3. 建立即时监控机制，一旦发现偏离合同目标等情况，及时要求承包方调整改进 4. 对重大业务外包的各种意外情况作出充分预计，建立应急机制，制定临时替代方案 5. 有确凿证据表明承包方存在重大违约行为，并导致业务外包合同无法履行的，应及时终止合同，并指定有关部门按法律程序向承包方索赔 6. 切实加强对业务外包过程中形成的商业信息资料的管理

（三）验收及后评估阶段的主要风险及其控制

业务外包合同执行完成后需要验收的，企业应建立外包业务验收制度，组织相关部门或人员对完成的业务外包合同进行验收。承包方最终提供的产品或服务应与外包合同约定一致。业务外包归口管理部门应对所有产品或服务差异予以确认，并及时告知承包方进行调整改进。

重大业务外包合同完成后，对外包业务的目标、执行过程、效益效用等进行分析和评价，落实外包项目的决策、实施和验收环节的责任追究制度。需要索赔的，应加强索赔管理，积极依法依约索赔。对于承包方认可的赔款事项，企业应指定专人跟踪和报告，以便及时收回赔款，并追究责任人责任。对长期未决赔款，企业可通过法律手段予以解决。

验收及后评估阶段的控制目标、关键控制点、主要风险点及其控制措施如表8－9所示。

表8－9 验收及后评估阶段的控制目标、关键控制点、主要风险点和控制措施

业务环节	控制目标	关键控制点	主要风险点	控制措施
验收	确保收到的产品或服务符合合同约定标准；合理处理差异，减少损失	1. 明确验收方式 2. 明确验收标准 3. 规范验收过程 4. 处理验收异常	1. 验收方式与业务成果交付方式不匹配 2. 验收标准不明确或不合理 3. 验收程序不规范，验收流于形式，不能及时发现存在问题	1. 根据承包方产品或服务交付方式，制定相应的验收方式，可以一次性验收，也可分阶段验收 2. 根据业务外包合同约定，确定产品或服务数量和质量的验收标准 3. 组织有关部门和相关人员，严格按验收标准对承包方交付的产品或服务进行审查和全面测试，确保产品或服务符合需求，并出具验收证明 4. 验收过程发现异常的，应立即报告，查明原因，视问题严重性与承包方协商补救措施，并依法索赔

续表

业务环节	控制目标	关键控制点	主要风险点	控制措施
后评估	明确责任，落实奖罚，持续改进业务外包	1. 后评估的组织 2. 明确责任 3. 落实奖罚 4. 持续改进	1. 重大业务外包缺少后评估或流于形式 2. 后评估不能明确责任，落实奖罚	1. 对重大业务外包开展后评估 2. 根据验收结果对业务外包是否达到预期目标作出总体评价 3. 依据业务外包管理制度和评估结果，明确相关人员责任，落实奖罚 4. 依据评价结果改进和优化业务外包管理制度和流程

（四）外包业务会计系统控制的主要风险及其控制

财会部门在业务外包风险控制中具有重要作用，相关业务部门和职能部门应与财会部门保持顺畅的信息沟通，促进业务外包信息及时有效沟通。重大业务外包项目从立项开始，财会部门就应提前介入，以便从源头开始控制相关风险。外包业务会计核算应符合会计准则要求，能够提供真实可靠、相关及时的业务外包信息。财会部门应加强对外包业务的审核与监督，并做好外包费用结算工作。

业务外包会计系统控制的控制目标、关键控制点、主要风险点及其控制措施如表8－10所示。

表8－10　外包业务会计系统控制的控制目标、关键控制点、主要风险点和控制措施

业务环节	控制目标	关键控制点	主要风险点	控制措施
会计系统控制	外包业务会计核算符合会计准则，能提供高质量的报告信息；外包业务成本核算真实准确；会计审核与监督真实有效	1. 外包业务会计核算 2. 外包业务信息披露 3. 会计审核与监督 4. 外包业务档案保管	1. 会计系统控制失效，未能真实完整记录和反映外包各环节的资金流和实物流 2. 业务外包会计处理不当，导致信息失真 3. 结算审核不严、支付不当，可能导致资金或信用受损 4. 外包档案管理混乱	1. 根据会计准则规定，对业务外包中交由承包方使用的资产、涉及资产负债变动的事项及外包合同诉讼等加强核算与监督 2. 根据会计准则规定，结合外包业务特点和管理机制，建立并完善外包成本核算方法，进行有关会计处理，并在财务报告中披露相关内容 3. 向承包方结算费用时，应依据验收证明，严格按合同约定的结算条件、方式和标准办理支付 4. 及时整理和归档保管外包业务相关合同、文件、单据、记录和报告等，建立外包档案

第三节　财务报告内部控制

高质量信息披露是市场经济健康有序发展的重要条件，对保护利益相关方权益有重要意义。然而近年来财务丑闻频发，严重损害了利益相关方权益，降低了市场有效性，引起广泛关注。合理保证财务报告及相关信息真实完整是企业内部控制的重要目标，财务报告风险是企业面临的重要风险。财务报告风险是企业财务报告未达到相应的质量要求，不能实现财务报告目标的可能性。本节将对财务报告各环节的主要风险进行系统梳理，并有针对性地设置关键控制点，给出相应的风险管控措施，以提高企业信息披露质量。

一、财务报告的主要环节及其控制目标

企业财务报告生成过程可分为编制、审核、审计、批准、发布和使用六个环节，如图 8－3 所示。

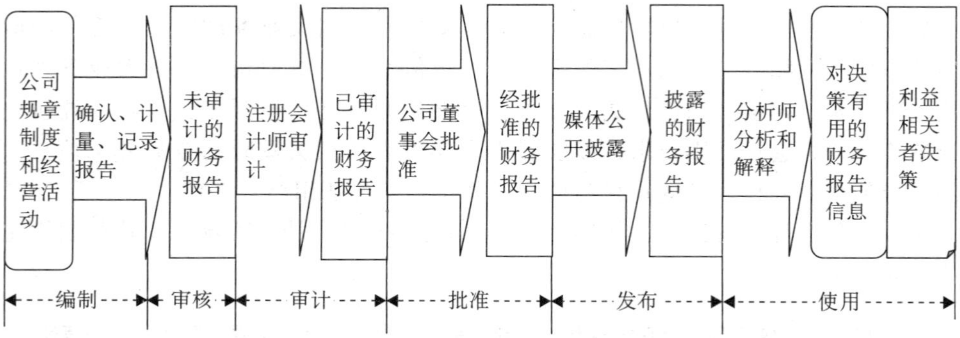

图 8－3 财务报告业务主要流程和工作环节

财务报告编制环节涉及制定编制方案、确定重大交易或事项的会计处理、清产核资、核实债权债务、对账与结账、编制个别财务报表、编制合并财务报表等。编制环节是财务报告生成的基础，编制环节存在的风险控制效果直接影响到财务报告信息是否真实可靠。这一环节的风险控制目标是确保企业有明确的财务报告编制程序，清晰的权责分工和合理人员配备，遵循会计准则和内部制度编制财务报告。

财务报告审核环节是指财务报告在对外提供前，财会部门负责人、总会计师或分管领导以及企业负责人通过审核程序保证财务报告的准确、真实、完整以及合法合规。这一环节的风险控制目标是确保企业财务报告按规范的流程得到审核，以保证对外提供的财务报告的真实性、完整性和合规性。

财务报告审计环节是企业在财务报告对外发布前，聘请有相应资格的会计师事务所对财务报告进行审计；会计师事务所在接受政府和市场的监管下，按照会计规范和审计规范审计财务报告。该环节的控制目标是保证被审计的财务报告具有可信赖性，使财务报告使用者可以依据被审计的财务报告做出正确有用的经济决策。

财务报告批准环节是指财务报告在对外公布之前，要经过董事会或类似机构的正式批准。

财务报告发布环节是指企业将财务报告与审计报告一同向投资者、债权人、政

府监管部门等报送，对其自身的财务信息进行披露，以达到为财务信息使用者提供决策依据的目的。本环节的风险控制目标是让财务报告使用者能够更加快捷、有效地利用财务报告及其相关资源。

财务报告使用环节是指利用资产负债表、利润表和现金流量表等财务报表，对企业的财务状况、经营成果以及现金流量进行系统的分析和评价。财务报告使用分析的总体目标是：评价企业的经营业绩、财务状况和现金流量，揭示财务活动中存在的矛盾和问题，为改善经营管理提供方向和线索；分析企业的预算是否合理完成，评估管理层的经营情况并就改善经营成果提出财务建议；对企业的未来风险报酬做出预测，为财务信息使用者做出正确的经济决策提供必要的依据。

二、财务报告编制环节的主要风险及其控制

企业应在编制财务报告前拟订财务报告编制方案，明确财务报告的编制依据、编制方法和程序、职责分工和编报时间安排等；确定重大交易或事项的会计处理，如债务重组、兼收并购、非货币性资产交换、公允价值计量、资产减值等；组织财会及有关部门进行资产清查和债权债务的核实工作；在日常信息核对无误的基础上完成对账、调账、差错更正等工作，然后实施关账操作；按会计准则规定的财务报表格式和内容，根据真实、完整的会计账簿记录和其他有关资料编制财务报表；集团公司在编制合并财务报表前，应及时取得纳入合并范围内的各分公司、子公司和内部独立核算单位的财务报表，并按规定程序进行形式和内容的审核，若发现问题应退回原单位重编。

财务报告编制环节的控制目标、主要风险点、关键控制点及控制措施如表 8－11 所示。

表 8－11　　财务报告编制环节的主要风险及其控制

业务环节	控制目标	关键控制点	主要风险点	控制措施
制定财务报告编制方案	编制方案切实可行，会计政策及时更新，会计变更审批恰当，编制程序合法合规，职责分工和时间安排清晰合理	确定财务报告编制方法（会计政策、会计估计、合并方法、范围与原则等）；确定报告编制程序；职责分工（牵头部门、配合部门职责分工）、时间安排等	会计政策未更新，不符合准则；会计变更未经审批，导致会计政策或会计估计不当；会计政策未能有效贯彻、执行；各部门职责、分工不清，导致数据传递出错、遗漏、格式不一致等；各步骤时间安排不明确，导致整体编制进度延后，违反报送要求	1. 按会计法规、会计准则和最新监管要求，及时更新内部会计规章制度和财务报告编制流程等 2. 按规定权限和程序审批会计政策调整事宜 3. 财务报告流程、年报编制方案经公司分管财务会计工作的负责人核准后签发 4. 建立完备的信息沟通渠道，将内部会计规章制度和财务流程、会计科目表和相关文件及时有效地传达至相关人员，以确保有效执行 5. 通过内部审计等定期测试会计政策执行情况，及其在不同部门、不同期间内的一致性 6. 明确职责分工，总会计师或分管副总组织领导；财会部门负责具体编制；各部门配合，及时提供编制财务报告所需信息，并保证信息的真实完整 7. 按报送要求倒排时间节点，严格执行，确保进度

续表

业务环节	控制目标	关键控制点	主要风险点	控制措施
确定重大事项会计处理方法	重大会计事项处理方法合规有效	确认对当期有重大影响的事项；确定重大事项的会计处理	重大事项会计处理不合法；重大事项会计信息扭曲，无法如实反映实际交易	1. 关注和收集重大事项信息，建立处理流程，经审批后执行 2. 关注会计准则变化及对财务报告的影响 3. 沟通需要专业判断的重大事项及其会计处理 4. 按法规、准则和内部制度的规定，确定重大事项的会计处理
清查资产核实债务	保证资产、负债账实相符	资产清查；减值测试；债权债务核实	资产、负债账实不符；资产计价方法随意变更；未计提资产减值准备，或计提不当；提前、推迟甚至不确认资产负债	1. 制定具体可行的资产清查、负债核实计划 2. 认真执行资产清查和负债核实计划 3. 发现账实不符差异，分析原因，按规定处理，并记录账实不符和差异处理情况 4. 按会计准则规定对各项资产、负债进行计量 5. 按会计准则规定进行减值测试，确认减值损失，计提减值准备，确保账实相符
对账与结账	保证账簿记录真实完整、账账相符、结账正确及时	账账核对相符；账证核对相符；进行试算平衡；更正差错、调整不相符记录；结账和关账	账证、账账不符；虚列或隐瞒收入，推迟或提前确认收入；随意改变成本费用确认或计量标准；结账时间、程序不合规定；关账后又随意打开会计期间等	1. 核对各种账簿记录之间是否钩稽相符 2. 进行发生额和余额的试算平衡 3. 按权责发生制和会计准则要求，调整收入和费用 4. 按规定结账，不因赶报表而提前结账或把本期事项延至下期登账，也不得先编财表后结账 5. 关账之后如需要重新打开已关闭的会计期间，须填写申请表，并经总会计师或分管领导审批
编制个别财务报表	按会计准则要求编制真实、完整的个别财务报表，如实反映企业经营活动	财务报告编制程序；财务报告格式；财务报告内容	财务报告编制程序存在问题；报告格式不符合要求；报告内容存在漏报或错报，误导使用者；附注内容不完整，披露不充分	1. 按经批准的财务报告编制方案编制个别报表 2. 按会计准则和监管要求选用财务报表格式 3. 审核个别财务报告的内容，校验报表项目与账户对应关系、报表项目之间、前后期之间、不同报表之间、报表项目与附注之间等的钩稽关系 4. 审批财务报告，确保不存在重大漏报或错报 5. 按会计准则要求编制附注，并与报表项目建立对应或索引关系
编制合并财务报表	确保合并财务报告不存在重大漏报或错报，如实反映集团经营情况	统一集团会计政策；确定合并范围；审核个别报表；汇总内部交易；编制抵销分录；合并报表项目	集团内部会计政策不统一；合并范围不完整；内部交易信息不完整；合并抵销分录不准确；报表项目合并计算错误；合并财务报告未经审核和批准	1. 统一集团内母子公司的会计政策，如果子公司财务报告按不同政策编制，应按准则规定处理 2. 遵循会计准则规定，确认合并范围是否完整 3. 审核子公司财务报告 4. 汇总内部交易信息并编制合并抵销分录 5. 对内部交易信息及合并抵销分录进行交叉复核 6. 将合并抵销分录录入试算平衡表 7. 对母子公司报表项目进行合并，计算合并后金额 8. 编制合并财务报告，并经适当地审核和批准

三、财务报告其他环节的主要风险及其控制

财务报告编制完成后还要经过审核、审计、批准、发布和分析使用等过程，这些环节的控制目标、主要风险点、关键控制点及控制措施如表 8－12 所示。

表 8－12　财务报告编制环节的主要风险及其控制

业务环节	控制目标	关键控制点	主要风险点	控制措施
审核	按规定流程审核财务报告，确保其真实性、完整性和合规性	财会部门负责人审核；总会计师审核；单位负责人审核	未按规定程序审核；对内容真实性、完整性及格式等审核不充分	1. 严格按规定程序审批，认真审核财务报告内容的真实性、完整性，格式的合规性等 2. 保留审核记录，建立责任追究制度 3. 装订成册，加盖公章，并由相关人员签章
审计	选择有资质会计师事务所，保证被审计财务报告具有可信赖性	会计师事务所遴选；与审计师沟通	财务报告对外提供前未经审计；审计机构选择不合规，审计机构与企业串通舞弊	1. 选择有资质的会计师事务所进行审计 2. 不干扰审计人员工作，认真落实审计意见 3. 注册会计师及其所在的事务所出具的审计报告，应随财务报告一并提供
批准	保证财务报告真实、完整及合法合规	财会负责人审核；总会计师审核；企业负责人审核；董事会或类似机构批准	报告提供前未按规定程序审核；未经董事会或类似机构批准	1. 财会负责人审核报告准确性，并签章 2. 总会计师或分管领导审核报告的真实性、完整性、合规性，并签章 3. 企业负责人审核报告整体合规性，并签章 4. 董事会或类似机构批准对外发布
发布	让报告使用者能更加快捷、有效地利用财务报告	一般企业财务报告经相关审核并签章后对外提供；上市公司还需经董事会和监事会审批后发布；财务报告与审计报告一同报送	1. 对外提供过程未遵循相关规定，导致被谴责或处罚 2. 报送不及时，信息时效性降低 3. 对外提供前泄露信息，导致内幕交易发生等	1. 通过制度明确财务报告对外提供的对象，例如，国企要向职工代表大会公布财务报告。上市公司财务报告需向全社会提供 2. 明确对外报送时间，倒排编制、审核、报送的时间节点，对未能按时完成人员进行处罚 3. 设置保密程序，对能接触报告的人员设置权限，保证信息对外提供前控制在适当范围 4. 记录信息访问情况，以便及时发现可能的泄密行为，万一提前泄密，方便找到责任人 5. 及时整理、归档保存对外提供的财务报告

续表

业务环节	控制目标	关键控制点	主要风险点	控制措施
使用	充分利用财务报告，全面分析企业的生产经营和管理状况、存在问题等，为改善管理提供线索；对企业未来风险报酬做出预测，为信息使用者决策提供支持	建立并完善财务分析制度；定期编写财务分析报告；定期召开财务分析会	未建立财务分析制度，或虽已建立但存在缺陷；财务分析报告不正确或分析方法不当；内容不完整，未对重大事项做专门分析；分析局限于财会部门，未充分利用相关部门资源；财务分析报告未经审核等	1. 建立并完善财务分析制度 2. 明确财务分析目的，运用正确的分析方法 3. 充分运用各项资料，包括财务信息、从其他部门获得的非财务信息，以及外部信息等 4. 加强财务分析的组织，总会计师在财务分析工作中发挥主导作用，负责组织领导 5. 财会部门负责人审核分析报告的准确性、完整性和真实性 6. 定期召开财务分析会，吸收有关部门负责人参加，加强沟通，完善财务分析报告 7. 财务分析报告经适当审批后，及时报送企业负责人和相关部门，作为决策支持依据

第四节　子公司和分支机构控制

子公司是受母公司控制的独立法人，拥有独立的名称、公司章程和组织机构，自主经营，独立核算，独立承担公司行为所带来的一切后果和责任。母公司通过委派子公司董事会的多数成员，实现对子公司重大交易或事项的控制。分支机构或分公司是与总公司或本公司相对的一个概念，没有独立的法律地位，是总公司下属的直接从事业务活动的附属机构。对子公司和分支机构的控制薄弱，是困扰很多企业的通病，企业应加强对子公司和分支机构的控制。

一、对子公司组织层面的控制

对子公司的控制应围绕目标导向、权责配置、业绩监控、绩效考评等重点展开。母公司要抓好对子公司的目标确定和考核评价两个关键，至于子公司的日常运营则强调设定好规则，以制度和机制为保障进行程序控制。

1. 母公司应依法制定或参与建立子公司的治理架构，确定子公司章程的主要条款。

2. 母公司可根据子公司章程，选任代表母公司利益的董事、经理及总会计师等高管人员到子公司任职。

3. 母公司委派的董事、经理及总会计师应定期向母公司报告子公司经营管理有关事项。对于重大风险或重大决策信息，委派董事应及时上报母公司董事会。委派的总会计师应实行定期轮岗制度。

4. 子公司经理未能履行其职责并对企业利益造成重大损害的，母公司有权向子公司董事会提出罢免建议。

5. 母公司应建立健全对子公司委派董事、经理、总会计师等人员的绩效考核与薪酬激励制度，充分发挥其积极性，维护整个企业的利益。

6. 母公司可以根据需要设置专职部门（或岗位），具体负责对子公司的股权管理工作。

7. 母公司财会部门应根据公司章程规定或董事会授权，对子公司财务活动实施管控，主要职责包括但不限于：

（1）统一母子公司会计政策和会计期间；

（2）负责编制母公司合并财务报表；

（3）参与子公司财务预算的编制与审查；

（4）参与子公司总会计师或其他会计人员的委派与管理工作；

（5）参与子公司的资金控制与资产管理工作；

（6）参与内部转移价格的制定与管理。

二、对子公司业务层面的控制

1. 母公司应建立子公司业务授权审批制度，在子公司章程中明确约定子公司业务范围和审批权限。子公司不得从事业务范围或审批权限之外的交易或事项。对于超越业务范围或审批权限的交易或事项，子公司应提交母公司董事会或股东会审议批准后方可实施。

重大交易或事项包括但不限于子公司发展计划及预算，重大投资，重大合同协议，重大资产收购、出售及处置，重大筹资活动，对外担保和互保，对外捐赠，关联交易等。

2. 母公司应参照子公司历年盈利水平，结合子公司实际经营状况及在一定期间所能达到的业绩水平，合理确定子公司投资回报率，核定子公司业绩指标，促进子公司资产保值增值。

3. 母公司应根据整体战略规划，协调子公司经营策略，督促子公司据以制定相关的业务经营计划和年度预算方案，以确保企业整体目标和子公司责任目标的实现。

4. 母公司应对子公司金额较大或风险较高的重大投资项目实施审核监督。

5. 母公司对子公司重大合同协议及重大资产收购、出售及处置事项，应当进行控制。

6. 凡引起注册资本变动的筹资活动及重大负债筹资活动，子公司应提出方案，经子公司董事会批准后，提交母公司董事会或股东大会审议通过后方可实施。母公司可采用下列方式对子公司的负债筹资活动进行控制：

（1）单笔负债额度控制；

（2）负债总额控制；

（3）资产负债比率控制；

（4）资产负债比率与企业绩效挂钩控制。

7. 母公司应按子公司章程约定，审核子公司利润分配或亏损弥补方案，并考虑下列因素：

（1）母公司利益分配要求和子公司未来发展需要；

（2）盈余和现金是否充足；

（3）出资人的出资比例；

（4）有关法规和会计准则规定的法定程序。

8. 未经母公司董事会或经理批准，子公司不得对外提供担保或互保。经批准的担保事项，母公司负责组织专人定期检查。

9. 子公司对外捐赠资金或资产，超出一定限额的，应经母公司董事会或经理批准。

10. 母公司应统一制定关联交易的政策和程序，并加以有效控制。

11. 母公司应指导子公司制定重大交易或事项的内部报告和对外披露制度。

12. 母公司应根据子公司业务特征及所在地法规要求，协调子公司的内部控制与风险管理工作，督促子公司建立健全本单位的内部控制体系。

三、母子公司合并财务报表及其控制

1. 母公司应制定合并财务报表编制方案，明确纳入合并财务报表的合并范围。

2. 母、子公司应统一会计政策和会计期间，对难于统一的海外上市子公司，应经由母公司董事会及其审计委员会审议批准。

3. 母公司应定期审核内部交易及往来会计科目，确保内部交易和往来业务已准确完整地进行账务处理并核对一致。

4. 母公司应审核纳入合并范围的子公司财务报表，对于审核发现的差错应通知相关人员按规定程序及时纠正。有条件的母公司，可利用计算机信息系统实现对财务报表的自动检查。

思考题

1. 担保业务中常见的风险点有哪些？
2. 担保业务中应予以分离的不相容职务有哪些？
3. 如何设计担保业务的基本业务流程？
4. 业务外包的总体风险有哪些？
5. 财务报告业务的主要环节有哪些？各环节的内部控制目标如何设定？
6. 财务报告编制环节的主要风险有哪些？如何控制这些风险？
7. 如何加强对子公司的控制？

第九章 内部监督和内部控制评价

内部监督是企业对内部控制设计和执行情况进行监督检查，对其健全性和有效性进行评估，发现和认定内部控制缺陷，并及时加以改进和完善的过程。内部控制评价是企业董事会或类似权力机构对内部控制的有效性进行全面评价、形成评价结论、出具评价报告的过程。两者都以识别和认定内部控制缺陷，评价内部控制有效性为核心。不同的是内部监督有不同层次和多种监督主体，有持续监督和专项监督两种方式，监督结果不需要对外公告；而内部控制评价则是由企业董事会或类似权力机构实施的一种定期评价，是对内部控制有效性的一种定期确认，评价可以利用日常监督与专项监督的结果，评价结果可能需要根据监管要求对外公告。内部控制评价从属于内部监督，是监督结果的总体体现。

第一节 内部监督

内部监督既是内部控制的构成要素，与其他要素共同作用从而帮助实现内部控制目标，同时又对整个内部控制系统的设计和执行状况进行监督，是对其他要素的一种再控制，是保障内部控制有效性的关键要素。有效的内部监督需要以风险导向为核心理念，实施风险导向的内部监督需要在明确风险归属的前提下，将风险评估与内部监督相联系，根据风险评估结果确定监督侧重点；同时，全面系统地识别和分析内部监督流程各环节的主要风险点，针对风险点设置关键控制点，实施相应的风险控制措施。

一、内部监督流程

内部监督是持续演进的动态过程，企业可通过持续监督、单独评估或两者并用来实现这个过程。依据 COSO 委员会 2009 年 1 月发布的《内部控制监督指引》，内部监督流程主要包括建立监督基础、设计和执行监督程序、评估和报告监督结果、形成内部控制有效性的结论四个环节，如图 9-1 所示。

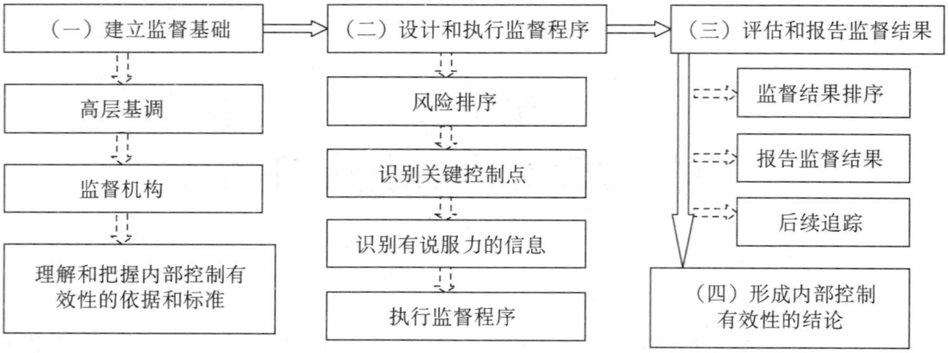

图9-1 内部控制监督流程

（一）建立监督基础

1. 高层基调。董事、监事和高管人员对内部监督要素应保持正确的论调，表达企业高层对内部控制及监督要素重要性的认识，强调监督机构及人员的独立性，恰当表述高层对内部监督的期望。高层基调对于内部控制的有效性有直接影响，董事、监事的言论基调会影响管理层执行监督和对监督的反应方式，同样管理层的言行举止也会影响员工行为。企业高层应以身作则，诚实守信，恪尽职守，依据规程和制度实施管理，尊重和支持内部监督机构的工作，积极沟通和反馈监督结果。同时，企业高层应建立良好的沟通机制，确保沟通渠道畅通，使监督结果能够得到及时反馈。此外，企业还应建立举报制度和反舞弊机制，以帮助发现和阻止公司内部的不当或违规行为。

2. 监督机构。监督职能依赖监督机构和监督人员来实施，因此，监督机构设置和监督人员配备是影响内部监督有效性的重要因素。监督机构的独立性、监督检查人员的专业胜任能力及职业操守、监督机构及人员被适当授权等是形成有效监督的重要基础。企业内部监督机构的设置一般包括董事会、监事会、审计委员会和内部审计部门等。

3. 理解和把握内部控制有效性的依据和标准。有效性是指内部控制对实现控制目标的合理保证程度。有效性应从内部控制的设计和执行两个方面进行评价，评价的内容应涉及内部控制整体框架。评价应结合内部控制目标进行综合评价，存在一个或多个重大缺陷的内部控制，应认定内部控制无效。内部监督的内容应涵盖内部环境、风险评估、控制活动及信息与沟通等要素，重点关注：（1）内部控制各要素是否存在并有效运行；（2）是否系统梳理了各业务各环节的主要风险点；（3）是否针对风险点设置了合理的细化控制目标；（4）是否针对细化的控制目标及风险点实施了具体的控制活动；（5）相关控制活动是如何运行的，是否得到持续一致的运行；（6）实施控制活动的人员是否具备必需的权限和能力；（7）是否存在随意突破授权或不按制度及流程执行的情况。

企业上下应通过宣传、培训等手段明确内部控制有效性的判断标准，在整个企业内部统一该标准，这是进行有效监督的方向和基准。

（二）设计和执行监督程序

1. 风险排序。风险是影响目标实现的不确定性，是不确定事件发生的概率及其影响结果的组合。企业应从整体层面、业务单元、分支机构及子公司四个方面系统梳理各业务、各活动、各环节的风险点，进行风险识别、分析和排序，这是风险评估要素的重要内容。风险评估活动的结果将影响监督活动的类型、时间、范围和监督资源配置等决策。内部监督应与风险评估的结果联系起来，把焦点放在重大风险点的控制活动上来。

2. 识别关键控制点。按照"目标—风险—控制"的逻辑关系，针对风险点应在控制点上开展控制活动。控制点是在流程运行过程中能抑制风险发生概率或减少风险损失，协助业务控制目标实现，及保证前一步骤正确性的操作环节、步骤或过程。例如，针对员工道德风险、员工胜任能力风险等可以设置招聘、培训、考核等控制点。主要风险必须在关键控制点上加以预防和控制；关键控制点应设置在最佳、最有效的控制点上。关键控制点要能够规避高风险，与该控制点相关的风险如果发生，将对企业的生产经营、报告质量、合规责任等产生重大影响，并且该控制点对应的风险无其他控制点能够规避和防范。控制活动是针对风险点在控制点采取的控制措施，如制定员工行为守则、不相容职务相分离、绩效考评等。风险点是企业设置控制点、实施控制活动的依据。企业应依据风险评估结果确定关键控制点，这是建立控制活动的重点，内部监督应围绕主要风险点和关键控制点进行。

3. 获取有说服力的信息。针对关键控制点，监督者应努力获取有说服力的信息来支持自己的监督结论。正如审计要获取足够多的高质量审计证据来支撑审计结论一样，内部监督者也需要从"量"和"质"两个方面获取有说服力的信息以支撑监督结论。有说服力的信息是适当且充分的，适当要求信息具有相关性、可靠性和及时性。识别有说服力的信息同时能够帮助确定使用哪些监督程序及监督频率。

4. 执行监督程序。监督程序包括持续监督和专项监督。持续监督对生产经营和日常管理进行常规的、持续的监督检查，以提供关于控制有效性的日常信息。持续监督程序必须植入企业日常的经营活动中，以尽早识别和纠正内部控制缺陷。专项监督是指在企业发展战略、组织结构、经营活动、业务流程、关键岗位员工等发生较大调整或变化的情况下，对内部控制的某一或某些方面进行有针对性的监督检查。专项监督的范围和频率，主要取决于对于风险的评价和持续监督执行的效率。持续监督有效性越高，对专项监督的需要程度就越低，在进行专项监督时也可充分利用在持续监督中所获得的信息。

（三）评估和报告监督结果

1. 监督结果排序。按缺陷的严重程度，内部控制缺陷可分为重大缺陷、重要缺陷和一般缺陷。重大缺陷是指可能导致企业严重偏离控制目标的一个或多个控制缺陷的组合。重要缺陷是指一个或多个控制缺陷的组合，严重程度和经济后果低于重大缺陷，但仍有可能导致控制目标的偏离。一般缺陷就是除重大缺陷、重要缺陷之外的其他缺陷。企业应根据自身实际情况制定缺陷的定量和定性确认标准。定量方面可依据缺陷导致的可能损失占资产、收入或利润等的比率确定，定性方面可依据缺陷潜在负面影响的性质、范围等因素确定。按监督目的和缺陷严重性进行排序，有助于确定所要报告的层级。

2. 报告监督结果。发现内部控制缺陷应及时报告给执行该流程和相关控制的人，并向比这些人更高级别的管理层报告，以便及时采取纠正措施。监督者应编制内部控制缺陷认定汇总表，对内部控制缺陷及其成因、表现形式和整改方案等进行综合分析和全面复核，并以书面形式向有关方面报告。内部控制缺陷应按严重程度的不同确定报告层级，重大缺陷应与审计委员会、最高管理层和董事会沟通，涉及董事和高管的缺陷应与监事会沟通。

3. 后续追踪。针对监督中发现的问题，监督人员应根据监督结果，针对缺陷和薄弱环节给出整改建议，并对需要后续整改的问题进行汇总，编制后续整改工作通知书。董事会、管理层及相关人员应分析缺陷原因，及时采取措施纠正，并明确整改措施、整改时限、整改状态、整改责任人等。内部监督人员应对整改落实情况进行后续追踪，以确保发现的问题都得到整改。

（四）形成内部控制有效性结论

无论是专项监督，还是持续监督，都需要对监督结果给出结论。在实施完成以上三个步骤后，企业应根据监督结果排序、报告和纠正情况，对内部控制设计和执行的有效性进行全面评价，形成内部控制有效性的结论，并出具监督评价报告。

二、建立风险导向的内部监督模式

内部控制是对影响目标实现的各种风险进行控制，从而帮助企业实现目标的过程。内部监督的目标是评价并提高内部控制的有效性，内部控制的对象是风险，实施内部监督需要以风险为导向。以风险为导向可帮助企业将监督重点放在能为内部控制有效性结论提供足够支持的领域。2009 年 1 月，COSO 委员会发布《内部控制监督指引》，要求企业借助现代信息技术建立基于风险导向的内部监督模型，以推动企业将持续监督有效地植入内部控制全过程。关于风险导向的内部监督，COSO 委员会认为内部监督应与风险评估结果相联系，根据风险水平采用监督程序和分配监督资源。我们认为，以风险为导向实施内部监督十分重要，但其内涵和要领并不仅仅是将风险评估结果与内部监督相联系，从而确定监督侧重点。基于风险导向实施内部监督至少应关注以下三个方面：

（一）明确风险归属

企业应清晰地定义风险归属，合理划分决策机构、执行机构和监督机构的职责权限，明确治理层（董事会、监事会、总经理等）和内部机构（业务单元和职能部门）和岗位员工的风险管理职责。治理层通常要对战略风险（包括战略决策风险和战略实施风险）负责，对经营、投资和财务活动中的重大风险负责，对重要人事任免的风险负责。董事会负责设计、实施并维护有效的风险管理机制，对内部控制有效性负有总体责任；监事会主要对董事、经理和其他高级管理人员履行职责的合规性进行监督；管理层和职能部门主要对经营风险和管理风险负责，并协助业务部门控制业务活动层面的风险；业务部门主要对业务活动层面的风险负责，重点关注业务流程风险；普通员工应结合岗位职责，对岗位操作风险负责。

（二）将风险评估结果与内部监督相联系

内部监督应与风险评估的结果联系起来，监督者应积极参与风险评估活动，及时获取风险评估形成的风险清单，进行风险排序，根据风险排序结果确定监督侧重点，并据此分配监督资源，把监督重点放在重大风险点的控制活动上来。风险会随着时间推移而发生变化，监督者对风险重要性水平的判断应是一个持续的动态过程。相应地，内部监督的侧重点也可能随着时间的推移而有所不同。风险重要性水平的持续判断对于提高内部监督的效果具有重要意义。

（三）控制内部监督流程各环节的自身风险

如前所述，内部监督有特定的流程，每一环节的实施都有很多的不确定性，因此，实施内部监督本身也面临诸多风险，例如，监督机构的独立性风险、监督者的业务胜任能力风险和职业操守风险、监督结果报告风险等。为提高内部监督的效率效果，企业应加强内部监督各环节的风险控制和管理，全面系统地梳理和识别内部监督各环节的主要风险点，分析风险形成原因，评估其发生可能性及影响，并采取相应的风险管控措施，这实际上是对内部监督流程的一种再控制、再监督。

以建立监督基础环节的监督机构设置为例，我国企业的内部监督机构一般包括监事会、董事会（审计委员会）和内部审计三部分。以监事会设置为例，监事会形同虚设是我国企业内部监督机构设置中存在的严重问题，绝大多数已有研究都表明监事会是我国公司治理中最为薄弱的环节，其监督权的行使很差；没有证据能够表明监事会在公司治理中发挥预期作用，我国上市公司监事会大多难以发挥应有的监督作用。

【案例 9－1】 2012 年下半年，BJNY 集团根据《企业内部控制基本规范》和《企业内部控制配套指引》等文件精神，全面升级和改造了其内部控制体系，转向了以风险为导向的企业内部控制建设之路。其实施要点如下：第一，制定统一的《权限指引》，根据不同层次、不同级别的职责范围和管理要求，清晰地配置权限和责任，对授权进行系统管理，明确风险责任归属。第二，全面系统地整理企业生产经营和管理活动中的各类风险，汇总形成集团的风险清单，建立风险数据库。集团按照内部控制的五大目标，将风险分为战略风险、运营风险、报告风险、合规风险和资产安全风险五类一级风险，并向下延伸细化，形成了 70 多个二级风险、500 多个三级风险和 5000 多个具体的风险点。第三，统一风险评估模板，采用问卷调查、访谈、专项会议、专家打分、统计分析等定性和定量相结合的方法，对已识别风险进行分析和评估，按风险发生的可能性及其影响确定风险等级，并与风险容忍度相对应。第四，根据风险评估结果设置控制点，细化控制目标，有针对性地采取控制措施，实施控制活动。第五，重视内部监督，依据 COSO 委员会发布的《内部控制监督指引》建立内部监督程序，明确内部监督机构的职责权限和报告关系，统一内部控制有效性的标准。第六，将监督资源的配置（包括人员、权限、时间和经费等）与风险评估结果相联系，依据风险等级排序确定监督侧重点。第七，对内部监督流程各环节自身的风险进行评估和控制。

经过两年多的实践，BJNY 集团内部控制的升级和改造工作取得了显著成效，企业内部控制的效率效果明显提升，获得国有资产管理委员会等相关部门的认可和肯定。下文仅以内部监督要素为例，介绍 BJNY 集团实施风险导向内部控制建设的成功经验。

（一）通过书面文件定义风险管理职责和授权，明确风险归属

科学合理地划分风险归属，是企业内部控制建设的重要环节。实施风险导向的内部监督首先需要在内部控制体系中明确风险归属，使每一项风险都有人承担，有人负责管理。BNJY 集团通过书面文件清晰地定义了有关风险管理的重要角色、职责和授权，各部门、各岗位不仅要对自身的绩效负责，同时要对自身应负担的风险负责。每个员工都要认识到风险控制是日常工作的一部分及员工的职责和义务，风险管控职责与绩效评价和薪酬决定联系起来。

表 9－1 汇总了 BJNY 集团风险管理框架中的责任分配和风险归属。集团董事会不仅负责集团公司目标的设定与管理，对风险管理机制的建立及有效性总体负责，而且对战略风险和集团经营、筹资和投资活动中的重大风险负责。如图 9－2 所示，在 BJNY 集团的内部监督体系中，董事会、监事会、审计委员会和内部审计是最主要的监督主体。

表 9－1　　BJNY 集团风险管理框架中的责任分配和风险归属

机构/部门	风险管理责任
董事会	• 负责企业目标的设定与管理 • 对风险管理总体负责，有责任设计、实施并维护有效的风险管理机制 • 对战略风险负责 • 对企业经营、筹资和投资活动中的重大风险负责 • 对总经理、副总经理等其他重要风险管理主体进行有效的督导 • 对子公司风险管理的有效性进行督导
监事会	• 对董事、经理和其他高级管理人员的业务胜任能力和道德操守进行监督 • 对董事、经理和其他高级管理人员履行职责的合法合规性进行监督 • 对公司重大的经营、投资和财务活动进行监督 • 对相关控制活动的有效性进行专项监督

续表

机构/部门	风险管理责任
管理层	• 负责实施和执行企业风险管理机制，并促进风险管理机制的持续改进 • 各级管理人员对职责范围内的相关风险负责，并确保相关控制活动有效 • 部门负责人对本部门的风险承担第一责任，并对下属部门或人员的风险管理职责履行情况实施督导 • 每项活动或流程都有人负责，并承担相应风险。
审计委员会	• 协助董事会履行其内部控制、风险管理和财务报告方面的职能 • 监督复核与财务报告相关的风险和重要判断 • 监督复核内部审计制度及其实施情况 • 审议内部审计计划，以确保它包括了企业所有的重大和高风险活动 • 监督管理层对内部审计结果和审计师建议的反应 • 监督复核企业反舞弊机制的建立和实施情况 • 对重大财务活动风险实施监督
内部审计	• 持续监督和评价内部控制的有效性 • 协助监事会、董事会、管理层和业务单元持续改进风险管理机制 • 对与监督活动相关的风险负责
相关职能部门	• 合规部：对相关活动的合法合规性负责 • 财务部：协助业务部门加强和改进财务风险管理机制 • 纪检委：对员工操守和行为进行监督
普通员工	• 实行岗位责任制，对岗位操作风险负责

针对监事会设置及权责配置方面的主要风险，在现有法律框架和制度背景下，BJNY 集团构筑了如图 9-2 所示的内部监督机构，以内部审计为核心，强化监事会功能，明确权责配置。BJNY 集团将内部审计置于监事会领导之下，以提升其权威性和独立性，实行多重报告。内部审计履行监督职能时，对于发现的违规和舞弊行为，应视层级和严重程度确定报告对象。涉及公司董事、经理和其他高管的，应直接向董事会和监事会同时报告；涉及财务报告、会计核算和财务收支的，应通过审计委员会报告给董事会；涉及业务层面的违规和舞弊行为，应向分管副总经理或总经理报告。

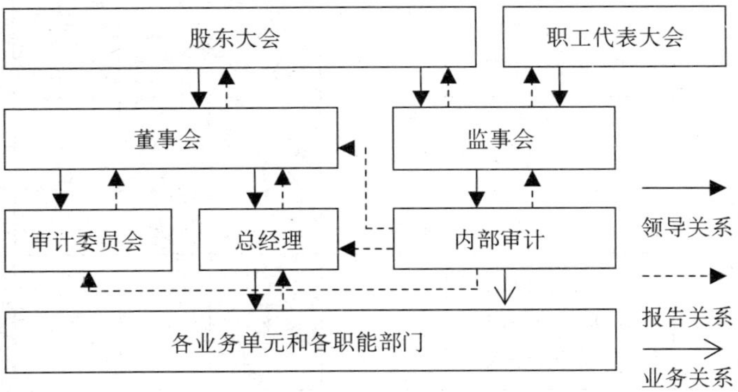

图 9-2　BJNY 集团内部控制监督机构示意图

董事会对总经理、副总经理、子公司等其他重要风险管理主体进行督导。监事会主要对董事、经理和其他高级管理人员的业务胜任能力、道德操守、履行职责的合规性、重大活动的合规性等进行监督；审计委员会是董事会下设的专业委员会，协助董事会履行其内部控制、风险管理和财务报告方面的职能，监督复核与财务报告相关的风险和重要判断、内部审计制度及其实施情况、反舞弊机制的建立和实施情况、重大财务活动的风险控制等；内部审计在内部控制体系中主要执行持续监督和内部控制评价职能，实行多重报告，协助监事会、董事会、管理层和业务单元持续改进风险管理机制，对日常监督风险负责。相关职能部门在风险管理职责中发挥重要作用，如合规部对相关活动的合法合规性负责，财务部应协助业务部门加强和改进风险管理机制，同时对财务活动中的相关风险负责。对普通员工而言，实施岗位责任制管理，员工对岗位操作风险负责。

（二）根据风险评估结果设计和执行监督流程，配置监督资源

风险评估的结果直接影响内部监督活动的类型、时间、范围及监督资源配置等。在设计和执行监督程序时，BJNY 集团重视将内部监督流程与风险评估结果相联系，董事会、监事会、审计委员会和内部审计等监督机构积极参与风险评估活动，获取风险评估清单，进行风险排序，确定监督活动的侧重点，重点关注重大风险点和关键控制点。

BJNY 集团的风险评估等级按不确定性事件发生的可能性及事件可能造成的后果共分将风险等级分为三级：一般风险、中等风险和重大风险。一般风险：风险发生的可能性较低，或风险发生后对公司的综合影响程度较小，1≤风险值≤4；中等风险：在一般风险和重大风险之间的，4<风险值≤9；重大风险：风险发生的可能性较高，且发生后对公司的综合影响程度较大，9<风险值≤25。其风险评估模板如表 9－2 所示。

表 9－2 BJNY 集团风险评估等级分类标准

风险影响程度				风险发生可能性				
等级	人员伤亡	社会形象	直接损失	极低（1）	低（2）	中等（3）	高（4）	极高（5）
极轻微（1）	无人员死亡和重伤，但有人员轻伤	影响县辖范围，但该影响可由所辖公司短期内自行消除	1000 万元以下	1	2	3	4	5
轻微（2）	3 人以下死亡，或 10 人以下重伤	影响整个地市，但该影响需要一定时间，付出一定代价消除	1000 万元及以上、1 亿元以下	2	4	6	8	10
中等（3）	3—10 人死亡，或 10—50 人重伤	影响全省，但该影响需要一定时间，付出一定代价消除	1 亿—10 亿元	3	6	9	12	15

续表

风险影响程度				风险发生可能性				
等级	人员伤亡	社会形象	直接损失	极低（1）	低（2）	中等（3）	高（4）	极高（5）
重大（4）	10—30 人死亡，或 50—100 人重伤	影响全国，这种影响需要长时间努力，付出巨额代价才能消除	10 亿—50 亿元	4	8	12	16	20
灾难性（5）	死亡 30 人及以上，或重伤 100 人及以上	在国际范围内受到影响，这种影响难以消除	50 亿元及以上	5	10	15	20	25

（三）系统梳理监督流程各环节的主要风险，并有针对性地采取控制措施

内部监督是一个动态过程，这一过程充满着各种不确定性，监督过程自身也面临诸多风险，为加强对监督过程的管理和控制，企业应系统梳理内部监督流程各环节的主要风险、关键控制点、控制目标，并有针对性地给出相应的风险控制措施。内部监督流程有建立监督基础、设计和执行监督程序、评估和报告监督结果、形成内部控制有效性的结论四个环节。为节约行文篇幅，下文仅以“建立监督基础”环节的主要风险及应对措施为例，介绍 BJNY 集团内部监督流程的风险评估模板。正如内部环境构成整个内部控制系统的基础一样，有效的内部监督需要建立良好的监督基础，BJNY 集团系统地梳理了这一环节的主要风险、关键控制点、控制目标及控制措施如表 9－3 所示。

表 9－3　BJNY 集团“建立内部监督基础环节的主要风险及其控制措施”

业务环节	主要风险点	关键控制点	控制目标	控制措施
高层基调	1. 高层传达了不正确的价值观 2. 高层对内部监督重要性的认识不够 3. 高层对监督机构工作的重视、支持不足 4. 高层凌驾于内部控制之上，或违反规程可能导致员工效仿	1. 高层培训 2. 高层行为 3. 高层操守 4. 企业文化建设等	1. 高层保持恰当论调 2. 高层对内部控制及其监督要素足够重视 3. 高层支持监督者工作 4. 高层恪尽职守，以身作则，树立模范效应	1. 举办会议，对董事、监事和高管人员进行相关培训 2. 制定并公开高层行为和道德操守准则 3. 加强企业文化建设，积极培育良好的价值观 4. 建立良好的沟通机制，确保监督结果能及时反馈 5. 建立举报制度和反舞弊机制，以帮助发现和阻止不当或违规行为

续表

业务环节	主要风险点	关键控制点	控制目标	控制措施
监督机构设置及其权责配置	1. 监督机构设置缺少独立性 2. 监督机构权责配置不清晰 3. 监督者业务能力不胜任 4. 监督者道德操守缺失 5. 监督范围或资源受限	1. 监督机构设置及权责配置 2. 监督人员配备 3. 监督独立性评价 4. 监督人员能力及操守评价 5. 监督资源或工作范围评价	1. 监督机构设置合理 2. 监督机构工作独立 3. 监督机构权责配置清晰 4. 监督机构配备的人员能力胜任且具备良好的职业操守 5. 监督工作或监督资源不受限制	1. 完善公司治理结构，确保股东大会、董事会、监事会和经理层规范运作，明确决策、执行、监督等方面的职责权限 2. 制定并公开权责配置文件，明确董事会、监事会、审计委员会和内部审计的权责关系及议事规则 3. 为监督机构配备业务胜任和道德操守良好的人员 4. 定期评估监督者的业务能力和道德操守 5. 为监督机构和监督者配置相应资源，并使其工作不受限制
理解和把握内部控制有效性的认定标准	1. 缺少内部控制有效性认定的统一标准 2. 相关人员对内部控制有效性的理解不同	1. 制定内部控制有效性的认定标准 2. 解读并培训有效性评价标准	确保正确理解和把握内部控制有效性的认定标准	1. 结合内部控制目标，从内部控制的设计和执行两方面，制定内部控制有效性的评价标准，评价内容应涵盖内部控制各要素 2. 举办会议解读和培训有效性的控制基准 3. 通过宣传和考试等手段在企业上下统一有效性的控制基准

三、明确内部控制有效性的标准

理解和把握内部控制有效性的评价依据和认定标准是进行有效监督的方向和基准。内部控制有效性是指企业建立和实施内部控制对实现控制目标提供合理保证的程度，包括设计有效性和执行有效性。内部控制为目标实现提供的保证程度越高，内部控制就越有效：反之，则无效。内部控制有效性评价应从设计有效性和执行有效性两个方面进行。内部控制有效性评价应聚焦内部控制五个目标，围绕内部环境、风险评估、控制活动、信息与沟通、内部监督五要素进行综合评价。

内部控制设计有效性是指为实现控制目标所必需的内部控制要素都存在并且设计恰当。如果某项控制由拥有必要授权和专业胜任能力的人员按照规定的程序与要求执行，能够实现控制目标，表明该项控制的设计是有效的。评价设计有效性，应充分考虑：是否为防止、发现并纠正财务报告重大错报及漏报而设计了相应的控制；是否为合理保障资产安全而设计了相应的控制；相关控制的设计是否能够保证企业遵循适用的法律法规；相关控制的设计是否有助于企业提高经营效率和效果，促进发展战略实现。

内部控制执行有效性是指内部控制能够按照设计要求严格、正确地执行。如果某项控制正在按照设计执行，执行人员拥有必要授权和专业胜任能力，能够实现控制目标，表明该项控制的执行是有效的。评价内部控制执行的有效性，应充分考虑：相关控制在评价期内是如何运行的，是否得到了持续一致的运行；实施控制的人员是否具备必要的权限和能力；相关控制运行的方式，一般包括人工控制和自动控制、预防性控制和发现性控制。

内部控制缺陷是内部控制有效性的负向维度，指公司内部控制的设计或运行无法合理保证内部控制目标的实现。企业应制定内部控制缺陷认定标准，针对监督过程中发现的内部控制缺陷，分析其性质和产生的原因，从定性、定量或定性与定量结合等方面界定内部控制缺陷等级。内部控制缺陷按严重程度分为重大缺陷、重要缺陷和一般缺陷三个等级：重大缺陷是指一个或多个内部控制缺陷的组合，可能导致企业严重偏离控制目标；重要缺陷是指一个或多个内部控制缺陷的组合，其严重程度和经济后果不如重大缺陷，但仍有可能导致企业偏离内部控制目标；一般缺陷是指除重大缺陷、重要缺陷之外的其他缺陷。

如果企业存在的内部控制缺陷达到了重大缺陷的程度，一般不能说该企业内部控制整体有效。

内部控制缺陷包括设计缺陷和执行缺陷。设计缺陷是指缺少为实现内部控制目标所必需的内部控制，或现有内部控制设计不适当，即使正常执行也不能实现预期的控制目标。执行缺陷是指设计合理且适当的内部控制没有按设计意图执行、执行的时间或频率不当、没有得到一贯有效执行、执行人因缺乏必要信息或专业胜任能力而无法有效实施内部控制等原因形成的内部控制缺陷。

四、内部监督机构设置及权责配置

监督职能依赖监督机构和监督人员来实施，监督机构设置及权责分配是影响内部监督有效性的重要因素。企业组织架构的设计应覆盖到决策、执行、监控等企业活动的全过程，企业一般应设置相应的权力机构、决策机构、执行机构和监督机构，这些机构通过协作与制衡共同促进企业的运行与发展。设计合理的责任授权体系要解决三个问题：所有的事都有人做、做事者得到充分授权行事、所有行为都要有人承担责任。企业应建立良好的责任分配和授权体系，以确保分工合理、职责明确、相互制衡、报告关系清晰。

组织结构设计应清晰定义董事会和经理层的职责权限，明确经理层和董事会在监督中的角色，将监督机构摆在恰当的位置，明确监事会、董事会（审计委员会）和内部审计的职责和权限。董事会、审计委员会以及监事会应发挥主导作用，重点关注公司治理和机构运行的有效性、高管操守及其胜任能力、授权的规范与执行、人力资源政策、防弊机制的构建与运行、信息系统及沟通机制等；内部审计部门应重点关注职能部门和业务单元岗位职责的履行情况、执行力情况、内部机构的运行情况等。

五、优化内部监督机制的运行效果

内部监督机构运行的效率效果不仅依赖于设计良好的监督流程、设置合理的监督机构、配置清晰的权责关系，还有赖于配备合格的内部监督人员、建立畅通的内部信息传递与沟通渠道、监督机构建立健全公开透明的议事规则、建立反舞弊机制等。

（一）配备合格的监督检查人员

从治理结构层面看，企业应关注董事、监事和高管人员的任职资格和履职情况。就任职资格而言，重点关注行为能力、道德诚信、经营管理素质、任职程序等方面；就履职情况而言，着重关注合规、业绩以及履行忠实、勤勉尽责等方面；是否合理地聘任或解聘经理及其他高管人员等。董事会中应设有独立董事。独立董事是指独立于公司股东且不在公司内部任职，并与公司或公司经营管理者没有重要的业务联系或专业联系，并对公司事务做出独立判断的董事。独立董事的责任是对控股股东和高级管理层的监督和审查，对决策的控制和决策执行的监督，以及对公司信息披露的监督。为了更好地行使监督职权，审计委员会中独立董事应占大多数并担任负责人，且其中至少还应有一名独立董事是会计专业人士。在监事会的人员配备和组成方面，监事应具有法律、会计等方面的专业知识或工作经验。监事会的人员和结构应确保监事会能够独立有效地行使对董事、经理和其他高管人员及公司财务的监督和检查，企业应设有股东监事、债权人监事、职工监事及政府监事，分别接受股东、债权人、职工和政府的委托，为维护组织的利益行使监督权。

（二）建立畅通的内部信息传递与沟通渠道

信息与沟通是企业内部控制的重要构成要素，企业应建立完整的机制系统地收集与公司商务活动有关的各种内部、外部信息，并将这些信息以适当方式在企业内部及企业与外部之间进行及时传递、有效沟通和正确应用的过程。监督活动需要协同，协同需要信息和沟通。在内部监督过程中，监督人员应积极获取有说服力的信息来支持自己的监督结论。有说服力的信息是适当且充分的，适当要求信息具有相关性、可靠性和及时性。识别有说服力的信息能够帮助监督人员确定使用哪些监督程序及频率。有效的内部监督需要畅通的信息传递与沟通机制，以合理保证相关信息传递及时和沟通顺畅。企业应定期评估信息沟通效率，包括信息在内部机构间的流通是否通畅，是否存在信息阻塞；信息在现有组织结构下流通是否及时，是否存在信息时滞；信息在组织中的流通是否有助提高效率，是否存在沟通舍近求远等问题。

（三）建立健全公开透明的议事规则

企业应按相关法规、股东大会决议和公司章程，结合企业实际情况，以文件化的方式明确股东大会、董事会、监事会、经理层和内部审计的职责权限、工作程序、议事规则、人员编制和工作要求等，并给予人力、物力、财力等相应的监督资源。议事规则应公开透明，企业应重点关注董事会定期或不定期召开股东大会并向股东大会报告的情况，董事会执行股东大会决议的情况，监事会按规定对董事、高级管理人员行为进行监督的情况，制止纠正违反相关法律法规或损害公司利益行为的情况等。企业应定期对监督机构设计和运行的效率与效果进行综合评价，以便发现可能存在的缺陷，及时优化调整，以确保企业内部监督有效地实施和运行。

（四）建立反舞弊机制

企业应建立内部反舞弊机制，坚持做到惩防并举、重在预防，明确反舞弊工作的重要领域、关键环节和有关机构和人员在反舞弊工作中的权责配置，对舞弊行为的举报、投诉、调查、报告和处理等程序做出规范。企业必须建立健全举报投诉制度，开通投诉举报专线，规范投诉举报的办理程序、处理方法和办结要求。企业应建立健全举报人保护制度，对举报人的人身、家庭和财产进行有效保护，使得投诉举报能够成为企业有效获取员工贪腐、错弊等信息的重要途径。举报投诉制度和举报人保护制度应在企业内部公开，并及时广泛地传达到所有员工。在反舞弊机制的建立和实施过程中，企业应重点关注未经授权或采取其他方式侵占或挪用公司资产、高管人员滥用职权、员工串通舞弊、财务报告舞弊等领域。

第二节　内部控制评价

内部控制评价是指企业董事会或类似权力机构对内部控制的有效性进行全面评价、形成评价结论、出具评价报告的过程。评价主要针对企业在内部控制设计与实施中存在的问题，通过评价、反馈、改进、再评价的动态循环，实现内部控制的持续改进和自我完善。我国《企业内部控制基本规范》明确要求“企业应结合内部监督情况，定期对内部控制的有效性进行自我评价，出具内部控制自我评价报告”。内部控制评价是优化内部控制自我监督机制的一项重要安排，对促进内部控制有效性的持续提升、提高企业运营的透明度、满足利益相关方需求等具有重要意义。

一、内部控制评价主体

从内部控制评价的定义可以看出董事会是内部控制评价的最终责任主体，对内部控制评价报告的真实性负责。董事会可以通过审计委员会来承担对内部控制评价的组织、领导和监督职责。董事会（审计委员会）应听取内部控制评价报告，审定重大缺陷和重要缺陷的整改意见，对缺陷整改中遇到的困难，积极协调，排除障碍。监事会应审议内部控制评价报告，对董事会建立与实施内部控制进行监督。

经理层具体负责组织实施内部控制评价工作，实际操作中，可授权内部控制评价机构组织实施，并积极支持和配合内部控制评价。经理层应结合日常掌握的信息，为内部控制评价方案提出应重点关注的业务或事项，审定评价方案和听取评价报告，对于评价中发现的问题或报告的缺陷，要按董事会或审计委员会的整改意见积极采取有效措施予以整改。

董事会和经理层可授权内部审计机构或专门机构（下称“评价机构”）负责内部控制评价的具体工作。这是由于内部审计机构在企业内部处于相对独立的地位，该机构工作内容、性质和人员业务专长符合内部控制评价的工作要求。评价机构根据授权承担内部控制评价的具体工作，为了保证评价的独立性，负责内部控制设计和评价的部门应适当分离。评价机构通过复核、汇总、分析内部监督资料，结合经理层要求，拟订评价工作方案并认真组织实施；对于评价中发现的重大问题，应及时与董事会、审计委员会或经理层沟通，并认定内部控制缺陷，拟订整改方案，编写内部控制评价报告，及时向董事会、审计委员会或经理层报告；沟通外部审计师，督促各业务单位和各职能部门对内控缺陷进行整改；根据评价和整改情况拟订内部控制考核方案。

各业务单位和职能部门应逐级落实内部控制评价责任，负责组织本单位（部门）的内部控制自查、测试和评价工作，对发现的设计和执行缺陷提出整改方案及具体整改计划，积极整改，并报送内部控制机构复核，配合内部控制评价机构或外部审计师开展评价工作。

企业也可根据自身特点，成立内部控制评价的非常设机构，抽调内部审计、内部控制等相关机构的人员组成内部控制评价小组，具体组织实施内部控制评价工作。企业还可委托会计师事务所等中介机构实施内部控制评价。此时，董事会（审计委员会）应加强对评价工作的监督和指导。从业务性质上讲，中介机构受托为企业实施内部控制评价是一种非保证服务，评价报告的责任仍由董事会承担。为保证审计独立性，为企业提供评价服务的会计师事务所，不得同时为企业提供内部控制审计服务。

二、内部控制评价原则

内部控制评价原则是开展评价工作应遵循的原则，与内部控制的五项基本原则不完全相同。内部控制评价至少应遵循以下原则：

1. 全面性原则。内部控制评价的范围应全面完整，结合内部控制的五大目标，涵盖内部控制的五大要素，覆盖企业及其所属单位的各种业务和管理活动；在业务流程上应包括决策、执行、监督、反馈等各个环节。

2. 重要性原则。内部控制评价应在全面性的基础之上，突出重点，在制定和实施评价工作方案、分配评价资源的过程之中，着重关注那些重要的业务事项和关键的控制环节，以及重要业务单位。

3. 客观性原则。内部控制评价工作应准确揭示经营管理的风险及其管控状况，如实反映内部控制设计和执行的有效性。只有在评价工作方案制定、实施评价的全过程中始终坚持客观性，才能保证评价结果的客观性。

4. 风险导向原则。评价人员应关注影响内部控制目标实现的高风险领域和主要风险点，及时获取风险评估形成的风险清单，进行风险排序，将评价重点放在高风险领域和重大风险点控制的效率效果上来。

三、内部控制评价程序

1. 制定评价工作方案。评价机构应根据内部监督情况和管理要求，分析企业经营管理过程中的高风险领域和重要业务事项，确定检查评价方法，制定科学的评价方案，经董事会批准后实施。评价方案应明确评价范围、工作任务、人员组织、进度安排和费用预算等内容。评价方案既可以全面评价为主，也可根据需要采用重点评价的方式。

2. 组成评价工作组。评价工作组是在内部控制评价机构领导下，具体承担内部控制检查评价任务。评价机构根据经批准的评价方案，挑选具备独立性、业务胜任能力和职业道德素养的评价人员实施评价。评价工作组成员应吸收企业内部相关机构熟悉情况、参与日常监控的负责人或业务骨干参加。评价工作组成员对本部门的评价应实行回避制度。企业应根据自身条件，尽量建立长效内部控制评价培训机制。

3. 实施现场评价。现场评价首先要了解被评价单位基本情况。充分沟通企业文化和发展战略、组织机构设置及职责分工、领导层成员构成及分工等基本情况。根据掌握的情况进一步确定评价范围、检查重点和抽样数量，并结合评价人员的专业背景进行合理分工。检查重点和分工情况可根据需要适时调整。评价人员应对被评价单位进行现场测试，综合运用个别访谈、调查问卷、专题讨论、穿行测试、实地查验、抽样和比较分析等方法，充分收集被评价单位内部控制设计和执行是否有效的证据，按评价内容如实填写评价工作底稿，研究分析内部控制缺陷。工作底稿应详细记录企业执行评价工作的内容，包括评价要素、主要风险点、采取的控制措施、有关证据资料及认定结果等。工作底稿可以是通过一系列评价表格加以实现。

4. 认定控制缺陷，汇总评价结果。工作组汇总评价人员的工作底稿，初步认定内部控制缺陷，形成现场评价报告。评价工作底稿应进行交叉复核签字，并由评价工作组负责人审核后签字确认。评价工作组将评价结果及现场评价报告向被评价单位进行通报，由被评价单位相关责任人签字确认后，提交评价机构。评价机构汇总各评价工作组的评价结果，对工作组现场初步认定的内部控制缺陷进行全面复核、分类汇总；对缺陷的成因、表现形式及风险程度进行定量或定性的综合分析，按对控制目标的影响程度判定缺陷等级。

5. 编报评价报告。评价机构以汇总的评价结果和认定的内部控制缺陷为基础，综合内部控制工作整体情况，客观、公正、完整地编制内部控制评价报告，并报送企业经理层、董事会和监事会，由董事会最终审定后对外披露。

6. 报告反馈和跟踪。对于认定的内部控制缺陷，评价机构应结合董事会和审计委员会要求，提出整改建议，要求责任单位及时整改，并跟踪其整改落实情况；已经造成损失或负面影响的，应追究相关人员的责任。

四、内部控制评价内容

内部控制评价的内容应全面完整，结合内部控制五大目标，涵盖内部控制的五大要素，覆盖企业及其所属单位的各种业务和管理活动的全过程。

1. 内部环境评价包括组织架构、发展战略、人力资源、社会责任、企业文化等方面。组织架构评价可重点从机构设置的整体控制力、权责划分、相互牵制、信息流动路径等方面进行；发展战略评价重点从发展战略的制定合理性、有效实施和适当调整三方面进行；人力资源评价重点从企业人力资源引进结构合理性、开发机制、激励约束机制等方面进行；社会责任评价从安全生产、产品质量、环境保护与资源节约、促进就业、员工权益保护等方面进行；企业文化评价从建设和运行两方面进行，从而促进正直诚信、道德价值观的提升，为内部控制的完善夯实人文基础。

2. 风险评估评价应对日常经营管理过程中的目标设定、风险识别、风险分析、应对策略等进行认定和评价。

3. 控制活动评价应对企业各类业务的控制措施与流程的设计有效性和执行有效性进行认定和评价。

4. 信息与沟通评价应当对信息收集、处理和传递的及时性、反舞弊机制的健全性、财务报告的真实性、信息系统的安全性，以及利用信息系统实施内部控制的有效性进行认定和评价。

5. 内部监督评价应当对管理层对于内部监督的基调、监督的有效性及内部控制缺陷认定的科学、客观、合理进行认定和评价。重点关注监事会、审计委员会、内部审计机构等是否在内部控制设计和运行中有效发挥作用。

五、内部控制评价方法

内部控制评价工作组应当对被评价单位进行现场测试，综合运用个别访谈、调查问卷、专题讨论、穿行测试、实地查验、抽样和比较分析等方法，充分收集被评价单位内部控制设计和运行是否有效的证据，按照评价的具体内容，如实填写评价工作底稿，研究分析内部控制缺陷。

1. 个别访谈法。主要用于了解公司内部控制的现状，在企业层面评价及业务层面评价的了解阶段经常使用。访谈前应根据内部控制评价需求形成访谈提纲，撰写访谈纪要，记录访谈内容。

2. 调查问卷法。主要用于企业层面评价。调查问卷应尽量扩大对象范围，包括企业各个层级员工，应注意事先保密性，题目尽量简单易答（如答案只需为“是”“否”“有”“没有”等）。

3. 穿行测试法。在内部控制流程中任意选取一笔交易作为样本，追踪该交易从最初起源直到最终在财务报表或其他经营管理报告中反映出来的过程，即该流程从起点到终点的全过程（例如，在保险公司的内部控制评价中，选取一笔保险新单，追踪其从投保申请到财务入账的全过程），以此了解控制措施设计的有效性，并识别出关键控制点。

4. 抽样法。分为随机抽样和其他抽样。随机抽样是按随机原则从样本库中抽取一定数量的样本；其他抽样是人工任意选取或按某一特定标准从样本库中抽取一定数量的样本。

5. 实地查验法。主要针对业务层面控制，通过使用统一的测试工作表，与实际的业务、财务单证进行核对的方法进行控制测试。如实地盘点某种存货。

6. 比较分析法。通过数据分析，识别评价关注点的方法。数据分析可以是与历史数据、行业（公司）标准数据或行业最优数据等进行比较。

7. 专题讨论法。集合有关专业人员就内部控制执行情况或控制问题进行分析，既可以是控制评价的手段，也是形成缺陷整改方案的途径。

此外，还可使用现场观察、重新执行等方法，也可利用信息系统开发检查方法，或利用实际工作和检查测试经验。对于企业通过系统采用自动控制、预防控制的，应在方法上注意与人工控制、发现性控制的区别。

六、内部控制缺陷认定标准

内部控制缺陷是描述内部控制有效性的一个负向维度。开展内部控制评价，主要工作之一就是查找内部控制缺陷并有针对性地整改。上节已对内部控制缺陷的定义和分类作了简单介绍。

内部控制缺陷认定具有一定难度，需要运用职业判断。将内部控制缺陷划分为重大缺陷、重要缺陷和一般缺陷，需要借助一套可系统遵循的认定标准。由于企业所处行业、经营规模、发展阶段、风险偏好等存在差异，我国《企业内部控制基本规范》及其配套指引没有对内部控制缺陷认定的具体标准进行统一规定。企业可结合经营规模、行业特征、风险水平等因素，研究确定适合本企业的内部控制重大缺陷、重要缺陷和一般缺陷的具体认定标准。认定标准应从定性和定量的角度综合考虑，并保持相对稳定。

在确定内部控制缺陷的认定标准时，企业应充分考虑内部控制缺陷的重要性及其影响程度。重要性和影响程度是相对内部控制目标而言的。按缺陷对财务报告目标和其他内部控制目标实现的影响，可以区分财务报告内部控制缺陷和非财务报告内部控制缺陷。

（一）财务报告内部控制缺陷的认定标准

财务报告内部控制是针对财务报告目标设计和实施的控制，主要包括的政策和程序有：保存充分、适当的记录，准确、公允地反映企业交易和事项；合理保证按会计准则规定编制财务报表；合理保证收入和支出的发生以及资产的取得、使用或处置经过适当授权；合理保证及时防止或发现并纠正未经授权的、对财务报表有重大影响的交易和事项，等等。

由于财务报告内部控制的目标集中体现为财务报告的可靠性，因而财务报告内部控制的缺陷主要是指不能合理保证财务报告可靠性的内部控制设计和执行缺陷。即，财务报告内部控制缺陷是不能及时防止或发现并纠正财务报告错报的内部控制缺陷。

将财务报告内部控制缺陷划分为重大缺陷、重要缺陷和一般缺陷，所采用的认定标准直接取决于由于该缺陷存在可能导致的财务报告错报的重要程度。这种重要程度主要取决于两方面：一是该缺陷是否具备合理可能性导致企业内部控制不能及时防止或发现并纠正财务报告错报。合理可能性是指大于微小可能性（几乎不可能发生）的可能性，确定是否具备合理可能性涉及评价人员的职业判断；二是该缺陷单独或连同其他缺陷可能导致的潜在错报金额的大小。

如果一项内部控制缺陷单独或连同其他缺陷具备合理可能性导致不能及时防止或发现并纠正财务报告中的重大错报（管理层确定的财务报告重要性水平），就应将该缺陷认定为重大缺陷。一般可采用绝对金额法（例如，规定金额超过100000元的错报就认定为重大错报）或相对比例法（例如，规定超过资产总额1%的错报就认定为重大错报）来确定重要性水平。

一项内部控制缺陷单独或连同其他缺陷具备合理可能性导致不能及时防止或发现并纠正财务报告中虽然未达到和超过重要性水平，但仍应引起董事会和管理层重视的错报，就应将该缺陷认定为重要缺陷。不构成重大缺陷和重要缺陷的内部控制缺陷，应认定为一般缺陷。

另外，从性质上说，存在下列情形之一的，通常表明财务报告内部控制可能存在重大缺陷：

1. 董事、监事和高级管理人员舞弊；

2. 企业更正已公布的财务报告；

3. 注册会计师审计发现当期财务报告存在重大错报，而内部控制在运行过程中未能发现该错报；

4. 审计委员会和内部审计机构对内部控制的监督无效。

如果财务报告内部控制存在一项或多项重大缺陷，就不能得出该企业财务报告内部控制有效的结论。

（二）非财务报告内部控制缺陷的认定标准

非财务报告内部控制是针对除财务报告目标之外的其他目标设计和实施的内部控制。这些目标一般包括战略目标、资产安全、经营目标、合规目标等。非财务报告内部控制缺陷认定具有涉及面广、认定难度大的特点。

企业可参照财务报告内部控制缺陷的认定标准，合理确定定性和定量的认定标准，根据其对内部控制目标实现的影响程度认定为一般缺陷、重要缺陷和重大缺陷。

其中：定量标准，即涉及金额大小（例如，造成直接经济损失的金额），也可根据其直接损失占资产、销售收入及利润等的比率确定；定性标准，即涉及业务性质的严重程度，可根据其直接或潜在负面影响的性质、影响的范围等因素确定。

为避免企业操纵内部控制评价报告，非财务报告内部控制缺陷认定标准一经确定，必须在不同评价期间保持一致，不得随意变更。

需要强调的是，在内部控制的非财务报告目标中，战略和经营目标的实现往往受到企业不可控的诸多外部因素的影响，企业的内部控制只能合理保证董事会和管理层了解这些目标的实现程度。因而，在认定针对这些控制目标的内部控制缺陷时，不能只考虑最终结果，而主要应考虑企业制定战略、开展经营活动的机制和程序是否符合内部控制要求，以及不适当的机制和程序对企业战略及经营目标实现可能造成的影响等。

存在下列情形之一的，通常表明非财务报告内部控制可能存在重大缺陷：

1. 国有企业缺乏民主决策程序，如缺乏“三重一大”决策程序。
2. 企业决策程序不科学，如决策失误，导致并购不成功。
3. 违犯国家法律、法规，如环境污染。
4. 管理人员或技术人员纷纷流失。
5. 媒体负面新闻频现。
6. 内部控制评价的结果特别是重大或重要缺陷未得到整改。
7. 重要业务缺乏制度控制或制度系统性失效。

如果非财务报告内部控制存在一项或多项重大缺陷，就不能得出该企业非财务报告内部控制有效的结论。

企业对内部控制缺陷的认定，应以企业在日常监督和专项监督中获取的资料为基础，结合年度内部控制评价，由评价机构进行综合分析后提出认定意见，按规定权限和程序进行审核，由董事会予以最终确定。

【案例9－2】 青岛海尔（证券代码：600690）的内部控制缺陷认定标准

1. 财务报告内部控制缺陷认定标准。公司确定的财务报告内部控制缺陷评价的定量标准如下：

指标名称	重大缺陷定量标准	重要缺陷定量标准	一般缺陷定量标准
利润总额潜在错报	潜在错报≥税前利润的5%	税前利润的5%＞潜在错报≥税前利润的2%	潜在错报＜税前利润的2%
资产总额潜在错报	潜在错报≥资产总额的1%	资产总额的1%＞潜在错报≥资产总额的0.5%	潜在错报＜资产总额的0.5%
经营收入潜在错报	潜在错报≥经营收入的1%	经营收入的1%＞潜在错报≥经营收入的0.5%	潜在错报＜经营收入的0.5%
所有者权益潜在错报	潜在错报≥所有者权益1%	所有者权益的1%＞潜在错报≥所有者权益的0.5%	潜在错报＜所有者权益0.5%

公司确定的财务报告内部控制缺陷评价的定性标准如下：

缺陷性质	定性标准
重大缺陷	1. 控制环境失效，如公司董事、监事和高级管理人员舞弊，已发现的重要缺陷经过合理期间仍未被纠正等 2. 重述前期财务报告以更正重大错报 3. 外部审计发现财务报表存在重大错报而内部控制在运行过程中未能发现该错报 4. 审计委员会对公司的财务报告及其相关的内部控制监督无效
重要缺陷	1. 对公认会计准则的选择和会计政策的应用存在误解且未被及时发现 2. 未建立反舞弊程序和控制措施 3. 对于非常规或特殊交易的账务处理没有建立相应的控制机制或没有实施且没有相应的补偿性控制
一般缺陷	未构成重大缺陷、重要缺陷标准的其他内部控制缺陷

2. 非财务报告内部控制缺陷认定标准。公司确定的非财务报告内部控制缺陷评价的定量标准如下：

指标名称	重大缺陷定量标准	重要缺陷定量标准	一般缺陷定量标准
利润总额潜在错报	潜在错报≥税前利润的5%	税前利润的5% >潜在错报≥税前利润的2%	潜在错报<税前利润的2%
资产总额潜在错报	潜在错报≥资产总额的1%	资产总额的1% >潜在错报≥资产总额的0.5%	潜在错报<资产总额的0.5%
经营收入潜在错报	潜在错报≥经营收入的1%	经营收入的1% >潜在错报≥经营收入的0.5%	潜在错报<经营收入的0.5%
所有者权益潜在错报	潜在错报≥所有者权益1%	所有者权益的1% >潜在错报≥所有者权益的0.5%	潜在错报<所有者权益0.5%

公司确定的非财务报告内部控制缺陷评价的定性标准如下：

缺陷性质	定性标准
重大缺陷	1. 违反国家法律法规； 2. 公司连年亏损，持续经营受到挑战； 3. 重要业务缺乏制度控制或制度系统性失效； 4. 公司重大决策缺乏决策程序或程序严重不合理导致重大失误； 5. 媒体针对公司的重大负面新闻频现，涉及面广且负面影响一直未能消除。
重要缺陷	1. 公司一般业务缺乏制度控制或制度体系失效； 2. 管理层或关键岗位人员流失严重； 3. 非财务报告内部控制重要或一般缺陷经过合理期间仍未被纠正。
一般缺陷	未构成重大缺陷、重要缺陷标准的其他内部控制缺陷

注：案例资料是根据公司2018年度内部控制评价报告整理。

七、内部控制缺陷报告与整改

内部控制评价机构应编制内部控制缺陷认定汇总表，结合日常监督和专项监督发现的内部控制缺陷及其持续改进情况，对内部控制缺陷及其成因、表现形式和影响程度进行综合分析和全面复核，提出认定意见，并以适当的形式向董事会、监事会或者经理层报告。针对财务报告内部控制的缺陷，一般还应当反映缺陷对财务报告的具体影响。重大缺陷应由董事会予以最终认定。企业对于认定的重大缺陷，应及时采取应对策略，切实将风险控制在可承受度之内，并追究有关部门或人员的责任。

内部控制缺陷报告应采取书面形式，可以单独报告，也可作为内部控制评价报告的一部分合并报告。一般而言，内部控制的一般缺陷、重要缺陷应定期（至少每年）报告，重大缺陷应立即报告。对于重大缺陷和重要缺陷及整改方案，应向董事会（审计委员会）、监事会或经理层报告并审定。如果出现不适合向经理层报告的情形（例如，存在与管理层舞弊相关的内部控制缺陷，或存在管理层凌驾于内部控制之上的情形），应直接向董事会（审计委员会）、监事会报告。对于一般缺陷，可以向经理层报告，并视情况考虑是否需要向董事会（审计委员会）、监事会报告。

企业对于认定的内部控制缺陷，应及时采取整改措施，切实将风险控制在可承受度之内，并追究有关机构或相关人员的责任。评价机构就发现的内部控制缺陷应提出整改建议，并报经理层、董事会（审计委员会）、监事会批准。获批后，应制定切实可行的整改方案，包括整改目标、内容、步骤、措施、方法和期限。整改期限超过一年的，整改目标应明确近期和远期目标以及相应的整改工作内容。对于设计缺陷，应从管理制度入手查找原因，需要更新、调整、废止的制度要及时处理，并同时改进内部控制体系的设计，弥补设计缺陷的漏洞。对于执行缺陷，则应分析出现的原因，查清责任人，并有针对性地进行整改。

八、内部控制评价报告

内部控制评价报告是内部控制评价的最终体现，按编制主体、报送对象和时间，分为对内报告和对外报告。对外报告的内容、格式等强调符合披露要求，时间具有强制性，对内报告则主要以符合董事会（审计委员会）、经理层需要为主，编制主体层级更多、内容上更加详尽、格式更加多样，时间可以定期或不定期。

企业应根据《企业内部控制基本规范》及其应用指引，设计内部控制评价报告的种类、格式和内容，明确内部控制评价报告编制程序和要求。内部控制评价报告应报经董事会或类似权力机构批准后对外披露或报送相关部门。

内部控制评价报告应当分别内部环境、风险评估、控制活动、信息与沟通、内部监督等要素进行设计，对内部控制评价过程、内部控制缺陷认定及整改情况、内部控制有效性的结论等相关内容作出披露。通常，内部控制评价报告至少应披露下列内容：

1. 董事会声明。声明董事会及全体董事对报告内容的真实性、准确性、完整性承担个别及连带责任，保证报告内容不存在任何虚假记载、误导性陈述或重大遗漏。

2. 内部控制评价的总体情况。明确企业内部控制评价工作的组织、领导体制、进度安排，是否聘请会计师事务所对内部控制有效性进行独立审计。

3. 内部控制评价的依据。说明企业开展内部控制评价工作所依据的法律法规和规章制度。

4. 内部控制评价的范围。描述内部控制评价所涵盖的被评价单位，以及纳入评价范围的业务事项，及重点关注的高风险领域。评价范围如有所遗漏，应说明原因，及其对内部控制评价报告真实性、完整性产生的重大影响等。

5. 内部控制评价的程序和方法。描述内部控制评价工作遵循的基本流程，以及评价过程中采用的主要方法。

6. 内部控制缺陷及其认定。描述适用本企业的内部控制缺陷具体认定标准，并声明与以前年度保持一致或做出的调整及相应原因；根据内部控制缺陷认定标准，确定评价期末存在的重大缺陷、重要缺陷和一般缺陷。

7. 内部控制缺陷的整改情况。对于评价期间发现、期末已完成整改的重大缺陷，说明企业有足够的测试样本显示，与该重大缺陷相关的内部控制已设计且执行有效。针对评价期末存在的内部控制缺陷，公司拟采取的整改措施及预期效果。

8. 内部控制有效性的结论。对不存在重大缺陷的情形，出具评价期末内部控制有效结论；对存在重大缺陷的情形，不得作出内部控制有效的结论，并需描述该重大缺陷的性质及其对实现相关控制目标的影响程度，可能给公司未来生产经营带来相关风险。自内部控制评价报告基准日至内部控制评价报告发出日之间发生重大缺陷的，内部控制评价机构应予以核实，并根据核查结果对评价结论进行相应调整，说明董事会拟采取的措施。年度内部控制评价报告应以 12 月 31 日作为基准日。

内部控制评价是董事会对本企业内部控制有效性的自我评价，有一定的主观性。即使同时满足设计有效性和执行有效性标准的内部控制，受内部控制固有局限影响，也只能为目标实现提供合理保证，而不能提供绝对保证，不应以内部控制目标的最终实现情况作为唯一依据直接判断内部控制有效性。

【案例 9-3】 甲公司为一家以饮品生产和销售为主业的上市公司。2011 年，甲公司根据财政部等五部委联合发布的《企业内部控制基本规范》及其配套指引，结合自身经营管理实际，制定了《企业内部控制手册》（以下简称《手册》），自 2012 年 1 月 1 日起实施。为了检验实施效果，甲公司于 2013 年 7 月成立内部控制评价工作组，对内部控制设计与执行情况进行检查评价。内部控制评价工作组接受审计委员会的直接领导，组长由董事会指定，组员由公司各职能部门业务骨干组成。2013 年 9 月，甲公司审计委员会召集公司内部相关部门对检查情况进行讨论，要点如下：

1. 关于内部环境，内部控制评价工作组在对内部环境要素进行测试时，发现缺乏足够的证据说明企业文化建设和实施取得较好实效，人事部门负责人表示，公司领导对企业文化建设的重视是无形的，难以量化，且人事部门已制定并计划宣传贯彻《员工行为守则》，可以说明企业文化建设和实施有效。

2. 关于风险评估，甲公司于2013年1月支付2000万元，成为亚运会的赞助商；于2013年7月支付500万元，捐助西北某受灾地区。内部控制评价工作组在对公司风险评估机制进行评价时，发现上述事项均未履行相应的风险评估程序，建议予以整改。风险管理部门负责人表示，赞助亚运会对提升企业形象有利而无害，不存在风险；财务部门负责人认为，对外捐助属于履行社会责任，不需要评估风险。

3. 关于控制活动，内部控制评价工作组对公司业务层面的控制活动进行了全面测试，发现《手册》中有关资金投放、资金筹集、物资采购、资产管理和商品销售等环节的内部控制设计可能存在缺陷，有关资料如下：

（1）资金投放环节。为提高资金使用效率，《手册》规定，报经总会计师批准，投资部门可以从事一定额度的投资，但大额期权期货交易，必须报经总经理批准。

（2）资金筹集环节。为降低资金链断裂的风险，《手册》规定，总会计师在无法正常履行职权的情况下，应当授予其副职在紧急状况下进行直接筹资的一切权限。

（3）物资采购环节。《手册》规定，当库存水平较低时，授权采购部门直接购买。

（4）资产管理环节。为应对突发事件造成的财产损失风险，《手册》规定，公司采取投保方式对财产进行保全，财产保险业务全权委托外部专业机构开展，公司不再另行制定有关投保业务的控制规定。

（5）商品销售环节。为提高经营效率和缩短货款回收周期，《手册》规定，指定商品的销售人员可以直接收取货款，公司审计部门应当定期或不定期派出监督人员对该岗位的运行情况和有关文档记录进行核查。

4. 关于信息与沟通，内部控制评价工作组检查发现，所有风险信息均经由总经理向董事会报告。建议确认为控制缺陷并加以整改，风险管理部门负责人表示，风险管理部门对总经理负责，符合公司组织结构、岗位职责与授权分工的规定，不应认定为控制缺陷。

5. 关于内部监督，内部审计部门负责人表示，年度内部控制评价工作组是由公司各部门抽调人员组成的临时工作团队，缺乏独立性，建议由内部审计部门承担相应的职责。内部控制评价工作组负责人认为，工作组成员均接受过专业培训，接受审计委员会领导，有足够的专业胜任能力和权威性来承担内部控制评价工作，而审计部门人手少、力量弱，现阶段无法有效承担年度评价职责。

要求：

1. 根据资料1、2、4、5，针对内部环境、风险评估、信息与沟通、内部监督要素评价过程中的各种意见分歧，假如您是公司审计委员会主席，逐项说明是否赞同内部控制评价工作组的意见，并逐项说明理由。

2. 根据《企业内部控制基本规范》及其配套指引的要求，逐项判断资料3中各项内部控制设计是否有效，并逐项说明理由。

第三节 审计委员会、内部审计与内部控制

在内部控制建设过程中，特别是内部监督要素的实施，审计委员会和内部审计发挥着重要作用。审计委员会是董事会下设的一个专门委员会，独立于管理层，协助董事会履行其内部控制、风险管理和财务报告等方面的职能。内部审计是内部控制的组成部分，是监督与评价内部控制的重要手段。内部审计的监督、评价和服务职能有利于内部控制目标的达成，对改善企业生产经营和管理活动的效率效果具有重要意义。随着内部审计的不断创新与发展，内部审计的范围不断向内部控制、风险管理和公司治理领域延伸，一般认为内部审计是评价和改善内部控制、风险管理及治理过程有效性的必要手段。

一、审计委员会与内部控制

审计委员会是董事会设立的专门工作机构，成员全部由董事组成，其中，独立董事应占多数并担任召集人，审计委员会中至少应有一名独立董事是会计专业人士。审计委员会成员应拥有会计、审计、财务或法律等方面的专业经验，具备相应的独立性、良好的职业操守和专业胜任能力。

根据上市公司治理准则，审计委员会的主要职责包括提议聘请或更换外部审计机构、监督公司的内部审计制度及其实施、负责内部审计与外部审计之间的沟通、审核公司的财务信息及其披露以及审查公司的内控制度等。

从审计委员会治理的最佳实践来看，其职责范围应以书面形式明确规定，主要包括：

1. 就外部审计机构的任命或罢免向董事会提出建议，包括外部审计师的聘用条件。

2. 评估和监督外部审计工作的独立性、客观性和有效性。

3. 为聘请外部审计师提供非审计服务（如管理咨询、报税服务等）制定并实施政策，避免这些服务可能影响其审计工作的独立性和客观性。

4. 就外部审计师提供非审计服务的任何违规或不足之处，向董事会报告并提出改进建议。

5. 监督和评估内部审计的有效性，并确保内部审计部门获得所需的资源和信息，以便履行其职责和符合相关的专业标准。

6. 负责内部审计与外部审计之间的沟通，应在执行董事不在场的情形下，至少每年会晤外部和内部审计人员一次，以便讨论与审计有关的问题。

7. 审核公司财务信息及其他信息披露的真实性和完整性，审议财务报告编制过程中涉及的重大事项和重要判断。

8. 审查和评估公司内部控制与风险管理相关制度设计的健全性和执行的有效性，关注公司反舞弊机制建立和实施的有效性。

在内部控制建设方面，审计委员会的主要职责包括：审查内部控制的设计情况；监督内部控制的有效实施；监督和指导内部控制的自我评价；复核所有由内部审计和外部审计提交的内部控制缺陷报告及管理建议书，并追踪了解管理层针对这些缺陷或薄弱环节而采取的行动；批准年报中有关内部控制和风险管理的陈述；协调内部控制审计及其他相关事宜等。审计委员会要使董事会和高级管理人员关注内部和外部报告风险控制的有效性，关注相关法律法规和内部政策的遵守情况，关注高风险领域和重大风险控制的有效性。

二、内部审计与内部控制

内部审计是内部控制的重要组成部分，是对内部控制有效性进行监督和评价的重要主体，特别是在内部监督要素的设计和实施、内部控制评价等方面具有重要作用。然而，传统的观念认为内部审计是一个非增值的成本中心，是一个爱找麻烦的部门，不受重视，是一个可有可无的部门。上述观念很具普遍性，核心原因是对内部审计的职能定位不明晰，当然也与内部审计从业人员的能力和素质不匹配有关。传统的内部审计重在“查错纠弊”，存在着重监督轻服务、重结果轻过程、重财务轻业务、重合规轻效益、重单项轻系统、重当期轻长远、重查处轻建议、重独立轻互动等问题。内部审计早期的目标主要是保护财产安全和察觉舞弊行为，以符合性测试为主，内部审计人员将注意力主要集中在对财务记录的检查和对易被盗用资产的确认上，内部审计的主要功能是威慑做错事的员工。

随着信息技术的发展和运用，曾经由内部审计人员开展的会计记录核对工作由自动化查验程序完成，内部审计开始拓展审计范围，超出传统的财务审计范畴，努力转向通过运用各种方法来辅助管理层，开始出现运营审计的概念。运营审计的目的是判断运营的效率、效果和经济性。1957 年，国际内部审计师协会（The Institute of Internal Auditors，IIA）发布《内部审计职责声明》，将内部审计职责描述为：一是检查和评价会计、财务及运营控制的合理性、适当性和适用性；二是确定对政策、计划和程序的遵循情况；三是确定对组织各类资产的负责程度及免于各类损失的保障程度；四是确定组织内部所产生的会计及其数据的可靠性；五是评价履行职责的工作质量。

20 世纪 80 年代以来，随着内部控制的发展进入内部控制结构（Internal Control Structure）阶段，内部审计开始关注财务风险和合规性风险的控制，确认相关控制是否存在，并评估相关控制设计和执行的有效性。1993 年，IIA 将内部审计定义为组织内部设立并服务于组织的一种独立的评价活动。它是一种控制，通过检查和评价其他控制的适当性和有效性来发挥作用。随着内部控制向全面风险管理的迈进，内部审计被要求能够充分理解企业面临的各类风险，熟悉企业风险的识别、分析和应对，确认相关控制是否存在、是否被有效地执行。1999 年，IIA 将内部审计的定义修订为一种独立、客观的确认和咨询活动，旨在增加组织的价值和改善组织的运营。确认服务是为了对组织的风险管理、控制和治理过程提供独立的评估而客观检查证据的活动，例如，财务审计、运营审计、绩效审计等；咨询服务是一种顾问及相应的客户服务活动，这种服务的性质和范围通过与客户协商确定，意在使内部审计不承担管理责任的同时，为组织增值及改善组织的治理、风险管理和控制过程，例如，商议、建议、协调和培训等。2013 年 8 月，中国内部审计协会发布《第 1101 号——内部审计基本准则》，沿用了 IIA 的定义，认为内部审计是一种独立、客观的确认和咨询活动。

如图 9－3 所示，随着内部审计在内部控制与风险管理中的职能演进，内部审计已由早期单纯的合规性测试和财务风险控制，转向各类风险的确认和控制评价上，再到通过持续监督和内控评价等全面参与到企业内部控制与风险管理的建设中。内部审计不是简单的复核和监督检查体系，而是内部控制与风险管理的重要组成部分，内部审计要努力促进企业完善治理、增加价值和实现目标。

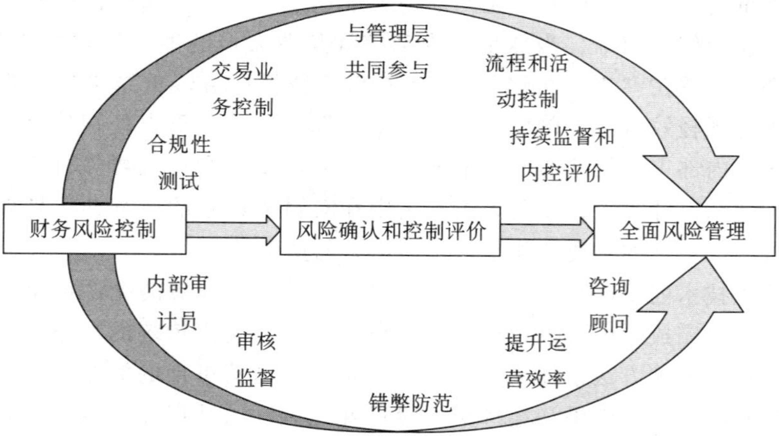

图 9－3　内部审计在内部控制与风险管理中的智能演变和能力要求

内部审计在健全企业治理机制，强化内部控制与风险管理方面具有独特的资源和人才优势。内部审计应充分发挥专业优势，为内部控制与风险管理建设提供管理咨询，但不得直接参与或负责内部控制设计和经营管理的决策与执行。在内部控制设计和实施过程中，内部审计主要通过监督和评价，针对内部控制缺陷，提出改进意见，促进内部控制的持续改进。内部审计在开展工作时，应以监督检查和评价内部控制有效性为主线，以提高企业风险控制能力为目标，坚持风险导向，跟着风险走，哪里有风险，就追踪到哪里。内部审计应帮助企业识别并评价重要的风险暴露，包括财务和运营信息的可靠性和完整性、运营的效率效果、资产的安全保障、法规及合同的遵守情况等。

思考题

1. 依据 COSO 委员会 2009 年 1 月发布的《内部控制监督指引》，内部监督基本流程有哪些？

2. 企业如何基于风险导向实施内部监督工作？

3. 以上市公司为例，请你谈谈如何设置内部监督机构？如何分配职责权限？

4. 什么是内部控制的重大缺陷？表明企业内部控制可能存在重大缺陷的迹象有哪些？

5. 什么是内部控制设计缺陷？什么是内部控制执行缺陷？

6. 什么是内部控制的设计有效性？什么是内部控制的执行有效性？

7. 如何确定内部控制缺陷的认定标准？

8. 在内部控制建设过程中，审计委员会的主要职责有哪些？

9. 在内部控制建设过程中，内部审计的主要职责有哪些？

10. 内部控制评价报告一般应包括哪些内容？

第十章
行政事业单位内部控制与风险管理

行政事业单位是提供社会公共服务的主体，掌握着大量公共资源，其内部控制的好坏影响着广大民众的切身利益。行政事业单位经常出现的“统计数据打架”“采购金额超标”“滥用职权”“贪污腐败”等问题，或多或少都与其内部控制相关。因此，建立健全行政事业单位内部控制对规范行政事业单位内部权力运行，防止职权滥用，提高内部管理水平，加强廉政风险防控，提高公共服务的效率和效果等具有重要作用。同时，也有利于维护社会公共利益，提高政府公信力，促进经济和社会的健康发展。

第一节　行政事业单位内部控制与风险管理概述

内部控制是保障组织权力规范有序、高效运行的重要手段，也是组织目标实现的长效保障机制。为规范行政事业单位内控建设，财政部于 2012 年 11 月发布了《行政事业单位内部控制规范（试行）》，自 2014 年 1 月 1 日起施行。

一、行政事业单位内部控制的概念

行政事业单位内部控制是指单位为实现控制目标，通过制定制度、实施措施和执行程序，对经济活动的风险进行防范和管控。内部控制目标是单位建立和实施内部控制所要达到的目的，行政事业单位内部控制的目标以提高公共服务的效率和效果为核心，合理保证单位经济活动合法合规、资产安全和使用有效、财务信息真实完整、有效防范舞弊和腐败。

内部控制是单位为了防范和管控经济活动风险而建立的内部管理系统，它由内部环境、风险评估、控制活动、信息与沟通和内部监督等要素组成，并体现为与行政、管理、专业活动、财务和会计系统融为一体的组织管理结构、政策、程序和措施等，是行政事业单位为履行职能、实现总体目标而应对风险的自我约束和规范的过程。行政事业单位内部控制的主体是单位领导层和全体职员，控制的对象是经济活动中的相关风险。财政部 2015 年印发的《关于全面推进行政事业单位内控建设的指导意见》要求单位全面建立、有效实施内部控制，确保内部控制覆盖单位经济和业务活动的全范围，贯穿内部权力运行的决策、执行和监督全过程，规范单位内部各层级的全体人员。

二、行政事业单位内部控制与企业内部控制的主要区别

行政事业单位内部控制和企业内部控制大部分原理、思路和方法相同，但也有不同。

（一）内控建设的最终责任主体不同

尽管内控建设涉及单位全体人员，但行政事业单位和企业的内控建设最终责任主体不同。我国《企业内部控制基本规范》规定“董事会负责内部控制的建立健全和有效实施，监事会对董事会建立与实施内部控制进行监督，经理层负责组织领导企业内部控制的日常运行”。也就是说，董事会是企业内控建设的最终责任主体。而《行政事业单位内部控制规范（试行）》则规定“单位负责人对本单位内部控制的建立健全和有效实施负责”，即单位负责人是行政事业单位内控建设的最终责任主体。

（二）内部控制目标不同

企业和行政事业单位内部控制的目标有三点是相同的，都强调要合理保证经济业务和管理活动的合法合规、资产安全和使用有效、财务报告及相关信息真实完整。但企业是营利性组织，以追求经济利益为经营目的，而行政事业单位是非营利性组织，资金来源为公共资金，其运营目标是提供社会公众服务，强调公众受托责任履行情况，关注公众服务的满意度并避免舞弊和腐败现象，这导致行政事业单位内部控制目标与企业内部控制目标存在不同：企业内部控制强调提高经营和管理的效率和效果，促进企业实现发展战略，而行政事业单位则强调要有效防范舞弊和预防腐败，提高公共服务的效率和效果。

（三）内部控制原则不同

内部控制原则是单位建立与实施内部控制应遵循的基本方针和政策。企业和行政事业单位建立与实施内部控制，都应遵循全面性、重要性、适应性和制衡性等原则。但行政事业单位的工作是旨在为公众提供服务，更注重社会效益而不是经济利益，不能简单地用“投入”和“产出”进行计算分析。因而与企业内部控制不同，行政事业单位内控建设不强调成本效益原则。企业内控建设要遵循成本效益原则，以适当的成本实现有效控制。

（四）内部控制范围不同

行政事业单位与企业内部控制的范围都包括对组织整体层面和业务活动层面的控制。但企业由于发展需要，可能会设立子公司和分支机构以支持经营目标的实现，其内部控制范围除了组织整体层面和业务活动层面之外，还包括对企业所属子公司和各分支机构的控制，其范围比行政事业单位广。

（五）内部控制监督机制不同

企业是自主经营、自负盈亏的经济主体，有强大的内控建设内在动力，董事会、

监事会、审计委员会和内部审计等内部监督机制也较为健全，企业内控建设主要是内部监督。对于行政事业单位而言，资金主要来源于公共财政，对外提供公共服务，因此，财政部门、主管机构、政府审计、社会公众、大众媒体等外部监督机构成为推动行政事业单位内控建设的重要动力。相对而言，行政事业单位内部监督与外部监督并重，由外部监督推进内部监督机制的不断完善。

三、行政事业单位内部控制原则

各单位应在内部控制原则指导下，根据自身实际情况建立和实施内部控制。

（一）全面性原则

内部控制应贯穿单位经济活动决策、执行和监督的全过程，覆盖单位经济和业务活动的所有领域，贯穿内部权力运行的全部过程，实现对经济活动的全面、全程控制。全面性原则还要求单位所有人员参与内控建设工作。

（二）重要性原则

单位内部控制应在全面控制的基础上，关注重要业务事项和高风险领域，并采取更为严格的控制措施，确保不存在重大缺陷。内控建设要优先关注“三重一大”事项，即重要政策制定、重要人事任免、重要项目安排和大额资金使用等。

（三）制衡性原则

内部控制应在单位内部的部门管理、职责分工、业务流程等方面形成相互制约和相互监督。单位经济活动的决策、执行和监督过程要实现分离，不相宜职务要相互分离。

（四）适应性原则

内部控制应符合国家有关规定和单位的实际情况，并随着外部环境的变化、单位经济活动的调整和管理要求的提高，不断修订和完善。

四、行政事业单位的风险评估

（一）建立风险评估机制

风险评估是测评风险发生的可能性及其潜在后果的过程。行政事业单位内控建设的主要内容就是分析经济业务活动的风险，识别和分析风险，然后因地制宜地设置控制方法并监督执行。

单位应建立风险评估机制，对经济活动存在的风险进行全面评估。单位风险评估至少每年进行一次，外部环境、经济活动或管理要求等发生重大变化的，应及时对经济活动风险进行重估。

单位开展风险评估应成立工作小组，单位领导担任组长。风险评估工作小组可以是跨部门的，也可设置在内控部门或牵头部门，但必须密切与各业务部门的联系，充分发挥相关部门的作用。风险评估结果应形成书面报告并及时提交单位领导班子，作为完善内部控制的依据。

风险评估可分为目标设定、风险识别、风险分析和风险应对四个步骤进行。

1. 目标设定。目标设定是指单位采取恰当的程序去设定控制目标，确保所选定的目标支持并切合单位的职责使命。例如，货币资金的控制目标重点是保证货币资金的安全完整和有效使用，而支出业务的控制目标重点是支出符合开支标准并经过适当的授权审批。

2. 风险识别。风险识别是对单位面临的各种不确定因素进行梳理、汇总，形成风险清单。组织可采用各种技术来识别可能影响目标实现的不确定性。单位应结合各种有形和无形的风险源，组织面临的机遇和威胁、优势和劣势，内外环境的变化等因素来识别潜在风险。

3. 风险分析。风险分析是在风险识别的基础之上，进一步分析风险发生的可能性和对单位目标实现的影响程度，并对风险状况进行综合评价，以便为制定风险应对策略、选择应对措施提供依据。

4. 风险应对。风险应对是在风险分析的基础之上，针对单位所存在的风险，提出各种风险解决方案，并择优实施方案的过程。风险应对的策略一般有风险规避、风险降低、风险分担和风险承受等。单位应综合运用风险应对策略，实现对风险的有效控制。

（二）单位整体层面的风险评估

单位进行整体层面的风险评估时，应重点关注以下方面：

1. 内部控制工作的组织情况，包括是否确定内部控制职能部门或牵头部门；是否建立各部门在内部控制中的沟通协调和联动机制等。

2. 内部控制机制的建设情况，包括经济活动的决策、执行、监督是否有效分离；权责是否对等；是否建立健全议事决策机制、岗位责任制、内部监督等机制。

3. 内部管理制度的完善情况，包括内部管理制度是否健全；执行是否有效等。

4. 内部控制关键岗位工作人员的管理情况，包括是否建立工作人员的培训、评价、轮岗等机制；工作人员是否具备相应的资格和能力等。

5. 财务信息的编报情况，包括是否按国家统一会计制度对经济业务和事项进行账务处理；是否按国家统一会计制度编制财务报告等。

6. 其他情况。

（三）业务活动层面的风险评估

单位进行业务层面的风险评估时，应重点关注以下方面：

1. 预算管理情况，包括在预算编制过程中单位各部门间沟通协调是否充分，预算编制与资产配置是否相结合、与具体工作是否相对应；是否按批复的额度和开支范围执行预算，进度是否合理，是否存在无预算、超预算支出等问题；决算编报是否真实、完整、准确、及时。

2. 收支管理情况，包括收入是否实现归口管理，是否按规定及时向财会部门提供收入的有关凭据，是否按规定保管和使用印章和票据等；发生支出事项时是否按规定审核各类凭据的真实性、合法性，是否存在使用虚假票据套取资金的情形。

3. 政府采购管理情况，包括是否按预算和计划组织政府采购业务；是否按规定组织政府采购活动和执行验收程序；是否按规定保存政府采购业务相关档案。

4. 资产管理情况，包括是否实现资产归口管理并明确使用责任；是否定期对资产进行清查盘点，对账实不符的情况及时进行处理；是否按规定处置资产。

5. 建设项目管理情况，包括是否按概算投资；是否严格履行审核审批程序；是否建立有效的招投标控制机制；是否存在截留、挤占、挪用、套取建设项目资金的情形；是否按规定保存建设项目相关档案并及时办理移交手续。

6. 合同管理情况，包括是否实现合同归口管理；是否明确应签订合同的经济活动范围和条件；是否有效监控合同履行情况，是否建立合同纠纷协调机制。

7. 其他情况。

五、行政事业单位内部控制方法

在风险评估之后，单位应采取相应的控制方法将风险控制在可承受程度之内。单位内部控制的控制方法一般包括：

1. 不相容岗位相互分离。该方法要求合理设置内部控制关键岗位，明确划分职责权限，实施相应的分离措施，形成相互制约、相互监督的工作机制。实务中，下列不相容职务通常要分离：

（1）授权进行某项经济业务和执行该项业务的职务要分离；

（2）执行某些经济业务和审核这些经济业务的职务要分离；

（3）执行某项经济业务和记录该项业务的职务要分离；

（4）保管某些财产物资和对其进行记录的职务要分离；

（5）保管某些财产物资和使用这些财产物资的职务要分离；

（6）执行某项经济业务与监督这些经济业务的职务要分离。

2. 内部授权审批控制。该方法要求明确各岗位办理业务和事项的权限范围、审批程序和相关责任，建立重大事项集体决策和会签制度。相关工作人员应在授权范围内行使职权、办理业务。

3. 归口管理。该方法要求根据本单位实际情况，按权责对等的原则，采取成立联合工作小组并确定牵头部门或牵头人员等方式，对有关经济活动实行统一管理。

4. 预算控制。预算控制要求行政事业单位实施全面预算管理制度，明确各责任单位在预算管理中的职责权限，规范预算的编制、审定、下达和执行程序，强化对经济活动的预算约束，使预算管理贯穿于单位经济活动的全过程。

5. 财产保护控制。该方法要求建立资产日常管理制度和定期清查机制，采取资产记录、实物保管、定期盘点、账实核对等措施，确保资产安全完整，严格限制未经授权的人员接触和处置财产。

6. 会计控制。该方法要求建立健全本单位财会管理制度，加强会计机构建设，提高会计人员业务水平，强化会计人员岗位责任制，规范会计基础工作，加强会计档案管理，明确会计凭证、会计账簿和财务报告处理程序。

7. 单据控制。该方法要求单位根据国家有关规定和单位的经济活动业务流程，在内部管理制度中明确界定各项经济活动所涉及的表单和票据，要求相关工作人员按规定填制、审核、归档、保管单据。

8. 信息内部公开。该方法要求建立健全经济活动相关信息内部公开制度，根据国家有关规定和单位的实际情况，确定信息内部公开的内容、范围、方式和程序。单位应充分利用现代科学手段加强内部控制，对信息系统建设实施归口管理，将经济活动及内部控制流程嵌入单位信息系统中，减少或消除人为操纵因素，保护信息安全。

第二节　行政事业单位整体层面的内部控制

单位整体层面的内部控制是存在于单位整体范围内，对内部控制目标的实现能够产生深远影响，对业务层面的控制及其他控制的有效实施能够产生普遍影响的控制领域。单位整体层面的控制为业务活动层面的控制提供环境基础，应从以下几方面进行：

一、建立内部控制的组织架构

单位应根据自身业务性质、业务范围、管理架构，按照决策、执行、监督相互分离、相互制衡的要求，科学设置内设机构、管理层级、岗位职责权限、权力运行规程，切实做到分事行权、分岗设权、分级授权，并定期轮岗。分事行权要求对经济和业务活动的决策、执行、监督，必须明确分工、相互分离、防止职责混淆、权限交叉；分岗设权要求对涉及经济和业务活动的相关岗位，必须依职定岗、分岗定权、权责明确，防止岗位职责不清；分级授权要求对各管理层级和各工作岗位，必须依法依规分别授权，明确授权范围、授权对象、授权期限、授权与行权责任、一般授权与特殊授权界限，防止授权不当、越权办事。

单位应单独设置内部控制职能部门或确定牵头部门，负责组织协调内部控制工作。同时，建立起财会、基建、政府采购、资产管理、合同管理等部门或岗位间的沟通协调机制，积极发挥相关部门或岗位在内部控制中的作用，重视单位内部审计、纪检监察部门在内部监督中的作用。

二、科学设置内部控制关键岗位

单位应科学设置内部控制关键岗位，可以在现有编制内按内控要求设计工作机制，做到过程分离、岗位分离和不相容职务分离。经济活动的决策、执行、监督要相互分离，业务的申请与审核审批、审核审批与业务执行、业务执行与信息记录等不相容岗位要分离。

单位应将职业道德修养和专业胜任能力作为选拔和任用员工的重要标准，并以书面形式（岗位责任书或其他相关文件）规定内部控制关键岗位的专业胜任能力和职业道德要求，明确岗位职责、岗位权力以及与其他岗位或外界的关系，并将上述书面要求落实到岗位设置和人员配置中。关键岗位工作人员必须具备相应的资格和能力，并加强关键岗位工作人员业务培训和道德教育，不断提升员工的业务水平和综合素质。

对重点领域的关键岗位，应通过明确轮岗范围、轮岗条件、轮岗周期、交接流程、责任追溯等要求，建立干部交流和定期轮岗制度，不具备轮岗条件的单位应采用专项审计等替代控制措施。对轮岗后发现原工作岗位存在失职或违法违纪行为的，应当按国家有关规定追责。重点业务领域的关键岗位主要包括预算业务、收支业务、政府采购、资产管理、建设项目、合同管理及内部监督等领域的关键岗位。

三、建立健全议事决策机制

单位应建立健全集体研究、专家论证和技术咨询相结合的议事决策机制。单位领导班子集体决策应坚持民主集中制原则；对于业务复杂、专业性强的经济活动，特别是基本建设项目和政府采购业务，应充分听取专家意见，必要时可以组织技术咨询。

单位应建立健全议事决策制度，包括确定议事成员构成、决策事项范围、投票表决规则、决策纪要撰写、流转和保存以及对决策事项的贯彻落实和监督程序等。特别应明确实行单位领导班子集体决策的“三重一大”事项范围，一般包括重要政策制定、重要人事任免、大额资金使用、大宗资产采购、基本建设项目、重大外包业务、重要资产处置、信息化建设以及预算调整等。“三重一大”事项的认定标准应根据有关规定和本单位实际情况确定，并且一经确定，不得随意变更。“三重一大”事项的内部决策，应形成书面决策纪要，如实反映议事过程及每位议事成员的意见，要求议事成员进行核实、签字，并将决策纪要及时归档保存。

单位应注重决策的具体实施，对决策执行的效率效果进行跟踪评价，避免决策执行流于形式，失去权威性。

四、加强内部审计，强化内部监督机制

内部监督是确保内部控制有效性的关键要素，内部审计是实施内部监督的重要主体。单位应加强内部审计工作，保证内部审计机构设置、人员配备和工作的独立性。内部审计机构对监督检查中发现的内部控制缺陷，应按单位内部审计工作程序进行报告；对监督检查中发现的内部控制重大缺陷，有权直接向有关部门报告。

在内控建设中，内部审计机构按本单位主要负责人或权力机构的要求，主要职

责包括：

1. 对本单位及所属单位的财政资金收支、财务收支及其有关的经济活动进行审计。

2. 对本单位及所属单位预算内、预算外资金的管理和使用情况进行审计。

3. 对本单位内设机构及所属单位领导人员的任期经济责任进行审计。

4. 对本单位及所属单位固定资产投资项目进行审计。

5. 对本单位及所属单位内部控制的健全性和有效性以及风险管理进行评审。

6. 对本单位及所属单位经济管理和效益情况进行审计。

7. 相关法规和本单位主要负责人或权力机构要求办理的其他审计事项。

五、依法建立会计机构，配备合格会计人员

单位应依法建立会计机构，配备具有相应资格和能力的会计人员，并保障财会部门的人员编制，以便能够实施必要的不相容岗位相互分离。财会部门关键岗位应实施定期轮岗制度或采取替代控制措施，防止财务舞弊的发生。

单位应加强会计基础工作管理，根据国家相关法规并结合单位实际情况制定和完善各项财务管理制度，如制定经费支出标准、差旅费报销管理办法、会议费报销管理办法、库存现金管理办法、采购管理办法等内部管理制度。单位应根据实际发生的业务和事项按国家统一会计制度及时进行账务处理、编制财务会计报告，并确保财务信息真实、完整。财会部门与其他业务部门之间应建立沟通协调机制，加强信息沟通，定期开展信息核对，实现重要经济活动信息共享。

六、运用现代信息技术加强内部控制

单位应积极推进信息化建设，对信息系统建设实施归口管理，在日常办公、财务管理、资产管理等领域实施信息化。单位在信息化建设的过程中，应将经济活动及其内部控制流程和措施嵌入信息系统中，减少或消除人为操纵的因素，保证信息系统安全、可靠、可恢复、可审计。

第三节　行政事业单位业务层面的内部控制

行政事业单位的业务活动主要有预算业务、财务收支、政府采购、资产管理、建设项目和合同管理等。实施业务层面的内部控制思路是：一是明确该项业务活动的内部控制目标；二是分析该业务活动面临的总体风险；三是设计业务办理流程；四是识别和分析流程各环节、各步骤的风险点；五是针对风险点，设置控制点，针对主要风险点设置关键控制点；六是在控制点和关键控制点采取控制措施，实施控制活动；七是定期评价该业务内部控制的有效性，持续优化和改进其内部控制。

一、预算业务控制

单位应建立健全预算编制、审批、执行、决算与评价等预算内部管理制度，合理设置岗位，明确相关岗位的职责权限，确保预算编制、审批、执行、评价等不相容岗位相互分离。

（一）预算编制环节控制

1. 预算编制环节的主要风险：

（1）以财务部门为主，业务部门参与度较低，可能导致预算编制不合理；

（2）预算编制范围和项目不细、编制粗糙，随意性大，可能导致预算约束不够。

（3）预算编制依据的相关信息不足，可能导致预算目标与单位实际情况脱节；

（4）预算编制基础数据不充分，准确率不高；

（5）预算目标及指标体系设置不完整、不科学；

（6）预算编制程序不规范，方法选择不当、信息沟通不顺畅等导致预算编制缺乏科学性。

2. 预算编制环节的关键控制措施：

（1）采取有效措施确保预算编制的合规性。单位财会部门应正确把握预算管理相关政策，做好相关人员的培训工作，统一部署预算编报工作，确保预算编制相关人员及时全面掌握相关规定，从而使预算编制符合要求。

（2）建立单位内部各部门之间的沟通协调机制。建立内部预算编制、预算执行、资产管理、基建管理、人事管理等部门或岗位的沟通协调机制，提高业务部门预算参与度，充分掌握预算编制的相关信息，根据业务需要和财力可能编制预算，保证预算编制的准确性和科学性。

（3）完善编制方法，细化预算编制，保证预算编制的科学性。编制预算应改变传统的“基数+增长”的方法，在对当年预算执行情况进行评价的基础上，根据单位实际情况制定下一年度工作计划，在全面分析基础数据的基础上对各项收支的规模和结构进行预计和测算，细化预算编制。重大预算项目采取立项评审方式。对预算项目的可行性、绩效等方面进行综合立项评审。

（4）强化相关部门的审核责任。单位内部各业务部门提交的预算建议数及基础申报数据应经过归口管理部门和财会部门的审核。归口管理部门要根据业务计划对资金额度的合理性进行审核。财会部门主要对预算建议数进行合规性审核，重点关注业务部门对预算建议数的测算是否符合规定的标准，预算安排是否符合国家的政策要求等。

（二）预算批复、执行环节控制

1. 预算批复、执行环节的主要风险：

（1）预算指标分解不合理，可能导致内部各部门财力与事权不匹配，影响部门职责的履行和资金使用效率；

（2）缺乏严格的预算执行授权审批制度，可能导致预算执行随意；

（3）预算审批权限及程序混乱，导致越权审批，使预算执行缺乏严肃性；

（4）预算执行过程缺乏有效监控，导致预算执行不力，预算目标难以实现；

（5）缺乏健全有效的预算反馈和报告体系，预算情况不能及时反馈和沟通。

2. 预算批复、执行环节的关键控制措施：

（1）合理进行预算指标分解和预算批复。财会部门收到财政部门（或上级部门）的年度预算批复后，应在本单位年度预算总额范围内，及时细化分解本年度内部预算指标。内部指标分解应按各部门（及各下属单位）业务工作计划对预算资金进行分配，对各项业务的预算金额、标准和具体支出方向进行限定。进行预算批复时，应结合实际预留机动财力。对于在预算批复时尚无法确定事项具体内容的业务，可先批复该类事项的总额，在预算执行过程中履行执行申请与审批管理。由上级单位统筹管理的预算，可一次性或分次分批下达预算指标，以保留适当的灵活性，避免频繁的预算调整。

（2）强化执行申请和支付控制。预算执行一般包括三种方式：直接执行、政府采购执行、依申请执行，除政府采购外，对于支出金额较大、非经常性业务应先进行预算执行申请。业务部门根据已批复的预算指标提出申请，不得超出可用指标额度，必须将指标额度、支出事项和执行申请一一对应，符合指标批复时的业务范围及经费支出管理办法和细则的相关规定。在资金支付环节，业务部门借款申请或报销申请按规定的审批权限和程序审批完成后，由审核岗对凭证、票据等审核无误后，出纳岗方可依据支付审核已明确的借款申请或报销申请的资金来源和账户类型，办理具体的资金支付。

（3）建立预算执行追踪问责机制。单位应建立预算执行分析机制，采取季报、实地检查、重点项目跟踪等形式，加强对部门或单位预算资金使用情况的跟踪与检查，定期通报预算执行情况，总结预算执行中出现的问题，及时采取应对措施，提高预算执行的效率。

（三）决算与评价环节控制

1. 预算决算与评价环节的主要风险：

（1）未按规定编报决算报表，不重视决算分析工作，决算分析结果未得到有效运用，单位决算与预算相互脱节，可能导致预算管理效率低下。

（2）预算评价环节的主要风险有预算考核不严格、不合理、不到位，可能导致预算目标难以实现，预算管理流于形式。

（3）未按规定开展预算绩效管理，评价结果未得到有效应用，可能导致预算管理缺乏监督。

2. 决算与评价环节的关键控制措施：

（1）强化决算管理。单位应加强决算管理，确保决算真实、完整、准确、及时，加强决算分析工作，强化决算分析结果运用，建立健全单位预算与决算相互反映、相互促进的机制。

（2）提高绩效管理水平。单位应加强预算绩效管理，建立“预算编制有目标、预算执行有监控、预算完成有评价、评价结果有反馈、反馈结果有应用”的全过程预算绩效管理机制。

二、收支业务控制

（一）收入业务控制

1. 收入业务的主要风险：

（1）各项收入征收标准和项目超出法定范围，存在收费不规范或乱收费现象；

（2）收入缺乏统一管理和监控机制，可能导致贪污舞弊；

（3）违反“收支两条线”管理规定，对应缴财政收入进行截留、挪用甚至私分，或各项收入不入账或设立账外账，可能导致私设“小金库”；

（4）业务部门和财会部门沟通不够，单位没有掌握所有收入项目的金额和时限，造成应收未收，可能导致单位利益受损；

（5）对各类票据、印章的管控不善，可能导致票据丢失，相关人员发生错误或舞弊。

2. 收入业务的关键控制措施：

（1）建立健全收入内部管理制度，合理设置岗位，明确相关岗位的职责权限，确保收款、会计核算等不相容岗位相互分离。

（2）各项收入应由财会部门归口管理并进行会计核算，严禁设立账外账。业务部门应在涉及收入的合同协议签订后及时将合同副本等材料提交财会部门作为账务处理依据，确保各项收入应收尽收，及时入账。财会部门应定期检查收入金额是否与合同约定相符；对应收未收项目应查明情况，明确责任主体，落实催收责任。

（3）严格执行“收支两条线”管理规定。有政府非税收入收缴职能的单位，应按规定项目和标准征收政府非税收入，按规定开具财政票据，做到收缴分离、票款一致，并及时、足额上缴国库或财政专户，不得以任何形式截留、挪用或私分。

（4）建立健全票据管理制度。财政票据、发票等各类票据的申领、启用、核销、销毁均应履行规定手续。单位应按规定设置票据专管员，建立票据台账，做好票据的保管和序时登记工作。票据应按顺序号使用，不得拆本使用，做好废旧票据管理。负责保管票据的人员要配置单独的保险柜等保管设备，并做到人走柜锁。单位不得违反规定转让、出借、代开、买卖财政票据、发票等票据，不得擅自扩大票据适用范围。

（二）支出业务控制

1. 支出业务的主要风险：

（1）支出申请、支出范围及标准不符合相关规定和要求，基本支出与项目支出之间相互挤占，可能导致单位预算失控或经费控制目标难以实现；

（2）支出未按规定审批，重大支出未经领导班子集体研究决定，可能导致错误或舞弊；

（3）支出不符合国库集中支付、政府采购、公务卡结算等相关规定，可能导致支出业务违法违规；

（4）票据报销凭证虚假、不规范或不合理，可能发生虚假发票套取资金等违法违规行为；

（5）对各项支出缺乏定期分析与监控，重大问题缺乏应对措施，可能导致单位支出失控。

2. 支出业务的关键控制措施：

（1）建立健全支出内部管理制度，确定单位经济活动的各项支出标准，明确支出事项的开支范围，明确支出报销流程，按规定办理支出事项。

（2）合理设置岗位，明确相关岗位的职责权限，确保支出申请和内部审批、付款审批和付款执行、业务经办和会计核算等不相容岗位相互分离。

（3）按支出业务类型，明确内部审批、审核、支付、核算和归档等关键岗位的职责权限。实行国库集中支付的，应严格按财政国库管理有关规定执行。

（4）加强支付控制。明确报销业务流程，按规定办理资金支付手续。签发的支付凭证应进行登记。使用公务卡结算的，应按公务卡使用和管理有关规定办理业务。

（5）加强支出的核算和归档控制。与支出业务相关的原始材料应提交财会部门作为账务处理的依据，由财会部门相关人员根据支出凭证及时准确登记账簿。

（6）加强支出业务分析控制。单位应定期编制支出业务预算执行情况分析报告，为单位领导提供决策有用的信息，以便及时发现问题并积极采取有效应对措施。

（三）债务业务控制

1. 债务业务的主要风险：

（1）未经充分论证或集体决策举借大额债务，可能导致不能按期还本付息、单位利益受损；

（2）缺乏严格的债务管理制度，债务管理权限不清，可能导致单位陷入债务危机；

（3）债务未按规定纳入会计核算系统，形成账外债务，可能导致单位财务风险；

（4）债务对账和检查不严，长期未进行账务核对，未对债务进行清理，可能导致账实不符。

2. 债务业务的关键控制措施：

（1）实行不相容岗位分离控制。根据国家规定可举借债务的单位应建立健全债务管理制度，明确债务管理岗位的职责权限，确保债务管理与资金收付、债务管理与会计核算、债务核算与资金收付等不相容岗位相互分离。不得由一人办理债务业务的全过程。

（2）对债务实施授权审批控制。单位应建立举借和偿还债务的审批程序。大额债务的举借和偿还属于重大经济事项，应进行充分论证，并由单位领导班子集体研究决定。

（3）加强对债务的会计控制。单位应加强债务的对账和检查控制，定期与债权人对账，做好债务的会计核算和档案保管工作。

三、政府采购控制

单位应建立健全政府采购预算与计划管理、政府采购活动管理、验收管理等政府采购管理制度，明确相关岗位的职责权限，确保政府采购需求制定与内部审批、招标文件准备与复核、合同签订与验收、验收与保管等不相容岗位相互分离。

（一）政府采购业务的主要风险

1. 政府采购、资产管理和预算编制等部门或岗位间缺乏沟通协调，没有编制采购预算和计划，政府采购预算和计划编制不符合相关标准和单位实际情况或未按已批复的预算安排政府采购计划，可能导致采购失败或资金、资产浪费。

2. 政府采购活动不规范。未按规定选择政府采购方式、发布政府采购信息，对政府采购进口产品、变更政府采购方式等事项审批手续不严，可能导致单位被提起诉讼或受到处罚、采购的产品价高质次、单位资金受损。

3. 政府采购项目验收不规范，可能导致所购物品的品种、规格、数量、质量等与采购合同约定有差异，单位利益受损。

4. 政府采购业务质疑投诉答复工作不到位，可能导致政府采购业务质疑投诉不能妥善解决，单位形象受损。

5. 政府采购业务的记录控制不严格，采购业务相关资料保管不善，可能导致采购业务混乱、责任不清。

6. 相关供应商或采购中介机构泄露涉密政府采购项目，可能导致单位利益受损。

（二）政府采购业务的关键控制措施

1. 加强对政府采购业务预算与计划的管理。根据单位实际需求和相关标准编制政府采购预算，按已批复的预算安排政府采购计划。

2. 实施归口管理，加强对政府采购活动的管理，建立政府采购、资产管理、财会、内部审计、纪检监察等部门或岗位相互协调、相互制约的机制。

3. 加强对政府采购申请的内部审核，按规定选择政府采购方式、发布政府采购信息。对政府采购进口产品、变更政府采购方式等事项应加强内部审核，严格履行审批手续。

4. 加强对政府采购项目验收的管理。根据规定的验收制度和政府采购文件，由指定部门或专人对所购物品的品种、规格、数量、质量和其他相关内容进行验收，并出具验收证明。

5. 加强对政府采购业务质疑投诉答复的管理。指定牵头部门负责、相关部门参加，按国家有关规定做好政府采购业务质疑投诉答复工作。

6. 加强对政府采购业务的记录控制。妥善保管政府采购预算与计划、各类批复文件、招标文件、投标文件、评标文件、合同文本、验收证明等相关资料。定期对政府采购业务进行分类统计，并在内部进行通报。

7. 加强对涉密政府采购项目的安全保密管理，与相关供应商或采购中介机构签订保密协议或在合同中设定保密条款。

四、资产业务控制

单位应对资产实行分类管理，建立健全资产管理制度，合理设置岗位，明确相关岗位的职责权限，确保资产安全和有效使用。

（一）货币资金控制

1. 货币资金业务的主要风险：

（1）岗位设置不合理，不相容岗位没有分离，可能出现差错和舞弊；

（2）资金支付相关签字或盖章手续不严格，可能导致资金被非法套取或被挪用；

（3）货币资金核查不严格，日常核对工作不到位，账实不符和银行存款未达账项处理不及时，可能导致货币资金被贪污挪用；

（4）未按规定的审批权限和程序开立、变更和撤销银行账户，可能导致单位违规或利益受损。

2. 货币资金业务的关键控制措施：

（1）建立健全货币资金管理岗位责任制，合理设置岗位，不得由一人办理货币资金业务的全过程，确保不相容岗位相互分离。出纳不得兼管稽核、会计档案保管和收入、支出、债权、债务账目的登记工作。

（2）严禁一人保管收付款项所需的全部印章。财务专用章应由专人保管，个人名章应由本人或其授权人员保管。负责保管印章的人员要配备单独的保管设备，并做到人走柜锁。

（3）按规定应由有关负责人签字或盖章的，应严格履行签字或盖章手续。

（4）加强授权审批控制，审批人应在授权范围内审批，不得超越权限审批。大额资金支付审批应实行集体决策。经办人应在职责范围内，按审批人的批准意见办理货币资金业务。对于审批人超越授权范围审批的货币资金业务，经办人有权拒绝办理。

（5）加强对银行账户的管理，严格按规定的审批权限和程序开立、变更和撤销银行账户。

（6）加强货币资金的核查控制，指定不办理货币资金业务的会计人员定期和不定期抽查盘点库存现金，核对银行存款余额，抽查银行对账单、银行日记账及银行存款余额调节表，核对是否账实相符、账账相符。对调节不符、可能存在重大问题的未达账项应及时查明原因，按相关规定处理。

（二）实物资产和无形资产控制

单位应加强对实物资产和无形资产的管理，明确相关部门和岗位的职责权限，强化对配置、使用和处置等关键环节的管控。

1. 实物资产和无形资产的主要风险：

（1）资产管理职责划分不清，未对资产实施归口管理，可能导致资产毁损、流失或被盗；

（2）资产管理混乱，领用和发出未严格履行手续，没有建立资产台账和资产清查制度，可能导致资产流失、资产信息可靠性下降、账实不符等；

（3）未按国有资产管理相关规定办理资产的调剂、租借、对外投资、处置等业务，可能导致资产配备超标、资源浪费、资产流失、投资遭受损失等；

（4）资产疏于维护或长期闲置，可能导致资产使用年限缩短、使用效率低下；

（5）对应投保的资产不办理投保，不能有效防范资产损失。

2. 实物资产和无形资产的关键控制措施：

（1）对资产实施归口管理。明确资产使用和保管责任人，落实资产使用人的管理责任。贵重资产、危险资产、有保密等特殊要求的资产，应指定专人保管、专人使用，并规定严格的接触限制条件和审批程序。

（2）按国有资产管理相关规定，明确资产的调剂、租借、对外投资、处置的程序、审批权限和责任。

（3）建立资产台账，加强实物管理。单位应定期清查盘点资产，确保账实相符。财会、资产管理、资产使用等部门或岗位应定期对账，发现不符的，应及时查明原因，并按相关规定处理。

（4）建立资产信息管理系统，做好资产的统计、报告、分析工作，实现对资产的动态管理。

（三）对外投资控制

单位应加强对外投资管理，合理设置岗位，明确岗位职责权限，确保不相容岗位相互分离。

1. 对外投资的主要风险：

（1）投资可行性研究缺失或不充分，盲目投资，可能导致资产损失；

（2）对外投资决策程序不当，重大投资未经集体决策，或超过单位资金实力进行投资，可能导致投资失败和财务风险；

（3）对投资项目的追踪管理不到位，可能导致对外投资被侵吞或严重亏损。

2. 对外投资的关键控制措施：

（1）合理设置岗位，明确相关岗位的职责权限，确保对外投资的可行性研究与评估、对外投资决策与执行、对外投资处置的审批与执行等不相容岗位相互分离。

（2）加强投资决策控制，由单位领导班子集体研究决定。

（3）加强对投资项目的追踪管理，及时、全面、准确地记录投资价值变动和收益情况。

（4）建立责任追究制度，对重大投资决策失误、未履行集体决策程序和不按规定执行对外投资业务的部门及人员，应追究相应的责任。

五、建设项目控制

单位应建立健全建设项目管理制度，合理设置岗位，明确相关部门和岗位的职责权限，确保不相容岗位相互分离。

（一）建设项目的主要风险

1. 项目可行性研究不充分、审批不规范，可能导致建设项目难以实现预期目标或项目失败。

2. 建设项目违规或超标，可能造成财政资金浪费。

3. 项目设计方案不合理，概预算脱离实际，技术方案未能有效落实，可能导致建设项目质量存在隐患、投资失控以及项目建成后运行成本过高等问题。

4. 招投标过程中的各种舞弊行为可能导致招标工作违法违规、中标人实际难以胜任。

5. 项目变更审核不严格、工程变更频繁，可能导致预算超支、投资失控、工期延误等问题。

6. 建设项目价款结算管理不严格，价款结算不及时，项目资金不落实，使用管理混乱，可能导致工程进度延迟或中断、资金损失等。

7. 竣工验收把关不严，可能导致工程交付使用后存在重大隐患。

8. 虚报项目投资完成额、虚列建设成本或隐匿结余资金，未经竣工财务决算审计，可能导致竣工决算失真等。

9. 建设项目未及时办理资产及档案移交、资产未及时入账，可能导致产生账外资产等。

（二）建设项目的关键控制措施

1. 建立与建设项目相关的议事决策机制。严禁任何个人单独决策或擅自改变集体决策意见。决策过程及各方面意见应形成书面文件，与相关资料一同妥善归档保管。

2. 建立与建设项目相关的审核机制。项目建议书、可行性研究报告、概预算、竣工决算报告等应由单位内部的规划、技术、财会、法律等相关工作人员或委托具有资质的中介机构进行审核，出具评审意见。

3. 严格招标控制。依据国家有关规定组织建设项目招标工作，并接受有关部门的监督。单位应采取签订保密协议、限制接触等必要措施，确保标底编制、评标等工作在严格保密的情况下进行。保证招标活动的公平、公正、合法、合规。

4. 严格把关建设项目资金使用，合理办理价款支付审核和结算，建设项目资金实行专款专用，严禁截留、挪用和超批复内容使用资金。财会部门应加强与承建单位的沟通，掌握建设进度，加强价款支付审核，按规定办理价款结算。实行国库集中支付的建设项目，单位应按财政国库管理制度相关规定支付资金。

5. 加强对建设项目档案的管理。做好相关文件、材料的收集、整理、归档和保管工作。

6. 严格建设项目变更审批程序。经批准的投资概算是工程投资的最高限额，如有调整，应按国家有关规定报经批准。单位建设项目工程洽商和设计变更应按有关规定履行审批程序。

7. 加强竣工决算控制。建设项目竣工后，单位应及时办理竣工决算，组织竣工决算审计，并根据批复的竣工决算和有关规定办理建设项目档案和资产移交等工作。建设项目已实际投入使用但未办理竣工决算的，应根据建设项目实际投资暂估入账，转作相关资产管理。

六、合同业务控制

单位应建立健全合同管理制度，合理设置岗位，明确合同的授权审批和签署权限，妥善保管和使用合同专用章，严禁未经授权擅自以单位名义对外签订合同，严禁违规签订担保、投资和借贷合同。单位应对合同实施归口管理，建立财会部门与合同归口管理部门的沟通协调机制，实现合同管理与预算管理、收支管理有机结合。

（一）合同管理的主要风险

1. 合同订立的范围和条件不明确，违规签订担保、投资和借贷合同，可能导致单位经济利益受损。

2. 为规避国家有关规定，将需要招标或高级别领导审批的重大合同进行拆分，导致经济活动违法违规。

3. 对合同对方的资格审查不严格，对方当事人不具有相应的能力和资质，可能导致合同无效或单位经济利益受损。

4. 对技术性强或法律关系复杂的合同，未组织熟悉技术、法律和财会知识的人员参与谈判，对合同条款、格式审核不严格，可能使单位面临诉讼或经济利益受损。

5. 合同的授权审批和签署权限不清晰，违规使用合同专用章，未经授权擅自以单位名义对外签订合同。

6. 合同生效后，对合同条款未明确约定事项没有及时协议补充，可能导致合同无法正常履行。

7. 未按合同约定履行合同，可能导致单位经济利益受损或面临诉讼。

8. 对合同履行缺乏有效监控，未能及时发现问题或采取有效措施弥补损失，可能导致单位经济利益受损。

9. 未按规定程序办理合同变更、解除等，可能导致单位经济利益受损。

10. 合同及相关资料的登记、流转和保管不善，可能导致相关资料丢失，影响合同正常履行或产生合同纠纷。

11. 合同涉及的国家秘密或商业秘密泄露，可能导致国家或单位利益受损。

12. 合同纠纷处理不当，可能导致单位利益、信誉和形象受损。

（二）合同管理的关键控制措施

1. 加强对合同订立的管理，明确合同订立的范围和条件。对于影响重大、涉及较高专业技术或法律关系复杂的合同，应组织法律、技术、财会等方面的人员参与谈判，必要时可聘请外部专家参与相关工作。谈判过程中的重要事项和参与谈判人员的主要意见，应予以记录并妥善保管。

2. 对合同履行情况实施有效监控。合同履行过程中，因对方或单位自身原因导致可能无法按时履行的，应及时采取应对措施。单位应建立合同履行监督审查制度。对合同履行中签订补充合同，或变更、解除合同等应按国家有关规定进行审查。财会部门应根据合同履行情况办理价款结算和账务处理。未按合同条款履约的，财会部门应在付款之前向单位有关负责人报告。

3. 加强合同登记管理。合同归口管理部门应加强合同登记管理，定期对合同进行统计、分类和归档，详细登记合同的订立、履行和变更情况。与单位经济活动相关的合同应同时提交财会部门作为账务处理的依据。

4. 加强合同信息安全保密工作。未经批准，不得以任何形式泄露合同订立与履行过程中涉及的国家秘密、工作秘密或商业秘密。

5. 加强对合同纠纷的管理。发生合同纠纷时，单位应在规定时效内与对方协商谈判。合同纠纷协商一致的，双方应签订书面协议；合同纠纷经协商无法解决的，经办人员应向单位有关负责人报告，并根据合同约定选择仲裁或诉讼方式解决。

第四节 行政事业单位内部控制的监督与评价

内部控制的监督与评价是确保内控建设不断完善并有效实施的重要环节。行政事业单位内部控制监督与评价包括内部监督、外部监督和自我评价三个层次。

一、内部控制的内部监督

内部监督是内部控制体系中不可或缺的要素，是确保内部控制有效性的关键。内部监督是单位对其内部控制的建立与实施情况进行监督检查。单位应建立健全内部监督制度，明确各相关部门或岗位在内部监督中的职责权限，规定内部监督的程序和要求，确保内部监督检查工作有效开展。

（一）内部监督机构

内部监督应与内部控制的建立和实施保持相对独立，内部监督机构不能由具体组织实施和日常管理的部门承担。对于设立了独立内部审计部门或专职内审岗位的单位，应指定内审部门或岗位作为内部监督的实施主体，同时还应发挥内部纪检监察部门在内部监督中的作用；对于没有内审部门或岗位，或内审部门由于某些原因无法有效履行内部控制监督检查职能的单位，可以成立内部监督联合工作小组履行相应的职能。

内部审计机构或实际履行内部控制监督职责的有关机构，应根据国家法律法规和单位领导的授权及要求，采取适当的程序和方法，对内部控制的建立与实施情况进行监督检查，形成检查结论并出具书面检查报告。

（二）内部监督的内容和要求

单位应建立健全内部控制的监督检查制度，负责内部监督的部门或岗位应定期或不定期检查单位内部管理制度和机制的建立与执行情况，以及内部控制关键岗位及人员设置情况等。通过日常监督和专项监督，检查内部控制实施过程中存在的突出问题、管理漏洞和薄弱环节，进一步改进和加强内部控制。同时，单位要将内部监督结果与干部考核、追责问责结合起来，并采取适当形式将内部监督结果在内部公开，促进自我监督、自我约束机制的不断完善。

单位应根据自身实际情况确定内部监督检查的方法、范围和频率，通常不能少于一年一次。

二、内部控制的外部监督

内部控制的外部监督主要由财政部门和政府审计部门承担，同时应充分发挥纪检、监察等部门的作用，构建严密的外部监督体系。

（一）财政部门的外部监督

财政部门及其派出机构和县级以上地方各级人民政府财政部门应对单位内部控制的建立和实施情况进行监督检查，有针对性地提出检查意见和建议，并督促单位进行整改。

（二）审计部门的外部监督

国务院审计机关及其派出机构和县级以上地方各级人民政府审计机关对单位进行审计时，应调查了解单位内部控制建立和实施的有效性，揭示内部控制相关缺陷，有针对性地提出审计处理意见和建议，并督促单位进行整改。

三、内部控制的自我评价

内部控制自我评价是行政事业单位自行组织的，对单位内部控制的有效性进行评价，形成评价结论，出具评价报告的过程。

（一）内部控制自我评价的内容

单位开展内部控制自我评价的内容包括但不限于：

1. 单位组织结构中的职责分工的健全状况。

2. 各项内部控制制度及相关措施是否健全、规范，是否与单位内部的组织管理相吻合。

3. 各项工作中的业务处理与记录程序是否规范、经济，其执行是否有效。

4. 各项业务工作中的授权、批准、执行、记录、核对、报告等手续是否完备。

5. 各岗位的职权划分是否符合不相容岗位相互分离的原则，其职权履行是否得到有效控制。

6. 是否有严格的岗位责任制度和奖惩制度。

7. 关键控制点是否均有必要的控制措施，其措施是否有效执行。

8. 内部控制制度在执行中受领导层的影响程度。

（二）内部控制自我评价程序

行政事业单位应按制定评价方案、实施评价活动、编制评价报告等程序开展内部控制自我评价。

1. 建立内部控制自我评价机构。内部控制自我评价机构应根据单位整体控制目标，制定内部控制自我评价工作方案，明确评价目的、范围、组织、标准、方法、进度安排和费用预算等内容，报单位负责人审批。

2. 对内部控制制度的建立和执行情况进行调查。通过审阅相关的规章制度、现场询问有关人员、实地观察等方法调查了解内部控制制度的建立和执行情况，并作出初步评价。

3. 对内部控制进行测试。内部控制自我评价范围的确定应遵循风险导向、自上而下的原则，同时确定需要评价的分支机构、重要业务单元、重点业务领域或流程环节。

4. 对内部控制进行评价。单位在内部控制自我评价中，应对内部控制缺陷进行认定和分析，包括设计缺陷和运行缺陷。设计缺陷是缺少为实现控制目标所必需的控制或现有控制设计不适当、即使正常运行也难以实现控制目标；运行缺陷是指现有控制设计完好但没有按设计意图运行，或执行者没有获得必要授权或缺乏胜任能力以有效地实施控制。单位对自我评价过程中发现的问题，应从定量和定性等方面进行衡量，判断是否构成内部控制缺陷。

内部控制自我评价要求对单位内部控制有效性发表意见，包括设计有效性和执行有效性。设计有效性是指为实现控制目标所必需的内部控制程序都存在并且设计恰当，能够为控制目标的实现提供合理保证。执行有效性是指在内部控制设计有效的前提下，内部控制能否按设计的内部控制程序正确地执行，从而为控制目标的实现提供合理保证。

5. 编写内部控制自我评价报告。自我评价结果应编制内部控制自我评价报告，对单位内部控制的有效性发表意见，指出内部控制存在的缺陷，并提出整改建议。评价报告应提交单位负责人，单位负责人应对拟采取的整改措施做出决定，并督促落实整改。

单位应结合年末控制缺陷的整改结果，编制年度内部控制自我评价报告，报告至少应包括下列内容：

（1）内部控制自我评价的目的和责任主体；

（2）内部控制自我评价的内容和所依据的标准；

（3）内部控制自我评价的程序和所采用的方法；

（4）内部控制缺陷的认定情况，造成重大缺陷的原因及相关责任人；

（5）内部控制缺陷的补救措施及整改建议；

（6）内部控制是否有效的结论。

【案例10－1】 甲单位是一家中央级事业单位。2018年5月，决定开展系统内全面检查，以促进单位内控建设。甲单位派出检查组，对不在同一城市的下属A单位进行检查，发现：

（1）2017年，A单位正在进行一项工程项目建设，为套取工程预算和支出，同年5月份，A单位负责人陈某直接指使财务负责人王某购买了大量虚假发票，套取1000万元的资金。财务负责人王某保管所有的财务专用章、个人名章和票据等。

（2）2017年12月31日，A单位进行盘点时，发现办公设备和车辆都存在盘亏的现象，经检查，A单位没有建立资产台账，没有制定盘点制度，A单位资产已经三年没有进行过相应的盘点。

（3）2017年底，A单位为各部门发放了一部分奖金，各部门负责人根据部门情况和人员表现情况进行发放，发放金额由部门负责人决定。财务负责人王某在单位负责人陈某的怂恿下，在将奖金分配给下属单位时，仅分了很少一部分，而且未见领取人在奖金分配单上签名。其余的部分由陈某和王某共同占用，合计金额为20万元。

这些事件发生以后，甲单位对A单位的这些问题高度重视，通过办公会作出以下决定：

（1）建立健全单位内部控制。由财务负责人组织制定与实施内部控制，今后如果内部控制再出现问题，应由财务负责人承担全部责任。

（2）加强财务管理。单位的银行预留财务专用章、个人名章印鉴由财务负责人一人保管，出纳保管银行票据。

（3）加强业务控制。所有业务包括谈判价格、合同的签订、业务的运作、款项的结算等，均由甲单位业务部统一负责，各下属单位仅负责宣传、推广，协助工作等。

（4）建立资产台账，加强资产实物管理，定期清查盘点资产，确保账实相符。建立资产信息管理系统，做好资产的统计、报告、分析工作，实现对资产的动态管控。

要求：

1. 从单位业务层面内部控制分析，上述发现问题（1）—（3）至少暴露出A单位内部控制存在哪些缺陷。

2. 分析甲单位办公会作出的（1）—（4）决定有无不当之处；如有不当之处，简要说明理由。

思考题

1. 行政事业单位内部控制原则有哪些？
2. 行政事业单位内部控制与企业内部控制的主要区别有哪些？
3. 行政事业单位进行单位整体层面的风险评估应重点关注哪些方面？
4. 行政事业单位进行业务活动层面的风险评估应重点关注哪些方面？
5. 行政事业单位开展内部控制的控制方法有哪些？
6. 行政事业单位单位整体层面内部控制的要点包括哪些？
7. 行政事业单位预算业务的主要风险有哪些？对应的关键控制措施有哪些？
8. 行政事业单位收支业务的主要风险有哪些？对应的关键控制措施有哪些？

第十一章
内部控制与风险管理新发展

近几十年来，经济、社会和技术环境发生着巨大变化，生态和资源环境压力越来越大，组织结构和商业模式日益复杂化，企业生产经营和日常管理更加依赖创新和复杂技术，金融和商业创新的步伐越来越快。这些内外部环境的变化给组织的内部控制与风险管理带来了巨大影响和挑战，舞弊和内部控制失效事件频发。管理层凌驾、利益冲突、职责分离欠缺、透明度不足、内部监督无效等，都对内部控制有效性产生影响。同时，这些变化和一系列内部控制失败事件也推动了内部控制与风险管理理论和实践进一步向前发展。

第一节　COSO《内部控制——整合框架（2013）》

2013 年 5 月，COSO 委员会发布《内部控制——整合框架（2013）》及其配套指南，对 1992 年版的框架进行了修订和完善。2013 版新框架仍以五要素为基础，转向了原则导向的制定思路，进一步明确了内部控制有效性的具体要求，扩大了内部控制目标的范围。

一、COSO《内部控制——整合框架（2013）》的主要变化

（一）注重以原则为导向的方法

注重以原则为导向的方法，新框架提出基于内部控制五要素的 17 项原则和相应的关注点，形成一个层次分明的内部控制体系：目标—要素—原则—关注点。以原则为导向的制定思路具有广泛性和适用性，新框架适用于任何类型的组织，以及组织内的单元或部门。

（二）扩大了内部控制的目标

新框架提出的报告目标包括外部财务报告和非财务报告目标以及内部财务报告和非财务报告目标。内部控制的经营目标反映管理层的选择，需要考虑风险容忍度，主要内容包括经营和财务业绩目标等，经营目标应作为组织配置资源的基础。内部控制的合规性目标反映遵循外部法律法规、监管要求、相关规则、行业自律、内部规章等的要求。

（三）控制环境有关的主要变化

关于控制环境要素，新框架更准确地回答了控制环境应包含的内容，加入了五个与道德价值观、董事会或审计委员会、管理哲学和经营风格、组织结构等相关的原则；解释了内部控制各要素之间的联系，揭示了一个有效的内部控制系统究竟有哪些基本的控制环境；组织应考虑内外部环境变化，如领导人更替、业务转型、法规变化、商业模式创新等对内部控制体系产生的影响。管理层需要了解发生在组织内外部的重大环境变化，及这些变化是如何影响内部控制体系的。

（四）风险评估有关的主要变化

关于风险评估要素，旧框架在风险评估阶段对目标设定进行了具体规定，而新框架将这部分内容移到内部控制总论部分论述，认为设定目标是内部控制的先决条件，目标设定并不是内部控制过程，而是组织进行内部控制活动时存在的既有环境。风险评估过程包括风险识别、风险分析和风险响应三个环节。强调风险评估要关注与重大漏报、资产保护不足及腐败相关的舞弊风险，关注各种变化对风险评估的影响，组织需要对这些变化因素进行识别与评估。

（五）控制活动有关的主要变化

日益先进的信息技术影响了所有内部控制要素的实施方式，组织应关注信息技术应用带来的相关风险，并给出相应的操作指引：确定信息技术应用与一般性控制的独立性、建立相应的技术设施控制活动、建立相关技术安全管理控制、建立技术获取、开发和维护控制。另外，新框架将控制活动的实施分为一般控制政策及业务流程两个层面，后者作为前者的具体实现方式。

（六）信息与沟通有关的主要变化

信息与沟通是整个内部控制系统发挥作用的支持要素，新框架提出了与获取信息有关的重要方面，如确认信息需求、捕获内外部数据源、将数据转化为信息、保证信息质量、考虑成本和收益等。新框架研究了法律和监管要求对信息可靠性和信息安全的影响，强调了信息质量的重要性，认为高质量的信息应具备保密性、可获得性、充分性、有效性和可验证性。新框架提出了与内外部沟通有关的要求：沟通内部控制信息、与董事会沟通、与外部利益相关者沟通、保证内外沟通顺畅、提供独立的沟通渠道、选择沟通方法。讨论了业务流程复杂化、与外部机构的频繁交流及科技进步等对信息数量、信息来源、信息质量、沟通机制及沟通效率的影响。

（七）监控活动有关的主要变化

关于监控要素，新旧框架的变化不大，都要求组织通过持续性监控和独立评估确认内部控制各要素是否存在并发挥作用。新框架更加强调监控活动要达到的目标，以及发现内部控制缺陷后的处理方式。新框架要求组织定期对内部控制进行评价，及时将发现的内部控制缺陷报告给负责执行纠正措施的主体，这些主体包括高级管理层、董事会，具体视缺陷情况而定。

（八）新框架的其他变化

有效的公司治理是内部控制有效性的最大保证，组织业务和运营环境日益复杂化对公司治理提出了更高的要求，战略委员会、审计委员会、薪酬委员会、预算委员会等在公司治理中应发挥更大作用。

随着竞争环境的变化、经济一体化和信息技术的不断进步，很多新的商业模式应运而生，管理层要更加关注包括供应商和客户在内的价值链管理。例如，新框架单独提出了在引入外部服务提供商时，需要了解与该服务有关的活动和控制，并考虑外包服务提供商的内部控制对本组织内部控制的影响。

二、内部控制要素及其主要关注点

（一）控制环境

控制环境是一套标准、流程和结构，能够为组织实施内部控制提供基础。董事会和高级管理层应在高层建立基调，强调内部控制的重要性（包括期望的行为准则），并应在组织的各个层级强化这种要求。控制环境包括了组织的诚信和道德价值观；促成董事会行使治理监督职责的各种要素；组织结构以及权力与责任的分配；吸引、培养和留用人才的程序；用以实现绩效问责的绩效衡量、激励和约束机制。控制环境会对整个内部控制体系有着深远的影响。与控制环境有关的原则及其关注点如下：

原则1：组织应展现对诚信和道德价值的承诺。

以下关注点强调与此原则相关的重要特征：

1. 应确定“高层基调”——董事会和主体各级管理层通过指示、行动和行为展现诚信和道德价值对内部控制体系持续运行的重要性。

2. 应建立行为准则——董事会和高级管理层在主体的行为准则中明确对诚信和道德价值的期望，并使组织各阶层以及外包服务供应商和业务合作伙伴了解该准则。

3. 应评价对行为准则的遵守情况——落实相关流程对个人和团队遵循主体所期望行为准则的情况进行评估。

4. 应及时处理行为偏差——及时并持续地对偏离主体期望的行为进行识别和整改。

原则2：董事会应展现出其独立于管理层，并对内部控制的开展和成效实施监督。

以下关注点强调与此原则相关的重要特征：

1. 应建立监督责任——董事会应确认对内部控制体系的监督责任。

2. 应运用专业知识——董事会确定、维护并定期评估其成员所应具备的技能和专业知识，使其能够向高级管理层提出探查性的问题并采取相应的措施。

3. 应保持独立运作——董事会必须拥有数量足够的、独立于管理层的、并能客观地进行评估和决策的成员。

4. 应履行对内部控制体系的监督职责——董事会对由管理层设计、实施及执行的内部控制负有监督责任。

• 控制环境：应建立诚信和道德价值观、监管机构、权利与责任、期望的胜任能力及董事会问责机制。

• 风险评估：应监督管理层对影响目标实现风险的评估，包括重大变革、舞弊及管理层凌驾的潜在影响。

• 控制活动：应监督高级管理层对控制活动的建立和执行。

• 信息与沟通：应分析和讨论影响主体目标实现的信息。

• 监督活动：应评估和监控监督活动的性质和范围以及管理层对缺陷的评价及整改。

原则3：管理层为实现目标，应在董事会的监督下确立组织架构、汇报路线、合理的权利与责任。

以下关注点强调与此原则相关的重要特征：

1. 应考虑主体的所有架构——管理层和董事会应考虑采用能支持目标实现的多重架构（包括业务单元、法人主体、分销商和外包服务供应商）。

2. 应制定汇报路线——管理层设计并评估每个主体组织架构内的汇报路线，以促进权利与责任的行使以及信息的流动，从而管理主体的业务活动。

3. 应定义、分配及限制权力与责任——管理层和董事会应授予权利、界定责任，并使用适当的流程和技术，在组织不同层级内进行责任分配和必要的职责分离。

• 董事会：应保留重大决策的权利，并审查管理层对权利与责任的分配与限制。

• 高级管理层：应建立指令、指引和控制，使管理层和其他员工能理解和履行其内部控制的职责。

• 管理层：应引导和促成高级管理层的指令在主体及其下属单位内得以执行。

• 员工：应了解主体的行为准则、已评估的与目标相关的风险，以及与主体内其所在层级相关的控制活动、期望的信息和沟通流程，和与其实现目标相关的监督活动。

• 外包服务供应商：应遵循管理层针对非雇员工所界定的权利与责任。

原则4：组织应展现出其对吸引、培养和留用符合组织目标要求的人才的承诺。

以下关注点强调与此原则相关的重要特征：

1. 应建立政策和实践——政策及实践应反映出对实现目标所需胜任能力的要求。

2. 应评估胜任能力并改善不足——董事会和管理层应根据已经建立的政策及实践，对整个组织及外包服务供应商进行胜任能力的评估，并针对不足进行必要的改善。

3. 应吸引、培养和留用人才——组织应提供必要的指导及培训，去吸引、培养和留用足够数量的人才及外包服务提供者，以实现其目标。

4. 应规划与准备后续人才——高级管理层和董事会应针对内部控制的重要责任安排制定人才应急计划。

原则5：组织为实现目标，应要求员工承担内部控制的相关责任。

以下关注点强调与此原则相关的重要特征：

1. 应通过组织架构、权利与责任来强化问责机制——管理层和董事会应建立机制，沟通并要求员工承担内部控制的责任，以及落实必要的整改措施。

2. 应建立绩效衡量、激励和奖励机制——管理层和董事会针对主体各层级的责任，应确定绩效衡量、激励以及适当的奖励机制，以反映适当的绩效和预期行为表现，并兼顾长短期目标的实现。

3. 应评估绩效衡量、激励和奖励机制的持续相关性——管理层和董事会应将各种激励因素和奖励与符合目标的内部控制责任的表现情况挂钩。

4. 应考虑过度的压力——管理层和董事会在分配责任、开展绩效衡量和评估业绩时，需评估并调整与实现目标有关的压力。

5. 应评价业绩并奖功罚过——管理层和董事会应对内部控制责任的履行情况（包括对行为准则的遵守以及是否达到预期的胜任能力）进行评价，并实施适当的奖励或处分措施。

（二）风险评估

每个主体都面临着来自内、外部的各类风险。风险是指某项事件将发生并对组织实现其目标产生负面影响的可能性。风险评估是动态和反复的过程，以识别和评估影响组织目标实现的风险。在考虑影响主体目标实现的各个方面风险时，应与已建立的各项风险容忍度相关联。由此，风险评估为形成如何管理风险的决策奠定基础。风险评估的先决条件是已建立了各种目标，并连接到主体内不同的层级。管理层应充分明确运营、报告与合规三大类目标及其细化和分解的具体目标，以便识别和评估与这些目标相关的风险。管理层也应考虑这些目标对于主体的适用性。风险评估还要求管理层考虑可能导致内部控制失效的外部环境和内部商业模式变化带来的影响。与风险评估有关的原则及其关注点如下：

原则6：组织应设定清晰明确的目标，以识别和评估与目标相关的风险。

以下关注点强调与运营、报告以及合规目标相关的重要特征：

运营目标

1. 应反映管理层的选择——运营目标应反映管理层在主体的架构、行业因素以及业绩等方面的选择。

2. 应考虑风险容忍度——管理层应考虑实现运营目标时可接受的偏离范围。

3. 应涵盖运营和财务绩效目标——组织应在运营目标内反映该主体所期望达到的运营和财务绩效水平。

4. 应形成资源配置的基础——管理层应以运营目标作为确定资源分配的基础，以获得所希望达到的运营和财务绩效。

外部财务报告目标

1. 应符合适用的会计准则——财务报告目标应与该主体所适用且可用的会计准

则保持一致，所选用的会计准则需适合组织运营环境。

2. 应考虑重要性水平——管理层应考虑财务报表列报的重要性水平。

3. 应反映主体运营活动——外部报告应反映各种基础性交易和事项，以显示质量特征和相关会计认定。

外部非财务报告目标

1. 应符合既定的外部标准和框架——管理层应在建立目标时确保其与法律法规、规章或被公认的外部机构所发布的标准及框架相一致。

2. 应考虑所需要的精确度水平——管理层应满足信息使用者需要的精确度水平及准确性要求，并符合第三方对非财务报告方面的相关标准。

3. 应反映主体的活动——外部报告应在可接受的限制范围内反映各种基础性交易和事项。

内部报告目标

1. 应反映管理层的选择——内部报告应为管理层提供决策所需的准确、完整的信息，以及管理主体所需要的信息。

2. 应考虑精确度要求——管理层应在非财务报告目标中体现满足信息使用者需求的精确度水平及准确性要求，并在财务报告目标中体现重要性水平。

3. 反映主题活动——内部报告应在可接受的限制范围内反映各种基础性交易和事项。

合规目标

1. 应反映外部法律法规及规章——外部法律法规及规章提供了最低行为准则要求，主体应将其融入合规目标。

2. 应考虑风险容忍度——管理层应考虑实现合规目标时可接受的偏离程度。

原则7：组织应对影响其目标实现的风险进行全范围的识别和分析，并以此为基础来决定应如何管理风险。

以下关注点强调与此原则相关的重要特征：

1. 应涵盖主体、下属单位、分部、业务单元和职能部门层面——组织在应涵盖主体、下属单位、分部、业务单元和职能部门层面识别和评估对其实现目标产生影响的风险。

2. 应分析内部和外部因素——风险识别应同时考虑内外部因素及其对实现目标的影响。

3. 应让适当层级的管理层参与——组织引入有效的风险评估机制，涵盖适当层级的管理层。

4. 应评估所识别风险的重大性——通过流程对所识别的风险进行分析，包括对风险潜在的重要性水平进行估计。

5. 应决定如何应对风险——风险评估应考虑如何管理风险以及是否接受、规避、降低或分担风险。

原则 8：组织应在评估影响其目标实现的风险时，考虑潜在的舞弊行为。

以下关注点强调与此原则相关的重要特征：

1. 应考虑不同类别的舞弊——评估舞弊需要考虑虚假报告、资产损失的可能性以及各种舞弊、不当行为所导致的腐败行为。

2. 应评估动机和压力——对舞弊风险的评估需要考虑各种动机和压力。

3. 应评估机会——对舞弊风险的评估需要考虑未经授权的获取、使用或者出售资产、改变主体报告记录或犯有其他不当行为等方面的机会。

4. 应评估态度和合理化——对舞弊风险的评估需要考虑管理层及其他人员是如何参与不当行为并对此进行辩解的。

原则 9：组织应识别并评估对其内部控制体系可能造成重大影响的改变。

以下关注点强调与此原则相关的重要特征：

1. 应评估外部环境变化——风险识别过程中应考虑该主体运营中监管、经济和物理环境的变化。

2. 应评估商业模式变化——组织应考虑新业务线的潜在影响、现有业务线的剧烈变化、已收购或剥离业务对内部控制体系的影响，以及快速增长、改变对外国地区和新技术的依赖。

3. 应评估领导层变化——组织应考虑领导层变动以及管理层对内部控制体系理念和态度的变化。

（三）控制活动

控制活动是通过政策和程序所确立的行动，旨在协助确保管理层关于降低影响目标实现的风险的方针已经落实。在主体的各个层级、业务流程的各个环节，以及技术环境中都应实施控制活动。控制活动在性质上，可以是预防性的，也可以是发现性的；可能涵盖一系列的人工和自动化控制，如授权和批准、核查、对账和企业绩效评估等。不相容职责分离是典型的应选择和执行的控制活动。如果不相容职责分离对主体来说难以实施，管理层应选择并执行替代性的控制活动。与控制活动有关的原则及其关注点如下：

原则 10：组织应该选择并执行那些可以将影响其目标实现的风险降至可接受水平的控制活动。

以下关注点强调与此原则相关的重要特征：

1. 应与风险评估相结合——控制活动应有助于处理和降低风险的应对措施的落实。

2. 应考虑主体特有的因素——管理层应考虑主体的环境和复杂程度、经营的性质和范围以及组织特点等对选择和执行控制活动的影响。

3. 应确定相关业务流程——管理层确定哪些业务流程需要控制活动。

4. 应评估控制活动类别的组合——控制活动包含多种不同类别的控制，需要通过平衡这些控制形成控制活动组合来降低风险，如同时采取人工控制和自动化控制，以及预防性控制和发现性控制相结合的方式。

5. 应考虑控制活动的适用层级——管理层应考虑主体不同层级的控制活动。

6. 应强调职责分离——管理层应分离不相容的职责，而在职责分离难以实现的情况下，应选择并执行代替性的控制措施。

原则11：针对信息技术，组织应选择并执行一般控制活动以支持其目标的实现。

以下关注点强调与此原则相关的重要特征：

1. 应决定在业务流程中应用的信息技术和信息技术一般控制之间的依存度——管理层应理解并确定业务流程、自动化控制和信息技术一般控制之间的依存度和联系。

2. 应建立与信息技术基础设施相关的控制活动——管理层应对信息技术基础设施选择和执行控制活动，确保信息技术处理的完整性、准确性和可用性。

3. 应建立与安全管理流程相关的控制活动——管理层应通过选择和执行控制活动限制访问权限，只对相关人员授予与工作职责相符的权限，以保护主体资产免受外部威胁。

4. 应建立与信息技术引进、开发、维护流程相关的控制活动——管理层应选择和执行与信息技术及其基础设施的引进、开发和维护相关控制活动，以实现其目标。

原则12：组织应通过政策和程序来实施控制活动，政策是建立预期，程序是将政策付诸行动。

以下关注点强调与此原则相关的重要特征：

1. 应制定政策和程序以支持管理层指令的实施——管理层应通过政策和程序在业务流程和员工日常工作中建立控制活动。政策是建立预期，程序是将政策付诸行动。

2. 应确立政策和程序执行的职责和问责制——管理层应确立相关风险所在的业务单元或职能部门的管理人员（或者其他指定人员）对控制活动的职责和问责制。

3. 应及时执行——责任人应按照政策和程序要求及时地执行控制活动。

4. 应采取整改措施——责任人对执行控制活动时所发现的事项进行调查并采取相应行动。

5. 应选用足以胜任的人员——胜任人员在充足授权的情况下，应尽责并持续关注控制活动的执行。

6. 应重新评估政策和程序——管理层应定期检查控制活动以确保其持续相关，并在必要时进行更新。

（四）信息和沟通

信息对于主体履行内部控制责任以促进目标实现而言是非常必要的。管理层应从内外部来源获取或生成和使用高质量的相关信息，以支持内部控制的持续运行。沟通是提供、共享和获取所需信息的持续和不断重复的过程。沟通是双向的，内部沟通是让信息在整个组织内向上、向下和横向传递的手段，它使员工能清晰获得高层要求其认真履行控制职责的信息。外部沟通则是将外部相关信息引入，并向外部提供信息以回应相关方的要求和期望。与信息和沟通有关的原则及其关注点如下：

原则 13：组织应获取或生成和使用高质量的相关信息来支持内部控制的持续运行。

以下关注点强调与此原则相关的重要特征：

1. 应识别信息需求——组织应建立流程以识别所需信息并支持其他要素持续运行，从而实现主体目标。

2. 应收集内外部数据——信息系统应收集内外部数据。

3. 应将相关数据转化为信息——信息系统处理相关数据，并将其转化为所需信息。

4. 应在处理过程中确保信息质量——信息系统应提供及时、即时、准确、完整、可获取、受保护、可验证、可保存的信息。信息应经过复核以评估其支持内部控制要素的相关性。

5. 应考虑成本效益原则——所沟通信息的性质、数量及精确度与目标相匹配并能促进目标的实现。

原则 14：组织应在内部对内部控制目标和责任等必要信息进行沟通，从而支持内部控制持续运行。

以下关注点强调与此原则相关的重要特征：

1. 应沟通内部控制信息——应建立信息沟通机制，使所有人员理解、履行其内部控制职责。

2. 应与董事会沟通——管理层与董事会进行沟通，从而使双方都能获得履行与主体目标相关职责所需的信息。

3. 应提供独立的沟通途径——应建立独立的沟通渠道（如举报热线）作为失效保护机制，当常规渠道未运行或失效时，可以提供匿名或保密的沟通途径。

4. 应选择相关的沟通方式——沟通方式的确定应考虑沟通时机、受众和信息性质。

原则 15：组织应就影响内部控制发挥作用的事项，与外部进行沟通。

以下关注点强调与此原则相关的重要特征：

1. 应能与外部沟通——应建立与外部相关方及时沟通相关信息的流程，包括股东、合伙人、所有者、监管机构、客户、财务分析师及其他外部各方。

2. 应能从外部输入信息——公开的沟通渠道可以允许客户、消费者、供应商、外部审计师、监管机构、财务分析师和其他外部各方为管理层和董事会提供相关信息。

3. 应与董事会沟通——应与董事会就外部评估所获得的相关信息进行沟通。

4. 应提供独立的沟通途径——应建立独立的沟通渠道（如举报热线）作为失效

保护机制，当常规渠道未运行或失效时，可以提供匿名或保密的沟通途径。

5. 应选择相关的沟通方式——沟通方式应考虑沟通时机、受众、信息性质以及法律法规和受托人的要求和期望。

（五）监控

主体应通过持续监督、单独评估或两者组合，以确认内部控制的五个要素（包括实现每个要素原则的控制活动）是否存在并持续运行。持续评估应被嵌入主体不同层级的业务流程中，以提供及时的信息。单独评估应定期开展，其评估范围和频率因风险评估结果、持续评估的有效性以及管理层的其他考虑而有所不同。主体应依据监管机构、标准制定机构，或管理层和董事会所设定的标准，对各种发现进行评估，必要时应当向管理层和董事会报告各项缺陷。与监控有关的原则及其关注点如下：

原则 16：组织应选择、开展并实施持续和（或）单独评估，以确认内部控制的各要素存在并持续运行。

以下关注点强调与此原则相关的重要特征：

1. 应考虑持续评估和单独评估的组合——管理层应权衡持续评估和单独评估。

2. 应考虑变化情况——管理层选择并开展持续评估和单独评估时，应考虑业务及业务流程的变化情况。

3. 应建立对基础的理解——内部控制体系的设计及运行现状，可作为开展持续评估和单独评估的基础。

4. 应选用具备专业知识的人员——负责持续评估和单独评估的评估人员应具备足够的专业知识，能够理解被评估事项。

5. 应与业务流程整合——持续评估应嵌入业务流程中，并持续调整以适应情况变化。

6. 应调整范围和频率——管理层应依据风险情况调整单独评估的范围和频率。

7. 反映客观地评估——应定期开展单独评估，以提供客观的反馈。

原则 17：组织应评价内部控制缺陷，并及时与整改责任方沟通，必要时还应与高级管理层和董事会沟通。

以下关注点强调与此原则相关的重要特征：

1. 应评价监督结果——如必要，管理层及董事会应对持续和单独评估的结果进行评价。

2. 应沟通缺陷情况——应与整改责任方沟通缺陷情况，必要时还应与高级管理层以及董事会进行沟通。

3. 应监督整改措施——管理层应持续跟踪缺陷整改情况，确认其是否及时得到整改。

三、有效内部控制的特征和要求

有效的内部控制体系可为主体目标的实现提供合理保证，并将影响主体实现其目标的风险降低至可接受水平。这就要求：

1. 内部控制五个要素中的每个要素以及相关原则必须同时存在并持续运行。“存在”指在内部控制体系的设计和实施以实现特定目标的过程中，应确定各要素和相关原则存在。“持续运行”是指在内部控制体系的执行以实现特定目标的过程中，应确定各要素和相关原则持续存在，并有效运行。

2. 五个要素以整合的方式共同运行。“共同运行”指确定五个要素共同持续运行，以将影响目标实现的风险降低至可接受的水平。五个要素作为一个整合的体系共同运行，不应仅考虑单个要素。各要素是相互依存的，这是由于彼此间存在大量关联，特别是通过各原则在相关要素内以及各要素之间互动的方式。

3. 若存在一项重大缺陷，而该缺陷与某要素或相关原则的存在并持续运行相关，或与各要素未以整合的方式共同运行相关，组织就不能得出其已满足有效内部控制体系所有要求的结论。

当内部控制体系被确定为有效时，可以向高级管理层和董事会提供如下合理保证：

1. 当外部事件对目标的实现不太可能造成重大影响，或组织可以合理地预测外部事件的性质和发生时间，并将其影响降低到可接受水平时，组织可以实现运营目标的效果和效率。

2. 当外部事件可能对目标实现造成重大影响，且组织不能将其影响降低到可接受水平时，需要知晓运营目标的效果和效率被控制的程度。

3. 编制报告，以遵照各项适用的规章及标准，或主体特定的报告目标。

4. 组织遵守适用的法律法规、规章及外部标准。

主体在设计、实施和执行内部控制及评估其有效性时，应进行判断。运用判断可以协助管理层在相关法律法规、规章及标准所限定的范围内更好地作出内部控制方面的决策，但并不能保证达到完美效果。

第二节　COSO《企业风险管理框架——与战略和绩效的整合》

2017 年 9 月，COSO 委员会发布《企业风险管理框架——与战略和绩效的整合》，对其 2004 年版《企业风险管理——整合框架》进行修订和完善。新框架告别了 2004 年版的立方体八要素框架，采用五要素 20 项原则模式，更加注重对企业战略和愿景的支撑、与价值创造紧密关联，更加强调和业务活动的融合，倡导决策和目标导向，明确风险管理对于战略计划和嵌入整个组织的重要性。

一、COSO《企业风险管理框架——与战略和绩效的整合》的主要变化

（一）优化了风险、风险管理和风险偏好等基本概念

新框架下，风险被定义为事件发生并影响组织实现战略和商业目标的可能性。

影响不仅包括负面影响，还包括正面影响。风险管理被定义为：组织在创造、保持和实现价值的过程中，结合战略制定和执行，赖以进行管理风险的文化、能力和实践。将风险管理直接从“一个流程或过程”提升到“一种文化、能力和实践”。新框架坚持目标导向，用绩效的波动区间替代原风险容忍度的概念，有利于将风险和绩效紧密关联在一起。新框架中的风险偏好不仅包括风险数量而且包括风险的类型，即“风险偏好是主体为追求价值所愿意承受风险的类型和数量”，组织必须根据自身的风险偏好管理基于战略和商业目标的风险。

（二）由“控制框架”打造为“管理框架”

新框架以企业使命、愿景及核心价值观为出发点，阐述了战略、绩效与风险管理之间的内在联系，强调战略制定和绩效提升过程中考虑风险的重要性，使风险管理工作更好地与企业战略和绩效相融合，进而提升主体的价值。框架中的要素、原则和内容等均进行了大幅改动，使得框架不再仅仅是一个“控制框架”，而变身为一个“管理框架”，将风险与企业战略、绩效相结合，强调风险管理不是一项孤立的工作，而是企业整个管理工作的一部分。

（三）新框架运用了“要素 + 原则”模式

新框架抛弃了 2004 年版的立方体八要素框架，采用“要素 + 原则”模式，把风险管理框架中的要素和原则贯穿融入企业战略、绩效和价值提升过程、实践和能力，将原来的八要素整合为治理与文化、战略和目标设定、绩效、审查与修订和信息、沟通与报告五个要素。每个要素下面都有对应的原则与之适应，共 20 项原则，并以图形方式展示了各要素和原则之间的关系，提高了文件的可理解性和实用性，增强了整个框架的逻辑性。

（四）淡化风险管理的局限性

COSO《内部控制框架（1992）》和《企业风险管理——整合框架（2004）》都明确列示了企业内部控制和风险管理工作的局限性，而且这两个框架的局限性基本一致。比如：仅能提供合理保证，决策可能出现人为判断错误、员工串通、管理层凌驾、成本效益限制等可能导致企业风险管理失败。而新框架删除了关于风险管理局限性的论述，意在强调其作为一套“管理体系”而非“控制体系”，以求突破原来企业风险管理的局限性。

（五）其他变化

新框架还有一些其他变化，例如：

1. 强调了文化在风险管理中的重要性。阐述了在风险治理和内部监督的大背景下，理解和塑造文化的重要性，以及文化如何影响框架的其他组成部分。

2. 增加了风险管理对组织战略层面作用的讨论。新框架从战略和商业目标和使命、愿景及核心价值观不一致的可能性、已选战略的影响、战略实施中的风险三个方面提升和扩展了风险管理对企业战略层面的作用，强调了企业风险管理的重要性。

3. 强调风险与价值之间的关系。企业的使命是为利益相关方创造价值，新框架强调了风险管理在创造、实现和保护价值方面的作用。风险管理不再局限于防止组织价值侵蚀而将风险降至可接受水平，相反，它被视为战略制定不可分割的组成部分，并为创造、实现和保持价值创造机会。

4. 将企业风险管理与决策联系起来。决策发生在价值链的每个阶段，战略选择、商业目标和业绩指标的确立以及资源分配等都离不开决策。决策过程必须融入风险意识，认识到风险信息对提高管理者决策能力的帮助，恰当地理解风险的严重性和类型，及时对决策过程中的相关风险开展识别、评估和应对。

二、COSO《企业风险管理框架——与战略和绩效的整合》的主要内容

新框架的标题将企业风险管理与战略、绩效相结合，表明了企业风险管理在战略规划中的重要性，认识到战略、绩效与企业风险管理之间的内在逻辑，强调必须将风险管理嵌入到整个组织的各项活动中。如图 11－1 所示，新框架以图形方式展示了这一逻辑和路径，并以图形作为整个文档的导航工具，提高了文件的可理解性和实用性，增强了整个框架的逻辑结构。

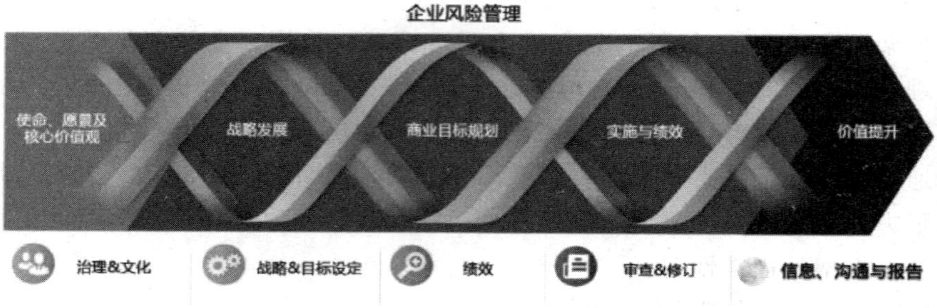

图 11－1 企业风险管理

如表 11－1 所示，新框架采用了“要素＋原则”模式，每一要素由若干原则支撑。

表 11－1 新框架的五要素二十项原则

要素	治理与文化	战略和目标设定	绩效	审查与修订	信息、沟通与报告
原则	1. 执行董事会风险监督 2. 建立运营架构 3. 定义期望的组织文化 4. 展现对核心价值的承诺 5. 吸引、培养并留住人才	6. 分析商业环境 7. 定义风险偏好 8. 评估替代战略 9. 建立商业目标	10. 识别风险 11. 评估风险的严重程度 12. 风险排序 13. 实施风险应对 14. 建立风险的组合观	15. 评估重大变化 16. 审查风险和绩效 17. 企业风险管理改进	18. 利用信息系统 19. 沟通风险信息 20. 对风险、文化和绩效进行报告

（一）治理与文化

治理与文化为企业风险管理其他要素奠定了基础。治理确定企业的基调，强调了加强企业风险管理的重要性，并建立监督责任。文化与道德价值观、理想行为以及对主体风险的理解有关，并且体现于决策过程。该要素由五项原则支撑。

1. 执行董事会风险监督：董事会对战略进行监督，肩负治理责任，支持管理层实现战略和业务目标。

2. 建立运营架构：组织建立运营架构用以实现战略和商业目标。

3. 定义期望的组织文化：组织定义其所期望的行为，树立主体所追求的文化理念。

4. 展现对核心价值的承诺：组织对主体核心价值观的承诺。

5. 吸引、培养并留住人才：组织致力于培育与战略和业务目标相适应的人力资本。

（二）战略和目标设定

在组织战略规划过程中，企业风险管理、战略和目标设定密切联系并共同发挥作用。风险偏好的确定以战略为基础，应与战略保持一致；商业目标将战略付诸实践，并作为风险识别、风险分析和风险应对的基础。该要素由四项原则支撑。

6. 分析商业环境：组织应重视不同商业环境对风险评估的潜在影响。

7. 定义风险偏好：组织在创造、保持和实现价值的前提和背景下定义风险偏好。

8. 评估替代战略：组织评估替代战略以及对风险评估的潜在影响。

9. 建立商业目标：组织在建立支持战略实现的不同层次的商业目标时应对风险进行评估。

（三）绩效

组织需要对影响战略和商业目标实现的各项风险进行识别与评估。在风险偏好的背景下，应该对风险按照严重程度进行排序。组织将采取组合视角衡量其所承担的风险总量，对风险进行评估和应对，并将这一过程的结果向风险主要利益相关方进行报告。该要素由五项原则支撑。

10. 识别风险：组织对影响战略和商业目标绩效的有关风险进行识别。

11. 评估风险的严重程度：组织对风险的严重程度进行评估。

12. 风险排序：组织对风险进行排序，并作为制定风险应对措施的基础。

13. 实施风险应对：组织识别并选择风险应对措施。

14. 建立风险的组合观：组织开发和评估风险组合视图，建立一种组合的视角来评估风险。

（四）审查与修订

通过审视主体绩效情况，组织可以考虑如何利用企业风险管理的要素，根据重大的变化发挥更为长期的作用，以及需要进行哪些修订。该要素由三项原则支撑。

15. 评估重大变化：组织识别和评估可能对战略和商业目标产生重大影响的变化。

16. 审查风险和绩效：组织审视主体绩效并考虑相关风险。

17. 企业风险管理改进：组织需要不断改进企业风险管理。

（五）信息、沟通与报告

企业风险管理应该是一个持续的过程，从内部和外部来源获取和共享必要的信息，并让这些信息以各种形式在整个组织中流动。该要素由三项原则支撑。

18. 利用信息系统：组织利用主体的信息和技术系统来支持企业风险管理。

19. 沟通风险信息：组织运用沟通渠道支持企业风险管理。

20. 对风险、文化和绩效进行报告：组织对主体各层次的风险、文化和绩效进行报告。

第三节　组织的风险管理国际标准（ISO31000）

2009 年 11 月，国际标准化委员会（ISO）发布 ISO31000：组织的风险管理国际标准。2018 年 2 月，ISO 发布新版 ISO31000。新标准更加简洁，更便于理解和运用。变化主要体现在：（1）内容更加精简，定义和术语部分的内容被大幅缩减，风险管理原则由 11 项减为 8 项，更加聚焦组织的价值创造、维护和实现；（2）强调了风险管理对于决策支持的重要性；（3）更加注重风险管理的整合。风险管理不是一项孤立的管理活动，需要与其他管理活动整合；（4）强调“领导力与承诺”，强化了高层领导者在风险管理中的角色和职责。

一、引言

该标准适用于需要通过管理风险、做出决策，制定并完成目标，提升业绩来创造、实现、保护和提升价值的组织。无论任何类型和规模的组织在实现目标的过程均面临着诸多不确定性。

管理风险包括与利益相关者的沟通与协商，是一个组织所有活动的一部分。同时，管理风险须考虑包括人员行为与文化因素在内的内部环境和外部环境，管理风险是治理和领导力的一部分，对组织在各个层面的管理都有重要作用，它有助于促进管理体系的完善和发展。

2018 版新标准主要由原则、框架和流程三部分构成，如图 11－2 所示，可简称为“三轮框架”。原则轮突出了价值创造和保护的总原则，框架轮的核心是领导力与承诺，强化了领导层职责和整合的重要性，流程轮强调了风险记录与报告，延续了风险评估的经典流程，包括风险识别、风险分析、风险评价和风险应对等。

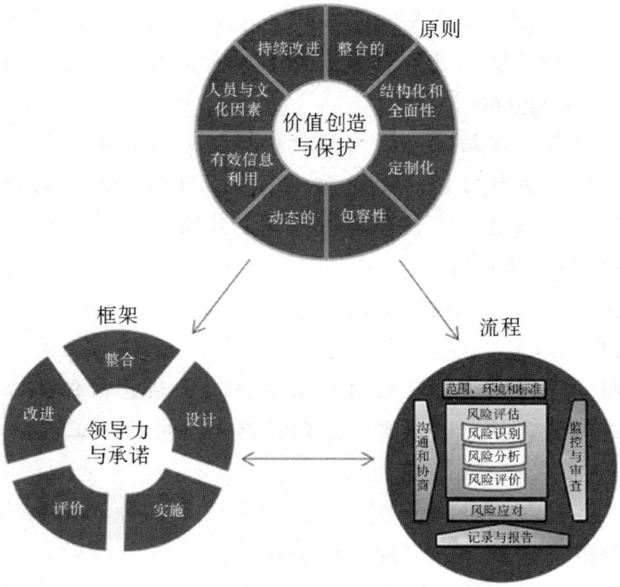

图 11－2　组织的风险管理国际标准（ISO31000）：原则、框架和流程

二、适用范围

该标准提供了组织管理风险的基本指南，提供了一种管理任何类型风险的通用方法，并非工业企业或行业特定的方法。本指南适用于任何类型的组织，可用于组织的整个生命周期，可应用于包括各层级决策在内的任何活动。

三、术语和定义

3.1　风险（Risk）

风险是指不确定性对目标的影响。该影响是与预期的偏差。风险通常依据风险源、潜在事项的可能性及其结果来进行表达。它可以是积极的、消极的或二者兼而有之，并且可以锁定、创造或导致机遇和威胁。

3.2　风险管理（Risk Management）

风险管理是指针对风险所采取的指挥和控制协调的活动。

3.3　利益相关方（Stakeholder）

利益相关方是指能够对一个决策或某项活动产生影响或受其影响，或预期会受其影响的个人或组织。

3.4　风险源（Risk Source）

风险源是指单独或组合在一起可能会导致风险产生的要素。

3.5　事件（Event）

事件是指某一种特定情况的发生或变化。一个事件可能由一个或多个事情组成，并可能有多个原因引起并可能产生多个后果。事件可能是预期不会发生的事情，也可能是预料之外发生的事情。事件有可能是一个风险源。

3.6 后果（Consequence）

后果即事件的结果，该结果会影响目标的实现。事件的结果可能是确定的，也有可能是不确定的，对目标可能产生正面或负面、直接或间接的影响。后果可以被定性或定量地表述。后果通过连锁效应可以逐步升级。

3.7 可能性（Likelihood）

可能性指事情发生的概率或可能程度。

3.8 控制（Control）

控制指组织用于保持、调整风险的各项措施。控制包括任何修正风险过程的方针、手段、惯例或措施。控制不一定能达到预期或设定的修正效果。

四、原则

风险管理的目的在于创造、实现和保护价值，它提升绩效，鼓励创新并支持目标的实现。图 11 -2 中描述的原则展示了风险管理工作的价值和宗旨，指出了有序和高效的风险管理应遵循的原则。原则中最核心的内容为“价值创造与保护”，这些原则是管理风险的基础，组织应在建立风险管理框架和流程时予以考虑。

4.1 整合的

风险管理是组织所有活动不可或缺的组成部分。

4.2 结构化和全面性

风险管理的结构化和全面性有助于获得一致的和可比较的结果。

4.3 定制化

风险管理框架和流程是根据组织的内外部环境来制定的，并与其目标密切相关。

4.4 包容性

风险管理应该做到集思广益并有利益相关方的适时参与，利益相关方的适时参与使得他们的知识和观点被考虑其中，进而提高风险管理的效率效果。

4.5 动态的

随着组织内部和外部环境的变化，组织面临的风险可能会出现、变化或消失。风险管理应及时而适当地预测、发现和响应这些变化和事件。

4.6 有效信息利用

风险管理的投入应基于历史和当前的信息以及对未来的预测。风险管理应明确考虑到与这些信息和期望相关的任何限制和不确定性。相关信息应及时、清晰地提供给利益相关方。

4.7 人员与文化因素

人员行为和文化对风险管理的各个方面、不同层面和阶段均有显著影响。

4.8　持续改进

通过不断学习和积累经验，持续提高风险管理水平。

五、框架

5.1　概述

风险管理框架的目的是协助组织将风险管理纳入重要的活动和职能。风险管理的有效性取决于是否将其融入组织治理和决策中。这需要利益相关方，特别是高级管理层的支持。

新框架强化了领导层的职责和整合的重要性，其核心是领导力与承诺，明确规定高级管理层和监督机构应确保风险管理融入组织所有活动。框架部分有整合、设计、实施、评价、改进五个步骤。

5.2　领导力与承诺

在适当的情况下，高级管理层和监督机构应确保风险管理融入组织所有活动。

5.3　整合

整合风险管理依赖于对组织架构和环境的理解。由于组织的目标和复杂程度不同，组织架构也会有所不同。组织架构中的每个部分都需要进行风险管理。组织中的每个人都应该在管理风险中负有相应责任。

将风险管理整合到组织中是一个动态和反复优化的过程，应与组织的需求和文化相适应。风险管理应该成为组织治理、领导力和承诺、战略、目标和运营的一部分，而不是孤立存在的。

5.4　设计

5.4.1　了解组织及其环境

在设计风险管理框架时，组织应该考查并理解其内外部环境。外部环境包括：国内外或地方的社会、文化、政治、法律、宏观调控、财政、科技、经济、环境等因素；影响组织目标的推动力和趋势；外部利益相关方的关系、看法、需求和预期；契约关系及义务等。内部环境包括：组织愿景、使命及核心价值观；组织治理、组织结构、组织角色及其责任；组织战略目标及政策；组织文化；与组织配套的各项标准和模式；与组织内部利益相关方的关系，并考虑内部利益相关方利益和诉求等。

5.4.2　明确风险管理承诺

在适当情况下，高级管理层和监督机构应通过政策、声明或其他方式明确地表达组织的目标和对风险管理的持续承诺，包括：与组织目标和政策相关的风险管理目的；提高将风险管理融入整个组织文化的必要性；领导风险管理与组织核心业务活动和决策之间的整合；组织权限和职责；衡量和报告组织内部绩效指标等。

组织对风险管理的承诺应适时传达给组织内部及外部的各利益相关方。

5.4.3　分配组织角色、权限和职责

在适当情况下，高级管理层和监督机构应确保在组织各层级分配和传达有关风险管理的权限和职责，应强调风险管理是核心责任，并明确具有管理风险职责和权限的个人。

5.4.4 分配资源

在适当的情况下，高级管理层和监督机构应确保为风险管理分配适当资源，包括：人员、技能、经验和能力；组织用于风险管理的流程、方法和工具；记录过程和程序；信息和知识管理系统；专业发展和培训需求等，组织应考虑现有资源的潜力和局限等。

5.4.5 建立沟通和协商

为支持框架和促进风险管理的有效应用，组织应建立一个被认可、批准的沟通和协商方法。沟通涉及与目标受众共享信息，协商包括参与者提供信息反馈，从而期望对决策或其他活动做出贡献。沟通和协商方法和内容应尽可能反映相关利益方的期望和利益。

沟通和协商应及时进行，确保相关信息得以适时地收集、整理、汇总和分享，及时提供反馈意见并做出改进。

5.5 实施

组织应通过以下方式实施风险管理框架：

- 制定一个包括时间表和资源配置在内的适当计划；
- 确定组织内部不同类型决策的时间、地点及做出决策的人员；
- 必要时应适时调整决策程序；
- 确保组织的风险管理安排得到清晰的理解和实施。

框架的成功实施需要利益相关方的参与和了解。这使组织能够明确地定位决策中的不确定性，同时确保在出现任何新的、持续的不确定性时也应将利益相关方的参与和了解考虑在内。

通过正确的设计和实施风险管理框架，可以确保风险管理流程是整个组织所有活动的一部分，并充分反映内外部环境及其变化。

5.6 评价

为了评估风险管理框架的有效性，应依据组织的目的、实施计划、指标和预期行为定期评价风险管理框架的绩效，确定风险管理框架是否仍然适合于支撑组织目标的实现。

5.7 改进

5.7.1 适应性

组织应持续监控和调整风险管理框架以使其适应内外部环境的变化，以利于组织提升其价值。

5.7.2 不断改进

组织应不断改善其风险管理框架的适用性、充分性和有效性，并改进风险管理流程的整合方式。

如果已经确定了差距或改进的机会，组织应制定计划和任务，并将其分配给负责实施的人员和机构。这些改进措施一旦实施，将有助于加强风险管理的作用。

六、流程

6.1 概述

风险管理流程涉及如何系统地将政策、程序和实践应用于沟通和协商活动，进行风险识别、评估和应对，对风险管理活动进行监督、审查、记录并报告风险。

风险管理流程应成为管理和决策的一个组成部分，并且应该融入组织的架构、运营和流程中。它可以应用于战略、运营、计划或项目层面。在一个组织内部可以有很多风险管理流程的应用，这些应用服务于内外部环境制定及实现组织目标。

在整个风险管理流程中，应充分考虑人员行为和文化因素的动态性。虽然风险管理流程通常表现为有一定的顺序，但实际上不同流程步骤之间是可以反复交错使用的，具有迭代性质。

6.2 沟通和协商

沟通和协商的目的是协助利益相关方理解风险，并明确做出决策的依据以及需要采取特定行动的原因。沟通旨在促进对风险的认识和理解，而协商涉及获取反馈信息以支持决策。两者之间的密切协调应该促进真实、及时、相关、准确和可理解的信息交换，同时需要考虑信息的保密性和完整性。

在风险管理的所有步骤中，都应保持与组织内外部利益相关方的良好沟通和协商。沟通和协商的目的在于将不同领域的专家意见融入风险管理流程的各个步骤，在制定风险标准和评估风险时，确保不同的意见被适当考虑，为风险监督和决策提供充分的信息，在受风险影响者中建立包容性和归属感。

6.3 范围、环境和标准

6.3.1 概述

确定范围、环境和标准的目的是有针对性地设置风险管理流程，实现有效的风险评估并进行恰当的风险应对。范围、环境和标准涉及界定流程的范围、理解内外部环境、定义风险标准等内容。

6.3.2 定义范围

组织应确定风险管理活动的范围。由于风险管理流程可能应用到组织的各个层面，考虑并清楚地定义风险管理活动的范围十分重要。

6.3.3 外部和内部环境

外部和内部环境是组织制定和实现其目标的土壤。风险管理内外部环境的确立必须源于对组织运营的内外部环境的理解，并反映风险管理流程得以应用的特殊环境。

6.3.4 定义风险标准

组织应明确承担影响目标实现的风险的数量和类型。还应定义评估风险重要性水平和支持决策过程的标准。风险标准应与风险管理框架相一致，并考虑到活动的特殊目的和范围进行针对性设计。风险标准应反映组织的价值观、目标和资源，并与风险管理的政策和观点保持一致。风险标准还应考虑组织的义务和利益相关方的观点。

组织应在风险管理流程开始之前确立风险标准，且该标准应是动态的，必要时不断对其进行审查和修改。风险标准可能包括：

- 可能出现的风险诱因和后果的性质及类别，以及如何测量；
- 可能性如何确定；
- 可能性和后果的时间范围；
- 风险等级如何确定；
- 风险可接受或可容许的程度；
- 多种风险的组合是否予以考虑，如果是，如何考虑及哪种风险组合应予以考虑。

6.4 风险评估

6.4.1 概述

风险评估包括了风险识别、风险分析和风险评价在内的整个过程。

6.4.2 风险识别

风险识别的目的是发现、识别和描述可能有助于或妨碍组织实现目标的风险。在识别风险时，相关的、适当的和最新的信息非常重要。

组织可以采用各种技术来识别可能会影响目标实现的不确定性。组织应结合面临的各种有形和无形的风险源、机遇和威胁、优势和劣势、内外部环境变化等因素，以及各因素之间的关系来识别潜在风险。考虑到风险将会导致各种有形或无形的结果，其结果具有多样性，无论风险源能否被控制，企业必须识别风险。

6.4.3 风险分析

风险分析涉及对风险的理解，通过分析确定风险的后果和其可能性以及其他风险特性。风险分析应考虑风险的诱因和来源、所带来的后果及这些后果发生的可能性。影响后果的因素和可能性应被识别出来，一个事件可能有多种结果并可能影响多重目标。现有的控制措施及其效率效果也应被考虑在内。

风险分析可以在不同的细节和复杂程度上进行，这依赖于分析的目的、信息的有效性及可靠性、可利用的资源等。依据环境条件和风险特性，风险分析可以采用定性、定量或半定量，或组合的方式进行。后果及其可能性可以通过模拟事件的结果，或由实验研究或可用数据推断确定。

风险等级是风险后果及其可能性的综合表述。风险等级的确定及其所依据的前提和假设，应有效沟通给决策者以及适当的利益相关方。例如，专家间的意见分歧、不确定性、所依据信息的数量和质量、模型的局限性等因素，应予以阐述或重点强调。

风险分析为风险评定和确定风险是否需要处理，以及采用何种策略和方法处理，提供了依据。

6.4.4　风险评价

风险评价的目的在于支持决策。风险评价涉及将风险分析的结果与既定的风险标准进行对比，以确定组织在哪些方面需要采取进一步行动。这可能会决定：

- 不需要做任何事情；
- 考虑风险应对的不同选项；
- 进一步分析以更好地理解风险；
- 保持现有的控制；
- 重新考虑目标。

风险评价结果应进行记录、沟通并在组织的适当层级进行验证。

6.5　风险应对

6.5.1　概述

风险应对的目的是选择和实施风险应对的方案。风险应对涉及以下方面的反复优化过程：

- 制定和选择风险应对方案；
- 计划和实施风险应对；
- 评估风险应对的有效性；
- 确定剩余风险是否可接受；
- 如果剩余风险不能接受，则采取进一步风险应对措施。

6.5.2　选择风险应对方案

可选择风险应对方案之间并不一定总是相互排斥或相互一致的，因此，必须进行风险应对方案的选择。选择最合适的风险应对方案，涉及为实现目标实施此方案带来的潜在收益与实施成本、代价或由此带来的不利因素之间的权衡。选择风险应对方案除了考虑经济因素外，还应考虑到组织的所有义务、自愿承诺和利益相关方的观点，并综合考虑相关法律法规、社会责任和环境保护等方面的要求，根据组织目标、风险标准和可用资源来选择风险应对备选方案。

对同一风险应对方案，不同利益相关方的接受程度不一定相同。因此，选择风险应对方案时，组织应考虑利益相关方的价值观和关注点，并以最恰当的方式进行沟通和协商。

风险应对即便是精心设计并认真贯彻落实，也未必一定能产生预期的效果，甚至可能出现故障或失效，为确保风险应对的有效性，监督和审查应成为风险应对方案实施中不可或缺的一部分。

风险应对自身也可能引入新的风险，如果没有风险应对方案或者风险应对方案不能很好地修正风险，该风险将会被记录下来并做进一步审查。决策制定者和其他利益相关方应留意风险应对后的剩余风险的性质和程度。剩余风险应该被记录，监督和审查，必要时应做进一步的风险应对。

6.5.3 准备和实施风险应对计划

风险应对计划的目的是明确选择如何实施应对方案，从而让相关人员了解计划安排情况，并对计划进展细节进行监督。

应对计划应与适当的利益相关方协商，并纳入组织的管理计划和流程。风险应对计划应包括：选择风险应对方案的根本原因（包括预期获可得的利益）；批准和执行计划的相关责任人员；建议的措施；必要的报告和监督要求；计划实施和完成的时间安排等。

6.6 监控与审查

监控与审查的目的是保证和提高风险管理的流程设计、实施及结果的质量和有效性。应将风险管理流程及结果的持续监控和定期审查作为风险管理流程规划的有机组成部分加以考虑，并明确界定其职责。

监控与审查应该涵盖风险管理流程的所有阶段，包括计划、搜集和分析信息，记录结果和进行反馈。监控与审查的结果应该始终包含在组织的业绩管理、业绩衡量，业绩报告等活动中。

6.7 记录与报告

风险管理的流程和结果应该由适当的机构进行记录和报告。记录和报告其目的在于：

- 在组织内部对风险管理活动及结果进行沟通；
- 为决策提供有用信息；
- 改进风险管理活动；
- 有助于包括风险管理责任人在内的利益相关方之间的沟通和协调。

在有关信息的创建、保存和处理的决策时应考虑信息的用途、信息的敏感性以及内外部环境。报告是组织治理的不可分割的组成部分，应提高与利益相关方的沟通质量，并支持高级管理层和监督机构认真履行其职责。报告应考虑不同的利益相关方及其对信息的一些特殊需求，考虑报告的方式、成本、频率和及时性，同时还应考虑与组织目标和决策相关的信息。

第四节 风险智能管理框架

在经济全球化背景下，生产经营活动的复杂化使得企业风险层出不穷，风险管理变得日益复杂，单靠人工管理风险已变得力不从心。近年来，德勤国际会计公司借助现代信息技术，提出风险智能管理的新思维，并尝试在其客户中推广和应用，取得了良好的实践效果。

一、风险智能管理理念

在风险智能管理框架下，人们对风险及风险管理的认识相比传统的理念发生了很多变化，如图 11－3 所示。传统的风险管理认为风险是需要控制的不利因素，风险管理是一项狭窄的独立管理职能，主要集中在较低层次的业务层面和职务岗位方面，以财务控制为主，重点是防范差错和舞弊，注重风险管理流程和制度，由专职的内部职能部门去完成。而风险智能管理则将风险管理与企业目标价值创造联系起来，认为风险管理是一项全面系统的企业管理职能，是由特定要素构成的完整框架。风险智能管理不仅有科学的管理流程、实用的管理技术、先进的风险衡量工具，还特别注重人力资源、企业文化、正直诚信、核心价值观等软环境的建设和培育。风险智能管理不仅能降低企业目标实现的不确定性，而且能够为企业减少损失，增加价值创造。

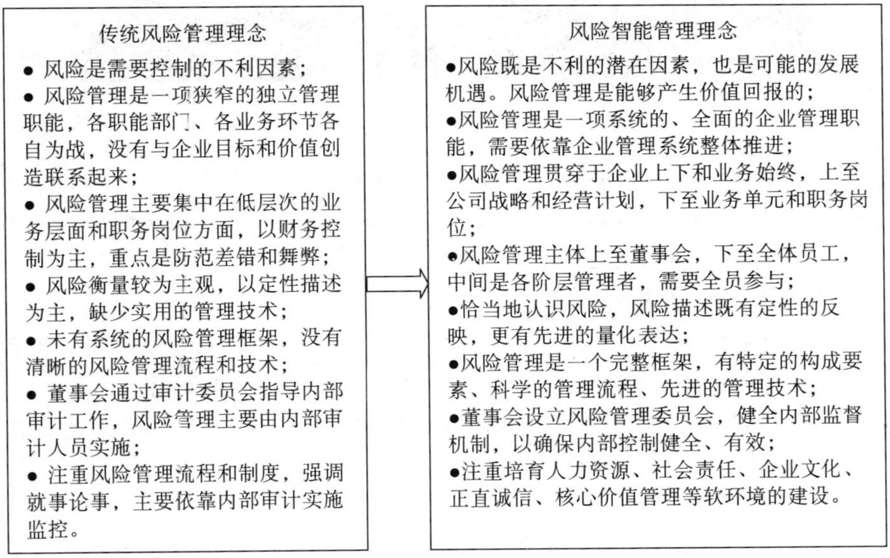

图 11－3 风险智能管理对风险认识的理念转变

二、风险智能管理框架

如图 11－4 所示，风险智能管理框架的实施有三个层次九项核心原则，具体包括：

（一）风险治理

1. 董事会对风险治理负责，有责任设计、实施并维护有效的风险管理机制。
2. 公司上下对于风险管理应有统一的认识，包括价值维护和价值创造。
3. 公司清晰地定义有关风险管理的重要角色、职责和授权。

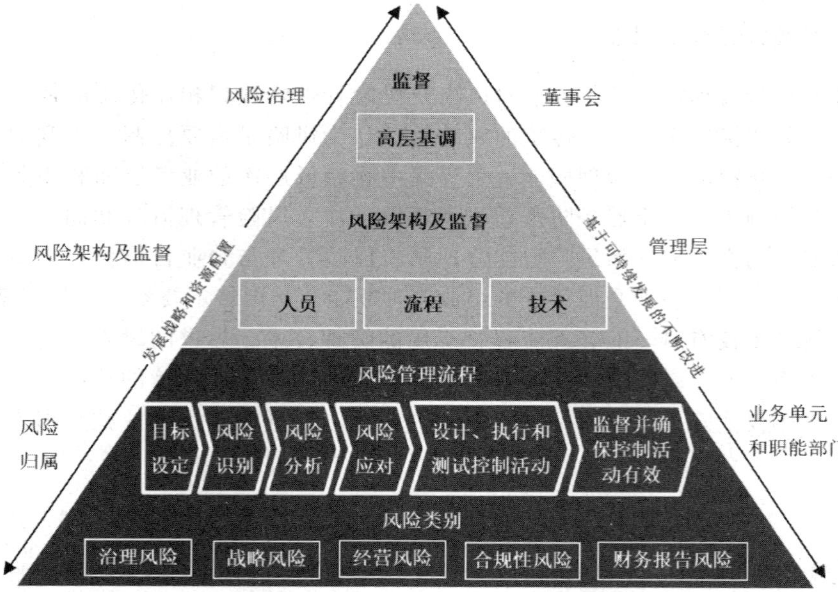

图 11－4 风险智能管理框架

4. 公司上下应用统一的风险管理框架，该框架符合适当的外部及内部标准。

5. 监督是确保风险管理机制有效运行的关键。公司治理层对风险管理进行适当的监督，高层基调至关重要。

（二）风险管理架构及监督

6. 管理层负责风险管理架构的设计和实施，风险管理架构涉及人员、流程和技术三个方面，统一的风险管理架构应用于公司所有部门和业务单元。

7. 内部审计部、合规部等职能部门应对公司风险管理的有效性进行监督和报告。

（三）风险归属

8. 风险包括治理风险、战略风险、经营风险、合规性风险和财务报告风险。各部门不仅对自身的业绩负责，同时对风险框架内自身应负担的风险负责。董事会对战略风险和重大风险负责；经理层对日常经营风险负责；普通员工对岗位操作风险负责。

9. 风险管理流程包括目标设定、风险识别、风险分析、风险应对、设计和执行控制活动、监督并确保控制活动有效等。职能部门，例如，财务部、审计部、合规部等应对业务部门的风险管理提供相应支持。

风险智能管理框架还强调企业在发展战略和资源配置层面要纳入风险考量，并关注风险管控的持续改进。发展战略要求企业在战略管理中应嵌入风险因素，包括战略规划风险和战略实施风险，特别是要关注重大风险的控制。企业关键决策应进行风险评估，企业要善于从风险管控中寻求发展机会和价值创造空间。董事、监事和高管人员应强调风险管控的重要性，并与企业文化、核心价值观等相互配合，使企业上下形成统一的思想认识。企业应将风险管控策略全面融入企业目标、战略规划和经营计划，并配置相应的资源。资源配置是指企业应定期或不定期评估风险，根据评估结果合理配置风险管控资源，包括资金、人力、技术、外包等，对于重大风险应配置充足的管控资源。持续改进要求企业不断采取措施以提高风险管理的效率和效果，其过程包括协调（确保公司内部使用共同的风险管控语言）、同步化（在整个组织内部采取协调一致的行动）及合理化（消除无效或重复性的作业）等。

三、风险智能成熟度模型

德勤国际会计公司按照风险智能管理框架的三层次九原则，依据企业风险管理水平的不同设计了风险智能成熟度模型，用于评估客户的风险管理水平。如图 11－5 所示，该模型将企业的风险管理水平由低到高分为五个级别，即无意识型、松散型、自上而下型、系统型及风险智能型。

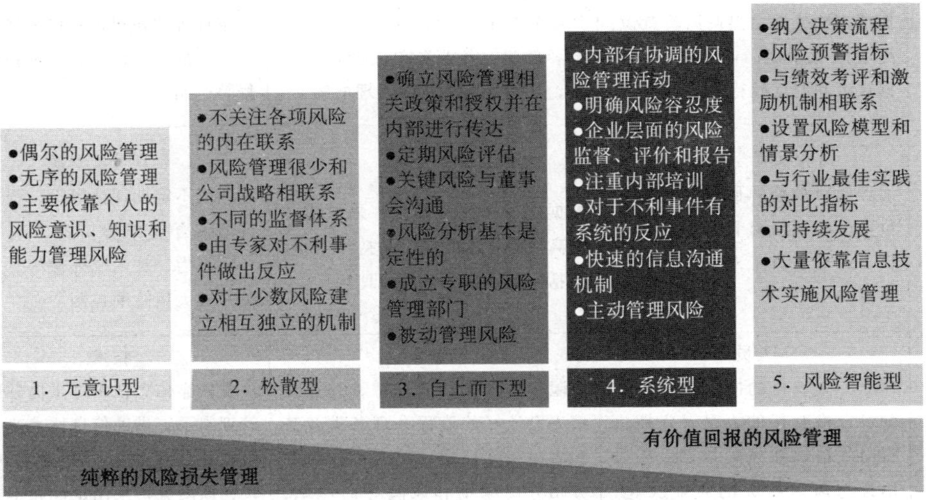

图 11－5　德勤国际会计公司的风险智能成熟度模型

1. 无意识型。该类企业的风险管理水平最低，风险管理具有偶然性和无序性，主要依靠个人的风险意识、能力和知识进行。

2. 松散型。这类企业没有意识到各项风险的内在联系，风险管理很少和公司战略相联系。缺少监督体系，对不利事件缺少系统的应对方案或仅由专家就事论事地做出反应，仅对少数风险建立相互独立的机制。

3. 自上而下型。这类企业确立了风险管理的相关政策和授权体系，并在内部进行有效传达；能够定期进行风险评估；关键风险与董事会沟通；风险分析基本是定性的，风险衡量技术落后；成立专门的职能部门管理风险；风险管理多是被动进行的。

4. 系统型。这类企业内部有协调一致的风险管理活动；明确了风险容忍度；能够站在企业整体层面进行风险监督、评价和报告；注重内部岗位培训和风险培训；对于不利事件有系统的反应机制；相关信息能够快速进行内部沟通；能够有意识地主动管理风险。

5. 风险智能型。风险智能管理的企业能够将风险纳入决策流程；建立了科学的风险预警指标体系；风险管理与部门及岗位的绩效考评和激励机制相联系；设置风险模型，经常进行情景分析；建立了与行业最佳实践对比的动态指标体系；基于战略目标和可持续发展的高度全方位进行风险管理；大量依靠信息技术实施风险管理；董事会和管理层对整个风险管理流程有全面了解。

风险智能型企业一般具备如表 11－2 所示的一些共同特征。

表 11－2　　风险智能企业的特征

风险治理	高层基调 董事、监事和高管对风险管理保持正确论调，强调风险意识；高层以身作则，诚实守信，依据规程和制度履行职责	建立共同语言 建立共同的风险术语，建立评价风险管理有效性的统一标准；整合各部门、各业务单元的风险评估，实行统一的风险管理框架	内部监督 设立有监事会、审计委员会、内部审计等监督机构；保持风险监督人员的独立性；公开举报和反舞弊机制
风险治理	明确风险管理职责 治理层对战略风险和重大风险负责；经理层对日常经营风险负责；普通员工对岗位操作风险负责	持续改进 根据监督和评价结果，采取措施提高风险管理效能，并持续改进，包括协调、同步化及合理化	合理分配资源 定期或不定期评估风险，根据评估结果合理配置资源，包括资金、人力、技术、外包等，重点关注重大风险的控制
风险架构	人员 建立了文件化的岗位责任制并配备合格胜任的人员；定期进行岗位培训和风险培训；积极培育与风险相关的企业文化；内部审计、合规部等职能部门在持续监督中发挥重要作用	流程 风险管理涵盖所有业务，企业按事先设计好的流程办理各类业务和事项；流程设计符合不相容职务相分离原则和风险导向原则，将管控目标、风险点、控制措施、权责配置、考评政策等有机连接	技术 注重依靠信息技术进步提升风险管理水平；借助信息技术建立风险识别、衡量、分析和应对手段；风险分析采用定性和定量相结合的方法；建立并适时更新风险数据库
风险归属	培育企业文化 认识到风险管理是每天日常工作的一部分及员工的职责和义务；注重培育正直诚信、核心价值观等企业文化	为取得回报而管理风险 不只追求降低风险损失，而把承担风险当作一种创造价值的必经之路；将风险管控职责与绩效评价和薪酬决定联系进来	风险管理过程 风险管理有明确的目标，有风险识别、分析和应对程序；根据风险评估结果设计和执行控制活动，监督并确保控制活动有效

第五节 嵌入人工智能的风险管理

快速发展的人工智能（Artificial Intelligence，AI）被日益广泛的运用到人们工作、生活和学习的各个方面。智能硬件技术、机器视觉体验、智能语音服务、虚拟助手、自动驾驶等一系列AI技术正携带各种黑科技来到我们的身边，从简化购物到智慧医疗、从智能安防到智能家居、从在线影视到在线教育、从智能金融到财务机器人。可以说，AI是21世纪最具吸引力的新兴技术，各国及其科技巨头公司竞相投入资源研发和布局AI技术。2017年7月，我国发布《新一代人工智能发展规划》，对我国AI发展和应用的总体思路、战略目标和主要任务、保障措施等进行了系统的规划和部署。

在应用AI技术驱动行业创新、创造商业价值的过程中，国内企业对AI相关风险管理的认识普遍不足，重视程度亟待提高。AI风险控制不到位造成的声誉影响、经济损失、监管问责等屡见不鲜。例如，部分互联网媒体基于AI算法的信息推送由于导向不正、格调低俗等问题被监管机构行政处罚，甚至整改关停；多家电子商务平台疑似利用AI技术开展大数据杀熟，引发用户投诉和舆论批评；某证券公司由于自动化交易程序漏洞造成乌龙指事件引发巨大损失，等等。这些事件都对企业AI应用相关的风险管理提出了挑战。

一、人工智能及其特点

AI是一门研究、开发用于模拟、延伸和扩展人的智能的理论、方法、技术及应用系统的技术科学。美国麻省理工学院的温斯顿教授认为："AI就是研究如何让计算机去做过去只有人才能做的智能工作"①。这一说法反映了AI学科的基本思想和基本内容，即AI是通过研究人类智能活动的规律，构造具有一定智能的人工系统，从而进一步研究如何让计算机去完成以往需要人的智力才能胜任的工作，也就是研究如何应用计算机的软硬件来模拟人类某些智能行为的基本理论、方法和技术。例如，文字识别、在线翻译、电脑下棋、财务机器人等。

经过不断发展和演进，特别是在移动互联网、大数据、超级计算、传感网、脑科学等新理论、新技术以及经济社会发展强烈需求的共同驱动下，AI技术加速发展，呈现出深度学习、跨界融合、人机协同、群智开放、自主操控等特征。大数据驱动知识学习、跨媒体协同处理、人机协同增强智能、群体集成智能、自主智能系统成为AI发展的重点，受脑科学研究成果启发的类脑智能蓄势待发，芯片化、硬件

① Patrick H. Winston. Artificial Intelligence: A Perspective [A] // The AI Business: Commercial Uses of Artificial Intelligence [C]. Cambridge: MIT Press, 1984.

化、平台化趋势更加明显。

新一代AI技术主要是大数据基础上的人工智能，具有以下特点：一是从人工知识表达到大数据驱动的知识学习技术；二是从分类型处理的界面或者环境数据转向跨媒体的认知、学习、推理；三是从追求智能机器到高水平的人机、脑机相互协同与融合；四是从聚焦个体智能到基于互联网和大数据的群体智能，它可以把很多人的智能集聚融合起来变成群体智能；五是从拟人化的机器人转向更加广阔的智能自主系统，比如说智能工厂、智能无人机系统等。新一代AI技术不但有更高的水平，能够接近人的智能形态存在，而且以提高人的智力、能力活动为主要目标，融入日常生活。AI技术应用今天变得越来越普及。在越来越多的一些专门领域，AI博弈、识别、控制、预测甚至超过人的脑能力。基于深度学习，AI能够从音频和图像中分析大量高维数据，从而有效地检测工厂装配线或飞机引擎中的异常情况；在物流方面，AI可以优化投递交通线路选择，提高燃油效率并缩短交货时间；在客户服务方面，由于语音识别的改善，AI已成为呼叫中心的重要管理工具；在销售过程中，将统计客户信息及其历史交易数据与社交媒体监控相结合，可帮助生成个性化的“下一个购买产品”建议，这是许多零售商现在使用的最常见AI技术。

二、人工智能应用带来的风险和挑战

AI是一把双刃剑，而且两侧的刃比其他任何技术都更加锋利。AI应用也会对企业价值和风险管控带来挑战，挑战主要来自以下方面：

（一）技术风险

AI的快速发展和广泛应用可能引发新的技术风险。以无人驾驶汽车为例，自美国加州车管局2014年开始发放自动驾驶路测牌照以来，至2018年6月底，加州车管局共记录了114起自动驾驶车辆事故，致人死亡事故也不是个案，引发人们对无人驾驶技术可靠性和安全性的担忧。

AI应用引发的技术风险主要表现为：一是算法逻辑具有不确定性，主客观因素的影响易导致算法设计或实施出现失误，产生与预期不符的技术偏差；二是算法应用具有不稳定性，一方面同样算法在不同场景下可能出现“不适应”而导致失误，当AI应用模块的上下游组件发生变动或更新时，AI应用同样可能出现“不适应”；另一方面算法训练所需的海量数据可能存在噪声而对算法产生负面影响，进而引发技术故障；三是技术可能存在脆弱性，AI学习框架和组件可能存在安全漏洞，一旦被恶意攻击将引发系统安全问题，引发财产损失和负面影响；四是当AI系统供应商发生变动或不再提供更新、维护服务时，AI系统可能会存在安全风险。特别是用户对该系统依赖度很大时，这种风险会被放大。

传统的风险管理工作往往是预先设计的规则框架下进行的，而AI可以自我进行数据识别和分析，通过匹配场景和模式进行自主决策。这些新技术的快速发展，特别是AI自学习能力的具备，系统通过不断的自我学习、自我进化会变得越来越智能。当机器可以自我编程、重组程序的时候，很多工作的可审计性和可溯源性就会变得十分困难，而且一旦程序或技术存在某些漏洞，很容易在短期内形成大量错误。因此，AI 技术的嵌入和应用可能产生的新风险主要是技术风险。

（二）数据风险

AI 应用依赖不断发展的数据采集来驱动 AI 决策，因此 AI 应用对数据数量和数据质量十分依赖，AI 应用中最棘手的问题可能是缺少足够多的高质量数据。随着从诸如网络、社交媒体、移动设备、传感器和物联网之类的来源摄取的非结构化数据的增加，大量的垃圾数据随之而来，摄取、分类、链接和正确使用数据变得越来越困难。数据安全和数据质量可能会成为 AI 应用的又一类风险，低质量的数据摄入会直接影响计算结果的公允性及其决策价值。

（三）隐形错误

与传统的、以规则为导向的程序不同，AI 模型通过自我学习提供答案，AI 算法可以在暗中自作主张，很多 AI 模型的不透明性以及快速扩张能力可能将过程和错误隐藏起来。AI 数据处理过程对绝大多数用户来说像个“黑匣子”，这就带来了模型的可解释性或透明度问题，让用户无法得知是哪些因素以及这些因素是如何作用于决策或预测的。例如，采用类神经网络的 AI 应用程序就包括了很多类似“黑匣子”的隐藏决策层。这种 AI 算法在许多决策中的隐藏性甚至可能被别有用心的人滥用，大大增加了输出结果可审计性和可溯源性的难度。另外，管理层可能很难向监管层证明复杂的 AI 应用程序是如何做出符合规定的正确决策的，这可能导致合规风险的发生。

（四）互动风险

人机互动对话是 AI 应用的另一个关键风险领域。仍以自动驾驶为例，如果车辆驾驶员（或安全员）无法及时准确地识别和操作人机对话界面，或由于驾驶员的注意力在其他地方而无法进行操作，那么事故和伤害是可能的。在无人驾驶汽车等应用中这是一种明显的可能性。相反，人类判断也可能在最重要的系统结果中被证明是错误的。在美国加州车管局记录的 2014—2018 年 114 起自动驾驶车辆交通事故中，有 34 起是车上驾驶员手动驾驶，占比 30%，72 起是无人驾驶事故（其中 8 起事故是自动驾驶模式下驾驶员紧急切换到手动驾驶模式所致）。

再比如，在数据分析和辅助决策方面，人的不当选择和错误判断很容易损害公平性、安全性和合规性，特别是带有主观偏向或利益驱动情况的选择和判断，如果没有严格的保护，心怀不满的员工或外部敌人甚至会以恶意方式破坏算法或修改 AI 应用程序。

（五）人员风险

AI 应用面临的人员风险主要来自以下几个方面：一是炙手可热的 AI 领域最短缺的可能不是政策，不是市场，而是人才。无论是研究开发领域，还是应用落地领域，AI 各个环节对人才的需求有增无减，而人才短缺已成为各国 AI 发展中的最大短板。据统计，我国 AI 人才缺口可能超过 500 万。另有调查显示，截至 2018 年底，全世界只有不到 1 万人拥有建立复杂、神秘数学算法等 AI 技术所需要的教育、经验和才能。二是 AI 算法被黑客攻击或别有用心人士操纵的风险。网络攻击者可通过漏洞控制 AI 算法，实现物理硬件操纵、实施舆论引导、制造虚假图像或影响、制造信息噪音等，造成安全隐患。图像、声音合成越来越逼真，由此滋生的网络诈骗已屡见不鲜。三是 AI 应用为企业带来的组织变革和文化冲突风险。AI 应用会让劳动关系、组织变革、绩效激励、文化冲突、伦理关系等问题变得广泛而复杂。AI 应用取代很多人工作业后，结构性失业和文化、伦理冲突随之而来。麦肯锡全球研究院在一份研究报告中预测：2030 年全球将有近 4 亿工作岗位被 AI 取代，其中 1 亿发生在中国。技术发展可能使 AI 完全模拟人的情感，拥有健全的人格。机器一旦人格化之后可能会对文化和伦理带来巨大挑战。

三、人工智能风险的防控

数字化、网络化和智能化让工作变得更轻松，让生活变得更美好，但风险和挑战无处不在、无时不在。企业要用好 AI 这把双刃剑，趋利避害，可从以下方面加强对 AI 风险的识别与防控。

（一）在战略上做好拥抱 AI 应用的顶层设计

AI 技术在创造和维护企业价值过程中的贡献是不可否认的，AI 应用能够提升企业运营绩效，保持竞争优势。企业应主动张开双臂拥抱 AI 时代的到来，在战略上重视 AI 应用，做好顶层设计，投入资源研发和部署 AI 技术，引进和培育 AI 人才，促进 AI 技术的商业应用。

企业应明确 AI 应用的前提条件和运行环境，建立强力而有效的 AI 风险治理机制，完善嵌入 AI 系统的风险管理框架，能够及时识别和应对每一个 AI 应用程序在开发和持续使用阶段所产生的风险。董事会应制定网络安全战略、信息隐私与保护策略、网络预警及网络响应与恢复策略等，审批包含 AI 技术的风险管理框架。高管层需要通过参与目标制定和决策执行等实施 AI 技术风险管理策略，为企业 AI 应用保驾护航。企业还应该及时向监管机构解释每个 AI 应用程序的工作原理，以及它们是如何与相关的监管条例和公司风险偏好相符合的。

企业应围绕战略目标，明确嵌入 AI 系统之后管理层风险偏好的变化、确定风险容限和风险可接受水平。随着 AI 的快速发展，企业采用 AI 解决方案的比例会不断提高，企业应定期审查风险敞口和相关控制措施，以确保它们与公司风险管理政策一致。企业需要设计一些关键性能指标和绩效指标，对 AI 算法进行频繁且连续的测试和统计分析，确保 AI 系统使用全新或被更新的数据时，其性能符合公司的预期、风险偏好和风险承受。企业应熟知并充分沟通 AI 技术的固有缺陷和使用风险，明晰交易流程，强化留痕管理。

企业在风险管理过程中必须考虑 AI 技术及其应用可能产生的各类风险，充分评估AI技术及其应用蕴含的复杂性、不确定性、难解释性以及发展速度等风险因素。企业需要明确AI风险归属责任和问责制度，确保每个AI应用程序都有明确的负责人。需要注意的是企业使用的AI模型可能由外部供应商设计和提供，但企业不能因此将相应的AI风险管治责任推卸给外包第三方。目前市场上AI第三方供应商的数量相对较少，大多是小型的初创企业，这一点应引起企业的关注。

（二）加强技术研究，建立免疫系统

企业应在技术安全方面投入资源。一是依据相关法规制定AI应用技术标准，对AI开发和应用的安全技术标准作出明确规定，以降低合规性风险。我国新出台的《网络安全法》《电子商务法》《资管新规》等法律法规中都包含了AI应用有关的合规要求；二是建立AI应用的安全测试制度，设计以认知技术为核心的安全免疫系统，对算法模型进行反复检验和专家论证，以降低算法失误的发生概率。任何重要的算法都需要反复检测、审计和评估其计算结果的准确性和公允性。例如，在客户信息评价的舆情分析中，对负面舆情识别的漏报比误报要严重很多，在模型校验中，应赋予漏报率相较于误报率更高的权重；三是研发AI的技术防御和应急处置措施，提升AI安全防护技术和攻击防御能力，加强“技术攻防战”，通过“对抗样本攻击”和“逆向攻击”等手段，检测可能导致的算法错误和内部数据泄露风险，提前整改安全漏洞、消除技术隐患，降低算法训练和使用过程中因“数据噪音”或“环境不适应性”所带来的技术故障风险；四是在网络安全防护上，应加强技术研究，建立有效防护，抵御网络攻击。企业应对AI计算进行安全防护，使计算全程可测可控，不被干扰。

（三）根据数据来源及变化，不断训练优化AI模型

如前所述，数据质量和数据代表性是运用AI模型产生算法偏差的重要原因。例如，在银行信贷风险评估中，对客户信用风险的分析不能仅局限于其基本面信息（如客户的财务报表），客户舆情信息也是AI模型分析的重点。而舆情分析涉及大量的非结构化数据，来源于众多良莠不齐的新闻网站，不同新闻网站的编辑具有不同的写作风格、词语表达和主观意识。随着数据量的不断发掘，舆情监控范围也在随之扩大，AI模型在最初训练时的数据源和后续数据来源将有所不同，而数据源变化很可能导致数据特征迁移，并最终导致初始模型失效。针对此类风险，一个比较好的做法是对AI模型根据每天或一定时间窗口内的新增数据，进行模型全量数据或增量数据优化训练，确保AI模型进化到适用于最新的数据源。有些新闻网站会限制第三方通过网络爬虫方式获取其舆情信息。此时，企业应严格遵守各网站的机器人协议进行数据爬取，或进行数据方面的合作，否则若处理不当可能会引发声誉和法律风险。本例中存在多种AI风险，包括数据保护和授权、数据特征迁移，可能还涉及道德风险。尽管算法偏差、声誉和监管风险都不是什么新名词，但在AI应用的具体情景中，它们可能以人们不熟悉的方式出现，从而增加了风险识别的难度。

隐性错误可能在短期内对企业造成重大影响（如大规模信息泄露或不当销售

等)。AI 应用的复杂性和相对不成熟性意味着相关风险可能会随着时间的推移而发展，在某些情况下可能还会非常迅速地变化。因此，企业需要定期对 AI 风险进行重新评估，以确定 AI 应用的相关风险是否发生变化，确认算法模型是否已经学习了新数据并得到进化。对于 AI 模型的表现，企业应根据预定义的成功指标来评估算法。在评估过程中，如果发现其结果与非 AI 系统所反馈的结果出现差异，无论是正面差异还是负面差异，企业都应该进行人工审查或使用其他模型来分析其结果。在实际工作中，这种测试和进化过程需要更加具有动态性，很可能工作量会远超 AI 方案的最初开发阶段和初始数据集的训练过程。同样，AI 解决方案应用范围的扩大，也需要重新评估。企业应清楚地记录 AI 算法的任何变化，应定义什么属于“重大变化”，并确保这些标准在整个企业中能得到一致地应用，任何重大变化都应经过严格且记录在案的测试和检验。

（四）加强培训和沟通，控制人员风险和文化冲突

由于 AI 应用的动态性和相对不成熟性，人机互动和人类干预是 AI 应用中常见的环节，为控制人机交互风险，企业应加强对操作人员的培训和督导。企业可能需要部署业务连续性计划，如设计“紧急开关”或“交还人工”的流程，以便在 AI 系统不可用或出现重大失误的情况下，能够及时终止 AI 进程，重新回到当前的已有进程或人工控制界面，或者及时启动应急预案和补救措施。对于 AI 系统在运行中遇到的偶发交易和非典型事项，企业应关注 AI 系统是否会按正确的方式处理。企业还应该定期对 AI 系统进行压力测试，分析可能遇到的最坏的情形及其应对措施。

AI 应用会对企业内外产生广泛而深远的影响，一个有效的 AI 风险管治过程应吸收企业所有利益相关者的积极参与。AI 运用过程中，用户体验尤为重要。AI 风险管控还应考虑 AI 技术及其应用可能影响到的整个价值链上的利益相关者，例如，AI 与供应商、承销商和客户、社会公众等的交互过程，以及它们之间的关联点。同样，AI 应用也会对整个企业内部产生广泛影响，与之相关的风险管控工作可能会横跨多个领域，例如，人力资源、技术、运营等部门。企业需要确保风控、合规和内部审计等部门的员工具备足够的专业胜任能力，能够正确理解和应对 AI 应用中的每个风险点，而且他们应该有相应的权威与业务人员沟通抗衡，并在必要时采取额外的控制措施，以确保风险管理有效进行。为了让更广泛的利益相关者能参与到整个 AI 风险管理的生命周期中，需要培育与之相匹配的 AI 文化，及时疏导相关人员的焦虑，避免道德和伦理风险。同时，企业应严格遵照相关法规和监管要求设计和使用 AI 技术，不得违规收集和使用个人信息，不得利用 AI 技术和大数据“杀熟”，不得借助 AI 技术夸大宣传，误导消费者和社会公众。

第六节　“互联网 +”环境下的内部控制

随着“互联网 +”时代的来临，以移动互联网、云计算、大数据、物联网为代

表的新一代信息技术与现代农业、制造业、服务业、金融业等传统行业正在进行深度融合。“互联网+”是把互联网的创新成果与经济社会各领域深度融合，推动技术进步、效率提升和组织变革，提升实体经济创新力和生产力，形成更广泛的以互联网为基础设施和创新要素的经济社会发展新形态。在互联网快速延伸到各行各业，并加速创新发展的同时，一些层出不穷的网络安全事件，如苹果公司 iCloud 安全漏洞以及我国携程、小米、12306 用户数据泄露事件等，敲响了网络安全的警钟。企业应整合挖掘“互联网+”时代应关注的重要风险，并有针对性地采取防控措施。2015 年 1 月，美国 COSO 委员会发布《网络时代的内部控制》，为企业应用 COSO 内部控制框架防范网络风险提供指导。

一、“互联网+”的概念及特征

“互联网+”是互联网思维的实践成果，是创新 2.0 下的互联网发展的新业态，是创新驱动下的互联网形态演进及其催生的经济社会发展新形态。通俗地说，“互联网+”就是“互联网+各个传统行业”，但两者并不是简单地相加，而是利用信息通信技术及互联网平台，让互联网与传统行业深度融合，创造新的发展生态。它代表一种新的社会形态，能充分发挥互联网在社会资源配置中的优化和集成作用，将互联网的创新成果深度融合于经济、社会各领域，提升全社会的创新力和生产力，形成更广泛的以互联网为基础设施和实现工具的经济发展新形态。

“互联网+”不是“+互联网”，“+”号位置的变化意味着互联网与传统产业不再是简单的工具和利用的关系，而是两者的深度融合。在“互联网+”时代，互联网不再是传统意义上的信息网络，而是一个巨大的基础设施，如同高速公路网络一样，是一个物质、能量、信息和价值互相交融的物联网，由工具上升为矛盾主体，从设计、生产、销售到售后的全流程对传统产业进行着深刻改造，传统产业更像是被+的对象。近几年来，“互联网+”已经改造影响了多个行业，如电子商务、互联网金融、在线旅游、在线影视、在线房产等行业都是“互联网+”的杰作。

“互联网+”的主要特征如下：

（一）跨界融合

“+”就是跨界，跨界意味着开放和融合。跨界融合实现了资源共享和时空超越，最大限度的节省了成本，提高了效率。网上聊天、在线影院、远程教育等极大地方便了人们的生活、工作和学习。跨界融合要求提高开放度，增强适应性，促进整合协同，提高效能。互联网可以在较短时间内以低成本整合各种资源，包括上下游产业链、与本产业紧密相关的企业、市场环境等，企业对市场和技术变化的反应需要更敏感。

（二）创新驱动

中国粗放的资源驱动型增长方式早就难以为继，必须转变到创新驱动发展这条道路上来。互联网思维的特质就是创新，如果将需要创新的问题看作“钉子”，“互

联网 +”就像解决问题的锤子。“互联网 +”不仅带来硬件和技术的创新，更可以带来体验创新、营销创新及赢利模式创新。“互联网 +”使群体智能充分发挥，电力属于强电，如果说电力网络解决了人类体力所不能及的问题，互联网属于弱电，则为人类的智能拓展提供广阔的空间。

（三）结构重塑

信息革命、全球化、互联网已打破了原有的社会结构、经济结构、地缘结构、文化结构。权力、议事规则、话语权不断在发生变化。线上线下的虚实结合加快了信息对称的步伐，O2O、P2P 正使信息不对称带来的高额利润降低甚至消失。线下实体的租金及运营成本正与线上流量及物流成本经历着磨合、均衡。

（四）尊重个性

人性的光辉是推动科技进步、经济增长、社会进步、文化繁荣的重要力量，互联网力量强大的原因之一来源于对人性的尊重、对个人体验的敬畏、对个人创造性的重视。在物资不再短缺的时代，用户选择权至关重要，互联网为用户个性化、产品个性化、设计个性化提供了极大的便利。

（五）开放生态

好的生态激活创造性，放大创造力，孕育创意，促进转化，带来新价值。未来的商业是无边界的世界，依靠创意、创新、创业驱动，做好跨界融合和协同，就需要优化生态。企业、行业应优化内部生态，并和外部生态做好对接，形成生态的融合。例如，技术和金融结合的生态，产业和研发结合的生态等。在一个开放的生态系统里，要素间交互、分享、融合、协作随时自由发生，推进“互联网 +”，就要把过去制约创新的环节化解掉，把孤岛式创新连接起来，让研发由人性决定的市场来驱动，让努力创业者有机会实现价值。

（六）万物互连

连接一切是“互联网 +”的目标，让很多人、物、机构、服务、信息、价值等嵌入连接器，带来连接的价值。连接使距离消失、使中介消失、使交易成本降低、使商业模式变革，使实时交互变为现实。连接集成了大众智慧，众包、众筹、众创等名词，既是社会经济的新结构、商业新格局，又是工作、生活的新范式。连接一切需要一些基本要素，包括技术（如互联网技术，云计算、物联网、大数据技术等等）、场景、参与者（人、物、机构、平台、行业、系统）、协议与交互、信任等。

二、“互联网 +”环境下的内部控制目标

随着商业和技术的发展，企业越来越多地依靠和利用不断发展的信息技术来实现内部控制目标。随着数字化的普及，特别是企业与外包服务供应商的数据共享情况越来越普遍，信息技术的深度应用增加了业务复杂性和不稳定性，企业更加依赖信息技术相关的基础设施，而这些基础设施却不完全受企业控制。即便企业与外部机构（如服务提供商、供应商、客户等）建立了相互信任的关系，能确保日常信息

共享及电子化沟通，一旦出现问题，企业还是需要为这些不在其控制范围内的信息技术承担责任。在公司不断利用新技术和继续聘用外部机构开展运营的背景下，网络黑客会利用新的漏洞对企业进行攻击，这就要求企业开发新的信息系统和控制手段以规避风险。

为保护业务安全，企业在内部和外部共享技术信息时应特别谨慎，网络黑客会在网络的另一边肆意匿名操作，他们没有限度地公开分享信息，而不惧怕任何法律后果。网络黑客利用技术几乎可以攻击任何地方任何类型的数据，特别是当企业变革目标、流程和技术以支持其业务发展时，可以说每次革新都将有可能暴露新的风险——尽管通过周密的安排，革新可以降低风险，但仍不可能完全规避风险。此外，网络黑客也在不断升级，寻找新的方法来发现企业信息系统的弱点。因此，管理网络风险是“互联网＋”时代内部控制的首要目标，企业要收集信息，了解和应对网络风险对内部控制目标的影响，确保信息系统合规合法、数据处理正确无误、系统运行安全可靠、提高系统的可审计性、可维护性和可恢复性。

三、“互联网＋”环境下的控制环境

在过去的20多年间，信息技术（IT）让商业运营模式发生了翻天覆地的变化，网络驱动成为商业运营的基本环境。客户订单使用电子数据在互联网中进行交互处理从而没有或很少有人工参与；业务处理可以通过内部网络外包给服务供应商；越来越多的员工远程工作或在家工作，而不再需要到办公室；库存情况通过使用射频识别（RFID）标签进行跟踪；伴随网上银行的出现，几乎所有的银行都向客户提供网上银行服务。

互联网去中心化和扁平化的特性，要求企业重构组织架构。大数据和网络技术要求企业减少内部控制层次，压缩管理层级，缩短管理层和操作层之间的距离，促进组织架构扁平化。

“互联网＋”环境下，企业信息系统运行由封闭式转向开放式，风险控制难点增多；复杂的计算机系统也增加了系统控制风险，数据处理过于集中，数据存储的易修改性，数据存放形式的可靠性，数据处理过程的无法观测等；口令授权代替了手工环境下的印章，口令一旦泄露，数据和信息甚至计算机的程序都有可能被更改或窃取，计算机舞弊的风险便增加了；作业与管理由IT整合及推动，由于人员变动频繁，会削弱组织的稳定性，很多越权操作行为不易被发现，容易造成很多隐形的管理失控。企业在明确各层级、部门和岗位网络安全管理职责的同时，可以借助大数据和网络技术应对网络风险，提高内部环境相关领域的适应性与弹性化。

企业可以通过大数据和网络技术推动内部环境各相关领域的持续优化和有效性评价。例如，对企业文化的评估，是内部环境的重要环节，但企业文化又属隐性的。如果能够通过对社交网络、移动平台等大数据的整合，将员工的情绪、情感、偏好等主观因素数据化、可视化，那么企业文化这种主观性的东西也就变得可以测量。

企业对信息依赖性越强，信息不对称产生“道德风险”和“逆向选择风险”的可能性越大。在“互联网+”环境下，企业经常处于躁动不安的变革中，这可能助长员工利用信息系统舞弊的行为，由此滋生的各种道德问题层出不穷，道德规范的约束力下降，这种情况下企业可以通过强化人机整合来加强对业务流程、管理决策、岗位操作的控制，通过操作日志确保关键记录可追溯。另外，企业需要加强对员工道德行为的培育和感化。

董事会和高级管理人员应了解并熟悉企业的网络风险概况，指导并监督下属机构和人员如何有效应对不断变化的网络风险。企业内部应充分沟通运营目标、关键信息系统及相关的风险承受水平。相关人员应熟悉企业最有可能受攻击的信息系统、潜在攻击方法和最有可能被攻击者利用的信息。

四、“互联网+”环境下的网络风险评估

任何企业都会面临一系列由外部和内部因素引发的网络风险。企业通过评估影响目标实现的不利影响及事件发生的可能性来评估网络风险。网络攻击往往受经济利益或政治动因驱动，例如，敌对国家以军事和获取竞争优势为目的，搜寻知识产权和交易机密，窃取企业安全机密、商业秘密或知识产权；犯罪分子运用精密工具窃取钱财或客户敏感信息；网络黑客利用互联网对包括金融机构在内的重要基础设施进行网络攻击；企业内部人员出售或公开企业敏感信息；等等。

控制活动能够防范、发现和应对网络风险，而风险评估结果最终会影响企业在控制活动上的资源分配，企业资源有限，风险评估必须能够为控制活动决策提供高质量信息。评估网络风险需要正确理解和沟通信息系统对企业的价值，这可以通过评估信息系统对企业目标的潜在影响来衡量。信息系统的价值评估需要业务和信息技术人员的高度配合。在时间、预算和可利用资源有限的情况下，企业应明确需要重点保护的最重要的信息系统，并设定企业可接受风险承受水平。如果企业企图保护所有方面，可能会导致过度保护某些特定的信息系统，而又对其他的信息系统保护不足。这就要求企业清晰地理解对于实现目标具有重要影响的信息系统，然后进行更深入的风险评估，评估网络风险影响的严重程度和可能性。为使风险评估过程有效，相关人员必须了解企业网络风险概况，包括了解哪些信息系统容易成为攻击者的目标，了解哪些攻击行为容易发生。会造成企业付出高额代价的攻击应是企业最为关注的部分，企业应了解并时刻警惕这些网络威胁，提高发现这种网络威胁的能力，并识别在哪些节点实施控制，以保护资产安全。

网络风险评估还应关注企业所在行业的特定风险，网络攻击者对不同行业有不同的攻击目标。例如，在零售行业，黑客主要利用信息系统的薄弱环节，窃取能用来获利的信用卡数据或个人身份验证信息等；石油天然气行业容易成为敌对国家为窃取勘探数据而攻击的目标；化工企业由于其产品带来的环境问题也容易遭受黑客攻击。

无论出于哪种动机，网络攻击者都是坚持不懈的、技术娴熟的、有耐心的。他们会通过收集暴露企业信息系统和内部控制弱点的信息来分阶段进行攻击。企业应通过仔细识别其动机和可能的攻击方式，以及所用的技术、工具和流程，以便更好地预测风险，从而设计有效的控制措施，并在网络攻击发生时最小化潜在风险，保证重要资产的安全。

企业经营的内外环境始终处于不断的变化之中，人员、流程和技术等都可能发生变化，变化就意味着风险，企业应及时预测、识别和评估各种变化对内部控制体系可能造成的重大影响。特别是网络技术人员的流动对企业实施网络风险控制的有效性会产生很大影响。企业网络环境也会发生变化，例如，出现新的网络黑客和新的攻击方式等。尽管网络风险评估主要关注企业的目前状况，但评估过程必须是动态且持续的，需要考虑内部和外部威胁的变化，据此调整企业管理网络风险的方式。

企业在寻求发展、创新和成本优化的过程中，往往伴随着经营模式创新与科技创新，这些创新会带来新的网络风险。比如，移动设备、云技术和社交媒体的采用会增加被网络攻击的风险；业务外包可能使网络生态链条不断扩大，这样会产生超出企业控制范围的网络漏洞，给网络黑客实施攻击提供更大的平台。

风险评估需要不断更新，以便及时调整那些为保护关键信息系统而实施的相关控制，高级管理层及利益相关方必须充分讨论和利用风险评估信息，及时制定政策和采取行动应对网络风险。来自企业内部管理、业务运营、外部环境等方面的大数据，对于提高风险评估的准确度，有明显的帮助。一些银行已经利用大数据分析更加准确地度量客户的信用状况，为授信与放贷服务提供支持；一些保险公司在尝试将大数据分析用于精算，以得出更加准确的保险费率。在“互联网＋”环境下，企业可将大数据分析广泛运用到风险评估的各个环节。例如，在内部风险评估上，可利用大数据对董事、监事及其他高管人员的风险偏好、履职能力等主观性因素进行更加准确地把握；在外部风险识别上，大数据分析对于识别政策走向、产业动向、客户行为等风险因素也会有很好的帮助。

五、“互联网＋”环境下的控制活动

如前所述，网络风险不可避免，但企业可通过设计和执行适当的控制措施来应对网络风险。当企业通过风险评估筛选出网络黑客可能的攻击方式和路径时，企业可以更有效地降低潜在的网络漏洞对实现企业目标的影响。意识到网络风险不可避免，并实施适当的风险评估后，企业应按层级建立多层控制防线，防止黑客在攻破第一道防线后继续侵入信息系统。

网络风险可能暴露在企业内部和外部的多个切入点上，企业可以同时实施预防性和发现性控制，以降低网络风险。有效的预防性控制能够未雨绸缪，使得黑客无法接触到企业内部信息技术环境，保证信息系统安全。在企业内部信息技术环境中实施预防性控制，对黑客侵入网络环境设置障碍，可以延缓黑客攻击的速度。即使

被入侵，这些控制会使企业及时发现，并尽早采取整改措施修正漏洞和评估潜在损失。实施整改措施后，管理层需要研究入侵发生的根本原因，进而完善控制措施以预防和发现未来可能发生类似攻击。

除了预防性控制和发现性控制，企业还应加强信息技术一般控制。信息技术一般控制会帮助预防或发现网络入侵，使得企业面对灾害具备快速反应及恢复能力。发现网络攻击事件时，应及时与相关人员沟通，以便采取进一步降低风险的措施。基于利益相关者理论，网络风险评估需要关键利益相关方参与其中，企业应编制联络图，明确当网络攻击事件发生时，哪些人员应得到及时通知。

企业可以参照信息安全和网络风险管理的相关法规和国际标准，建立控制活动，并评价其充分性，以确保企业安全、警惕和可恢复。相关国际标准主要有 ISO27000（信息安全管理系列国际标准）和 COBIT（Controlled Objectives for Information and Related Technology 的缩写，即信息及相关技术的控制目标）。

ISO27000 系列标准包括：ISO27000（原理与术语）、ISO27001（信息安全管理要求）、ISO27002（信息安全管理实践规范）、ISO27003（信息安全管理体系实施指南）、ISO27004（信息安全管理指标与测量）、ISO27005（信息安全风险管理）、ISO27006（信息安全管理体系认证机构的认可要求）、ISO27007（信息技术·安全技术·信息安全管理体系审核员指南）。

COBIT 是由美国信息系统审计和控制联合会制定的面向过程的信息系统审计和评价标准。对信息化建设成果的评价，按系统属性可划分为若干方面，如最终成果评价、建设过程评价、系统架构评价等。COBIT 是一个基于 IT 治理概念的、面向 IT 建设过程的治理指南和审计标准，以支持企业实现 IT 治理目标。COBIT 从数据（最广义的对象，包括结构化和非结构化、图表、声音等）、应用系统（人工程序和电脑程序的总和）、技术（硬件、操作系统、数据库管理系统、网络、多媒体等）、设备（用来存放和支持信息系统的一切资源）、人员（用来计划、组织、获取、传送、支持和监控信息系统和服务所需要的人员技能、意识和生产力）等方面构建了信息系统审计和评价的全新架构。

COBIT 框架指出，信息系统的控制目标包括：

1. 有效果（Effectiveness），信息要与商业过程相关，并以及时、准确、一致和可行的方式传送。

2. 高效率（Efficiency），关于如何最佳（最高产和最经济）利用资源来提供信息。

3. 机密性（Confidentiality），涉及对敏感信息的保护，以防止未经授权的披露。

4. 完整性（Integrity），涉及信息的精确性和完全性，以及与商业评价和期望相一致。

5. 可用性（Availability），在商业过程的处理需求中，信息是可用的，以及对必要资源和相关性能的维护。

6. 符合性（Compliance），符合商业运作过程中必须遵守的法规和契约条款。

7. 信息可靠性（Reliability of Information），为日常经营管理及履行报告责任提供适当的信息。

六、“互联网＋”环境下的信息与沟通

内部控制各要素的有效运行均依赖于信息与沟通要素所提供的高质量信息。在“互联网＋”环境下，企业应借助信息系统形成并沟通相关的高质量信息，包括：识别高质量信息、确定信息的内部沟通方式，以及确定企业与外部的沟通方式。

（一）识别信息需求

识别对于内部控制较为重要的信息需求和进行网络风险分析，对网络风险评估和应对来说十分重要。例如，网络风险评估需要逐层的信息，通过高层级的信息来引导更为详细的风险评估程序。企业需要明确信息系统及其价值，通过实施与其价值相匹配的控制措施保护其不受网络攻击。为了达到该目标，业务人员和信息技术人员（包括外部服务供应商）必须首先对商业结构的整体框架达成共识，包括对企业重要的商业目标及其子目标。依据这些信息，企业可以延伸风险评估范围，深入了解可能受到攻击的信息系统及攻击方式。一旦完成风险评估，企业将沟通这些信息，确保所设计的流程和控制能够用来应对这些风险。由于人员、流程和技术会不断发展和变化，企业需要将信息要求及相关风险分析和应对记录为正式文档，以确保流程和控制的有效实施，并能持续反映和应对目标、人员、流程和技术的变化。

（二）将相关数据转化为信息

在当今商业环境下，保持警惕性的企业能收集到大量的信息系统活动日志数据，安全运营中心每天会产生大量的预警数据和预警事件。为了对网络风险保持警惕，将原始数据转换成有意义的、可作为决策依据的信息极其重要。信息系统每天、每周、每月都会产生大量数据，从中找出决策有用的预警信息是很有挑战性的，很多企业做不到这一点。一般情况下，通过观察单一因素，通常无法识别网络风险事件。往往需要经过一段时间，从多渠道整合信息，才能识别风险并采取措施处理被发现的网络事件。由于控制活动高度依赖于及时的、相关的、高质量的、完整的信息，如果企业无法将原始数据转换成可用于自动或人工控制的操作支持信息，企业将无法采取恰当措施。

（三）从外部来源获取数据

尽管网络风险分析和控制的主要信息来自内部产生，但企业从外部获取数据也是必需的，特别是搜集以下方面的外部信息：

1. 行业资料。从网络角度看，行业中所有公司的发展模式和趋势是类似的，行业中各公司信息系统的价值及运用的技术也是类似的，网络黑客会利用这种一致性采取攻击行为和行动方式。尽管与外部共享信息需要谨慎，但与可信任的同盟或同行业企业共享信息并讨论网络事件发生趋势，能够帮助组织预防和发现网络风险

事件。

2. 政府机构数据。尽管获取政府机构外部信息很多情况下需要得到安全等级权限，但这些信息对实施控制以应对网络风险具有重要意义。针对日益严峻的网络风险威胁，许多政府部门支持通过提升流程和控制来免受侵害。

3. 外部服务提供商数据。在现代商业模式中，企业通常会将某些职能或流程外包，从这些服务提供商获得的网络事件信息可以帮助识别和控制网络风险。为了获得期望的外包服务效益，需要建立信任关系，将双方的信息系统相连接。尽管企业与外部服务提供商基于自身利益均想保护其信息系统，当网络事件同时威胁到双方及各自的经营目标时，双方都应意识到信息共享的重要性。如果某一方出现了会影响另一方业务运营的风险事件，一定程度的信息透明度和与该风险事件相关信息的共享可增强双方的快速反应及恢复能力。

（四）在处理过程中确保信息质量

网络时代控制活动的设计依赖于信息，企业在实施控制活动时需要考虑信息质量。企业应明确责任和义务，遵循数据治理相关要求，保护数据和信息避免未经授权的访问和修改，保证信息质量。高质量信息的生成依赖于数据治理。在利益相关方中建立共识并由管理层牵头实施，对建立有效的数据治理机制至关重要。一旦企业建立了有效的数据治理机制且能持续执行，则能获得高质量的信息。信息质量能够提升企业的内部控制体系，完善与网络风险相关的内部控制。

（五）沟通内部控制信息

1. 全体员工。保持安全性、警惕性、可恢复性是企业的责任，每位员工在保护信息系统安全中扮演不同的角色。尽管某些岗位有明确责任负责管理网络风险和控制，但每位员工都应对保护信息系统保持警惕。企业应制定并实行系统的沟通计划，提升每位员工的网络风险和控制意识。由于人性使然，人是内部控制中最薄弱的环节。例如，出于好奇心或其他原因，当收到貌似同事、顾客、供应商或其他商业伙伴的邮件时，人们可能会打开链接，从而可能导致网络入侵。再如，当你发现地上有个U盘，你会怎么做？当你把U盘插到电脑上想查看是谁的U盘时，在U盘中预先加载的程序会导致企业面临网络攻击威胁。好奇心和对他人的信任为网络黑客提供了攻击企业内部控制薄弱环节的机会。因此，企业应定期对员工进行培训，提升网络安全意识，降低攻击者从普通员工入手进行网络攻击的可能性。企业可以用不同的方式来实现沟通计划，例如，直播会议、全员发送消息、印制信息安全手册等，以便最大限度地提升员工网络风险意识和应对能力。

2. 网络风险管理和监督人员。企业应选择、执行和部署控制活动，并明确对于网络风险控制有明确管理和监督责任的人员，以保护信息系统。内部控制信息应内部共享，使管理层和员工能够履行网络控制责任。由于网络系统的复杂性，维护网络控制的文档十分重要。如果企业没有保持支持网络风险控制的正式文档，有效管理网络风险的能力会急剧降低。企业需要正式的文档来评估控制设计和实施的有效性，以保护信息系统。

3. 董事会。董事会需要了解那些可能影响企业目标实现的网络发展趋势。董事会在网络风险控制方面应发挥以下重要作用：一是通过了解网络风险，保持企业安全性、警惕性和可恢复性；二是基于已设定的风险容忍度，确认应对网络风险的预防性和发现性控制措施已实施；三是明确对于管理层所确立的风险应对流程和措施的期望标准。董事会和管理层（包括高级管理层和运营管理层）的有效沟通，对董事会履行内部控制监督职责至关重要。

尽管董事会成员或其他下属委员会中可能有网络或信息技术专家，但大部分董事会成员对于网络和信息技术的相关知识是有限的。董事会成员的这种差异使得对信息需求的解释和定义显得极为重要，这是确保董事会能有效履行监督职能的前提。为了保持董事会层面的有效沟通，复杂的信息技术内容，需要转换成有意义的、可理解信息。企业可根据董事会对信息要求的定义，利用相关的信息技术框架和标准，将技术性很强的内容转换为易于理解的内容。

尽管董事会层面的定期沟通会涵盖网络方面的讨论，但仍有必要建立其他沟通渠道，以确保及时沟通出现的重要网络事件。当发生影响企业目标实现的重大网络风险事件，且企业可能需要就该事件与外部沟通时，应及时与董事会进行沟通，并提供当时可获得的高质量信息，这是企业具备快速反应及恢复能力的一种体现。

4. 外部机构。在网络安全大环境下，政策和标准的应用是有效管理和控制外部沟通的重要手段。外部沟通会涉及投资者、债权人、客户、商业伙伴、监管者、金融分析师、政府机构和其他外部机构。就网络风险而言，与外部机构沟通的两个驱动因素：一是确保由外及内的沟通能够影响网络风险评估和控制；二是通过由内及外的沟通向外部相关方传递与网络事件、风险活动相关的信息，或其他可能影响外部相关方与企业互动的情况。

通常来说，由外及内的沟通会为网络风险评估和内部控制提供有价值的信息，但企业必须确认这些信息的质量。由内及外的沟通能够向外部机构提供有价值的信息。这是企业所具备的可恢复能力的一种体现。如果没有使用恰当的控制，这种沟通可能会损害企业的利益。当企业向外界提供信息后，企业对这些信息的控制能力就很有限了，这些信息可能会被其他企业获得且利用。在面对名誉损害、股价变动、潜在诉讼致使客户或其他利益相关方受损，或暴露更多机会给网络黑客等后果时，企业需要权衡外部沟通的利弊，并采取行动减少其可能导致的潜在负面影响。

七、"互联网+"环境下的内部监督

应对复杂的网络风险对于董事会和管理层来说是个巨大挑战，董事会和高级管理层有权力和责任将安全性、警惕性和可恢复性设定为首要目标，在内部进行充分沟通，并部署足够资源来保护其信息系统安全。为将资源优先部署到应对网络风险中，得到专业的网络风险管理专家的援助至关重要。董事会和管理层必须认识到信

息系统的价值及其对企业目标的影响，根据这些信息设定风险承受水平，并确保将足够的资源用以保护对企业目标至关重要的信息系统。

专业的网络风险管理人员对于企业的监督活动非常重要。为减少潜在的网络风险暴露，企业应对控制活动设计和执行的有效性开展持续监督和单独评估。如果负责监督活动的人员不具备足够的网络风险控制能力，要事先考虑应对突发网络风险的解决方案，或在企业内部培育这种能力，或引入外部专家进行协助。

如前所述，很多企业的信息技术环境延伸到其他利益相关方。在这种情况下，监督第三方或其他外包服务提供商的网络控制活动就很重要。如果服务商不能提供审计报告或报告不能充分说明网络控制的情况，企业应努力采取措施了解这些控制，以确保延伸的信息技术环境具备安全性及警惕性。

如果管理层将网络风险管理列为首要任务并通过监督活动认真评估网络控制，企业在面对可能影响其目标实现的网络风险变化时，将能更好地进行部署内部控制，以确保网络风险变化可控。对管理层同等重要的是，发现缺陷时进行有效沟通，有效沟通发现的问题是分析问题产生根源并实施有效整改的必要前提。为加强警惕性，企业应采取措施以确保相关责任人切实承担起保护信息系统的责任。企业可以借助现代信息技术使一部分监督过程自动完成，实现实时监督，从而提高监督的效率和效果；借助大数据还有助于实现全面监督，大数据分析能够避免抽样监督的缺陷，从而使内部控制监督与评价更加客观、全面。

即使企业目前没有将安全性、警惕性和可恢复性设定为网络风险管理的优先目标，最终它也会成为优先目标。如果以被动的方式管理网络风险，网络攻击造成的损害可能导致非常严重的后果，甚至可能导致企业破产或停止运营。

思考题

1. COSO《内部控制——整合框架（2013)》的主要变化有哪些？
2. COSO《企业风险管理框架——与战略和绩效的整合》的主要变化有哪些？
3. COSO《企业风险管理框架——与战略和绩效的整合》中的五要素加二十原则包括哪些具体内容？
4. 请简要概括和评价 ISO31000 描述的风险管理原则有哪些？
5. 请简要概括和评价 ISO31000 描述的风险管理框架是怎样的？
6. 请简要概括和评价 ISO31000 描述的风险管理流程是怎样的？
7. 企业在人工智能应用领域，面临哪些特殊的风险？
8. “互联网 +” 环境下的内部控制目标应该如何设定？
9. “互联网 +” 环境下的网络风险评估应关注哪些方面？
10. “互联网 +” 环境下的内部监督应关注哪些方面？

参考文献

［1］财政部会计司．行政事业单位内部控制规范讲座［M］．北京：经济科学出版社，2013.

［2］财政部会计资格评价中心．高级会计实务［M］．北京：经济科学出版社，2018.

［3］陈汉文，池国华．CEO 内部控制：基业长青的奠基石［M］．北京：北京大学出版社，2015.

［4］胡为民．内部控制与企业风险管理——实务操作指南［M］．北京：电子工业出版社，2013.

［5］李维安．CEO 公司治理［M］．2 版．北京：北京大学出版社，2014.

［6］李晓慧，何玉润．内部控制与风险管理：理论、实务与案例［M］．北京：中国人民大学出版社，2012.

［7］李三喜，徐荣才．基于风险管理的内部控制：理论结构、操作规程、实务指南［M］．北京：中国市场出版社，2013.

［8］林斌，舒伟．内部控制重点实证文献导读［M］．北京：中国财政经济出版社，2015.

［9］Paul Hopkin. 风险管理：理解、评估和实施有效的风险管理［M］．蔡荣右，译．北京：中国铁道出版社，2014.

［10］秦荣生，张庆龙．企业内部控制与风险管理［M］．北京：经济科学出版社，2012.

［11］企业内部控制编审委员会．企业内部控制：主要风险点、关键控制点与案例解析［M］．上海：立信会计出版社，2015.

［12］［美］Robert R. Moeller. 2013 版 COSO 内部控制实施指南［M］．秦荣生，张庆龙，韩菲，译．北京：电子工业出版社，2015.

［13］杨有红．企业内部控制系统：构建、运行与评价［M］．北京：北京大学出版社，2013.

［14］叶陈刚．高等院校工商管理专业规划教材：内部控制与风险管理［M］．北京：对外经济贸易大学出版社，2011.

［15］中华人民共和国财政部．行政事业单位内部控制报告管理制度（试行）．

[R]. http://kjs.mof.gov.cn/zhengwuxinxi/gongzuotongzhi/201702/t20170216_2536035.html. 2017-1-25.

[16] 中华人民共和国财政部. 行政事业单位内部控制规范 [M]. 上海: 立信会计出版社, 2017.

[17] 中华人民共和国财政部. 企业内部控制规范 [M]. 北京: 中国财政经济出版社, 2010.

[18] 郑洪涛. 企业内部控制学 [M]. 3版. 大连: 东北财经大学出版社, 2015.

[19] 张庆龙. 新编行政事业单位内部控制建设原理与操作实务 [M]. 北京: 电子工业出版社, 2017.

[20] 周春生. 企业风险与危机管理 [M]. 2版. 北京: 北京大学出版社, 2015.

[21] COSO. 内部控制——整合框架 (2013) [M]. 财政部会计司, 译. 北京: 中国财政经济出版社, 2014.

[22] COSO. Enterprise Risk Management — Integrated Framework [M]. AICPA Publisher, 2004.

[23] COSO. Guidance on Monitoring Internal Control Systems [R]. http://www.coso.org/Guidanceonmonitoring.htm. 2009-12-1.

[24] COSO. Executive Summary: Enterprise Risk Management—Integrating with Strategy and Performance [R]. https://www.coso.org/Pages/erm.aspx. 2017-09-06.

[25] COSO. Frequently Asked Questions: Enterprise Risk Management—Integrating with Strategy and Performance [R], https://www.coso.org/Pages/erm.aspx. 2017-09-06.

[26] ISO. ISO31000: 2018, Risk Management—Guidelines [S]. https://www.iso.org/standard/65694.html. 2018-02-15.